U0505605

经以济世

起衰前身

贺教育部

重大攻关项目

心正立德

李润林
题为八

教育部哲学社會科學研究重大課題攻關項目

"十四五"时期国家重点出版物出版专项规划项目

创新社会治理体制与社会和谐稳定长效机制研究

RESEARCH ON THE INNOVATION OF SOCIAL GOVERNANCE SYSTEM AND THE CONSTRUCTION OF LONG-ACTING MECHANISM FOR SOCIAL HARMONY AND STABILITY

金太军 张振波 著

中国财经出版传媒集团

经济科学出版社
Economic Science Press

·北京·

图书在版编目（CIP）数据

创新社会治理体制与社会和谐稳定长效机制研究/
金太军，张振波著．－－北京：经济科学出版社，
2023.12
教育部哲学社会科学研究重大课题攻关项目 "十四五"
时期国家重点出版物出版专项规划项目
ISBN 978－7－5218－3352－2

Ⅰ．①创…　Ⅱ．①金…②张…　Ⅲ．①社会管理－研
究－中国②社会发展－研究－中国　Ⅳ．①D63②D668

中国版本图书馆 CIP 数据核字（2021）第 268233 号

责任编辑：孙丽丽　纪小小
责任校对：靳玉环
责任印制：范　艳

创新社会治理体制与社会和谐稳定长效机制研究

金太军　张振波　著
经济科学出版社出版、发行　新华书店经销
社址：北京市海淀区阜成路甲 28 号　邮编：100142
总编部电话：010－88191217　发行部电话：010－88191522
网址：www. esp. com. cn
电子邮箱：esp@ esp. com. cn
天猫网店：经济科学出版社旗舰店
网址：http：//jjkxcbs. tmall. com
北京季蜂印刷有限公司印装
787×1092　16 开　23.25 印张　450000 字
2023 年 12 月第 1 版　2023 年 12 月第 1 次印刷
ISBN 978－7－5218－3352－2　定价：96.00 元
（图书出现印装问题，本社负责调换。电话：010－88191545）
（版权所有　侵权必究　打击盗版　举报热线：010－88191661
QQ：2242791300　营销中心电话：010－88191537
电子邮箱：dbts@ esp. com. cn）

总　序

哲学社会科学是人们认识世界、改造世界的重要工具，是推动历史发展和社会进步的重要力量，其发展水平反映了一个民族的思维能力、精神品格、文明素质，体现了一个国家的综合国力和国际竞争力。一个国家的发展水平，既取决于自然科学发展水平，也取决于哲学社会科学发展水平。

党和国家高度重视哲学社会科学。党的十八大提出要建设哲学社会科学创新体系，推进马克思主义中国化、时代化、大众化，坚持不懈用中国特色社会主义理论体系武装全党、教育人民。2016年5月17日，习近平总书记亲自主持召开哲学社会科学工作座谈会并发表重要讲话。讲话从坚持和发展中国特色社会主义事业全局的高度，深刻阐释了哲学社会科学的战略地位，全面分析了哲学社会科学面临的新形势，明确了加快构建中国特色哲学社会科学的新目标，对哲学社会科学工作者提出了新期待，体现了我们党对哲学社会科学发展规律的认识达到了一个新高度，是一篇新形势下繁荣发展我国哲学社会科学事业的纲领性文献，为哲学社会科学事业提供了强大精神动力，指明了前进方向。

高校是我国哲学社会科学事业的主力军。贯彻落实习近平总书记哲学社会科学座谈会重要讲话精神，加快构建中国特色哲学社会科学，高校应发挥重要作用：要坚持和巩固马克思主义的指导地位，用中国化的马克思主义指导哲学社会科学；要实施以育人育才为中心的哲学社会科学整体发展战略，构筑学生、学术、学科一体的综合发展体系；要以人为本，从人抓起，积极实施人才工程，构建种类齐全、梯队衔接的高校哲学社会科学人才体系；要深化科研管理体制改革，发挥高校人才、智力和学科优势，提升学术原创能力，激发创新创造活力，建设中国特色新型高校智库；要加强组织领导、做好统筹规划、营造良好学术生态，形成统筹推进高校哲学社会科学发展新格局。

哲学社会科学研究重大课题攻关项目计划是教育部贯彻落实党中央决策部署的一项重大举措，是实施"高校哲学社会科学繁荣计划"的重要内容。重大攻关项目采取招投标的组织方式，按照"公平竞争，择优立项，严格管理，铸造精品"的要求进行，每年评审立项约40个项目。项目研究实行首席专家负责制，鼓励跨学科、跨学校、跨地区的联合研究，协同创新。重大攻关项目以解决国家现代化建设过程中重大理论和实际问题为主攻方向，以提升为党和政府咨询决策服务能力和推动哲学社会科学发展为战略目标，集合优秀研究团队和顶尖人才联合攻关。自2003年以来，项目开展取得了丰硕成果，形成了特色品牌。一大批标志性成果纷纷涌现，一大批科研名家脱颖而出，高校哲学社会科学整体实力和社会影响力快速提升。国务院副总理刘延东同志做出重要批示，指出重大攻关项目有效调动各方面的积极性，产生了一批重要成果，影响广泛，成效显著；要总结经验，再接再厉，紧密服务国家需求，更好地优化资源，突出重点，多出精品，多出人才，为经济社会发展做出新的贡献。

作为教育部社科研究项目中的拳头产品，我们始终秉持以管理创新服务学术创新的理念，坚持科学管理、民主管理、依法管理，切实增强服务意识，不断创新管理模式，健全管理制度，加强对重大攻关项目的选题遴选、评审立项、组织开题、中期检查到最终成果鉴定的全过程管理，逐渐探索并形成一套成熟有效、符合学术研究规律的管理办法，努力将重大攻关项目打造成学术精品工程。我们将项目最终成果汇编成"教育部哲学社会科学研究重大课题攻关项目成果文库"统一组织出版。经济科学出版社倾全社之力，精心组织编辑力量，努力铸造出版精品。国学大师季羡林先生为本文库题词："经时济世　继往开来——贺教育部重大攻关项目成果出版"；欧阳中石先生题写了"教育部哲学社会科学研究重大课题攻关项目"的书名，充分体现了他们对繁荣发展高校哲学社会科学的深切勉励和由衷期望。

伟大的时代呼唤伟大的理论，伟大的理论推动伟大的实践。高校哲学社会科学将不忘初心，继续前进。深入贯彻落实习近平总书记系列重要讲话精神，坚持道路自信、理论自信、制度自信、文化自信，立足中国、借鉴国外，挖掘历史、把握当代，关怀人类、面向未来，立时代之潮头、发思想之先声，为加快构建中国特色哲学社会科学，实现中华民族伟大复兴的中国梦做出新的更大贡献！

教育部社会科学司

前　言

近年来，随着中国经济体制的改革转型和社会结构的持续变动，利益主体、社会关系以及价值理念愈发复杂多维、纷繁多变而取向多元。然而，我国社会治理体制却未能进行相适的创新变革，治理体制的滞后性造成了治理效能的相对低效性，甚而诱发或加剧利益纠纷乃至矛盾冲突的多维生发，影响甚至冲击着社会和谐稳定的整体格局。故而，在当前中国政治经济体制深化改革、转型发展的历史关键时期，创新社会治理体制、建构社会和谐稳定长效机制无疑具有重大的战略意义与现实意义。

社会治理与社会稳定作为社会建设的基本内容，两者相互影响、互相嵌构，表现出内在的关联关系和深层次的互动机制，这不仅表现为社会治理的体制失位、冲突与僵化等体制困境会诱发社会运行秩序的失范与失序等问题，而且社会运作过程中所凸现的价值、结构与功能等问题都需要社会治理体制的相适创新才能得以解决。正是从这两方面来说，社会稳定不是一种线性叠加状态，而是以一定结构方式联系起来所呈现的一种有序化状态，社会稳定也不应该以简单的"维稳"来实现，而应该转变思路，通过社会治理体制创新建构社会和谐稳定的长效机制。当然，社会治理体制是一个统括了政治、经济、社会、文化等多元要素的系统结构，其规约与型塑也必然是多方设计、多维推进、多元互动的系统过程。鉴于此，一方面，基于政治系统理论的整体性视角，我们从输入、转换与输出三个过程分别阐析社会治理体制转型创新的可行路径；另一方面，基于实践情境的现实考量并结合理论思考，我们分别探索了边缘社区、网络社区、社会组织以及协同治理机制的社会治理体制创新路径，力图以消除重点场域内的社会不稳定因素、激发其社会治理体制效能为突破，从而实现社会和谐稳定长效机制的全面建构。

在结构安排上，第一、二章分别对社会治理体制与社会稳定机制的历史变迁、当代需求以及创新路径进行了厘析，并通过第三章的内容建构起了两者的关联关系与互动机制；基于此，第四章基于政治系统理论的整体性视角，对社会治理体制创新的系统路径进行了探索；第五至第八章则分别探索了边缘社区、网络社区、社会组织以及协同治理机制等重点场域内社会治理体制创新与社会和谐稳定长效机制建构的路径方案。

摘　要

近年来，在中国国民经济快速发展、人民物质生活水平持续提升的总体态势之下，也伴随着经济体制调整转型、社会结构持续变动、政治制度改革变迁以及国家战略创新探索的动态过程，转型与改革所创设的巨大空间，使得多维领域中的利益主体、社会关系以及价值理念愈发复杂多维、纷繁多变而取向多元。随着中国经济社会改革与发展进入历史性的关键时期，稳定的社会环境对于经济社会发展的前提性作用愈发关键。更何况，正如党的十九大报告中所指出的，伴随中国特色社会主义进入新时代，我国社会主要矛盾已经转化为人民日益增长的美好生活需要和不平衡不充分的发展之间的矛盾，如何更好地保障公共安全、实现人民安居、社会安定与国家长治久安，进而实现人民群众对美好生活的向往，就成了党和国家一切工作的奋斗目标和经济社会体制改革的未来取向。

基于这样的现实问题和时代需求，创新社会治理体制、建构社会和谐稳定长效机制，对于当下乃至今后相当长时期内的建设与发展具有重大的战略意义与现实意义。事实上，社会治理和社会稳定作为社会建设与社会发展的基本内容，两者相互影响、互相嵌构，表现出内在的关联关系和深层次的互动机制。因此，社会稳定不是一种线性叠加状态，而是以一定结构方式联系起来所呈现的一种有序化状态，社会稳定也不应该以简单的"维稳"来实现，而应该转变思路，通过社会治理体制创新建构社会和谐稳定的长效机制，以理性制度克服转型社会的价值混杂性、结构失调性、功能失序性和行为权宜性。

当然，社会治理体制是一个统括了政治、经济、社会、文化等多元要素的系统结构，其规约与型塑也必然是多方设计、多维推进、多元互动的系统过程。作为一种全局把握、全面分析的视角，政治系统理论将社会治理体制视为一个内外连接、持续互动、有机统一的体系或系统，从输入、转换与输出三个过程分别阐析其转型创新的可行路径，进而实现社会和谐稳定长效机制的全面建构。具体来说：首先，创新社会治理输入体制，就既要实现社会需求的制度化甄别并建构输入过程的制度化通路，又要在客观体认外在支持形态（如社会冲突）的基础上，探索社会冲突的制度化消解路径。其次，从根本上来说，探讨社会治理体制创新与社会和谐稳定长效机制在政治转换系统上的创新与建构，就是探究地方政府与政治权力的制度化运作形态及建构。在当前中国，如何保证公共权力的规范、有效运作并真正发挥公共效用，乃是国家得到善治、秩序得以创构的决定性条件。最后，创新社会治理输出体制，一方面，要深化以国家治理模式转型为核心的内部输出体制创新，从治理主体多元化、治理承载民主化及治理方式复合化等方面进行系统建构；另一方面，外部输出机制创新则寻求公共政策的有效传播和贯彻执行，而实现公共政策的共识性营销，并为政策执行提供全面的合法性压力和系统的监管机制，则是两个必要且可行的创新路径。

如果说政治系统理论从输入、转换和输出三个过程，为社会治理体制创新提供了必要的取向选择或可行路径的话，那么基于实践情境的现实考量，探索社会治理体制创新取向在现实实践中的具体体现与操作机制，就是推动理论分析实现实践化应用的必要环节。大量实践案例表明，包括边缘社区、网络社区以及社会组织在内的社会治理重点场域，既存在着明显的治理体制困境和社会不稳定因素，又蕴含着极大的治理体制创新空间和社会稳定长效机制建构力量。故而，以社会治理重点场域为突破口建构社会和谐稳定长效机制，一是创新边缘社区治理体制，包括公共文化服务体系创新、突破城乡二元治理体制、完善公共政策执行机制等对策措施；二是创新网络社区治理体制，包括建构网络民主和智慧民主以凝结网络共识、推动地方政府预案体系和组织运行机制创新并培育良好网络政治文化等措施；三是创新社会组织治理体制，应在厘清政府与社会组织的权责边界和权能配置的基础上，着力培育公共精神、建设服务型政府、创新政社互动机制。另外，更要建构和完善多元协同治理体制，不仅要强化和完善党委统领的原则与组织机制，而且应通过利益关系的协调与维系实现协同治理过程中各主体的自我管理，并基于新时代背景特征和现实条件而推动法治制度体系建设和完善。

Abstract

In recent years, with the rapid development of national economy and people's living standard, the China's social and economic structure has been changing thoroughly, which brings a complicated situation with diversifying subjects and complex relationship. As the China is stepping into the critical stage of reform and development, the essential function of stable social status is more and more prominent. Moreover, as the report published at the 19th National Congress of the Communist Party of China noted, the major social contradiction has changed to the contradiction between people's demands for better living and the imbalanced inadequate development. Giving that, to insure the public security and social stability, has become the development objectives of the party and the country, as well as the future orientation of social and economic institutional reform.

Based on the reality, it's of great importance to innovate the social governance system and construct the social stability mechanism. In fact, as the basic contents of social development, social governance and social stability affect and contact mutually. That is, not only the deficiency of social governance would cause the disorder in society, but also the sustainable social stability and development could be acquired only by successively reforming of governance system. In this case, the construct of social structure and operating mechanism, refers to the overall deeply reconstruction of social governance system, rather than stick to the rigidity thinking of "maintaining stability" in the matter-of-fact way.

It is worth noting that social governance system involves multiple factors, including the element from political, economic, social and cultural system. Thus, the reformation of social governance system should be a systematic process, consisting of the design of multi-objects, the promotion of multi-power, and the procedure of multi-interactive. The political system theory, providing an overall perspective, divides the social governance system into three procedures, that is, the input process, conversion process and output process, and paves the way to social stability long-term mechanism. More concretely, first of all, to innovate the input system of social governance, we not only need to promote the construction of institutional system, but also should to develop the institutional path to resolve the social conflict. Then, innovating the conversion system of social governance fundamentally equals to constructing the institutional system for the operation of local government and political power. Finally, two measures should be taken to innovate the output system of social governance: on one hand, promoting the transition of national governance model, including the diversification of governance subjects, the democracy of governance platform, and the compoundation of governance pattern, and, on the other hand, promoting the implementation of public policy by enhancing the legitimacy pressure and regulatory enforcers.

In order to promote the innovation orientation discussed above into practice, researching focus on prominent fields should be launched to broad this study's perspective and application range. Tremendous cases of social governance have shown that, the marginal community, environmental mass event, network community, non-government organization, and collaborative governance mechanism, all have potential threat to social stability, and meanwhile imply momentous constructing power in social governance system. Therefore, these fields have been taken as the breakpoint to drive the innovation of social governance system and social stability mechanism. Firstly, improvement of the marginal community governance system, including the innovation of public cultural service mechanism, breaking through the dual governance structure of urban and rural areas, and refining the public policy implementation mechanism. Secondly, improvement of network community governance system, including the construction of cyber democracy and local government's emergency plan on network mass event, and the cultivation of network political culture. Thirdly, improvement of the non-government organization governance system, including cultivating public spirit, building service type government, correcting the interaction between politics and society, on the basis of clarifying the margin of power and responsibility. Besides, the construction of collaborative governance system, including the Party committee leadership, local government responsible mechanism, the public and NGO participation mechanism, and the construction of rule of law system.

目 录

Contents

Contents

3

导　论

第一节　研究缘起

　　近年来，在我国国民经济快速发展、人民物质生活水平持续提升的总体态势之下，也伴随着经济体制调整转型、社会结构持续变动、政治制度改革变迁以及国家战略创新探索的动态过程，转型与改革所创设的巨大空间，使得多维领域中的利益主体、社会关系以及价值理念愈发复杂多维、纷繁多变而取向多元。随着我国经济社会改革与发展进入历史性的关键时期，稳定的社会环境对于经济社会发展的前提性作用愈发关键。习近平总书记在党的二十大报告中指出："国家安全是民族复兴的根基，社会稳定是国家强盛的前提。"[①] 特别是伴随中国特色社会主义进入新时代，我国社会主要矛盾已经转化为人民日益增长的美好生活需要和不平衡不充分的发展之间的矛盾，如何更好地保障公共安全、实现人民安居、社会安定与国家长治久安，进而实现人民群众对美好生活的向往，就成了党和国家一切工作的奋斗目标和经济社会体制改革的未来取向。

　　针对以上现实问题与需求，社会治理创新特别是社会治理体制创新被提出并成为国家治理体系的重要组成部分与社会建设的关键内容，其对于社会和谐稳定良好局面的创设与长效机制构建的关键性作用被寄予厚望，其保障公共安全和满足人民群众美好生活需要的必要性功能更是被赋予了厚重的历史使命。从理论话语的分析视角来看，从社会管理到社会治理的语义变迁，得益于学术界以"社会

　　[①]　《习近平：高举中国特色社会主义伟大旗帜　为全面建设社会主义现代化国家而团结奋斗——在中国共产党第二十次全国代表大会上的报告》，中华人民共和国中央人民政府网站，https://www.gov.cn/xinwen/2022−10/25/content_5721685.htm，2022年10月25日。

管理"为主题的长期理论研究的深厚积淀，更是党和政府长期创新社会管理体制与维护社会和谐稳定的实践开展的现实成就与迫切诉求。因此，这一变迁本身就蕴含并彰显着创新社会治理体制与维护社会和谐稳定、满足人民生活需求的内在关联与建构指向。

然而，当前中国的社会治理体制与社会和谐稳定机制的相对滞后已成为不争的事实，利益纠纷与社会矛盾也相应地呈现出多维生发、集中凸显的态势，在社会稳定形态能够影响甚至决定经济持续发展、政治深化改革的客观规律下，创新社会治理体制、建构社会和谐稳定长效机制对于当下乃至今后相当长时期内的中国建设与发展无疑具有重大的战略意义与现实意义。故而，本研究立足我国社会发展的新形势、新特点，深入理解从社会管理到社会治理的语义变迁，并细致剖析创新社会治理体制与维护社会和谐稳定的内在权能配置、运作机理逻辑、具体理论内蕴与实践外延等关键内容，构建社会治理体制创新与社会和谐稳定长效机制的内在关联与互动机制，并以社会治理协同机制作为社会治理体制创新的微观基础，最后通过对边缘社区、网络社区、社会组织以及协同治理机制在内的社会治理重点场域和关键环节进行针对性研究，在此基础上提出了深化社会治理体制创新、建构社会和谐稳定长效机制的可行路径。

通过以上研究设计，我们一方面以坚持和推动让经济社会发展切实惠及每一个体、在治理绩效持续输出的过程中增进民众的政治和国家认同为目标；另一方面则时刻警惕并力图消除社会利益矛盾与冲突超出社会治理的范式和层面，甚而反噬乃至冲击政治社会结构的稳定格局。为此，该项研究的基本定位是：以国家战略需求为目标、以既有研究为基础、以未来趋势为导向，围绕创新社会治理体制与社会和谐稳定机制中的重大现实问题进行深入的经验研究，并在此基础上形成社会治理体制创新与社会和谐稳定机制的总体规划与顶层设计，进而形成适用于不断完善的中国社会体制和不断推进的社会治理现实的理论话语与实践指南。

第二节　研究内容

1. 为社会治理创新提供学理性分析和支持

无论是理论研究层面还是实践开展层面，社会治理体制创新在我国已有较长时间和较大范围的探讨与践行，亦取得了一批重要的研究成果和卓有成效的实践结果。然而，当前阶段我国正处于经济持续发展、社会迅速转型、体制深入转轨的时期，全新的社会环境和政治态势给我国的社会治理工作带来了新的挑战，从而也凸显了现有社会治理体制与机制的不相符和不适应。社会治理体制改革与模式创新上的滞后性，严重阻碍了我国经济社会的协调发展，进而也影响民生质量和水平的提高。为此，我国社会学、政治学、管理学等诸多学科领域学者，从不同视角、不同层面和不同领域对社会治理与社会治理体制进行了探讨与分析，并相应提出了诸多创新完善的构想与对策建议。但不得不指出的是，一方面，当前我国社会治理体制的相关研究仍处于宏观或中观的层面，尚未有微观层面的深入研究成果，而这突出表现为对我国社会治理体制运行中的内在权能配置、运行机理与公共政策提供的学理性分析与支持不足；另一方面，目前学界尚未对各地方政府所做出的有益探索进行总结与梳理，实践突出的先进做法与经验得不到学理上的科学性分析和理论性升华，故而也难以进行普适性推广。

因此，在深入的理论研究基础上，本研究通过对现行社会治理体制的分析，理顺其内在运行机理，明确社会（包括社会公民与社会组织）、执政党与政府的各自角色与功能，凝聚社会各方力量，在法制基础上建构起多元协同的社会治理体制。同时，在跨区域对比调查研究的基础上着重对社会治理的体制分析，研究转变政府职能、健全组织机构、理顺各类关系、提升政府治理能力等系统化改革与创新的对策思路。

2. 创新社会治理体制与社会和谐稳定长效机制的互动研究

社会治理与社会稳定是两个相互独立却又紧密联系的概念，两者又是双向互动、相互促进的：社会稳定是社会治理的必要前提，它影响社会治理的发展方向和创新方式；社会治理创新是维护社会稳定、建设和谐社会的坚实基础与重要途径；社会稳定是社会治理工作的成果表现，而社会环境变化所带来的社会稳定形势的变化也对社会治理创新提出了新的更高要求；社会不稳定群体成为社会治理创新的重要内容和应然对象，而社会治理创新也是当前我国社会稳定的必然准备；两者的必然联系与根源性内容的高度重合性也决定了社会治理创新与社会稳定应统一于长效机制构建之中。正是从这两方面来说，社会和谐稳定不是一种线性叠加状态，而是以一定结构方式联系起来所呈现的一种有序化状态，社会稳定也不应该以简单的"维稳"来实现，而应该转变思路，通过社会治理体制创新建立维护社会稳定的长效机制。

因此，本项目在大量典型个案分析的基础上，研究诱发社会不稳定因素的社会与体制原因，从加强社会建设与创新社会治理的角度打破"维稳怪圈"，建立与健全源头治理、动态治理、应急处置相结合的社会治理体制与长效社会稳定机制（如拓展公民政治参与和利益表达渠道、扩大基层民主参与，实现政府行政管理与基层群众自治的良性协调与有效衔接等），并结合相关学科及众多理论构成的理论序列体系，建构两者关联与互动的分析框架，将社会和谐稳定长效机制作为一项国家长治久安的战略安排，统一于社会治理体制创新的工作内容中常抓不懈。

3. 对重点场域中创新社会治理体制与社会和谐稳定长效机制的研究

相对于社会学、政治学、管理学等多学科领域学者的高度的研究参与热情和丰硕的研究成果，对创新社会治理体制和社会和谐稳定长效机制的理性分析与实证研究则显得比较薄弱，特别是缺乏对社会治理重点场域的针对性探究、未能因不同的社会治理实施对象而"因地制宜"提出针对性的政策性建议，以及在此基础上的整合研究。大量实践案例表明，包括边缘社区、网络社区、社会组织以及协同治理机制在内的重点场域，既存在着明显的治理体制困境和社会不稳定因素，又蕴含着极大的治理体制创新空间和社会和谐稳定长效机制建构力量。

故而，我们着重研究了边缘社区、网络社区、社会组织以及协同治理机制等重点场域和关键环节创新社会治理体制与建构社会和谐稳定长效机制的路径与实施方案，以为地方政府特别是基层政府提供可操作性强、针对性突出的实施方案参考。

4. 创新社会治理体制与建构社会和谐稳定机制的多元协同机制研究

对于现阶段的中国而言，有效的社会治理体制与模式应该能够整合各种社会资源，发挥多元主体的各自优势。这是因为：首先，公众依法有序参与社会治理不仅有利于实现社会的公平正义，而且有利于实现社会的安定有序和达成和谐宽容的愿景，同时，以社会组织为代表的社会在服务社会、提供社会支持、化解社会矛盾等方面具有的优势和作用正日益凸显；其次，中国共产党作为唯一执政党，具有无可比拟的政治优势与组织优势，在创新社会治理体制和维护社会和谐稳定方面发挥着总揽全局和引领方向的核心领导作用；最后，政府则具有政策输出、物质保障、社会治理要素的投入等方面的功能优势。故而，社会、执政党与政府应当成为创新社会治理体制与维护社会和谐稳定的重要能动主体。

另外，良法善治，法治思维、政策手段在调适纷繁社会利益关系和破解复杂治理难题等方面具有不可或缺的保障作用，故而应通过法律制度和公共政策来规范和引导社会治理体制创新、维护社会和谐稳定。故而，本研究将社会、执政党与政府作为创新社会治理体制和维护社会和谐稳定的重要能动力量，并将法治作为重要保障，通过构建多元主体协同治理体制，全面建构社会和谐稳定长效机制。

第三节　研究意义

1. 本研究的学术意义

第一，为社会治理与社会和谐稳定分析提供学理性分析与支持，建构突破性理论体系。基于国外社会治理与新公共服务等理论和国内的社会治理理论与实践探索，对我国地方政府管控型社会管理政策与体制进行深入剖析，并辅以多区域的实地调研与比较分析，从而对社会治理的内在权能配置、运行机理提供学理性分析，即在理论上为社会治理内在权能配置与运行机理的合理方式、理论依据等提供支撑；基于国外社会冲突与风险社会理论和国内社会稳定的理论探索，并辅以突发公共事件的典型案例调研研究，对我国地方政府刚性、压力型社会稳定机制与政策的合理性与局限性进行客观解读，为社会和谐稳定长效机制构建提供理论指导与支撑。

第二，本研究有利于不同领域与学科的交叉渗透，以新颖的学术观点丰富当前理论体系。本项目基于系统研究的研究视角，将创新社会治理体制与创新社会和谐稳定长效机制统一于国家治理体系与社会建设系统之中，通过理论探讨分析、政策文本梳理、实地调查研究以及典型案例分析，探寻社会管理创新与社会和谐稳定的内在关联与互动机制，从而实现了两个不同的研究领域的深度融合，在理论指导、政策应用等方面实现了互补与互动，进而创新社会治理体制与建构社会和谐稳定长效机制，开拓了社会治理和社会稳定研究领域以及与此相关的社会学、政治学、公共管理学、法学等学科的相互渗透、协同攻关的研究路径。从而，一方面，将维护社会和谐稳定与创新社会治理体制的研究统一于长效机制的构建之中，实现了社会治理与社会稳定问题研究的有机结合，推动了社会科学相关领域研究的交叉与融合；另一方面，推动了创新社会治理的重点场域或主体研究（边缘社区、网络社区以及社会组织）与社会治理多元主体的协同互动机制研究，从而实现了理论与实践的有机结合，为规范地方政府的政策输出提供了依据和指导。

第三，本研究有利于丰富学术研究视野，碰触更深层次的研究界域。在研究设计上，与以往研究侧重于创新社会治理体制和创新社会稳定机制的单独研究而忽略两者的内在关系的研究范式不同，本项目立足于探寻社会治理体制创新与社会和谐稳定长效机制的内在关联与互动机制，通过"环境变化—国家治理现代化与社会和谐稳定形势要求—社会治理体制创新—机制构建与体制改革"的制度分析思路，将两者结合起来，以环境变化所带来的国家治理与社会和谐稳定形势的要求推动社会治理体制创新，以两者相互结合与补充的视角探究构建主体上的多元协作机制与实践领域的构建路径和实施方案，进而构建将社会治理体制创新和社会和谐稳定有机统一的长效机制。从研究的一般规律来看，对社会治理与社会稳定的系统研究将比对两个主题的单独研究具有更高的效度，因为单个主题由于主题域界的限制而无法触及很多相关的问题，但社会本身就是系统，原本就需要系统研究，特别是这两个密切相关的主题。

第四，本研究有利于从理论层面创新话语体系，拓展新的学术增长点。针对中国社会治理体制创新与社会和谐稳定机制理论研究所存在的不足之处，立足于各地实践探索中的丰富经验及面临的困难与挑战，本项目试图整合政治学、社会学、公共管理学等相关学科的科研力量，突破传统的照搬西方理论架构、重复解释实践现象的研究架构，通过跨区域的对比调查研究和典型案例分析，对实践开展中存在各类现象进行学理性总结与分析和理论上的提高与升华，建构"实践开展推动理论创新——理论革新规塑实践行为"的实践与理论互动体系，为社会治理体制创新与社会和谐稳定长效机制的相关理论架构添加必要的、具有极强现实阐释力的"中国元素"与"实践特征"。由此，可以从理论层面创新话语体系，拓展新的学术增长点，并以实际行动积极倡导一种新颖的具有学科跨度的科学智识表达方式。

第五，本研究的研究方式创新也将为社会治理体制创新完善政策供给机制。本研究在研究方法上，集成实践者、研究者和政策制定者多主体、实践创新与理论研究的行动研究方法，将实践创新、理论建构和实践检验有机结合起来，通过案例行动性研究，揭示出微观机制和复杂情境，从宏观环境分析到微观机制解构，再到宏观政策修正的互动呈现，不仅有利于微观层面政策需求的表达，也会充分实现自上而下和自下而上的过程结合，来修正社会治理体制创新的制度供给。

2. 本研究的实践意义

首先，本研究是当前时代背景的应然要求。创新社会治理体制已经成为我国社会结构转型和体制转轨"双模式"变迁期间的重要内容和重大挑战，是中国全面深化改革整体发展战略以及国家治理与社会建设的重要组成部分。加快形成党委领导、政府负责（主导）、社会协同、公众参与、法治保障的社会治理体制是社会治理体制创新的关键一环与国家治理体系的重要组成部分；社会稳定和谐则是社会治理体制创新的重要目标，也是社会建设与社会发展的前提条件。当前中国进入新发展阶段，迈向新经济社会形态的转型期所带来的社会不稳定因素、不和谐因素在增多。通过社会治理体制创新，建立与完善社会和谐稳定长效机制，才能最大限度增加和谐因素、最大限度减少不和谐因素。因此，如何理性认识转型期的社会治理和社会稳定问题，特别是探索新的、符合时代要求和特点的社会治理体制创新和社会和谐稳定长效机制，推进社会治理与社会稳定多元参与协同创新体制，已成为亟待解决的一个重大战略课题。

其次，本研究是当前国家治理、社会建设与社会治理重大需求的实然要求。本研究尝试以社会需求为研究的逻辑起点，以社会需求推动社会治理体制创新，以社会治理体制创新推动社会和谐稳定长效机制的构建。在这种意义上，本研究所尝试的自下而上的逻辑路径与既有研究自上而下的逻辑路径有所不同。

再次，本研究是创建创新社会治理活体实验载体、提供典型经验示范的必要路径。依托于本研究，可选取具有代表性、典型性的客体场域（边缘社区、网络虚拟社区以及社会组织），在社会治理主体（尤其是基层政府和相关社区）密切配合和深度介入的条件下进行创新实践，从而构建创新社会治理体制的专项实验区，以此来检验和提升理论研究成果的针对性、实践性和可操作性，以便为地方政府的政策优化提供直接的智力支持与理论指导。

最后，本研究是建构社会治理体制创新与社会和谐稳定长效机制之顶层设计的必需准备。将维护社会和谐稳定置于国家治理、社会建设与社会治理体制创新的背景下，将创新社会治理体制与维护社会和谐稳定统一于长效机制的建设过程中，对创新社会治理与维护社会稳定的重大现实问题和重点场域（边缘社区、网络舆情和社会组织）进行深入的研究，探究社会治理体制创新与社会和谐稳定的社会多元主体协同创新体制，构思与设计创新社会和谐稳定长效机制的建构路径与实施方案，形成我国社会治理体制创新与社会和谐稳定的实施战略、步骤和配套措施。

第一章

社会治理与社会治理体制创新

从社会控制、社会管理到社会治理的概念变迁与语义转换，寓意着一种新的国家建构与社会建设研究范式的形成，更标志着我国国家与社会关系进入了一个新的历史阶段。创新社会治理体制作为社会治理创新的关键环节和中国特色社会主义事业总体布局中社会建设的重要组成部分，是当前经济体制转轨与社会体制转型过程中消解诸种转型危机的应然要求，故而在长期实践过程中必然地会逐渐形成社会治理体制创新的新常态。当然，社会治理体制创新是一个系统、整体性的过程，需要包括各级党委、政府、市场与社会在内的核心治理力量的共同推进，更需要从战略选择、价值理念、主体结构、行为逻辑以及功能定位等方面进行系统全面建构。

第一节　社会治理及其体制创新的研究现状与理论梳理

就其概念语义和实践指向来说，治理"不止于一套新的管理工具，也不止于在公共服务的生产方面获得更高的效率"①，而更加意味着"统治的含义有了变

---

① ［英］格里·斯托克：《作为理论的治理：五个论点》，华夏风译，载于《国际社会科学杂志》（中文版）1999 年第 1 期。

化，意味着一种新的统治过程，意味着统治的条件已经不同于前，或是以新的方法来统治社会"①；从理论上来说，治理作为一种概念组织框架的意义可能更为显著，因为它能"提供一种语言和一个参照系，可借以考察现实，并且导致理论家提出否则未必会提出的问题，从中就有可能获得别的框架和观点未必能导致的深刻见解。理论框架促使人们有能力借此寻求更多范式"②。正是得益于这样一种开放的概念框架，一系列社会治理相关的研究喷薄涌出，并进而形成了包含服务型政府理论、社会变迁理论以及诸种社会建设理论在内的理论体系。

一、社会治理及其体制创新的研究现状述评

尽管早在 21 世纪初，国内学者俞可平先生就比较早地引进和推介了"治理"和"善治"术语，并对其词源、兴起原因、基本特征、基本要素及其实现的条件等作了比较系统的研究③，但治理研究真正在国内学术界形成一股潮流，还是在党的十八届三中全会《中共中央关于全面深化改革若干重大问题的决定》中明确指出要"创新社会治理体制"，社会治理被提到了国家治理体系与能力现代化重要组成部分的层面。由此，众多以"社会治理"与"社会治理体制"为概念标的的研究相继涌现。

1. 社会治理的概念及语义变迁

社会管理的内涵演变已经孕育着从社会管理向社会治理的概念嬗变，这种嬗变实际上是呼之欲出、水到渠成的事情。例如，胡鞍钢早就指出，虽然我们仍然并且广泛地使用"社会管理"的概念，但必须从治理的视角来看待社会管理创新④；而杨雪冬等则认为，政府并非社会管理的唯一主体，社会管理必然需要其他主体的参与，因此社会管理带有明显的"治理"色彩，社会治理可视为对社会管理主体多元化的进一步延伸，如果要对政府社会管理进行改革，那么实现"治理化"就是改革的重点之一⑤。为此，有学者主张用社会治理涵盖社会管理，认为社会治理高于社会管理，社会管理和社会自治是社会治理的两种基本形式，是一体两翼⑥，故而社会管理体制改革应该引入治理理念，坚持社会管理的多中心

---

① Rhodes，R. The New Governance：Governing without Government. *Political Studies*，1996，44（4）：44.

② Judge，D.，G. Stoker，H. Wolman.（eds.）*Theories of Urban Politics*. London：Sage，1995：3.

③ 俞可平：《创新：社会进步的动力源》，载于《马克思主义与现实》2000 年第 4 期。

④ 胡联合、胡鞍钢、王磊：《影响社会稳定的社会矛盾变化态势的实证分析》，载于《社会科学战线》2006 年第 4 期。

⑤ 杨雪冬：《走向社会权利的社会管理体制》，载于《华中师范大学学报》（人文社会科学版）2010 年第 1 期。

⑥ 俞可平：《更加重视社会自治》，载于《人民论坛》2011 年第 2 期。

治理原则①。

从概念上来看，"社会治理"是一个全新的理念，与"社会管理"存在主体、方向、手段、内容、目标等多方面的不同。从主体与方向方面来看，传统的社会管理的主体一般是国家或政府，政府高高在上，执行的是从上至下的单向、线性行政式管理；而治理的主体则是多元化的，体现的是政府、市场、个人、社会组织等多种力量的共同平等参与，致力于形成体制。② "党委领导、政府负责、社会协同、公众参与、法治保障"的多元沟通和互动的社会治理过程。从手段、方式来看，传统的社会管理是一种行政行为、行政手段、行政方式，从上至下、强硬命令式的手段和方式；而社会治理的手段、方式则是多种多样的，除了行政手段外，更多的是依靠市场手段、社会组织自愿自发手段、法治手段、道德手段以及人民调解、心理疏导、舆论引导、基层社会自治等多种方式共同参与社会治理。从内容来看，传统的社会管理的内容是政府包揽了政治、经济、文化、社会的一切问题和民众的一切事务；而社会治理的内容则主要是提供社会公共服务，维护社会成员合法权益，协调社会成员关系，化解社会矛盾冲突，实现社会和谐有序。从目的、目标、理念来看，传统的社会管理追求的是秩序、稳定，"维稳"是其核心；而社会治理追求的则是基础性、常规性的服务与管理，强调社会力量的积极参与、自我服务、自我管理，目标寓于过程之中，社会事务社会解决。③

从社会治理作为国家战略的变迁来看，新中国成立以来特别是改革开放以来，我们党在社会建设的理论和实践方面进行了不懈探索：党的十六届四中全会提出了加强社会建设和管理、推进社会管理体制创新和建立健全党委领导、政府负责、社会协同、公众参与的社会管理格局；党的十六届六中全会提出了创新社会管理体制、激发社会活力；党的十七大提出了完善社会管理、健全基层社会管理体制；党的十八大提出了城乡社区治理和加快形成党委领导、政府负责、社会协同、公众参与、法治保障的社会治理体制；党的十八届三中全会在《中共中央关于全面深化改革若干重大问题的决定》中明确提出了创新社会治理体制、提高社会治理水平的新要求④；党的十九大则提出要打造共建共治共享治理格局、提高社会治理的智能化水平；党的二十大则对社会治理做出了更为清晰和系统的论述，并站在国家安全体系和能力现代化的高度对完善社会治理体系作出新的部署。

---

① 谢庆奎、谢梦醒：《和谐社会与社会管理体制改革》，载于《北京行政学院学报》2006 年第 2 期。

② 《决胜全面建成小康社会 夺取新时代中国特色社会主义伟大胜利》（2017 年 10 月 18 日），引自《习近平谈治国理政》第三卷，外文出版社 2020 年版，第 38～39 页。

③ 杨仁忠：《社会治理体制创新与社会公共领域参与研究》，载于《学习论坛》2014 年第 2 期。

④ 李立国：《创新社会治理体制》，载于《求是》2013 年第 24 期。

正如姜晓萍所指出，社会治理是以实现和维护群众权利为核心，发挥多元治理主体的作用，针对国家治理中的社会问题，完善社会福利，保障改善民生，化解社会矛盾，促进社会公平，推动社会有序和谐发展的过程[①]；为此社会治理应该摆脱传统的基于政府单一权力中心和权力单向度运行的分析模式，从多元主体合作共治的视角来探讨公共事务管理的各种问题[②]。当然，学者们同时认识到，多元参与只是社会管理"治理化"所依托的体制机制，要实现社会治理体制的创新和建构，就既要从治理过程中的治理主体、治理范围、治理方式、治理绩效出发，也要从治理体制的本质内涵、价值诉求和基本原则入手，实现工具理性与价值理性的统一和协调，体现民主法治、公平正义、包容活力、安定有序的核心价值诉求。[③]

2. 当前我国社会治理的现存问题

当前我国现在已经进入一个发展的新阶段，处于体制转轨、社会转型的关键时期，与传统社会中的风险相比，现代社会中风险的复杂性、不确定性、不可预见性以及迅速扩散性等都日益增强[④]，这突出表现为：在新的历史时期，社会结构阶层化和利益关系市场化构成社会群体矛盾与冲突的基本特征；而整合日益分化的社会结构，正确处理市场化背景下权力和权利的问题，在很长时间内将是中国社会治理面临的新挑战[⑤]。基于此，吴忠民[⑥]指出，对于中国社会来说，存在着严重的也就是由社会结构层面上故障所引发的社会风险，这一类的风险属于基础性的、深层次的、结构性的社会风险，对于中国社会的安全运行和健康发展构成了极大的威胁。例如，在这些结构性问题中，最为突出的是长期横亘中国社会面的城乡二元结构，以及由此而形成的城乡二元社会治理格局。由此造成的城乡治理结构失衡主要表现在以下几个方面：国家和各地方政府对城乡社会管理制度供给存在显著差异，国家和各地方政府在城乡社会治理中的人力、物力、财力资源配给上存在显著差异，制度设计缺陷和政府公共行政的伦理缺失深度影响农村社会稳定，等等。[⑦]

诚然，我国的社会治理进行了切实的创新与改革并取得了显著成绩，但仍远

---

① ③　姜晓萍：《国家治理现代化进程中的社会治理体制创新》，载于《中国行政管理》2014 年第 2 期。

②　于水、杨萍：《"有限主导—合作共治"：未来农村社会治理模式的构想》，载于《江海学刊》2013 年第 3 期。

④　程玲、向德平：《社会转型时期的社会风险研究》，载于《学习与实践》2007 年第 10 期。

⑤　李路路：《社会结构阶层化和利益关系市场化》，载于《社会学研究》2012 年第 2 期。

⑥　吴忠民：《现代阶段中国的社会风险与社会安全运行报告》，载于《科学社会主义》2004 年第 5 期。

⑦　魏淑艳、邵玉英：《中国城乡社会管理格局失衡的问题及解决思路》，载于《社会科学辑刊》2012 年第 2 期。

远不能适应市场经济发展和社会全面进步的要求。对于当前我国社会治理研究与实践开展的现状分析，尤其是存在的主要矛盾与面临的主要挑战的分析，是相关研究开展的基础性工作。综观相关研究，可将学者对于该问题的研究成果梳理如下：

其一，当前学术界关于中国社会治理创新已经形成了一些基本共识，但这些共识基本上是建立在市民社会理论和新公共管理理论基础上的，虽然可以在理想类型的意义上为人们思考当代中国社会治理创新提供一种初步的分析框架和认知路径，却无力在中观层面揭示出社会治理实践中诸多组织机制间的复杂因果链条和微妙互动关系①，这可看作我国社会治理在理论研究方面存在的突出问题。其二，在实践操作层面，一方面，社会治理中仅仅把"维护社会秩序"作为主要目的，甚至作为压倒一切的优先目标，而且对于"秩序"的理解也趋于刚性化和固态性；另一方面，社会治理的实践开展也存在缺乏资源配置适应性中"合理差距管理"、缺乏确立的目标中"人格共识管理"、缺乏日常社会行为中"民众享有真实权利管理"、缺乏"基本价值观共享管理"等问题。② 其三，有学者将社会治理的主要构成看作两种基本的组织机制：一种是纵向的秩序整合机制；另一种则是横向的秩序协调机制。由于中国政府在最初的社会管理实践中建立了强大的纵向秩序整合机制，并不断加强了这套机制的自我强化系统建设，因此，当前社会治理格局的组织和制度环境基本上是围绕着这种纵向机制的延绵生产而塑造出来的。在此背景下，横向秩序协调机制在实践层面所依赖的组织条件较为匮乏，这客观上导致了中国当前社会治理创新中横向机制的制度性缺位以及纵、横机制间的结构性断裂。③其四，在社会心理层面，愈发呈现出一种社会心理弱势化的趋向。有学者指出，近年来，社会心理弱势化趋向已经成为一个新的社会问题，民众争相认领"弱势"的社会心理倾向与国民传统的"好面子"社会心理相去甚远，也与当前国家经济社会发展"利好"的总体趋势大相径庭；事实上，"弱势感"是民众对自身利益"失守"的彷徨与无奈的心理反应，而弱势社会心理的蔓延则潜藏着多重社会风险，并深刻折射出现阶段社会建设的缺陷和社会治理的不足。④

3. 社会治理体制创新的路径探索

中国社会已经或还会经历重大的经济或社会体制变革。事实上，即使在一个相对稳定的社会中也不可能消除矛盾与冲突，社会治理能够做到的是协调矛盾与

---

①③ 李友梅：《中国社会管理新格局下遭遇的问题》，载于《学术月刊》2012年第7期。
② 谭明方：《社会管理与相关体制改革研究》，载于《学习与探索》2011年第3期。
④ 赵中源：《"弱势"心理蔓延：社会管理创新需要面对的新课题》，载于《马克思主义与现实》2011年第5期。

冲突；更为重要的是面对变化了的矛盾与冲突，能够创造新的协调机制和制度。维持社会秩序的最优方式是根据变化的社会重塑社会秩序。① 在中国社会基层，已经并还在不断产生大量的有关社会治理体制的创新实践。事实上，社会治理就如同一个多棱柱，具有丰富多样的层面②，这些不同的层面，是各领域学者研究社会治理体制的重要切入视角，构成了社会治理研究的基本内容。

一是社会治理与社会体制。社会治理与社会体制的相关研究密切相关。社会治理要在社会体制的框架下进行，社会治理受到社会体制的制约或推动；同时社会治理体制创新又对社会体制转变和改革提出新的、更高的要求。激发社会治理的有效性，必须进行社会体制改革，建立与社会主义民主政治和市场经济相适应的社会治理体制机制，形成政府有效调控、市场合理竞争、社会有序治理的局面。③ 在一定程度上来说，当前中国正在施行的社会治理体制，仍有部分是在计划经济体制的背景下形成，同计划经济体制相适应的。实践证明，现行的社会体制不改革，社会治理就不能顺利进行。因此，必须"推进社会体制改革"，大力发展社会组织、社会团体、民间组织，形成社会建设的动力机制。④

二是社会治理与政党建设。推动社会建设和社会治理创新，应该发挥执政党的领导作用。而党委领导应该是总揽全局的领导和方向的引导。⑤ 吴新叶⑥指出，作为主体之一的执政党，应该首先处理好政党—国家—社会的逻辑关系，创新形式有效嵌入社会，激活社会治理的动力机制。需要特别强调的是，在社会治理中不仅要保证党的理论、路线、方针、政策的落实，发挥政治核心的作用，还要做好群众的思想政治工作，发挥党员的先锋模范作用，密切党和群众的联系，加强党的社会基础。为此，基层党组织工作的一个重要变化是要面向社会，在社会的舞台上活动，参与社会，服务社会，关怀社会。⑦ 根据我国国情，执政党的社会管理的实现路径主要包括：功能整合，构建"强政府、强社会"的社会管理格局；发育社会，培育社会组织的自主性；推广政府购买服务，拓展制度化的财政

---

① 李路路：《社会结构阶层化和利益关系市场化》，载于《社会学研究》2012 年第 2 期。
② 陈华：《比较视野中的中国社会管理研究：内涵与范围》，载于《南京政治学院学报》2011 年第 2 期。
③ 李培林：《完善社会建设，增进民生福祉》，载于《前线》2010 年第 3 期。
④ 陆学艺：《目前形势和社会建设、社会管理》，载于《中共福建省委党校学报》2011 年第 4 期。
⑤ 涂小雨：《经济建设、社会建设与社会管理的关联性分析》，载于《中共福建省委党校学报》2012 年第 7 期。
⑥ 吴新叶：《基层社会管理中的政党在场：执政的逻辑与实现》，载于《理论与改革》2010 年第 4 期。
⑦ 何海兵：《我国城市基层社会管理体制的变迁：从单位制、街居制到社区制》，载于《管理世界》2003 年第 6 期。

支持方式；授权社区，让群众性自治组织承担社会管理的相应职能等。①

三是社会治理与政府职能。从我国的治理传统和政府、市场、社会三者之间的关系变迁来看，政府在社会治理上的先天性优势不容忽视。② 因而社会治理理应成为政府的重要职能之一，一方面社会治理体制创新需要政府的推动与引导，另一方面加强社会建设与社会治理也需要转变政府职能。中国政府正面对着前所未有的强化社会治理职能的诉求，实现社会治理职能直接关系到中国社会的成功转型，而政府建构并发展与社会治理责任相适配的能力，是完成职能、达成绩效必需的基础条件。③ 然而，当前我国政府职能"越位""错位""缺位"现象还比较突出，政府仍偏重微观经济建设，宏观调控能力和动机不强，相对忽略社会治理和公共服务，政企政事分开不彻底，行使政府职能存在偏差，难以适应现代社会发展要求。④ 因此，应该转变政府职能，创新政府治理体制和治理方式。一方面，要强化政府的制度性设计、全局性事项管理等职能，发挥好政府在社会治理中的主导作用，加强社会治理和公共服务，推动全方位的政府综合配套改革，以公众需求决定服务导向，更加注重履行社会治理职能，以履行公共服务职能为首要任务⑤；另一方面，要充分发挥社会的积极性，转变观念，增强服务意识，努力打造服务型政府，提高服务型治理能力，在建设服务型政府的过程中创新社会治理体制与方式，实现治理与服务相统一。⑥

四是社会治理与社会组织。伴随经济的快速发展以及社会问题的凸显，社会组织在服务社会、提供社会支持、化解社会矛盾等方面所具有的优势和作用日益显现出来。特别是对于某些领域的公共服务而言，社会组织相比政府更加灵活、更有效率⑦，其发育和成长为新时期中国社会治理体制的变革奠定了重要的组织基础⑧。然而，当前我国民间组织发育迟缓，社会治理主体和治理结构单一，面临着社会治理主体身份的合法性缺失、生存空间狭小、社会组织形态衔接转换的复杂性、社会弱势群体阶层自治组织培育等问题。⑨ 故而，要高度重视社会组织

---

① 吴新叶：《基层社会管理中的政党在场：执政的逻辑与实现》，载于《理论与改革》2010 年第 4 期。

② 谢和均：《转型·秩序与社会管理》，载于《理论月刊》2011 年第 4 期。

③ 孙柏瑛：《基层政府社会管理中的适应性变革》，载于《中国行政管理》2012 年第 5 期。

④ 龙必尧：《关于转变政府职能加强社会管理的思考》，载于《探索》2007 年第 5 期。

⑤ 李立国：《创新社会治理体制》，载于《求是》2013 年第 24 期。

⑥ 涂小雨：《经济建设、社会建设与社会管理的关联性分析》，载于《中共福建省委党校学报》2012 年第 7 期。

⑦ 侯琦、魏子扬：《合作治理——中国社会管理的发展方向》，载于《中共中央党校学报》2012 年第 1 期。

⑧ 崔月琴：《新时期中国社会管理组织基础的变迁》，载于《福建论坛·人文社会科学版》2010 年第 11 期。

⑨ 关信平：《社会政策发展的国际趋势及我国社会政策的转型》，载于《江海学刊》2002 年第 4 期。

力量的培养和壮大，增强社会治理的规范化、专业化、社会化和法制化，政府不仅仅要加强社会组织监管，更要促进社会组织发展，坚持多方协同的原则①，并从明确社会组织的治理功能、完善社会组织的资源模式，以及加强社会组织规范化建设等关键环节入手提升社会组织的活力②。就此而论，加快形成政社分开、权责明确、依法自治的现代社会组织体制，已经是当代中国社会建设中最重要的课题之一，也是加快社会体制改革的中心环节。③

五是社会治理与公民群体。全球化、网络化创造出广阔的公共领域，市场化培育出大规模的公众群体，多重变革力量的重叠使转型中的中国社会加速迈入公众时代。④ 从本质上说，社会治理通过推进政府与社会系统的良性互动从而实现社会良序与可持续发展，而政府部门与公民社会对社会政治事务的合作治理，则是实现民主治理的关键所在。⑤ 在推进社会建设的进程中，公众依法有序参与社会治理不仅有利于实现社会的公平正义，而且有利于维护社会的安定有序和达成和谐宽容的愿景。⑥ 因此，转型期的社会治理必须始终坚持科学发展思想和"以人为本、服务在先"的社会治理理念，坚持共建共享的原则，不断满足人民群众的根本利益和需求，着力解决好人民群众最关心最直接最现实的利益问题。⑦ 丁元竹认为社会行为管理是社会治理的基本内容之一，要通过社会规范使人们按照社会和群体的预期行为行事，通过教化、社会化等一系列的过程避免破坏社会规范，出现违反群体和社会预期的行为（亦即"越轨行为"）。⑧

六是社会治理与大众传媒。随着大众传媒的日渐普及，中国社会治理的信息和舆论背景发生了根本性的变化，传统社会建立在信息资源垄断基础上的社会治理模式发生了从"全景监狱"到"共景监狱"⑨的根本性转换，由此造成了传统

---

① 侯琦、魏子扬：《合作治理——中国社会管理的发展方向》，载于《中共中央党校学报》2012年第1期。

② 关信平：《社会政策发展的国际趋势及我国社会政策的转型》，载于《江海学刊》2002年第4期。

③ 魏礼群：《加快构建中国特色社会主义社会体制》，载于《人民日报》2013年7月8日。

④ 葛玮：《公众崛起：社会治理的新环境》，载于《理论学刊》2009年第6期。

⑤ 俞可平：《中国特色公民社会兴起》，载于《21世纪经济报道》2005年12月5日。

⑥ 刘柳珍：《论社会管理中的公众参与》，载于《求实》2011年第8期。

⑦ 谢和均：《转型·秩序与社会管理》，载于《理论月刊》2011年第4期。

⑧ 丁元竹：《当前我国社会管理创新的主要领域和基本做法》，载于《马克思主义与现实》2011年第5期。

⑨ "全景监狱"（panoticon）是法国哲学家福柯提出的对社会规训或控制的一种隐喻，其指涉任何相互分割但对中心可视的人总是信息的对象，而不是相互交流的主体，完全"变成了服从的原则"（参见 Michel Foucault. *Discipline and Punishment*. New York：Vintage Books，1995：203）；"共景监狱"（synopticon）概念则指涉基于技术革命传播和网络信息社会发展而呈现出的一种新的围观结构，在其中原先被凝视的众人之间也开始获取和传递信息，在信息不对称消弭的情况下管理者在信息资源把控方面的优势已经不复存在，其也相应从原先的控制者转化为被凝视和监督的对象，从而成为一种"多数人观察和凝视少数人"的社会结构［参见 Thomas Mathiesen. The Viewer Society：Michel Foucault's "Panopticon" Revisited. *Theoretical Criminology*，1997，2（1）：215 – 234］。

社会治理的危机，并对新的社会治理方式提出了要求。新媒体时代社会治理面临着突出矛盾，例如集权治理的惯性与分权善治诉求之间的矛盾、社会组织管理行政化与社会组织方式自治化的矛盾等。[①] 故而，在网络（互联网）成为现代社会无缝沟通的重要载体，网络治理也相应地成为社会治理的重要内容的背景下，应不断转变思维方式，创新社会治理方式方法，要坚持依法治理、科学治理和有效治理的原则，构建政策鼓励、法律规范、行政监管、行业自律、财税引导、技术保障、公众监督和社会教育相结合的互联网治理体系。[②] 同时，以微博、抖音、微信等平台为代表的网络舆论场的蓬勃发展，为我们社会治理体制创新及社会善治打开了一扇睿智的亮窗。作为参与社会治理的一个重要方式或与公众进行良好沟通的渠道，政务微博在社会治理中的积极作用显而易见的，例如为社会治理提供了新的信息技术等工具支持、为社会公众及时获得信息提供了有效的平台支持等。[③] 因此创新社会治理体制，应深入剖析网络治理的内在机理，将其作为社会治理体系的重要一部分内容进行探析与建构。

4. 对相关研究的简短评述

随着改革开放的深入和社会结构的深刻变革，特别是新世纪以来，社会治理问题日益引起广泛的关注，学界从社会学、政治学、公共管理学等角度对社会治理进行了越来越全面深入的研究并产生了丰硕的研究成果，主要体现在以下几个方面：

一是社会治理的概念界定、认知类别及语义变迁。如认为社会治理是以实现和维护群众权利为核心，发挥多元治理主体的作用，针对国家治理中的社会问题，完善社会福利，保障改善民生，化解社会矛盾，促进社会公平，推动社会有序和谐发展的过程；指出人们对社会治理的认知有广义和狭义之分，且社会治理相关研究经历了从广义到狭义、从宏观到中观的历史演变；同时又从主体、方向、手段、内容、目标等多方面阐述了社会治理不同于社会管理的新内涵。

二是社会治理的现状及现存问题研究。如明确提出我国的社会治理虽然进行了切实的创新与改革并取得了显著成绩，但仍远远不能适应市场经济发展和社会全面进步的要求，并围绕理论研究、实践操作、组织条件、社会心理等方面阐析了社会治理体制创新所面临的主要挑战。

三是创新社会治理体制的对策研究。我国各学科领域对社会治理体制创新路径进行了富有意义和卓有成效的探索，一方面，在研究视角上，既有研究分别从社会体制、政党建设、政府职能、社会组织、公民群体与大众传媒等几个方面探

①　赵春丽：《新媒体时代政府社会管理思维的新转变》，载于《社会主义研究》2012 年第 1 期。

②　施雪华：《互联网与中国社会管理创新》，载于《学术研究》2012 年第 6 期。

③　董立人：《政务微博发展助推社会管理创新》，载于《领导科学》2011 年第 10 期。

索了创新社会治理体制的可行路径；另一方面，在研究主题上，相关领域的研究者分别从社会建设、社区管理、社会关系（利益关系）、协同机制、评价机制等探索了创新社会治理体制的实践外延。

然而，对于社会治理的相关研究概而观之，可发现仍有进一步深化与提升的空间：

其一，对于社会治理的现有研究视角大都是基于社会学角度的，存在一些学科的缺位现象。其实，社会治理问题是多学科聚焦的，包括自然科学、社会科学、生命科学，如哲学、法学、社会学、经济学、政治学、管理学、公共管理学、人学、心理学等。实际上，社会治理的研究只有多学科的视角，对社会治理的内在权能配置、运行逻辑等相关内容的分析才能更加全面、具体、详细，进而形成一些更具洞察力和分析效力的研究框架，也才能建构基于实践应用的实施方案。

其二，对传统社会治理的分析以及传统与现在的纵向比较研究不足。在中国几千年的传统社会的运行中，形成了一套系统而有效的社会治理模式，这些治理模式对我们更好地理解和把握当前社会内在形态、科学建构未来社会发展的可行框架，具有重要的镜鉴作用。然而这类研究在当前研究成果中却鲜有出现。因此本研究将试图对中国传统社会治理的相关内容作历史分析、与传统社会治理的理念模式作比较分析，使课题研究具有厚重的历史纵深感。

其三，理论脱离实际是现有研究的突出问题。现有理论共识在很大程度上都是参照西方现代化经验而形成的，其在解释机制的层面缺乏与中国当代实践之间的紧密嵌合。从现有研究来看，论者更多地关注规范性而忽略了实践性，致使研究者难以从社会管理变革的实践进程中挖掘出有助于理解现有"瓶颈"和指明未来出路的知识"增量"[1]，充分归纳和提炼地方试点的典型经验、典型模式和创新规律，有助于人们从战略性、全局性的角度把握社会管理创新的方向[2]，且起源于西方的治理理论对分析和解决中国的问题也存在着制度、文化、理论基础等一系列的适应性问题[3]。概观现有研究可发现，关于社会治理的"多元治理格局"、社会治理创新的新探索等，已经初步具备了宏观的合法性基础，也建构起了较为全面的理论体系。然而，进入实践过程之后，基于行动者的策略性行为，会使得社会管理的制度实践呈现出某种不确定性和复杂性，这种侧重"应然"和

---

[1] 邵静野、来丽梅：《社会治理体制创新中社会协同机制的构建》，载于《东北师大学报》（哲学社会科学版）2014年第1期。

[2] 汪大海、刘金发：《社会管理创新研究的新视角：地方试点及经验研究》，载于《中国行政管理》2013年第4期。

[3] 胡冰：《十八届三中全会对"社会治理"的丰富与创新》，载于《特区实践与理论》2013年第6期。

价值层面的判断的理论分析，无法厘清现有实践困境背后的复杂机理，也就更无法针对困境提出化解之道。

二、社会治理及其体制创新的相关理论梳理

综合来看，对社会治理的理论研究主要是从两个方面切入的，一方面是有关国家与社会关系的研究，另一方面是有关治理和善治方面的研究。前者从国家的制度建设角度探讨国家与社会的边界、分工以及互动关系等，这些研究对于我们认识社会治理中各个主体的关系和谈论社会治理体制创新的实践提供了理论基础；后者则是对治理的实践及其方式的变化进行提炼，形成有关善治的一系列理论，对这些理论的梳理，能够帮助我们了解国内外在治理实践方面的变化和经验，为我国的社会治理体制创新提供一些借鉴。这两方面的理论的共通之处在于强调社会治理与国家治理之间的互动关系，以及这种互动关系对于治理效果的影响。对于本研究而言，着眼于两者的共通之处，以整合性的、综合的分析视角来认识社会治理的相关理论，更能凸显理论分析的应有效能。

自诞生之日起，"治理"理论的基本假设便是：现代社会的有效治理并不取决于政府单边的自上而下的管理，而是取决于各种公共的或私人的机构共同协商参与的管理。在此理论视角下，多中心的合作治理结构是促成更有效社会管理的重心所在。[①] 治理理论的主要创始人之一罗西瑙在《没有政府的治理》一书和《21 世纪的治理》等文章中将治理定义为一系列活动领域里的管理机制，它们虽未得到正式授权，却能有效发挥作用。[②] 与统治不同，治理指的是一种由共同的目标支持的活动，这些管理互动的主体未必是政府，也无须依靠国家的强制力量来实现。在关于治理的各种定义中，全球治理委员会的治理定义具有很大的代表性和权威性。该委员会于 1995 年发表的《我们的全球伙伴关系》的研究报告中，对治理做出了如下界定：治理是各种公共的或私人的个人和机构管理其共同事务的诸多方式的总和。它是使相互冲突的或不同的利益得以调和并且采取联合行动的持续的过程。它既包括有权迫使人们服从的正式制度和规则，也包括各种人们同意或认为符合其利益的非正式的制度安排。它有四个特征：治理不是一整套规则，也不是一种活动，而是一个过程；治理过程的基础不是控制，而是协调；治理既涉及公共部门，也包括私人部门；治理不是一种正式的制度，而是

---

① ［美］皮埃尔·卡蓝默：《破碎的民主——试论治理的革命》，高凌瀚译，上海三联书店 2005 年版。

② ［美］詹姆斯·罗西瑙：《没有政府的治理》，张胜军、刘小林等译，江西人民出版社 2001 年版。

持续的互动。

由于治理也存在着失效的可能性，如何使治理更加有效便成为一个问题，"善治"理论是其中最有影响力的一种理论回应。善治包括以下基本要素：合法性，指社会秩序和权威被自觉认可与服从的性质和状态；透明性，指的是政治信息的公开性；责任性，指的是人们应当对自己的行为负责；法制，任何政府人员和民众都必须依法行事，在法律面前人人平等；回应，公共管理人员和管理机构必须对公民的要求做出及时的和负责的反应，不得无故拖延和没有下文；有效，主要指管理的效率。①

另外，从国内社会体制改革和社会治理体制创新研究的理论来源来看，国外的相关研究集中围绕以下三个核心理论展开：

1. 服务型政府理论

服务型政府的理论基础是新公共服务理论，建立在对新公共管理理论的批判基础上。新公共管理理论是对传统官僚制政府的颠覆。布坎南认为，市场选择不是任意的，它对人剥削人的潜在可能性是有严格限制的，市场是倾向于从政治控制中使人们的自由极大化，始终作为人们的基本价值观念的自由在允许市场发挥主要作用的社会制度里是受到最好的保护的。市场选择同样适用于政治领域，在政治领域中，人也是自利和理性的，以自己利益的最大化为目的。政治人如果过于追求个人权力与利益，必然使政府效率低下，造成政府失灵。在此基础上，奥斯本和盖布勒②认为企业家型政府是起催化作用的、社区拥有的政府；是具有竞争性、有使命感和讲究效果的政府；是有责任心、有前瞻性、分权的、以市场为导向的政府。美国学者彼得斯在《政府未来的治理模式》一书中主张利用市场力量的影响，吸纳私营部门参与公共管理，以"顾客"为导向，实现政府管理的三"E"目标：经济（economy）、效率（efficiency）、效益（effectiveness）。③ 新公共服务的代表人物哈登特夫妇则认为，与新公共管理（它建立在诸如个人利益最大化之类经济观念之上）不同，新公共服务是建立在公共利益的观念之上的，是建立在公共行政人员为公民服务并确实全心全意为他们服务之上的。哈登特夫妇的《新公共服务：服务，而不是掌舵》一书指出，服务是政府公共管理的本质，政府的任务不是去驾驭社会、去"掌舵"，而是去实现公共利益、去服务公民。服务型政府的理论内涵有以下几个方面：服务而非掌舵；公共利益是目标而非副产品；战略地思考，民主地行动；服务于公民而不是顾客；责任并不是单一的；重

---

① 俞可平主编：《治理与善治》，社会科学文献出版社 2000 年版。

② ［美］戴维·奥斯本、特德·盖布勒：《改革政府：企业精神如何改革着公营部门》，上海市政协编译组、东方编译所编译，上海译文出版社 1996 年版。

③ ［美］盖伊·彼得斯：《政府未来的治理模式》，吴爱明等译，中国人民大学出版社 2001 年版。

视人而不只是生产率；超越企业家身份，重视公民权和公共服务。①

2. 社会变迁理论

帕克认为社会变迁包括顺序排列的三个阶段：由不满而引起的骚乱和社会动荡开始，进而导致群众运动，最后以一种包含于重建的法律秩序之中的顺应而告结束。达伦多夫认为，社会结构变迁发生在冲突的利益集团之间，通过改变统治地位的占有者而实现，其内容表现在两个层次上：一个是观念层即道德规范或价值观取向的变化；另一个是实际层次，即制度上的变化。变化的形式有三种：突发式或革命式、改良式和革新式。与上述冲突论不同，索罗金把社会流动看作社会变迁的一种形式②，认为社会流动主要是研究群体之间人口交换的过程和结果，其意义在于促进社会的新陈代谢。

3. 社会建设理论

社会建设理论是系统地研究社会重建与改组的理论，目标在于促进社会系统的变迁与进步，改良不适应、不合理的子系统或结构、要素。③ 西方的社会建设理论范围十分宽泛，以社会变迁理论为基础，大致包括社会团结理论、社会整合理论、社会冲突理论、社会公正理论、社会福利理论和风险社会理论。④

（1）社会团结理论。涂尔干第一次明确提出了"社会团结"这一概念，并以此为基础建构了一套关于社会团结的理论。他针对19世纪欧洲步入工业社会后由于剧烈的社会变迁所引发的激烈社会冲突，提出了以职业群体为核心重塑"社会团结"的构想。社会团结理论的后续拓展经历了不同的分化发展，其中既有伴随共同的"集体意识"——作为社会团结的生产和延续的基本动力——的逐渐削弱和个性发展的日渐兴起⑤，又体现为伴随福利国家转型而使社会团结越来越难以完全依赖社会生活中那种纯朴的"归属感"和"亲密感"，而更多地依赖于国家的制度安排和资源配置⑥。

（2）社会整合理论。社会整合思想最集中、最直接地体现在作为古典社会学理论奠基人之一的涂尔干的社会团结说和集古典理论之大成的帕森斯的社会均衡说之中。如果说涂尔干的社会团结学说赋予社会结构更多强制性，因而使社会性带有过分决定论意味的话，那么帕森斯关于社会整合学说的重心则转向文化系统，强调透过社会化使规范、价值、信仰即文化系统内化成为行动者的自觉，从而发挥社会整合的功能。帕森斯认为，社会整合被视为一种最重要的

---

① ［美］珍妮特·V.登哈特、罗伯特·B.登哈特：《新公共服务：服务，而不是掌舵》，丁煌译，中国人民大学出版社2003年版。

② 转引自［美］刘易斯·科塞：《社会冲突的功能》，孙立平等译，华夏出版社1998年版。

③ 包晓霞：《社会学关于现代社会管理和社会建设的理论》，载于《甘肃社会科学》2010年第5期。

④⑥ 李培林、苏国勋：《和谐社会构建与西方社会学社会建设理论》，载于《社会》2005年第6期。

⑤ 王道勇：《社会团结中的集体意识：知识谱系与当代价值》，载于《社会科学》2022年第2期。

社会化过程。为实现社会均衡，他强调人们的行动必须与社会规范、价值观相吻合，这显然单靠社会教化不够，要有强制性的社会控制以解决行动者的他律问题。

（3）社会冲突理论。主要代表人物是达伦多夫和科塞。达伦多夫指出，社会具有两面性，一面是共识，一面是冲突。功能论关注前者，描述出一个有秩序的、静止的社会；而冲突论则关注后者，认为异议、矛盾会引起社会的变迁。在达伦多夫之后，科塞提出了"冲突功能论"，强调冲突具有维护社会系统的积极功能。

（4）社会公正理论。按照罗尔斯的说法，所谓社会公正，就是公民衡量一个社会是否合意的标准，换言之，它是一个国家的公民和平相处的政治底线。这意味着，一方面，社会公正是一个社会得以维系的先决条件，舍此，社会在政治上就将趋于崩溃；另一方面，社会公正因此也涉及公民对自身所处社会环境的心理感知和判断，在此意义上它也属于社会意识形态范畴。因此罗尔斯断言，正义的对象是社会的基本结构——即用来分配公民的基本权利和义务、划分由社会合作产生的利益和负担的主要制度。

（5）社会福利理论。其中最为典型的是"福利国家"理论。贝弗里奇在1942年为英国在第二次世界大战后重建社会保障计划撰写了题为《社会保险和相关服务》的报告，历数了英国原有社会服务事业中的种种弊端，并提出向社会中的懒散、无知、疾病、肮脏与贫穷五种顽疾开战的计划，尝试按照"全面和普遍"的原则建立"从摇篮到坟墓"的福利体系。

（6）风险社会理论。德国社会学家贝克于1986年发表《风险社会：走向新的现代性》一书，被公认为风险社会理论的开山之作。10年后，英国疯牛病的暴发与全球性蔓延，使风险社会理论成为西方学界研究的焦点。贝克、吉登斯和拉什是风险社会理论的代表人物，他们分别从生态和科技、制度、文化的角度对社会风险进行了研究。贝克看到了核裂变的放射性污染、空气和水的毒化、森林的消失等工业化的"副作用"带给人类不可预料的可怕性后果。吉登斯在《现代性的后果》中一开始就指出了"现代性的断裂"，现代性的四个制度支柱都可能带来严重的风险，如世界民族国家体系带来的极权主义、世界资本主义经济可能的经济崩溃、国际劳动分工体系带来的生态恶化和军事极权主义可能带来的核战争等。拉什认为，风险文化的时代已经来临，而风险文化依存于非制度和反制度的社会状态中；在风险文化时代，治理社会并非依靠制度，而是依靠价值和理念。

第二节 中国社会治理体制变迁：从传统经验到现代需求

即便建制意义上的中国作为整体曾先后经历了世纪之交的"千年未有之变局"以及 20 世纪末期的改革开放对政治、经济与社会系统的转型重塑，但融于这个民族、这片土地的集体正义价值观念却未有根本变动，而在此价值濡染之下的社会治理体制也都延续着一脉相承的价值原则和内在精神。当然，在经济体制转轨与社会体制转型的今天，诸种转型危机的凸显又为社会治理体制提出了新的现代需求。故而，系统梳理中国社会治理体制的传统经验与当代演变，理性分析转型过程中凸显的诸种现代需求，就成为我们探索社会治理体制之创新路径的因应之道。

一、中国社会治理体制的传统经验

自秦朝以来，中国封建统治者逐渐探索出一套行之有效的社会治理体制与模式。这一治理体制一定程度上克服了小农经济的分散性，把散乱的中国古代社会整合了起来。这一传统社会治理模式具有一定的先进性，为维护中国古代社会大部分时间的和平、稳定、团结与统一做出了贡献。[1] 当然，任何治理体制的构建、施行与社会深耕，都是以价值与结构的相互契合为前提的，因而应相应地从包括价值与结构在内的多维角度剖析中国传统社会治理体制的变迁历程。

中国封建社会的治理体制，是以"集体正义"的政治与社会价值观为支撑或典型体现的。从根本上来说，中国封建社会的集体主义价值是与自然经济基础相适应的，并在客观上促进了后者的强化和固化。自给自足的小农经济以互相隔离的家庭为组织形态[2]，在一个个区隔分散的宗族单元中，"官于朝、绅于乡"的儒生作为"封建正统价值的代言人"，在家族管理中自发诠释并践行着集体正义的价值内涵：其关于保障家庭成员基本生存需要与维持宗族秩序的基本内容，与封建中国所宣扬的"正义"价值保持着高度一致性。这种正义价值以"民本思

---

[1] 肖海鹰：《我国传统社会治理模式及其对当下乡村治理的启示》，载于《桂海论丛》2014 年第 6 期。

[2] 《马克思恩格斯选集》第 1 卷，人民出版社 1995 年版，第 677 页。

想"作为典型表述，渗透于以"保民""爱民""护民"为基石的治国实践之中，并以"民之抗逆"与"天德"的贯通为极端体现，认为民之尊贵与不可侵辱实乃"天性"。① 当然，作为一种政治价值的民本思想，在封建专制主义下必然不会转化为明确的作为制度操作概念的"民权"②；然而如若我们不以当代"民治"的民权概念苛求专制体制，而从具体的政策内容中体察其对于民本理念的彰显，就仍可见集体正义价值观在制度维度上的努力。事实上，即便是在明、清两代中央集权达到前所未有的程度，但国家对于人民基本生存权利的物质利益手段的政策保障，都使其呈现出鲜明的现代福利国家的特征。③ 封建国家在强化中央集权与保障人民福祉上的并行不悖，体现了"集体"与"正义"价值的互动与融合，也反映出封建王权与民本民生的制度化协调。

在集体正义价值的濡染和塑造下，中国的古代社会走过了原始社会、奴隶社会和封建社会④三个主要阶段，而这三个阶段也见证了"家天下"的国家认同的萌芽、发展、繁荣。"家天下"用中国儒家温和、博大的概念特质，包装了镇压式、盘剥式的统治理念，从而形成以血缘共同体为主体的国家认同。而这样的国家认同也维持了中国古代社会"超稳定"的现象。血缘共同体即以血缘为纽带，相互信任，彼此依赖，逐步结成共同体。这样一种以血缘为标志的，自觉的、自发的、简单的共同体，其形成在一定意义上可以理解成生产资料公有制的产物。从原始社会开始，血缘共同体蔓延于中国社会形态发展的每个阶段，特别是在中国长达近四千年的奴隶社会和封建社会中发挥着举足轻重的作用。从"禹传子，家天下"到西周"普天之下，莫非王土，率土之滨，莫非王臣"，再到"家天下"奴役下的"官天下"。⑤ 所谓"家天下"，即为统治者一家之家。统治者奴役"官"的阶层，并通过联姻、赐姓等方式不断扩大血缘共同体的范围，扩张血缘共同体对社会的影响力和控制力。所以，古代社会的血缘共同体既是在等级制度的基础上实现了同质化，这也奠定了血缘共同体内部结构

---

① 董仲舒将其表述为："天之生民，非为王也。而天立王，以为民也。故其德足以安乐其民者，天予之。其恶足以贼害民者，天夺之。"详见《春秋繁露》。

② 夏勇：《民本与民权——中国权利话语的历史基础》，载于《中国社会科学》2004 年第 5 期。

③ 例如清朝在各县城普遍建立了复杂的应急粮食供应系统，就代表着国家对普通人民物质福利的承诺。参见魏丕信：《18 世纪中国的官僚制度与荒政》，江苏人民出版社 2003 年版，中文版序言。

④ 史学界也有另一说法——中国古代社会包括原始社会、奴隶社会、封建社会和半殖民地半封建社会。

⑤ 张康之和张乾友先生在其著作《共同体的进化》第 272 页对于家元共同体中的"官"有详细的描述。官有两种属性："役"与"特权"。作为"役"，为官者以依附者对支配者效忠和替支配者谋士为基本内容。而为官的特权却使得"官可以役民"。特别提及中国封建社会中，特权对"官"的垄断。即使是隋唐时期的科举制，也是在选拔"被等级文化洗净了其平民等级观念"的人。所以，这里认为封建社会的"官天下"是被"家天下"理念奴役下的虚幻概念。

的稳定。

由此，血缘共同体掌握着绝对的政治权力，并通过严格的社会等级渗透进社会的每个角落，钳制社会动态的蔓延，控制社会发展的进程。所以，中国古代社会被覆盖于国家之中。[①] 与此同时，经济和文化发展的局限性使被统治阶级相信"君权神授"，从而成为"臣民"，信奉"君要臣死，臣不得不死"的教化。在中国古代社会中，"家天下"成为一种较为统一的"国家认同"，血缘共同体以利益垄断为目的管理国家。以血缘共同体为主体的统治阶级造就绝对国家，形成较为单一的社会势力，组建国家暴力机构，建构严格的社会等级，层层管控，以获取最大的利益增值。"家天下"的国家认同实现了血缘共同体和利益集团的一致性，国家和社会的一体性，剥削与被剥削矛盾的潜藏，"使大家同属于同一社会势力的社会里，冲突便可通过该社会势力自身的结构加以限制并予以解决"[②]，从而维持了中国古代社会的"超稳定"。也充分论证了涂尔干的观点："当集体意识完全覆盖了我们的整个意识，并在所有方面都与我们息息相通的时候，那么从相似性产生出来的团结就发展到了它的极致状态。"[③] 并借以说明："家元共同体的同质性往往会使我们认为的那些剥削者与被压迫者站在剥削者与压迫者的统一立场上。"[④]

在一定程度上，血缘共同体的国家认同是血缘共同体实现社会利益垄断的一种手段，中国封建社会虽然无法避免社会矛盾暗流涌动和朝代更迭的烽火硝烟，但是依然保持着一种相对"超稳定"的结构。也就是说，"在传统的国家，个人或者群体处于相对稳定的社交圈群以及稳定的生活和生产空间中。彼时的国家情境中，具有先赋性的角色安排和认同内化，让个人或者群体的认同无须建构与选择"[⑤]。在中国封建社会，国家覆盖了社会，血缘共同体实现了国家利益主导型的高度统一的国家认同。这样的国家认同反映到具体的社会状态中，则出现了长达数千年的"超稳定"。[⑥]

① 牟发松：《汉唐历史变迁中社会与国家关系及其变动的基本特征》，载于《社会科学》2011 年第 7 期。

② ［美］塞缪尔·P. 亨廷顿：《变化社会中的政治秩序》，王冠华等译，上海世纪出版社 2012 年版，第 8 页。

③ ［法］埃米尔·涂尔干：《社会分工论》，渠东译，生活·读书·新知三联书店 2000 年版，第 90 页。

④ 张康之、张乾友：《共同体的进化》，中国社会科学出版社 2012 年版，第 21 页。

⑤ 金太军、姚虎：《国家认同：全球化视野下的结构性分析》，载于《中国社会科学》2014 年第 6 期。

⑥ 参见张雨暄：《虚拟共同体的生根、偏植和归正——基于社会稳定视角》，苏州大学博士学位论文，2015 年。

二、中国社会治理体制的当代演变

封建社会的集体正义政治价值观，就其本质来说，是为封建专制统治所型塑并以巩固后者为目标的：一方面，封建集体要求个体的绝对服从和无条件付出，并赖于专制政权的笼络和压制而维续[1]，因而是一种马克思所谓的"虚假"集体；另一方面，封建王权所释说的"正义"价值虽然直接指涉人民的生计福祉，但这种价值却被定义为最低标准的基本生存权利[2]，在生存门槛之上的是更加明目张胆的不平等。依此而论，近代中国社会"集体正义"政治价值观内涵的现代转向，就同时包含着"集体"价值的"真实化"和"正义"价值的平等化两个过程。

西方现代政制理念的传入催动了中国封建政治制度的解体，彻底地撕去了专制主义"集体观念"的虚假外衣。当然，尽管诸多政治、思想家从西方借来了民主、自由、权利的概念，但他们更多的是从群体而非个人的角度来理解集体，这可能是囿于西方理论的抽象性、革命的彻底性需求和对群体性力量的仰赖等，但或许更多地则源于长期农业家庭小生产的社会生活和社会结构的传统影响，以及在这种影响下逐渐形成的经验论的实用理性。这种重视经验和传统而轻视眼前得失利害的思维模式，使中华民族获得和承续着一种清醒冷静而又温情脉脉的中庸心理：以服务于现实生活、保持现有的有机系统的和谐稳定为目标，珍视人际，讲求关系，反对冒险，轻视创新[3]……因而可以说，不同于西方以工商业兴起为打破封建之由，文化和政治随经济而变，中国封建解体实则因于讲学养士的传教和贵族阶级的融解，由文化和政治开端，而基本生产方式并未有根本改变[4]。

可见，中国 20 世纪初叶的政治价值变动，是一种由外而内、自上而下的"催生"过程，虽不可谓不轰轰烈烈，但也绝非"正本清源"式的彻底重塑。中国政治价值观的现代转变，其根本在于传统正义价值之内涵的不同，即从最低标准的基本生存权利到"个体发展与自我实现"的深刻转变。封建个体的存在更多的是一种对于道德共同体的"品格"的代表，他们无所不从属于想象或实在的集

---

① 萧公权：《中国政治思想史》，辽宁教育出版社 1998 年版，第 605 - 606 页。

② Elizabeth J. Perry. Chinese Conceptions of "Rights"：From Mencius to Mao-and Now. *Perspectives on Politics*，2008，6（1）.

③ 李泽厚：《中国古代思想史论》，人民出版社 1985 年版，第 305～306 页。

④ 梁漱溟指出，封建末期"经济进步是有的……但求如西洋对于政治手段那所谓引诱所谓强迫者，则难得其迹象。相反地，且见其经济手段制胜之不彻底不决定；政治手段不时回头"。梁漱溟：《中国文化要义》，上海人民出版社 2005 年版，第 153 页。

体，并受集体的预设规则所约束和规范，"人们习惯于按常规行事，这并不要求对他们正在做什么进行批判式评估。他们发现自己易于受到有意或无意的压力而在符合现有状态下来行动"[①]。他们与集体分享关于正义的共同道德目标，并自觉地按集体的预设目标和正义原则来规范自己的行为，无论是出于对集体忠诚的内在驱动，还是为了显示自己的"合群性"品性。然而，当这种自我的忠诚感或外在的合群评价不能满足自我实现的内在要求，或者说个体对于"发展"的欲求超越了集体对于"生存"的正义界定时，个体就会寻求突破集体的价值阈限而在自我发展与实现上有更高的需求。特别是到了 20 世纪七八十年代以后，主体的觉醒真正成为中国社会的主流思潮。在这一过程中，推动力量是多方面的：70年代末期的思想解放运动在将独立思考与人生观问题重新合法化的同时，也催生了以"价值""选择"等主体性观念为核心的个人意识的觉醒[②]，从个人角度看问题不仅是合法的甚而是时髦的；90 年代社会主义市场经济制度的确立与市场化经济发展模式的广泛开展，个人成为市场行为的独立主体和承担者，个体的地位、作用、价值被凸显出来，从根本上推动了政治价值观从集体取向向个体取向的转变[③]；进入 21 世纪，随着工业化与城镇化进程的高速推进，越来越多的人离开土地、乡村而进入工厂、城市，传统的基于血缘关系的家族式社会组织模式被业缘关系所打破，个体的发展欲求即便不能直接催生出自由的价值诉求，但也间接地诱生了权利、平等等现代民主思想；党的十八大以来，社会主要矛盾变化和对于社会治理下沉的要求，都凸显出对民众切身利益诉求之彰显、维护和实现的目标取向和治理重心之所在，由此也提出了关于疏浚诉求表达渠道、理顺多元利益关系、建构多元开放社会共治共享格局的更高要求。

伴随着改革开放的不断深化与社会主义市场经济的持续发展，我国传统社会治理体制也在当代时期呈现出相应的变迁取向，甚而在经济、社会与政治三个方面都深刻重塑了中国政治与社会生活的基本形态。

首先，在经济层面上，社会主义市场经济体制打破了计划体制下国家与政府对资源的全面管控，社会个体与企业组织成为市场行为的独立主体和承担者，个体的地位、作用、价值被凸显出来[④]，特别是近年来随着工业化与城镇化进程的高速推进，越来越多的人离开土地、乡村而进入工厂、城市，传统的基于血缘关系的家族式社会组织模式被业缘关系所打破，个体化的发展欲求与自主性的利益

① ［美］全钟燮：《公共行政的社会建构：解释与批判》，孙柏瑛等译，北京大学出版社 2008 年版，第 130 页。

② 赵修义：《主体觉醒和个人权利意识的增长——当代中国社会思潮的观念史考察》，载于《华中师范大学学报》（哲学社会科学版）2003 年第 3 期。

③④ 王岩、郑易平：《当代中国市场经济条件下价值观变迁与新型集体主义建构》，载于《马克思主义与现实》2004 年第 3 期。

追逐都成为生活政治衍生的经济基础与动力源泉。最为突出的是，伴随国民经济的持续发展与人民生活水平持续提升，"后匮乏型社会"① 形态的凸现使经济增长显性绩效失去了原有的统揽一切的社会功能，社会问题的政治化解决不仅是可行的而且是必要的。

其次，在社会层面上，为维护政权的刚性稳定，传统社会管理体制通过城市单位社会和农村人民公社而实现了对社会生活的全面管控②，然而伴随市场经济而来的"自由流动资源"和"自由活动空间"③ 为单位制的解体提出了客观需求，也直接促成了具有基层群众性自治组织性质的农村村民委员会和城市居民委员会的兴起和发展，构造了社区这样一个新的资源汇聚与政治生活空间，形成了生活政治的社会网络④。但这种方式的改变并不意味着政治的退场，毋宁说社会状况的改变创造了另一种政治出现的前提。⑤

最后，在政治层面上，"在商品经济和市场经济模式中蕴含着一条催生民主政治文化因素的逻辑链条，这就是：以其开放、交往的社会化性质为逻辑起点，到经济人格的独立，到平等的交往关系，到自由的活动空间，到对公正中介角色的欲求，到社会参与政治，最后到法治代替人治"⑥，此时权力开始下放、分散并渗透于微观生活之中，同时"如何生活"的问题将被提升为当前社会重要的政治问题⑦，而这也间接地催生了自我实现、"美好生活"等更高治理需求，而这恰恰是政治生活化的基本条件与内容。

---

① "后匮乏"社会并不是指一个再也没有匮乏性物品的社会，它也不是指整个社会，而是指其中的特定方面或特定领域，在其中富裕产生出的种种问题并不能由于更加富裕而得到解决。参见红苇：《"生活政治"是一种什么政治》，载于《读书》2002 年第 6 期。

② 有学者指出，"由于单位是依附在国家行政等级体系中的一个链条，而且单位成员也是依附在单位内部组织体系中的一分子，所以，国家对于单位、单位对个人都有一种父爱主义的色彩。换言之，单位是国家机体上的一个细胞，个人是单位机体上的一个细胞"。参见刘建军：《微型社会：计划经济下单位的构成》，载于《南京社会科学》2000 年第 1 期。

③ 孙立平：《"自由流动资源"与"自由活动空间"——论改革过程中中国社会结构的变迁》，载于《探索》1993 年第 1 期。

④ 上官酒瑞：《从解放政治走向生活政治：关于中国发展中政治的一种分析》，载于《中共天津市委党校学报》2016 年第 1 期。

⑤ 陈小碧：《"生活政治"和"微观权力"的浮现——论日常生活与新写实小说的政治性》，载于《文学评论》2010 年第 5 期。

⑥ 马庆钰：《告别西西弗斯——中国政治文化分析与展望》，中国社会科学出版社 2002 年版，第 21 页。

⑦ 这与有学者提出的"微政治"概念大体一致："今天的政治已经与曾经很长时间主导人们政治生活的对理念、信仰、制度、权威等价值和相关命题关切渐行渐远，而更多地表现为对民众日常生活的关注，或仅仅对民众具体、细小甚至琐碎诉求和问题的回应。"参见王丽萍：《微政治：我们身边的政治文化演变》，载于《学习时报》2011 年 9 月 26 日。

三、中国社会治理体制的现代需求

面对现代社会呈现出来的纷繁复杂的价值观念、利益主张以及社会关系，且持续变迁中的传统社会管理体制又渐趋失去了其原有的体制效能与管治能力，在此情况下，寻求社会治理体制的相适创新就成为必然的、急迫的选择。那么，应如何实现社会治理的体制创新呢？我们认为，系统梳理并阐析现代社会对社会治理体制的应然需求，才是回答这一问题的关键所在。

1. 政治价值的濡染

改革开放政策推行与社会主义市场经济的快速发展，在全面改变人们生产生活方式和提升人们物质生活水平的同时，也彻底重塑了传统中国"集体正义"政治价值观的深刻内涵：一方面，集体成为构成和保障个体价值实现的必要条件，因而是真实的、内在融合的，同时个体的自由发展和价值实现也是促进集体价值实现的必要基础，两者相互促进、互为条件。在这里，作为集体的国家对于个体而言，就不仅是情感上的归属和认同，而且是一种现实的需要和条件。中国作为一个统一、整体的国家而进入现代，国家与人民在迈向现代化过程中是并行不悖、息息相关并互为条件的，在追求个体发展的同时持守国家认同，将是未来中国社会的一条基本政治价值共识。另一方面，正义价值也不仅仅以保障人民的基本安全和生存权利为标准，而是力求在促进社会平等、增进人民福祉从而创造条件实现个人的自由发展和满足公众对美好生活的需求等方面做得更多。这种更加真实的正义价值，切实体现于社会主义国家建构过程中的政策目标之中：从毛泽东将（农民的）贫穷确定为驱动历史性变革的发动机[①]开始，邓小平以"小康社会"为目标的四个现代化建设，"三个代表"重要思想、科学发展观为提高人民群众生活水平而以发展生产力为第一要义，习近平明确提出"全面落实以人民为中心的发展思想，扎实推进共同富裕"[②]以及关于以人民为中心、保障和改善民生的一系列论述，都体现出国家政策的分配正义指向；同时，一直以来对农民问题的高度关注、将农民作为促进国家整体发展与社会共同富裕的核心与关键，无疑更加体现了正义价值的现代内涵，取消农业税、户籍制度改革、精准扶贫以及乡村振兴战略等都在促进正义价值实现上迈出了关键性步伐。

依此而论，中国社会的政治价值观，既立基于个体对国家、民族的集体认

[①] 毛泽东：《〈中国农村的社会主义高潮〉的按语》，引自《毛泽东选集》第五卷，人民出版社 1991 年版，第 221～222 页。

[②] 习近平：《为实现党的二十大确定的目标任务而团结奋斗》（2022 年 10 月 23 日），载于《求是》杂志 2023 年第 1 期。

同，又仰赖于国家与政府对个体价值的维护和实现；既强调国家对分配正义价值——作为一种公共的"善"的保障和实现的必要性，又主张个体在一定范围内的自我发展与自我实现的自由价值的合理性。因而，可以说，与西方在个体的价值基础上追求集体的、正义的价值不同，中国的政治价值观遵循着截然相反的演进取向，即持守基本的集体与正义价值观念不变，但同时力求保障个体价值在一定范围内的至上性和自我发展与实现的自由权利。

从中国政治价值观在当前阶段的现实呈现来看，如果说 20 世纪后 30 年是在孜孜探寻人民共同的价值诉求及其指涉对象的话，那么进入本世纪以来则不断推进着这一价值诉求的制度化和实践化。党的十八届三中全会《中共中央关于全面深化改革若干重大问题的决定》中提出推进"国家治理体系和治理能力现代化"，标志着当前中国社会主导性政治价值观在顶层设计层面得到了重视和彰显，并进一步落实到制度建设和政策创制的具体过程中。"国家治理"的建构性意涵既包含了"治理"所主张的多主体、多中心的治道逻辑，又彰显出"国家"在保障治理实践有效开展上的不可或缺性，同时强调以"法治体系"的普遍建立与推行作为基本建构原则与施行理念。[1] 在这里，国家与社会、个体共同作为治理的施行者而享有同等重要的主体地位，并分享着关于集体认同与正义价值的"真实与平等"的共同诠释；同时，法治与规则治理又体现出国家对于平等的个体价值及其自由发展权利的确证与保障。这种法治化保障的现实意义在于，一方面，实现了对传统"德性思维"所惯常的以个人德性和自治来理解"自主之权"的超越，得以围绕现实利益而通过权利的让渡达成社会契约，从而能够创建一种基于人民主权的现代国家理论[2]；另一方面，权利的伸张不再是一种主动的诉求，而成为一种外在的体认。这就使权利话语中的自由从"如何去自我做主，如何主动地去表达和实现自我意志和权益"的积极自由，转变为"如何正当行使权利，如何在规则和约束的框架内追求自我发展和实现"的消极自由，从而使得自由观念从对"改造政权、夺取政权、改天换地的政治自由"的指向[3]，转变为对维护自由实现的制度保障、法治体系、物质基础上来。

2. 转型危机的挑战[4]

所谓转型危机主要是指，"经济和社会关系发生了重大结构性变迁，从而产生了大量的经济和社会的矛盾和冲突"[5]。随着中国已经进入了从现代化早期阶

---

① 金太军：《国家治理视域下的社会组织发展：一个分析框架》，载于《学海》2016 年第 1 期。
② 胡其柱：《从晚清权利观念看清末国家建构的内在困境》，载于《天津社会科学》2015 年第 2 期。
③ 夏勇：《民本与民权——中国权利话语的历史基础》，载于《中国社会科学》2004 年第 5 期。
④ 下述内容参见鹿斌、金太军：《社会治理能力的结构体系及现代化转型》，载于《晋阳学刊》2016年第 3 期。
⑤ 徐湘林：《转型危机与国家治理：中国的经验》，载于《经济社会体制比较》2010 年第 5 期。

段向后期阶段迈进的新的历史时期，由现代社会向后现代社会、由工业化向后工业化、由管控型市场向有限自由型市场、由城镇化向新型城镇化、由政府治理向协同治理的广泛转变，使得我们正处于一个前所未有的大转型时期。相较于改革开放之初的社会转型而言，当下的一系列改革浪潮正深刻冲击着现有的政府治理体系并挑战着政府治理能力。原有后发优势已然减弱，并对经济社会的拉动作用显现出较大程度上的疲软。应当说，这些转型危机如果不能及时化解或有效控制，经过一定时间的积累，就可能转化成社会治理危机甚至导致政治体制的瓦解。

不过，值得庆幸的是，目前的治理转型显然是一种渐进式的过程，危机虽在经济、政治、文化和社会等各个领域相继显露，但总体而言是可控的、局部的、温和的。用历史的眼光来看，这是经济社会革新性、进步性、蜕变性发展进程中的一种历史常态，也是经济社会结构性变化对政治结构和政府治理能力产生冲击的正常反应。面对转型危机的挑战，我们必须有足够的理性承认国家和政府在治理过程中的种种弊端，也要有足够的魄力遏制新自由主义对新型治理范式的侵蚀。

3. 国家治理的补充

2013 年党在十八届三中全会《中共中央关于全面深化改革若干重大问题的决定》中首次提出："全面深化改革的总目标是完善和发展中国特色社会主义制度，推进国家治理体系和治理能力现代化。"应当说，不论是在摆脱殖民主义枷锁之后的探索时期，还是在改革开放之后的创新时期，由于治理基础的薄弱，对国家所能获得的能力及其运用天然的强制能力而达成各种治理目标的预期始终趋于高位。正如亨廷顿所言："没有强有力的国家作为现代化进程的保障，社会就只能陷入高度无政府状态。"[1] 但在当下这样一个激变的时代，"鉴于我们面临的任务之复杂与成本之高，没有人会相信，仅靠按比例增加合适的政府解决方案就是问题的答案"[2]。而且对国家治理的绝对依赖，使得"各级政府运行负荷累累，危机暗涌的状况已经显露出来"[3]。

按照斯考切波提出的关系视角分析，国家和社会共同构成了人类历史漫长发展过程中的基本活动空间。出于对国家繁荣和社会稳定的追求，国家治理和社会治理构成了难以分割的统一整体。由此我们不难发现，国家治理绝不是一个一维

---

[1] ［美］塞缪尔·亨廷顿：《变化社会中的政治秩序》，王冠华等译，上海人民出版社 2008 年版，第226 页。

[2] ［美］约翰·D. 多纳休、理查德·J. 泽克豪泽：《合作：激变时代的合作治理》，徐维译，中国政法大学出版社 2015 年版，第 4 页。

[3] 周雪光：《国家治理规模及其负荷成本的思考》，载于《吉林大学社会科学学报》2013 年第 1 期。

的结构，而是深刻嵌构着社会治理的多维体系。在实现国家治理体系现代化的进程中，需要有一种系统性的方法来提升国家和政府付诸努力的影响力，也需要有一个强有力的结构来支撑国家和政府治理行为的落实。我们相信，社会治理作为一个"力量倍增器"，能够成为国家治理的有效补充，并在两者相互作用中构成伟大的律动，共同推动现代化事业的发展。

4. 多元主体的催动

在波兰尼看来，社会治理是一个由单中心秩序向多中心秩序演变的过程。因为我们生活的世界正在经历着深刻而复杂的现代化变革，"任何一个行动者，不论是公共的还是私人的，都没有解决复杂多样、不断变动的问题所需要的所有知识和信息；没有一个行动者有足够的能力能有效地利用所需的工具"[1]。在这个意义上，现代化治理所呈现出的一个重要表征即是多元化趋势。这不仅仅包括价值理念、利益诉求、社会要素的多元化，其归根结底乃是一个主体多元化的结果。

由各级党委、地方政府、企业、社会组织、公民个人共同组成的多元主体已然成为学术界和实务界对多元主体组成的共识。其中，各级党委和地方政府始终是地方治理的核心力量，它们掌握着大部分法定权力和优质资源，其行为、意识、能力往往决定着地方治理的优劣和成败。当然，我们更应看到，随着经济社会的快速发展，多元社会主体迅速成长。例如，中国民营企业数量已从2012年底的1 085.7万户增长到2022年的4 700多万户，十年翻了两番多[2]；各类社会组织也持续稳步发展，行业日渐丰富，截至2021年底，中国社会组织数量已超过90万个[3]。可以说，一个规模庞大、主体多元的新兴力量已然崛起。面对多元主体的催动，"一个强加于人、凌驾于社会之上、能够实现发展的国家形象正在消失，取而代之的是采取一种更加客观的观念来审视公共行动、统合各种社会力量的条件"[4]。正如哈丁所言，我们之所以要团结起来，这是因为，假如其他人也来合作，那么合作就是我们每一个人的利益所在。[5] 因此，基于多元主体共同发展的时代性思考，我们需要开拓新的视野，提升社会治理能力水平，创立新的治理模型和规范准则，为社会主义现代化发展提供新的方向和治理

---

① Christopher Hood. Paradoxes of public-sector managerialism, old public management and public service bargains. *International Pubic Management Journal*，2003（3）：92 - 93.

② 参见：《习近平两会时刻｜"始终把民营企业和民营企业家当作自己人"》，人民网，http://lianghui. people. com. cn/2023/n1/2023/0309/c452482 -32640416. html，2023 年 3 月 9 日。

③ 参见：黄晓勇、徐明、郭磊、吴丽丽：《社会组织蓝皮书：中国社会组织报告（2022）》，社会科学文献出版社 2022 年版。

④ ［法］皮埃尔·卡蓝默：《破碎的民主——试论治理的革命》，高凌瀚译，生活·读书·新知三联书店 2005 年版，第 56 页。

⑤ ［美］拉塞尔·哈丁：《群体冲突的逻辑》，刘春荣等译，上海人民出版社 2013 年版，第 31 页。

体制。

5. 社会堕距的倒逼

改革开放以来，我国经济社会发展取得了举世瞩目的成就。但冷静地来评析这一历史过程，我们也不得不承认，整体社会治理仍有待完善。因为与经济发展和科技进步相比，社会治理始终处于滞后或延迟的状态，从而在整体上形成了一个"治理盆地①"。这就与以经济、科技等物质内容为代表的"治理高地"产生较大差距，我们可以称之为"社会堕距②"现象。这种堕距现象不会随着经济社会的深化调整而有所改善，相反，却会愈演愈烈。就目前来看，这种"社会堕距"表现在多个方面，一是在经济发展和社会公平上，我国虽已于 2011 年成为世界第二大经济体，但城乡和区域居民收入差距依然较大，相关数据显示，全国居民人均可支配收入基尼系数虽在 2008 年达到最高点 0.491 后呈现波动下降趋势，但 2020 年仍然处于 0.468 的高位③；二是在城市发展和城乡差距上，我国目前的城市发展无论是在数量、规模上，还是在质量、影响力上，已不可与改革开放之初同日而语，但城乡居民收入的绝对额差距却上升了近 46 倍；三是在发展绩效和环境质量上，虽然我国已经成为推动世界发展的"引擎"，但由此而付出的代价却是巨大的；四是在市场进步和制度跟进上，党的十八届三中全会《中共中央关于全面深化改革若干重大问题的决定》中提出要"使市场在资源配置中起决定性作用和更好发挥政府作用"，而与此相配套的社会治理制度依然不甚成熟，特别是在分配制度、社保制度、公共服务制度等部分方面或特定领域较为滞后。可见，"社会堕距"的愈演愈烈已不仅成为社会矛盾频发的"肥沃土壤"，而且也是阻碍社会治理能力建设的显性障碍。

第三节 社会治理体制的创新取向：
社会、政府与国家视角

转型社会为社会治理体制提出创新需求以及路径规定。然而，值得特别指出

---

① "治理盆地"是指治理低效或失效形成的特定空间。参见鹿斌：《地方"治理盆地"中的现实困境与突破路径》，载于《山东行政学院学报》2013 年第 6 期。

② "社会堕距"是"文化堕距"概念的借用，后者是社会学中的一个重要理论，美国社会学家奥格本在 1923 年出版的《社会变迁》一书中首先提出"文化堕距"概念，他用这个概念来说明在社会变迁中由于社会各部分变化的速度不同而产生的种种问题。

③ 参见《宁吉喆谈贫富差距情况：近十几年我国基尼系数总体呈波动下降态势》，新浪财经，https://finance.sina.com.cn/jjxw/2021-09-28/doc-iktzscyx6807767.shtml，2021 年 9 月 28 日。

的是，社会治理体制创新是一个系统、整体性的过程，需要包括社会、政府与国家在内的核心治理力量的共同推进与系统建构。对于社会主体来说，应客观体认当前公共性扩散的客观需求与既定现实，创造条件促进社会多元主体的成长，建构多元协同治理机制；对于政府主体来说，则应根据社会治理的价值原则和实践要求，切实推动政府的角色转型和职能转变；对于国家来说，则应发挥国家治理在资源供给、制度保障、平台搭建等方面的必要作用，克服社会治理的内在不足，促进社会治理的体制效能发挥。

一、社会治理体制创新的社会视角

1. 治理主体及其多元化取向

新公共管理理念着眼于规避"私人性"对"公共性"的僭越而强调社会性的政府管理，从而成为后工业社会时代改造政府与社会关系以及重塑政府行政行为的核心理据。新公共管理的话语体系本身就涵括着协同治理的内在语义，体现为：一方面，新公共管理运动承接了来自公共管理理论的公共性与社会性的基本特质，这不仅决定了政府管理必须以公众所共同关注的、牵涉到相当规模的不确定人群的问题为重心，而非个人的或私人领域中的问题[①]，而且强调建构包含政府、非政府公共组织以及民众在内的多元化、多中心社会治理机制，从而得以避免上文所述的国家与社会的"背离"窘境；另一方面，基于社会力量不断成长与社会能力持续提升的先验预设，新公共管理运动强调通过以合同制为基本内容的市场化改革，在政府与社会之间建立起新型的"委托—代理"的契约关系，从而逐渐显露出莱恩所谓的"合同制国家"[②]的特色。从而，在传统委托—代理理论话语体系中作为代理者的国家与政府开始扮演起委托者的角色，而作为委托者的社会与公民则开始履行代理职能，长期以来被当作私人性（作为公共性的对立面）存在和成长温床的社会，逐渐承接了更多来自公共行政范畴的维护和增进公共利益的根本旨归，传统上认为的只存在于国家及其政府的公共性属性扩散到了社会之中，而被学者称为"新公共管理运动的一个意想不到的收获"[③]。

然而，由于改革开放之后，中国对政府管理体制、市场经济体制与社会管理体制采取了差异化的改革与推进策略，因而三者相应地呈现出截然不同的公共性

[①] 陈庆云等：《公共管理理念的跨越：从政府本位到社会本文》，载于《中国行政管理》2005年第4期。

[②] ［英］莱恩：《新公共管理》，赵成恩等译，中国青年出版社2004年版。

[③] 张康之、张乾友：《民主的没落与公共性的扩散——走向合作治理的社会治理变革逻辑》，载于《社会科学研究》2011年第2期。

扩散或承接情况。事实上，正是这些社会系统之间的公共性属性与能力的差异，导致了社会治理迈向主体多元化过程中的诸多问题与困境，进而也阻滞了社会治理能力的建设与提升。

2. 公共性扩散的结构性困境

我们认为，正是公共性扩散过程中所存在的结构性困境，而阻滞了社会治理多元主体能力的建构与成长。这些结构性困境，既体现于公共性政府向外部扩散的过程中，又体现在市场与社会承载公共性能力的体现上。具体来说[①]：

一是政府引导错位：利益视角与价值导向的异化导致公共性引导不足。在政府与社会的互动过程中，政府的主导性作用是借由其制定的公共政策或行政条令而实现的，正是从这个意义上讲，作为政策制定时的内在影响因素，地方政府的利益视角和价值导向往往成为决定社会治理模式和建设方向的关键，进而影响公共性的实现程度。在这里，我们以地方政府的部门利益视角，亦即政府自利性的萌发作为分析视角。公利性作为现代民主政府的本质属性，是政府合法性与政府权威的根本来源。但是政府作为社会组织同样追求自身的良性发展，且政府是作为其成员的共同利益代表而成为一个整体的，因此政府除了管理公共事务，具有为社会服务的公利性、利他性之外，还具有为自身组织及其组织成员生存和发展创造有利条件的属性，即地方政府的自利性。[②] 应该说，在改革开放以来中国经济持续高速增长的数十年中，地方政府的部门利益视角是发挥了巨大的推动作用的[③]，亦即有度、有序、控制得当的自利性是有其合理性的。然而，在社会管治过程中，由于地方官员利益取向遏制不足、制度规引不足以及不对等的财事权，导致地方政府的自利性往往脱离了其应有的运行逻辑和作用范围。

二是市场承载失位：市场机制的功能羸弱导致公共性价值的泛化与虚化。事实上，在市场经济的最初存在及其秩序的建构中，都内蕴着某种互惠平等、公正公开的道德内容和价值精神，在基于这样的准则和导向所建立的市场经济秩序之下，市场主体在追求效益最大化的过程中达到实现公共性的客观结果。然而，就像所有的公共秩序一样，市场秩序的建构与维护同样是一个博弈演进过程，在一个存在大量"搭便车"、背弃承诺诱惑的情形下，公共权力的有效规导极为必要，这种规导作用的发挥，一方面要求公共权力的无偏颇性，以公共利益最大化为所

① 参见金太军：《中国城镇化推进中的公共性不足及其培育》，载于《社会科学战线》2015 年第1 期。

② 金太军、张劲松：《政府的自利性及其控制》，载于《江海学刊》2002 年第 2 期。

③ 沈承诚：《地方政府核心行动者的生成逻辑：制度空间与制度规引》，载于《社会科学战线》2012年第 6 期。

求①，另一方面则须以制度的有效供给为主要形式②，使市场行为在制度的规约下有效地抑制与克服背信弃义之冲动、自觉选择合义或合规范之行为。在社会管治过程中，异化的利益视角与价值导向导致政府行政的公共性不足，而且社会基本结构——社会基本制度体系的制度安排问题却远未发挥其应有的效力和能力。另外，市场逻辑的全面弥散也导致人们常常不自觉地"将经济或者说市场当成了政治，甚至是最大的政治，而真正的政治却在很大程度上被转换成了经济或者偶尔被当成了文化"③，在这样的泛化情形中，政府与市场就难以发挥相互补充和促进的作用，与此相反，市场的公共性属性往往被异化的政府行政所裹挟，而政府的公共本质却常常被不规范的市场秩序所侵蚀，进而在政府行政与市场经济的共谋中公共性被虚化了。

三是社会参与缺位：公共领域萎缩与"输入性故障"导致公共性条件不足。哈贝马斯在解析公共领域的结构与能力时指出，所谓公共领域，"首先意指我们的社会生活的一个领域，在这个领域中，像公共意见这样的事物能够形成"④，而这种融合了公共意见的场域可能包括"教会，文化团体和学会，市民论坛和市民协会，此外还包括职业团体，政治党派，工会和其他组织等"⑤。然而，在当前社会中这样的公共领域却远未形成。例如在城镇化进程中，进入城镇的农民更多的是以散沙状的个体化形态挣扎于身份与职业的转变过程中，从而难以发展出相应的能力以充分利用和维护城镇化所赋予的各种权利和利益。从根本上讲，这是由于在传统的以"自我主义"为中心的差序格局中，农民的交往对象的同质性较强，多是一些拥有相同信息与资源的亲戚、邻里，而对于互动中的陌生人持着低信任的怀疑态度，对跨出狭小的生活圈与陌生人接触有着一种莫名的恐惧感和本能的排斥，因此进入城镇集中安置的异质性的农民之间往往缺乏合作互信的精神内容和互助共赢的价值诉求，更勿论组建跨越血缘和地域的自发性组织团体了。⑥

3. 社会组织发展的治理取向

应该看到，社会治理中的个体参与过程是一个多元复杂的、动态与静态相互

---

① 高兆明：《公共理性·市场经济秩序》，载于《东南大学学报》（哲学社会科学版）2002 年第 3 期。

② ［美］埃莉诺·奥斯特罗姆：《公共事务的治理之道：集体行动制度的演进》，余逊达、陈旭东译，上海三联书店 2000 年版。

③ 万俊人：《公共性的政治伦理理解》，载于《读书》2009 年第 12 期。

④ ［德］尤尔根·哈贝马斯：《公共领域》，转引自汪晖、陈燕谷：《文化与公共性》，生活·读书·新知三联书店 2005 年版，第 125 页。

⑤ ［德］尤尔根·哈贝马斯：《公共领域的结构转型》，曹卫东译，学林出版社 1999 年版，第 35 页。

⑥ 相关研究可参见：费孝通：《乡土中国：生育制度》，北京大学出版社 1998 年版，第 30 页；郑杭生：《农民市民化：当代中国社会学的重要研究主题》，载于《甘肃社会科学》2005 年第 4 期；Max Weber. *The Religion of China*：*Confuciansm and Taoism.* Glencoe：The Free Press，1951：231 - 232.

结合的过程，而多元化社会中的个体往往会在其有限的本体概念中持续调适其行为策略以应对异质性的组织环境，因此"不能认为通过个人的理性计算可以对不同个体的行为进行聚合"①。此时，只有在公共领域中存续的那些凝结了公约诉求的社会组织，才是建构多元主体中社会治理力量的关键所在。

事实上，近年来，我国的社会组织得到了快速发展，不仅数量激增，而且与政府的协同功能初显，增进了政府与社会组织的沟通与联系，社会组织正在成为政府决策的重要智囊和推动政府改革的强大动力源。基于功能性而非结构性的分析，我们就不应将眼光仅停留于社会组织在政府主导下的"权宜性策略"或力图构建的"利益契合"关系，而应根据社会治理的主体属性、结构特性和运作逻辑，来定位社会组织未来发展的价值、功能与实践取向。

首先，社会治理的主体属性与社会组织的价值取向。在这里，我们所强调的社会治理的主体属性，是要指出其与治理的多元化主体之本质需求所不同的、对于国家建构之旨归的彰显。从社会治理与国家建构的关系来看，由于中国社会尚未孕育出能够独立承担社会治理事务的、具有一定政治意识和治理能力的社会自组织力量，再加上现代社会的快速流动性和高度复杂性，在这样一个充斥着多元利益分化和文化融合冲突的社会系统中，无论是国家权力还是社会治理，都难以单独实现对复杂社会事务的有效治理。正是在这样的背景下，国家建构与治理开始重新审视对方，并逐渐认可对方的功能甚至必要性价值。② 因而，社会治理实则为国家建构与治理相互体认乃至互相融合之后的衍生概念；社会组织作为社会治理的组织载体或实体力量，就理应超越自由主义与国家主义之间的抽象对立，而致力于通过其在政治传播、政策营销、社会整合、公民培育等方面的能力和作用，从而一方面提升社会群体的公民意识和社会领域的公共性限度，从而提高社会作为自我治理主体的自组织能力和治理效度；另一方面通过对国家权威的"共景"监督和对权力分散诉求的有序表达，推动国家建构与社会治理之间形成一种弹性化或动态性的、可互相合作甚至相互转化的张力③，从而实现国家的权力转型并使其专注于"基本能力"，即"国家通过社会中的商议和合作进程来渗透社会，组织社会关系和实施政策的能力"④ 的建设。

其次，社会治理的结构特征与社会组织的功能取向。作为一种不同于社会控

---

① ［美］乔尔·S. 米格代尔：《社会中的国家：国家与社会如何相互改变与相互构成》，李杨等译，江苏人民出版社 2013 年版，第 195~196 页。

② 徐勇指出，"正如没有一个以市场经济和公民权利为根本的现代公民社会，就难以建构一个现代国家一样，没有一个现代国家，现代公民社会也难以建构起来"。参见徐勇：《"回归国家"与现代国家的建构》，载于《东南学术》2006 年第 4 期。

③ 郁建兴：《治理与国家建构的张力》，载于《马克思主义与现实》2008 年第 1 期。

④ Ziya Onis. The Logic of the Developmental State. *Comparative Politics*，1991，24（1）：109–126.

制与社会管理的社会主体串联方式与公共事务治理模式，社会治理突出强调治理主体的多元化和治理过程的多中心性，这是社会治理最为根本的结构性特征。在这种治理模式下，除国家权威以及不同层级政府之外，市场体系以及包含了社会个体和社会组织的社会系统，都有充当治理主体的资格和可能；而公共事务治理与利益诉求满足的过程，也开始走出政治议程的神圣殿堂而散落于社会生活的不同层次和不同地域中，并由点带面，形成主体多元、中心分散、类型多样、时空灵活的治理格局。社会治理的这种结构性特征，至少向社会组织提出了三个方面的功能需求：其一是培育市场与社会参与社会治理或实现公共事务自我治理的意愿和能力，尤其是近年来社会建设滞后于经济发展，利益多元化、技术理性弥散、现代性对传统社会的撕裂式解构等，都造成了社会系统结构分散、价值多元和个体离心的形态，如何实现社会领域的组织和自我组织并实现公共性的内在生长，是建构多主体、多中心国家治理结构的关键所在，更是现阶段各类社会组织首要的功能定位；其二是通过社会组织的社会整合本能、价值凝聚能力和政治传播功能，实现国家治理与公民日常生活的衔接与互融，贯通公共领域的意识形态与生活领域的传统价值之间的界域，打破宏观制度体系与微观民情民俗、道德体系以及各种非正式制度的隔阂与壁障，真正实现国家治理与公民日常的互融和动态过程中的相互型塑，构建国家治理赖以存续的社会根基；其三则是要突出社会组织作为公共领域、私人领域和日常生活领域之联结地带的中介性质，充分利用社会组织类型多样、包容性强、时空灵活的特征，使之成为政党代表、政府机构、市场主体、社会力量之间交往、对话的场所。

最后，社会治理的运作逻辑与社会组织的实践取向。作为社会治理现代化的两个支点，社会治理体系与治理能力的现代化是互为前提、相互促进的：社会治理能力的建设须以既定的社会治理体系为基础并为后者提供改革的方向，而社会治理体系的构建则应以相应的社会治理能力为支撑并推动后者的逐步提升，两者协同推进，共同作为社会治理现代化具体实践过程的两个方面。社会组织在社会治理过程中的实践取向，就应落脚于社会治理体系的构建与完善，以及社会治理能力的维系乃至提升上。这就要求社会组织一方面要树立对于执政党的政治认同并获取来自执政党的价值认同，努力破除社会组织与执政党之间在合法性体认、价值确认、文化认同以及合作方式上的隔阂和阻碍，实现两者的相互认可、接纳吸收和互相合作，从而能够在执政党的社会基础建设和执政能力提升上面发挥更大的作用；另一方面，则要为社会治理制度体系完善和治理能力针对性提升提供必要的"信息"输入，由于社会个体的利益诉求往往多元、分散而难以对政策议程形成实质性影响，而国家和政府又常常缺乏有效了解社会诉求的意愿和能力，因此具有高度整合性和代表性的社会组织在这方面应有更多功能体现。①

二、社会治理体制创新的政府视角

与西方国家治理"强调弱化政治权力，甚至去除政治权威，企望实现政府与社会多元共治、社会的多元自我治理"② 不同，中国特色社会主义语境下的国家治理并不是简单的政府放权和去政治权威化，而是在保证党的权威的基础上实现多中心、多主体、社会参与的治理。需要强调的是，我国的国家治理是在中国特色社会主义制度下为实现深化改革总目标而进行的治理，其"总体格局是中国共产党作为领导核心总领全局，统筹各方，其实际运行是一个领导核心、多方参与、各司其职"③。为了有效避免政府自身的各种不利因素，实现对国家社会的有效治理，政府必须能够及时地根据经济社会的变化不断调整和优化自身职能，这也是体现政府生命力的一个重要方面。合理有效的政府职能设定是实现国家治理体系和治理能力现代化的重要方式与手段。需要注意的是，我国语境下的政府职能转变并不是简单地把政府的权力向市场和社会转移，而是实现在党的领导下的政府、市场与社会的协同治理，并不是简单的政府管理权限的调整，而是实现政府管理权限、管理结构和管理方式的全面协调的变革。政府职能的转变主要涉及政府、社会和市场的关系定位，需要我们对以前"认为是合理的政府、市场和社会的关系进行重新审视"④，重新塑造三者之间的良性互动关系。在国家治理体系中，国家治理现代化是目标，而政府职能转变是实现这一目标的手段之一，目标的实现需要作为手段的政府职能转变的合理推进；同时，政府职能转变这一手段也必须依据国家治理现代化这一目标的变化做出不断的调整，即政府职能转变也必须考虑到国家治理现代化这一目标和前提。

事实上，政府职能的转变是一个复杂的、长期的渐进过程。成功的政府职能的转变不是一蹴而就和任意而为的，其需要较为完善的顶层设计和价值取向定位。政府职能转变的价值取向直接决定了政府职能最终转变成为什么状态，也直接决定了政府职能转变能否成功地适应经济社会的需要并促进经济社会的发展。⑤

---

① 参见金太军：《国家治理视域下的社会组织发展：一个分析框架》，载于《学海》2015 年第 1 期。

② 王浦劬：《国家治理、政府治理和社会治理的基本含义及其相互关系辨析》，载于《社会学评论》2014 年第 6 期。

③ 王浦劬：《理解国家治理需防止两种倾向》，载于《国家治理》2014 年第 10 期。

④ 胡宁生：《国家治理现代化：政府、市场和社会新型协同互动》，载于《南京社会科学》2014 年第 1 期。

⑤ 参见赵军锋、范瑞光：《政府职能转变的价值取向论析——基于国家治理视角》，载于《公共管理》2015 年第 6 期。

一是将实现由"效率"到"公平"的转换作为政府职能的价值选择。效率与公平一直是一个备受争议的话题，不同的行为主体在不同的环境下对效率和公平会做出不同的价值选择。效率和公平是不同的价值取向，拥有不同价值取向的人普遍认为效率和公平是一对二元对立的概念，在政府管理中很难做到效率与公平两者的统一。传统工业社会下的政府管理多为效率优先的价值选择，这也符合当时追求增加社会财富的普遍心理。我国政府的管理也经历了"效率优先""效率优先、兼顾公平"等不同发展阶段。基于"效率优先"或"效率优先，兼顾公平"理念指导下的政府管理虽然促进了整个经济社会的飞速发展，但也出现了贫富两极分化、社会矛盾凸显等管理负效应。我国在国家治理现代化情景下进行的政府职能转变是基于当前经济社会的现状对政府、市场和社会职能的及时调整。《中共中央关于全面深化改革若干重大问题的决定》（以下简称《决定》）指出，全面深化改革就是"让发展成果更多更公平惠及全体人民"[1]，因此，政府职能转变必须实现由"效率"到"公平"的转换，使政府治理不仅仅能够有效而且应该公平地服务于人民，优化政府效率，强化政府责任，强调政府的服务导向以及对社会公平的关注。

二是以公共利益至上作为政府职能的目标导向。政府是代表全体人民的国家意志的体现者，是人民意志的执行者。依据社会契约论的论述，国家权力来源于全体公民为了实现全体成员利益的最大化而做出的权力让渡。从权力的来源看，政府权力直接来源于国家法律的授予，而最终来源于公民的权力让渡。政府权力的来源决定了其必须对公民负责，突出其公共的性质，因此，维护和实现公共利益也成为国家和政府产生和得以长期存在的重要原因之一，公共利益至上是政府一切行为的最高准则。作为行政管理主体的政府，在执行作为全体人民意志体现的国家法律时必须坚持公共利益至上的原则。政府作为实现国家治理的重要主体之一，必须保证其手中的公共权力真正地为全体人民服务，为实现和维护公共利益服务，为实现国家治理现代化服务，"防止公共权力在普遍物的形式下成为某个特殊阶层的统治工具，保护和追逐少数人的特殊利益"[2]。

政府职能的转变主要涉及政府公权力的配置和转移。社会经济的快速发展，对政府权力的配置和转移提出了不同的要求。为实现政府职能与保护经济社会同步，政府权力也需要做出改变。由于政府公共权力的特殊属性，在进行政府职能转变时必须坚持公共利益至上的原则。改革开放后，由于经济社会的要求，我国政府进行了多次政府职能的转变，但这些职能的转变大多数是按照经济效率至上

---

① 《中共中央关于全面深化改革若干重大问题的决定》，人民出版社 2013 年版，第 3 页。

② 张成福、李丹婷：《公共利益与公共治理》，载于《中国人民大学学报》2012 年第 2 期。

原则或者是"效率优先，兼顾公平"的原则来进行的。我国政府在国家治理现代化下进行的政府职能转变，既是国家现代化的要求，也是对社会上因过度追求经济效率所导致问题的一种回应。政府职能转变坚持公共利益至上的原则是对实现我国政府由管理型政府向服务型政府转变的基本要求。

三是以"有进有退、合理适中"作为政府职能的指导原则。有效的政府治理必须合理界定政府职能，实现政府职能有效合理的转变，因此，逐步转变政府职能是实现改革总目标的应有之义。但政府职能的转变并不是简单地向市场和社会下放权力。"完善和发展中国特色社会主义制度，推进国家治理体系和治理能力的现代化"[1] 必须逐步完善中国特色社会主义市场经济体制并不断发挥社会主义市场经济体制的优势，而"有效的政府治理，是发挥社会主义市场经济体制优势的内在要求"[2]。2013 年《中共中央关于全面深化改革若干重大问题的决定》也提出市场在资源配置中的有效作用离不开政府作用的合理有效的发挥，因此，政府职能转变不是简单的放权而是重新对政府职能权力结构的界定。

政府职能转变应该遵循有进有退、合理适中的指导原则，其要求政府职能转变应该分情况进行，原来政府越位的要收缩权力，原来政府缺位的要形成权力补位，以形成政府职能合理适中的职能设定。在政府权力过多干涉的资源配置等市场运作领域，政府应该逐渐下放和取消相关行政审批权，实现市场对资源配置的有效调节和对政府职能越位的有效纠正。但在保持宏观经济稳定、促进经济结构调整和产业优化升级等方面需要加强宏观调控，政府不仅不应该放权，反而应该逐步加强自己的宏观调控能力。在市场和社会的微观管理方面，政府应该实现自己的权力收缩；在战略、长期规划、市场监管和社会管理等方面，政府应该提升自己的掌控能力。在国家治理现代化情景下，我国的政府职能转变必须防止演变成简单地向市场、社会放权，应该坚持有进有退、合理适中的原则，实现政府、市场、社会的权限范围的重新界定，在政府原有的职能中，多余的应该放弃，缺乏的应该补足。

四是以"合作治理"作为政府职能的发展模式。随着我国现代化和工业化进程的不断深入，更具复杂性与多变性的后工业化进程也在逐渐开启。与此相应的经济社会也都发生了许多重要的变化：网络化管理和全球治理的兴起、公民民主意识的觉醒、非政府组织数量的增多和作用的加大，"社会的多元化正在成为时代的新特征，由政府单一主体肩负社会治理职责的时代正渐行渐远"[3]。政府应该从传统工业社会下的管理行政向后工业社会的服务行政和合作行政转变，管理

---

[1] 《中共中央关于全面深化改革若干重大问题的决定》，人民出版社 2013 年版，第 3 页。
[2] 《中共中央关于全面深化改革若干重大问题的决定》，人民出版社 2013 年版，第 16 页。
[3] 张康之：《论主体多元化条件下的社会治理》，载于《中国人民大学学报》2014 年第 2 期。

模式应该从传统社会下的政府单一主体管理向后工业社会的多元主体管理模式逐步转变，政府治理方式也应该由现在单向的管理向多主体、多维度的协同治理转变，注重发挥政府外的其他治理主体的作用。国家治理的现代化应该是在党的权威领导和多元主体协同参与下，"形成'一元主导、多方参与、协同治理、交互作用'的基本格局和体系结构"①。而这基本格局的形成离不开多元主体治理能力的提升。

现阶段我国政府职能转变必须立足于政府与市场、政府与社会、政府与公民的关系改变上，立足于实现政府、市场和社会的协同治理之上。要实现政府、市场、社会和公民权利的重新定位，明确政府应该转移给市场、社会的职能的属性，建立起权力清单体系和负面清单制度，把政府、市场和社会缺位的各个方面逐渐补全。要减少政府在职能方面的缺位和越位，增加市场在国家治理中所起的作用，在有效避免市场失灵的基础上不断实现市场对国家治理的有效参与。要增强在国家治理过程中各社会组织和社会公民的作用，逐步培养出能有效参与国家治理的合格的现代化社会组织和公民。最终，通过政府职能的不断转变，形成政府、市场、社会参与国家治理的新格局，形成多元主体、协同治理的现代国家治理模式。

三、社会治理体制创新的国家视角

虽然治理以其所描绘的美好图景而受到人们的憧憬和期待，但即便是在西方学者那里，治理也仅仅作为具体实践的一种理性化想象或理论研究的一个概念性主题，远未真正建构起一套具有延展性和统括力的治理理论体系。② 其之所以长期踟蹰于原理论（proto-theoretical）意义的混沌之中，其根源在于治理观念作为一种国家替代机制，在脱离了国家的制度、组织、资源以及意识形态的供给之后——即便是在国家、社会与市场三元分立的西方世界——也常常陷于低效甚至无效的困境之中③，更何况人类社会在自组织的过程中常常难以克服奥尔森所谓的"集体行动的内在困境"。因此，社会治理体制创新，同时也需要国家治理体制的相适创新与转型。然而，当前国家治理呈现出诸种现代性困境，受到多重转型危机的挑战；因而应根据社会治理的现实需求，实现国家治理的体系建构与能

① 王浦劬：《论政府职能的若干理论问题》，载于《国家行政学院学报》2015年第1期。

② 王家峰：《国家治理的有效性与回应性：一个组织现实主义的视角》，载于《管理世界》2015年第2期。

③ Hysing, E. Governing without Government? The Private Governance of Forest Certification in Sweden. *Public Administration*, 2009, 87（2）: 312–326.

力提升。

1. 国家治理的现代性困境：挑战与多重危机

随着市场经济的快速发展和社会结构的深入调整，我们正处于一个前所未有的大转型时代。作为一种宏观的制度体系，各种转型危机使国家治理面临严峻挑战，而这恰恰为建立新的制度安排、实现社会治理创新提供了契机。[①]

一是秩序危机。改革开放以来，随着市场经济体制的确立，中国社会开始出现阶层分化和利益集团，调和阶层冲突，缓和社会矛盾，成为维护社会稳定的主要内容。面对新型的秩序危机，以企业、社会组织和公民个人为代表的社会主体开始崛起，他们迫切需要改变公共治理的规则，在国家治理效能相对不足的领域中及时"补位"和"填空"。因此，推进社会治理创新，已成为社会自主应对秩序危机的题中应有之义。

二是流动危机。现代社会是流动的社会：一方面是横向的流动，即人口从一个空间自由地转移到另一个空间，正如当下农村人口向城市的转移；另一方面是纵向的流动，即社会不同阶层之间的流动。当前，不论是横向流动还是纵向流动都面临治理危机。特别是在横向上，随着新型城镇化战略的不断推进，我国发生了世界历史上最大规模的农村向城市的人口流动[②]，这所带来的不仅是城镇化进程的加速，还有严重的大城市病、高犯罪率、多种社会矛盾和沉重的就业压力。由于在分权条件下地方政府对社会流动管理的投入存在回报外溢，这降低了地方增加投入的意愿，进而影响社会治理的实效。面对社会流动在横向和纵向两个维度上的失调，国家层面的治理显得力不从心，无论是强制性的行政手段，还是规范性的法制手段，仅具有一般意义上的行为规范和政策调节功能，也仅能触及宏观或中观层面。而在诸如资金筹集、政策宣传、社会认同、慈善救济、邻里调节等需要柔性措施的微观层面，则需借助社会主体的力量，实现社会治理体制的创新。

三是认同危机。当前中国的现代化面临着外力推动和内部转型的双重压力，在这一双重时空坐标中，国家认同愈益成为一个问题。伴随着网络技术和交通设施的发展，民族国家作为一个历史和现代的承载空间逐步淹没于现代性的流动之中。国家认同遭遇了前所未有的危机——认同主体上的模糊失范与客体上的无从参照。于是，"怎样获得国家认同"的问题，就被置换为"国家认同何以可能"

---

① 参见鹿斌、金太军：《国家治理现代化进程中的社会治理创新》，载于《天津社会科学》2016年第2期。

② 根据《第七次全国人口普查公报》数据显示，2020年全国流动人口达到3.75亿，与2010年第六次全国人口普查相比，流动人口增长了69.73%。数据源于国家统计局网站（https：//www.gov.cn/xin-wen/2021-05/11/content_5605791.htm，2023年9月22日访问）。

的问题。① 而国家认同危机的显现所带来的最为直接的后果即是现代国家的统治危机。由于缺乏最为基础的接受度，社会和民众对于国家治理中应用的制度、政策、承诺等不信任、不理睬，这就是所谓的"杯葛"（boycott）困境。如果某一关键力量采取杯葛的立场，则会出现局部的统治危机；如果所有关键力量都采取杯葛的立场，则会出现全局性的统治危机。② 面对国家认同危机对国家治理的影响，在推进国家治理体系和治理能力现代化的建设过程中，通过经济激励、政治制度和价值系统着力培育国家认同感已成为时代命题。而对社会认同的培育则不失为应对国家认同危机的一个有效途径。作为培育社会认同的重要支撑，实现社会治理创新，在行为规范、权利应用、组织动员等方面形成公民个人对组织和集体的认同和依附，就成为必由之路。

四是制度危机。国家在运用制度规范进行治理时，也必然要承担制度危机所带来的治理失败的风险。国家治理中的制度危机源于以下几个方面：一是内部原因，即在制度制定过程中缺乏民主参与，导致制度无法适应于国家、社会问题的解决，这样的制度不仅不能确保有效治理，反而会使情况变得更糟；二是外部原因，即制度在运用过程中，政府部门不能正确执行制度内容，要么出现扭曲执行，要么故意选择执行，要么不知怎么执行，凡此种种。此外这个世界总是充满了不确定性，但制度自身的稳定性要求又与此相悖，因而制度总是处于"变"与"不变"的张力之中。面对制度危机，一个有效的解决路径即是从社会中寻求治理的智慧。一方面，治理作为一种多元主体共同构成的行动框架，天然地具有参与属性。而且这种参与同传统治理模式中由上而下的"赋权型"参与不同，社会治理中的参与行为是在行动者地位平等基础上的自由、公平参与，更能体现对公共善和正义的追求。以这种参与而形成的制度建构，更能体现合作、宽容和公意，更有利于形成广泛的制度认同，有利于制度的执行和遵守。另一方面，针对现实中存在的制度滥用的风险，依托社会治理的配合，监督和验证制度运用是否充分而有效就成为关键的"兜底"环节。

2. 从社会治理到国家治理：社会治理体制创新的国家取向

国家和社会是人类的两个基本活动空间，出于对国家繁荣和社会稳定的追求，国家治理和社会治理一直是政治理论探究的两大核心命题，两者的关系伴随着国家与社会关系的调整而不断嬗变。传统中国皇帝与国家、皇权与治权高度统一，除限于统治能力不足，在一些地方出现某种程度的自治外，这一时期不仅没有现代意义上的社会治理，即使国家治理也在皇权专制的阴影中居于从属地位。

---

① 金太军、姚虎：《国家认同：全球化视野下的结构性分析》，载于《中国社会科学》2014 年第 6 期。

② 赵孟营：《现代合法性系统与现代国家治理》，载于《中国特色社会主义研究》2014 年第 3 期。

新中国成立后，在长期计划经济体制的系统影响下，以层级控制为核心的现代治理结构在中国占据主导地位。经历了曲折的社会主义探索阶段之后，改革开放为我国国家与社会关系的调整创造了契机。随着市场经济的发展，个人权益日益受到重视，个体理性开始回归。同时，国家治理失灵的教训和市场治理失效的国外经验也为社会治理的发展提供了空间。也正是在这一时期，以维护个体利益或某些群体利益为目标的社会组织蓬勃兴起，而居委会和村委会制度的确立更进一步提升了社会自治的合法性。社会治理在国家治理的大格局中日渐发展，开始形成"国家管大事、社会管小事"的分立格局。但是，由于社会和市场的治理力量发育尚不成熟，在这一过程中也出现了诸多问题和矛盾。新世纪以来，随着国家与社会的关系继续调整，国家治理与社会治理的空间界限相互交错。一方面，经济的快速发展助推了社会治理空间的扩张，使国家和社会在一定程度上出现了重叠；另一方面，基于对"有限国家""有限政府"的认知，国家和政府将原本由其管理的大量公共事务逐渐转移给社会及市场组织，社会自治与参与治理的范围不断扩大。这一时期，单中心式的治理形态开始向相互合作、多元参与的共同治理转变。

当"国家"与"治理"——一个颇具历史性语义和在地化色彩的抽象概念与一个诞生于西方国家的舶来理论话语，在中国顶层设计的政策文本中得以并列和融合，甚而成为宏观国家建设与体制改革的方向指向与路径规定时，我们对于"国家治理"之语义内涵及其实践边界的分析与辩争，就理应跳脱西方国家与社会之间非此即彼的"分立"甚至"对立"形态，而要基于中国自身的国家社会关系与政治组织方式来构建国家治理的规范体系。唯有此，形式上强调"主体多元化"和"治理去中心化"的治理实践才不会对国家主体产生实质上（本能）的否定与排斥①，如此，我们在建构现代国家的过程中才能充分释放出"治理"的非同寻常的建构性价值，而非在解构主义甚嚣尘上的时代里一味沉湎于西方学者构划的理论语境与美好畅想之中②。

事实上，正是基于社会治理对国家的非理性拒斥的考量，我国学者在审慎引介治理话语体系的过程中，仅是将其作为能够变通适用的话语范式，而非视其为可强行"嵌入"的理论体系③：既要吸收治理话语所主张的国家与社会合理区隔的有益成分，及其在构建多元主义治理体系和培育社会成长路径的系统论想象；又要体认中国特色民主发展道路的自主性和独特性，以及国家与社会相互交融、

---

① Rhodes, R. A. W. The New Governance: Governing without Government. *Political Studies*, 1996, 44 (4): 652-667.
② 金太军：《国家治理视域下的社会组织发展：一个分析框架》，载于《学海》2015年第1期。
③ 池忠军、亓光：《国家治理途径的社会治理》，载于《理论学刊》2015年第7期。

互为一体的既定形态,从而基于中国发展的政治逻辑与现代文明要求的有机结合来确立国家治理的内生逻辑①。因此,"治理"并非处于"国家"的对立面,相反应将"治理"纳入国家机构的视野之中,视之为政府制定和执行规则、提供公共服务的职能和能力。② 正是从这个意义上来说,贯通了国家与社会的"国家治理",真正实现了对片面强调"去国家化"的"治理"的超越,并因其更加符合中国政治与社会的本质属性和中国特色社会主义道路的实践逻辑,而更加具有建构性价值和规范性意义。因此,从其规范性意义来说,国家治理是一种不同于传统的国家统治与国家管理的新的国家建构方式,它虽然仍然以公共秩序和政治合法性的维护为要旨和目标,但其要求实践过程的创新和弹性化,亦即通过将市场、社会以及相关利益相关者纳入政策议程从而将其利益诉求体现于政策结果之中,并以包含了微观规则和宏观制度的国家治理体系对这一多元共治过程予以确认和保障,从而推动公共性的合理扩散和公共利益的切实增进,并最终实现动态韧性的公共秩序和基于治理过程的政治合法性。

因而,社会治理体制创新的国家取向,就直接指涉国家治理的现实维度。国家治理的现实维度意指其作为一种理论话语或顶层设计,所应具有的现实关怀和问题导向。中国长期以来寻求"跨越式发展"的努力,使得那些通常历时性、渐次性出现并得到解决的问题,集中地以共时性、混杂性状态内在混合并呈现出来,社会结构的分化速度逐渐超过了制度规范的整合速度,结构要素之间的紧张与脱节在中国转型社会中愈发凸显。③ 这种结构性治理问题,贯穿于学者们基于宏观的行政科层化改革与技术治理模式之契合④、中观的权威体制与有效治理之互动⑤,以及微观的制度与生活之互构的系统分析中,为此燕继荣断论,"国家治理能力实则就是国家制度供给的能力"⑥。当然,学者们同样指出,国家治理和价值理念具有同构性,抽象的治理价值蕴含在具体的治理方式之中并规定着治理的性质和特征⑦,更何况正如周光辉所说,"结构失衡不可避免地会诱致认同

---

① 赵宇峰、林尚立:《国家制度与国家治理:中国的逻辑》,载于《中国行政管理》2015 年第 5 期。

② Francis Fukuyama. What is Governance? *Governance*, 2013, 26 (3): 347 – 368.

③ Robert K Merton. Social Structure and Anomie. *American Sociological Review*, 1938, 5 (3): 672 – 682.

④ 渠敬东、周飞舟、应星:《从总体支配到技术治理——基于中国 30 年改革经验的社会学分析》,载于《中国社会科学》2009 年第 6 期。

⑤ 周雪光:《权威体制与有效治理:当代中国国家治理的制度逻辑》,载于《开放时代》2011 年第 10 期。

⑥ 燕继荣:《现代国家治理与制度建设》,载于《中国行政管理》2014 年第 5 期。

⑦ 李祥、杨凤春:《国家治理的价值内蕴及其实践路径研究》,载于《社会主义研究》2016 年第 3 期。

性问题的衍生"①。为此国家治理现代化既要关注治理主体、治理范围、治理方式、治理绩效等结构性问题，也要关注其本质内涵、价值诉求和基本原则等价值性问题。

第四节　社会治理体制的创新路径：
新常态下的全面推进*

一、社会治理的"新常态"

所谓"新常态"，主要是指我国经济发展通过深刻变革，打破传统思路和模式后形成的一种新的长期稳定的发展趋势。相比于"旧常态"的经济发展模式，所谓"新"即表现在速度从高速增长进入中高速增长，经济结构从注重数量向注重质量不断优化升级，发展动力从要素驱动、投资驱动向创新驱动转变的阶段性特征。应当说，新常态的表述是党和国家对我国新时期经济发展规律的再一次深刻认识，也是对社会主义发展从旧常态到非常态再到新常态螺旋式上升认识的结果。

"经济基础决定上层建筑"的经典论述揭示了一个普遍的共识：对中国经济发展新常态的科学判断和战略部署，必将引起社会治理的全面调整。自改革开放以来，社会治理就深深内嵌于市场经济发展的过程，每一次经济改革都必然伴随着社会治理结构的优化调整。因此，作为一种在理论和实践上的外延，经济新常态也将引发社会治理新常态。首先，经济下行的现实带来地方政府合法性的挑战。长期以来，地方政府合法性是建立在绩效评判基础上的，这虽然有利于弥补以意识形态和个人魅力为基础的合法性不足，但"建立在政绩基础之上的努力却产生了可以被称作政绩困局的东西"②。当下，经济增速处于换挡期，持续下降的发展速度对于地方政府绩效来说是一个打击，将会一定程度上削弱民众认同，

---

① 周光辉、刘向东：《全球化时代发展中国家的国家认同危机及治理》，载于《中国社会科学》2013年第9期。

* 本节部分内容已在学术期刊发表。参见金太军、鹿斌：《社会治理新常态下的地方政府角色创新》，载于《中国行政管理》2016年第10期。

② [美]塞缪尔·亨廷顿：《第三波：二十世纪末的民主化浪潮》，刘军宁译，上海三联书店1998年版，第59页。

增大了社会治理的压力和阻力。其次，结构调整推动治权合理布局。经济新常态中经济发展要进一步推动产业结构升级，逐渐向第三产业、新兴产业、绿色产业倾斜。产业结构调整不仅意味着发展方向转变，而且伴随着经济权能的合理布局，社会治权也将进一步优化配置。在这一过程中，地方政府放权与分权将成为社会治理新常态的主题。最后，创新驱动激发社会活力。创新驱动要求地方经济发展需要社会多元主体的广泛参与，从而更有效地利用和整合社会资源为经济发展服务。在经济活动中的参与，也就意味着社会主体由主动突破替代被动适应，通过经济话语权的提升逐步构建社会治理的新常态。

如果说经济新常态为社会治理新常态型塑了我国当下发展的现实环境，那么后者不仅需要与前者紧密衔接，而且更需要彰显自身的时代特性，以实现对社会治理旧常态下管控模式的全面超越。其一，目标设定由维稳转变为公正。在社会治理旧常态下，基于"不出事"逻辑的全面束缚，刚性维稳成为治理的根本目标，从而将治理简化为地方政府对社会的管控。在社会治理新常态中，随着公共性的扩散，公平正义原则成为压倒一切的发展旨归，社会治理更多地成为政府与社会多元主体共同治理以维护公共利益的范式创新。其二，权力结构由层级节制转变为横向网络。按照传统的自上而下的层级结构建立纵向的权力线，一方面保证了权力的有序使用和有效节制，但另一方面，也易于形成机械的习惯，使组织难以应对特殊的情况。这就是罗伯特·默顿所称的"科层制功能失调"。① 在新常态中，为应对复杂多变环境的挑战，地方政府和社会主体并非囿于既定的结构，而是在放权与分权的基础上实现治权的横向分配，形成灵活、有序、合理的网络结构，以利于相互支撑和共同行动。其三，治理主体由单一主体转变为多元主体。单一的政府统管机制已经不能满足快速变革的社会需求，尤其不适宜处理常常要超越组织边界的问题。② 卡蓝默曾说，"一个强加于人、凌驾于社会之上能够实现发展的政府形象正在消失，取而代之的是采取一种更加客观的观念来审视公共行动、统合各种社会力量的条件"③。由地方政府、企业、社会组织、公民个人所组成的多元主体已然成为社会治理创新的重要组成部分。其四，行为选择由个人意志转变为集体行动。多元主体的广泛参与和合作行为的普遍介入，以个人意志为核心的行为选择逐渐式微，而以分工、合作和协同为实践形式的集体行动成为社会治理新常态下的必然选择。作为一种社会建构，我们之所以选择集体行动，这是因为，由于其他共性力量的存在，共同的行为趋向就是我们每一个

---

① ［美］罗伯特·默顿：《社会理论与社会结构》，唐少杰译，译林出版社 2002 年版，第 56 页。

② 金太军、赵军锋：《多元协作：基层政府创新管理的新战略》，载于《唯实》2013 年第 10 期。

③ ［美］皮埃尔·卡蓝默：《破碎的民主——试论治理的革命》，高凌瀚译，上海三联书店 2005 年版，第 56 页。

人的利益所在。

社会治理新常态所呈现出的时代特性，需要我们通过全面深化改革予以实现。但在中国的政治语境中，一切政治现象都首先来自地方，地方既是国家繁荣发展的平台，也是改革调整的前沿。对于像中国这样超大型的后发国家来说，"没有一个有效的地方政府，无论是经济还是社会的可持续发展都是不可能的"①。因此，在社会治理新常态下，我们需要对地方政府的角色进行重新审视，以期在历史发展的关键时期实现第三次转型。②

二、社会治理体制创新的全面推进

党的十八届三中全会提出了全面深化改革的总目标，即"完善和发展中国特色社会主义制度、推进国家治理体系和治理能力现代化。这是坚持和发展中国特色社会主义的必然要求，也是实现社会主义现代化的应有之义"③。而社会治理作为国家治理的重要方面，良好的社会治理是社会和谐稳定、人民安居乐业的前提和保障，实现社会治理能力现代化就成为推进国家治理体系和治理能力现代化的应有之义。因此，必须加强社会治理体制建设和创新社会治理能力，实现现代化、精细化、系统化改革，构建全民共建共享的社会治理格局。④

1. 战略选择：从自身优化到与国家治理相匹配

从纵向角度来看，改革开放为国家与社会关系调整创造了契机。社会治理发展，特别是社会治理能力现代化的构建绝不仅仅是参与主体数量的简单增加，亦非社会自身结构的优化调整。所谓现代社会，是一个系统性、整体性、多样性、综合性的复杂实体，这就决定了社会治理发展应深刻孕育于政治、经济、文化等多元发展的大潮之中。党的十八届三中全会提出了推进国家治理体系和治理能力现代化的总体目标，这就意味着当下的社会治理体系建构和治理能力现代化过程

---

① The World Bank. World Development Report 1997：*The State in A Changing World.* Oxford University Press，N. Y. 1997：3.

② 根据相关研究的普遍观点，新中国成立后中国经济社会大致经历了三次大的改革和调整，即三次大的转型：第一次是新中国成立初期推进社会主义改造，主要表现为社会根本制度的转变；第二次是1978年以来推进改革开放，主要表现为从计划经济体制到市场经济体制的转轨；第三次是"十二五"开始系统推进经济发展方式转变或发展模式转型，以及党的十八大开始的社会治理体制系统变革。参见李佐军：《中国进入第三次大转型阶段》，载于《中国经济时报》2014年4月18日。

③ 2014年2月17日，习近平在省部级主要领导干部学习贯彻十八届三中全会精神全面深化改革专题研讨班开班式上发表重要讲话，强调完善和发展中国特色社会主义制度，推进国家治理体系和治理能力现代化。参见习近平：《完善和发展中国特色社会主义制度推进国家治理体系和治理能力现代化》，载于《人民日报》2014年2月18日。

④ 参见鹿斌、金太军：《社会治理能力的结构体系及现代化转型》，载于《晋阳学刊》2016年第3期。

必须要内嵌于国家治理体系的宏观结构之中。这既是国家治理现代化发展的战略要求，更是社会治理现代化发展的战略选择。

2. 价值理念：从利益驱动到公平正义

改革开放以来，宏观政策所强调的"以经济建设为中心""发展才是硬道理"以及"必须把发展作为党执政兴国的第一要务"，具有明显的效率主义导向。这种利益驱动型的发展逻辑影响了社会治理领域，在改善社会物质基础、提升社会生活水平的同时，却也造成分配不均、地位不等、社会不稳的负面现象。正如登哈特所言，"当效率的衡量成为唯一的讨论议题的时候，协商的、沟通的以及参与的功能都将失去它们的重要性"①。面对利益驱动式社会发展困境的挑战，我们党对效率和社会公平进行了深刻的认识和不断的调整。从最初的"效率优先，兼顾公平"到党的十八大报告作出了"初分配和再次分配都要兼顾效率与公平，再分配更加注重公平"的调整，再到党的二十大报告指出"坚持把实现人民对美好生活的向往作为现代化建设的出发点和落脚点，着力维护和促进社会公平正义，着力促进全体人民共同富裕，坚决防止两极分化"。应当说，我们党对于效率与公平的历史性认知和调整，不仅是价值观上的自我革命，更是社会治理逻辑的深度调整与更新。对现代社会治理中的公平正义可以从三个层面解读：一是"一个关系"概念，在集体行动中，"一个关系"并非单一力量的简单语义，而是强调主体之间多样联系的语义集合；二是配置的评判标准，它是对在主体之间分配利益、权利、机会的指向；三是"一种实践行为，追求合理、有序的分配。其满意标准即是能够使不同利益相关方各得其所、各取所需"②。总之，"把效率和经济作为公共行政的指导方针是有必要的，但仅此是绝对不够的，必须加上社会公平作为公共行政的第三大理论支柱，使之能够回应公民的需要"③，顺应社会治理的现代性诉求。

3. 主体结构：从多种多样到多元协同

什么是社会治理？什么是社会治理能力现代化？对于这些问题的回答，学界的一个共识即是主体结构的多元性。各级党委、地方政府、市场企业、社会组织和公众是学者们最为津津乐道的治理主体。但对于多元主体的研究，我们过多地侧重于主体是什么这样价值性的判断，而忽视了对主体结构的体制性思考。

所谓多种多样，并非一个关系结构概念，而是碎片化、原子化的表述，即简

---

① ［美］罗伯特·B. 登哈特：《公共组织理论》，扶松茂译，中国人民大学出版社 2003 年版，第117 页。

② 洋龙：《平等与公平、正义、公正之比较》，载于《文史哲》2004 年第 4 期。

③ ［美］乔治·弗里德里克森：《公共行政的精神》，张成福译，中国人民大学出版社 2003 年版，第88 页。

单地注重主体数量，将治理理论中对多元性的追求极化为数量的增减。当下及之前的多元主体关怀停留于"多种多样"的表层探索，固然存在着理论研究的偏颇之处，但更多的是出于治理实践的无奈之举。一方面，全能主义的路径依赖不可避免地造成其他治理主体难以摆脱"唯命是从"的尴尬地位，形成事实服从、假设自主的双重人格；另一方面，各个主体都有其或多或少的相对独立性，在利益驱动的支配下，"各领域的相对自治造成了张力的累积，这种累积进一步导致紧张"①，形成各自为政的"藩篱"结构。整个治理过程虽然看似热热闹闹、红红火火，其实质却与治理的本质要求——多元主体互动相去甚远。因此，社会治理能力现代化的一个关键转型即是主体结构的多元协同。这种协同意味着一种有序的集体行动和自组织过程，一种主体间默契配合、井然有序的状态，一种通过集体行动和互动关联实现资源最大化利用和整合以及整体功能放大的效应。② 在这一结构中，多元主体不再是自我封闭的个体，而是嵌构于治理网络中的一个节点。它应当能够也必须能够与其他治理主体、治理环境、治理对象产生广泛的物质交换和意愿碰撞，形成一个利益共享、权责共担、协同共进的主体结构，进而能够支撑起社会治理能力现代化的行动网络。

4. 行为逻辑：从被动参与到主动参与

作为一个人民民主理念指引下的民主体制，身为主人翁的广大群众早已实现了当家作主，并且通过多种渠道参与到了国家治理和社会治理当中。这是社会主义制度最具生命力和感召力的优势。但不可否认的是，不论是计划经济时期全能模式下的控制参与，还是市场经济中绩效模式下的趋利参与，都是在政治或利益要素诱使下发生的被动式参与。这虽然具有特殊历史条件下形式上的合理性，可一旦利益受损，习惯性的政治行为必将取代被动式的参与行动，自治空间内的治理失败不得不由外部力量介入进行"他治"。③ 显然，这与社会治理能力现代化要求大相径庭。

从被动参与转变为主动参与是社会治理能力现代化的行为逻辑重塑。两者相比，在参与起点上，被动参与是以外部力量压迫而产生的被动行为，这种力量可以是传统的政治压力，也可以是纯粹的利益驱动；而主动参与的产生，并不需要外力的逼迫，是参与者根据自身的政治或利益诉求而自发、自觉地行动。在参与过程中，被动参与形成了一种"平时冷漠、非常激情"的极端分立，参与过程易

① ［英］卡尔·波兰尼：《大转型：我们时代的政治与经济起源》，冯刚、刘阳译，浙江人民出版社2007年版，第179页。

② 麻宝斌、李辉：《协同型政府：治理时代的政府形态》，载于《吉林大学社会科学学报》2010年第7期。

③ 徐勇：《热话题与冷思考——关于国家治理体系和治理能力现代化的对话》，载于《当代世界与社会主义》2014年第1期。

于偏离正常的发展逻辑而陷入运动式治理的窠臼；主动参与是一种自觉、自发的行为，这一参与过程也是治理主体理性选择的过程，从而能够保证整个治理过程有序、有度、有效推进。在参与结果上，被动参与的目标导向主要存在两个方面：要么是政府为获得政治资源积累而进行的形式化参与，要么是社会主体为获得个人利益最大化而形成的利益抗争。这两种目标导向下的参与易于造成社会治理的内耗。而主动参与的结果在于实现公共利益，这当然包含个人利益的成分，但绝不是个人利益的简单聚集。正如有的学者所言，社会治理的"实质内容就是维护公共利益，为人民服务的信念也就是公共利益至上的信念"①。

5. 功能定位：从规范权力到维护权利

帕森斯的结构功能主义理论认为，"地位—角色"是社会系统结构的重要组成部分，所谓地位是行动者所处的结构位置，而角色就是社会对处于这一结构位置的行动者的行为期望。根据这一社会互动关系模式的分析，在传统社会治理中，政社互动的作用在于规范权力。这虽然实现了多元主体的参与，但这种参与似乎仅仅局限于权力规制领域。换句话说，社会治理的中心内容就是权力及其运用。在这种"政府行动—社会回应"的互动的结构中，政府始终处于核心地位，扮演管理者角色，而其他主体虽已进入公共领域，但实质上仍游离于结构之外，充其量即所谓外部监督者。对于这样一种社会治理结构，断不能称之为社会治理创新，它只是传统治理主体迫于民主发展趋势而妥协的产物。

权力及其制约虽是社会治理绕不开的关键议题，但就掌握权力的政府自身而言，在一个网络化的社会治理结构中，作为其中之一的参与者，权力不过是复杂公共事物中的一部分而已。而这一目标的达成也并非刻意为之的结果，从整体上而言，应当是治理过程中的一个外溢性效益。因此，对于现代社会治理而言，其根本性的目标是在于维护公共权利，社会治理能力现代化的发展也以此为根本旨归。我们不否认制约权力对于维护权利的积极作用，但作为一个系统性、整体性、多样性的行动结构，社会治理需要在复杂行为中准确定位最为基础的功能。正如柯克伦所言，公共权利应当"成为评估具体公共政策的一个道德标准和政治秩序应该追求的一个根本目标"②。需要指出的是，社会治理能力现代化的功能定位并非一个二选一的过程，而是一个双向互动的过程。以规范权力来维护权利是政治发展不可回避的历史规律，而以维护权利来规范权力又是不可阻挡的时代诉求。这两者必须相辅相成、相互统一。

---

① 张康之：《寻求公共行政的伦理视角》，中国人民大学出版社 2003 年版，第 259 页。

② Clarke Cochran. Political Science and the Public Interest. *Journal of Politics*，1974，36（2）：327-355.

第二章

社会和谐稳定及其机制建构

保持社会和谐稳定即"天下大治"是中国核心国家利益之一，更是政府向社会所提供的必要公共产品之一。改革开放以来，我国将维护和保持社会和谐稳定作为党和国家发展战略的重要组成部分和现代化建设事业的重中之重，这些都为经济社会持续高速协调发展提供了积极的客观条件和环境；近段时期，伴随经济的超常规增长和社会的加速转型，"压缩的现代化"过程也使得潜隐的社会矛盾放大凸显、新的社会问题不断涌现、诸多风险性要素继发萌生。这些都需要我们创新社会和谐稳定的建构理念和维护机制，构建现代化的社会动态秩序。当然，社会和谐稳定机制必然是统括了多元主体的、涵盖了多重问题的、涉及多个场域的整体性系统，因此应从政党、政府、社会等多重视角出发，创新利益表达机制、协商机制、法治保障机制、社会保障机制和民主参与监督机制，探索社会和谐稳定长效机制的整体性建构过程，维持社会良好秩序、维护国家长治久安和人民幸福安康。

第一节 社会和谐稳定的研究现状述评与相关理论梳理

党的二十大报告中指出，国家安全是民族复兴的根基，社会稳定是国家强盛的前提。社会和谐稳定具有很大的正外部性，反之，如果没有稳定的环境，改革、发展就无从谈起，即使已经取得的成果也有可能丧失。[①] 稳定是社会发展的基础、百姓幸福的前提。维护社会和谐稳定是所有国家公共治理活动的重要价值和目标，能否有效化解社会稳定的潜在风险和危机是对一种社会体制的弹性空间和治理能力的重大考验。[②] 改革开放以来，科学认识和正确处理改革、发展、稳定之间的辩证关系，将维护和保持社会稳定作为党和国家发展战略的重要组成部分和所有工作的重中之重，这些都为经济社会持续高速协调发展提供了积极的客观条件和环境。[③] 当前，无论是理论研究，还是实践探索，维护社会稳定这一主题都已有丰硕的成果显现。

一、社会和谐稳定的研究现状述评

1. 对社会和谐稳定的内涵认知研究

对社会和谐稳定的认知研究，突出表现为学者们对以下两对概念的区分和界定：

一方面是刚性稳定与韧性稳定。刚性稳定与韧性稳定的关系，又可表述为刚性维稳与柔性维稳、僵化稳定与弹性稳定、政治化维稳与法治化维稳等。刚性稳定是一种相对封闭的、静态安定的、行政强制的稳定，虽然它可以通过不停的政治高压把民众的政治诉求限制在一定的秩序之内，实现短期内的表面稳定，但由于其缺乏韧性、延展性和缓冲地带，最终可能因不能承担不断递增的巨大社会政治成本，无法有效地巩固与强化政治权威和职责的合法性，而导致政治统治的断裂和社会管治秩序的失范，从而使整个社会陷入大的动荡。韧性稳定则与刚性稳定相对，它是一种强调分权开放的、动态的、和平而有序的、具有强大自我修复功能的稳定形态。[④] 应变刚性稳定为韧性稳定，适时推进一些重要的制度变革和制度建设，这不仅需要进行一系列的社会改革，建立政治分权，并通过司法改革，树立国家的法制权威，让宪法成为社会稳定的基石；而且国家还应该充分满足民众的参政意愿，把公民的利益表达纳入体制内，切实保障公民的有序政治参与，这既是每个公民享有的基本政治权利，也是实现国家长治久安的可靠保障。[⑤]

---

① 胡鞍钢：《论新时期的"十大关系"》，中国改革论坛，2012 年 7 月 26 日。

② 唐皇凤：《"中国式"维稳：困境与超越》，载于《武汉大学学报》（哲学社会科学版）2012 年第 5 期。

③ 朱四倍：《从压力维稳到科学维稳转向的制度支撑机制研究》，载于《领导科学》2011 年第 11 期。

④ 于建嵘：《从刚性稳定到韧性稳定——关于中国社会秩序的一个分析框架》，载于《学习与探索》2009 年第 5 期。

⑤ 于建嵘：《维权就是维稳》，载于《人民论坛》2012 年第 1 期。

另一方面是静态稳定与动态稳定。对于"动态稳定"与"静态稳定"的差别，俞可平做了如是解释："静态稳定"就是禁止做什么，比如老百姓有什么不满，禁止他表达，也就是以堵为主；而"动态稳定"就是有不满说出来，如果有道理就赞成他，并进行制度调整，即以疏为主。[①] 目前，中国的社会稳定状况是典型的静态稳定，这种压力维稳是短期的，不具备长期的持续性。当前，民众缺乏通畅的利益表达机制，民众的谈判能力较为弱小，还经常受到权力、资本拥有者等强势群体的侵害。在这种情况下，民众的不公正感和被剥夺感可能成为诱发社会不稳定的因素。因此，要解决目前的压力维稳机制，必须建立一套完善的利益诉求机制，建立一个社会安全阀机制，让民众表达自己的利益诉求，让社会情绪得到宣泄，否则就会形成"蝴蝶效应"。[②]

2. 对我国社会稳定形势的分析研究

近年来，随着社会主义民主政治建设持续推进和法治制度体系日益完善，我国的社会秩序趋向良性发展。当前社会治安状况保持总体稳定，社会秩序平稳，群众的安全感普遍增强。[③] 然而，随着社会转型进程的逐步深入，中国的改革开放事业已进入制度调整、体制变革与机制创新的关键阶段，经济体制深刻变革、社会结构深刻变动、利益结构深刻调整、思想观念深刻变化，对社会秩序构成了不同程度的挑战[④]。

有学者将当前中国的社会矛盾概括为三种类型：第一是风险社会的社会矛盾，风险社会的不断演进在制造风险的同时，也加剧了公众对安全的忧虑，使风险承受者和风险制造者之间的张力加大；第二是转型社会的社会矛盾，转型社会的结构性分化造成群体之间社会地位的结构性差异，由于社会转型的"两极分化"和"结构固化"，这种结构性差异逐步表现为结构性对立，政策受惠者与政策受损者之间的张力加大；第三是网络社会的社会矛盾，网络社会的结构性对立主要表现为政府舆论导向与民众自由表达之间的冲突，这一类型的社会矛盾除体现为网络上的"舆论风潮"外，对现实世界中风险社会和转型社会的各类矛盾也起着强化、放大的作用。[⑤] 故而，如何顺应时代潮流，实现中国维稳模式的现代转型，有效维护利益大分化与制度大变革时代的社会政治稳定，成为当前中国国

---

① 余东晖：《民主怎么不是好东西？——俞可平谈中国民主》，中国新闻网，https://news.cctv. com/china/20070416/103368. shtml，2007 年 4 月 16 日。

② 于建嵘：《维权就是维稳》，载于《人民论坛》2012 年第 1 期。

③ 潘怀平：《创新社会管理：变维稳为创稳》，载于《领导科学》2011 年第 36 期。

④ 于建嵘：《从维稳的角度看社会转型期的拆迁矛盾》，载于《中国党政干部论坛》2011 年第 1 期。

⑤ 张海波、童星：《社会管理创新与信访制度改革》，载于《天津社会科学》2012 年第 3 期。

家治理与政治建设的重大历史使命。[①]

面对这样的社会稳定形势和任务，我国逐渐形成了"稳定政治"的政治生活状态，并在此基础上形成了相关的问题分析框架和理论话语范式。"稳定政治"理论是社会稳定研究的重要理论工具和价值支撑，指的是力图达到政治和社会稳定的过程，是对政治稳定问题所形成的看法、理念，以及围绕稳定问题展开的一系列行为反应和制度安排。"稳定政治"既指向维护基本政治制度和政治秩序的稳定，更强调化解社会矛盾、解决利益冲突，赢得大多数人的拥护和支持。"稳定政治"不同于政治稳定，后者是一种结果，是指政治系统在运行中所呈现的秩序性和继承性。[②] 作为一种政治现象，"稳定政治"有着自己的参与主体、行动框架和运作过程。容志、陈奇星[③]认为，中国过去一段时间所开展的"维稳"工作是"稳定政治"的基本表征与核心内容，也是执政党基于"稳定政治"而做出的行为选择和战略部署。某种程度上，一方面它是克服官僚科层制弊病、强化执政党基本宗旨、解决社会问题的制度安排和现实努力，并在一定程度上实现了纠错和化解的功能，取得了一定效果；但另一方面，维稳工作往往容易忽视对于政治参与诉求的制度化吸纳，形成"泛政治化"的倾向和副作用，使得政治领域无限制的广泛扩张，挤压非政治领域生长的空间，最后反过来对政治过程和政权本身造成一定负面影响。优化"稳定政治"的过程，其实就是追求和实现政治稳定的过程。

3. 对社会和谐稳定研究的简单评述

总的来看，诸多学者对于社会稳定有了较为全面和丰富的研究，对于社会稳定的内涵、我国所面临的总体形势与维稳任务、当前维护社会和谐稳定所存在的问题与面临的挑战、相应的对策思路以及对具体领域实践开展的分析与构想等，都形成了一批研究成果。然而，当前多元变动的社会利益诉求和日趋复杂的社会利益关系，一方面为创新社会稳定提出了新的更高的要求，另一方面则迫使我们不得不对以往研究框架进行反思与省考，以探究理论切实有效指导实践开展的可行路径。

对已有研究概而观之，可发现大致存在以下几个方面的问题：第一，不少学者满足于一般性分析，即大多从宏观或中观的层面探讨社会稳定问题，而对社会稳定中的权能配置、运行机理、政策输入评价等缺乏深入的探究，故而也难以真正把握社会稳定的微观机理；第二，我国诸多地区或区域已开展了社会和谐稳定

---

① 唐皇凤：《"中国式"维稳：困境与超越》，载于《武汉大学学报》（哲学社会科学版）2012 年第 5 期。

② ［美］塞缪尔·亨廷顿、乔治·多明格斯：《政治发展》，引自《政治学手册精选（下）》，商务印书馆 1996 年版。

③ 容志、陈奇星：《"稳定政治"：中国维稳困境的政治学思考》，载于《政治学研究》2011 年第 5 期。

机制建设与创新的实践探索，并表现为实践开展上的内涵多样、形式多样、效果多样与评价标准多样，而囿于研究视角、资源甚至能力的限制，现有文献缺乏对这些政策输出以及经验做法以科学、全面、客观的学理分析和理论升华，故而阻断了实践推动理论创新的科学路径；第三，社会和谐稳定属于实践层面上的问题，将理论研究有机结合于实践的开展，是科学、合理的研究路径，而以往研究虽有广泛的理论关怀和问题考虑，但由于缺乏足够的实践思考，未能针对实践的开展而提出有效、可行、可操作的路径与实施方案。

二、社会和谐稳定的相关理论梳理

1. 社会和谐稳定的国外理论梳理

围绕（社会或政治）稳定问题，国外已经展开了充分的研究并取得了较为丰硕的研究成果。在此，我们从社会稳定问题的衍生根源、发展逻辑以及解困之策的生发阶段，分别对国外社会和谐稳定理论进行梳理。

在社会稳定问题的衍生根源上，"差距理论"和"政治系统理论"提供了最一般和深刻的问题阐发与分析路径。"差距理论"是由亨廷顿提出的，他认为，在现代化过程中，国家与政府不断提升的服务供给与需求满足能力，与社会及公众日益增长的服务需求存在差距，"都市化、扫盲、教育和新闻媒介都给恪守传统的人士带来了新的生活方式、新的行乐标准和获得满足的新天地……然而，过渡型社会满足这些新渴望的能力的增进比这些渴望本身的增进要缓慢得多。结果，便在渴望和指望之间，需求的形成和需求的满足之间，或者说渴望程度和生活水平之间造成了差距。这一差距就造成社会颓丧和不满"[1]。同时，现代化在造成差距的同时，伴随现代性的流动造成了社会结构的松散，社会流动的增加又不同程度上催生了社会极强的动员能力，从而使得这些因差距而造成的"社会颓丧和不满"进一步导致社会秩序的紊乱和政治稳定的消弭。那么，为何国家与政府的供给能力会愈发滞后于社会公众的服务需求呢？除不平衡的增长速度这一客观因素之外，伊斯顿的"政治系统理论"提供了另一方面的问题分析路径。伊斯顿认为，政治生活自身包含着各种各样的因素或子系统，这些因素或子系统之间的相互影响、冲突、适应构成政治系统，政治系统与其他系统构成整个的社会大系统，社会大系统构成政治系统的外部环境与制约因素，政治系统要想保持稳

---

① ［美］塞缪尔·P. 亨廷顿：《变化社会中的政治秩序》，王冠华等译，生活·读书·新知三联书店1989年版，第50页。

定，不但要与外部环境保持和谐，也要使系统内部各因素、子系统能实现良性互动。① 在系统与外界的互动中，输入能够使我们把握那些外部环境中与一个政治系统持续相关的各式各样的事件和状况的影响，因此输入将起着概要性变量的作用，集中并反映与政治压力相关的环境中的每件事，通过需求（demands）和支持（support）这两种输入，环境中的大量行为得以输送、反映、集中并用来对政治生活施加压力。然而，一旦大多数的社会成员"认为他们已无法影响当局并由此来达到自己的目的，那么，他们就很可能感到有必要转而诉诸严厉手段，努力从根本上改变现存典则，诉诸摧毁现存政治共同体"②，于是社会稳定问题极易由"隐性"变为"显性"。

在社会稳定问题的发展逻辑上，"谣言流通理论"提供了一个可行的问题分析思路。美国社会学家奥尔波特和波斯特曼在《谣言心理学》中，对谣言传播的基本规律进行了分析，并提出了关于谣言的著名公式：$R = i \times a$，其中，R（Rumor）即是指谣言，i 为重要性（important），a 则意为暧昧性（ambiguous）。换言之，谣言传播流通量＝问题的重要性×证据的暧昧性。意思是，谣言的流通量同问题对当事人的重要性以及有关命题的证据的暧昧性的和成比例。③ 谣言的暧昧性是由其寄生性特质决定的，亦即说，公共危机中，谣言是以寄生的方式生存的：内容寄生性为谣言提供了生存载体，心理寄生性给谣言提供了生长养料，路径寄生性是谣言传递的路径通道；真实信息、心理预期和信任结构构成了谣言的"宿主"。同时，借助于"联网能力"和"同化能力"，谣言实现了自身与"宿主"之间的"协同进化"，不但强化了自身的影响力和破坏力，而且改变了"宿主"的性质、损害了"宿主"的结构。在与谣言互动的过程中，个体和社会逐渐演化出防御机制，以遏制谣言的不断繁殖与传递，实现自我保护。个体或信任网络接收谣言后，发生内化还是外化取决于防御机制的能力。政治社会化影响政治态度、灌输政治价值、传授政治技能，"如果一个人的社会化连续性很高，并且不断得到加强，那么他的态度就会呈现出最高度的稳定"④，人们也就不会因为质疑权威而相信甚至传递谣言。具体到危机管理，就是要明确危机管理利益相关者，逐步建立以政府为核心，市场企业、社会组织与社会公众等多元主体协调联动的社会自我防御机制。

在社会稳定问题的消解路径上，以政党建设为重心的"协商联合民主理论"

---

① ［美］戴维·伊斯顿：《政治生活的系统分析》，王浦劬译，人民出版社 2012 年版，第 24～25 页。

② ［美］戴维·伊斯顿：《政治生活的系统分析》，王浦劬译，人民出版社 2012 年版，第 256 页。

③ 郭庆光：《传播学教程》，中国人民大学出版社 1999 年版，第 98 页。

④ ［美］加布里埃尔·A. 阿尔蒙德、小 G. 宾厄姆·鲍威尔：《比较政治学：体系、过程和政策》，曹沛霖等译，上海译文出版社 1987 年版，第 93 页。

（consociational democracy）和基于交往理论的"协商民主理论"提供了两个创发性的问题解决方向。这两种理论从某种程度上而言都是西方政治学家为克服英美多数主义民主的固有缺陷而提出的民主建设方案。他们普遍认为，多数主义民主虽然在体现多数意旨、避免决策失败方面具有明显优势，但这种"胜者全赢"的民主模式，往往使得赢得选举的政党在很大程度上得以控制议会和行政机关、垄断地决定国家大政方针的走向，而选民和反对党只能寄希望于通过下一次选举以及随之而来的选举压力来影响执政党的行为[1]，哪怕执政党的政策明显偏离民意所向。为此，李帕特提出以"协商联合民主理论"来克服传统民主模式在政党层面的弊端，并将其归纳为四个方面的基本原则：联合执政，不同利益代表人都能参与到执政过程中，而不论选举结果如何；少数反对权，赋予选举少数群体一定比例的反对权，以体现出对不同利益代表的尊重；比例性分配，不同政治群体能够按不同比例获得一定政治资源分配，而非全得或全失；分裂自治，分裂社会中的不同社群要实行自我治理，避免统一政权的过多干涉。[2] 如果说协商联合民主方案突出强调了制度建设和政治组织——多元政党的能动作用的话，那么哈贝马斯提出的"协商民主理论"（deliberative democracy）则将侧重点放在社会利益主张与诉求输入政治系统，进而影响政府决策的重要性上。协商民主的实质在于，其作为一种政治社会化的过程，既高度体认社会个体作为社会治理能动力量的主体性价值，又充分肯定民众意旨作为政策结果实施绩效的利益相关性，以顶层政治构建、中层政策创制和基层民主治理建构协商民主的体制框架和实践机制，从而从根本上克服选举民主或代议制民主在提升社会治理效能上的先天不足，以多元化、多中心的社会治理模式有效应对现代异质性社会的治理需要。当然，协商民主是以交往理论为微观建构路径和现实支撑的，哈贝马斯认为，只有在交往理性的基础上，运用理性对话来促成个体之间达成协调一致与相互理解，才能促进社会整合和团结[3]进而型构出以相互理解为核心、以公共领域为单位[4]的合理化社会。

2. 社会和谐稳定的国内理论梳理

我国关于社会稳定的理论思想，在一定程度上延续了封建王朝统治时期的基

---

[1] 程迈：《在社会分裂中求的政治稳定——李帕特协商联合民主理论评述》，载于《环球法律评论》2011 年第 2 期。

[2] Arend Lijphart. Consociation and Federation：Conceptual and Empirical Links. *Canadian Journal of Political Science*，1979，12（3）：499 – 515.

[3] 吉登斯曾这样评价哈贝马斯的交往理论：从一开始，它就创造了社会交流的形式，这可能对重建社会团结是一个实质性的（甚至是一个决定性的）贡献。参见［英］安东尼·吉登斯：《超越左与右》，李惠斌等译，社会科学出版社 2000 年版，第 116～117 页。

[4] ［德］哈贝马斯：《在事实与规范之间：关于法律和民主法治国的商谈理论》，童世骏译，生活·读书·新知三联书店 2003 年版，第 445 页。

本思想和价值观念，并突出体现在中国人民对集体的、正义的政治价值观的一贯持守上。故而，要梳理国内社会和谐稳定的相关理论，就应从封建时期的执政理念与理论思想溯源寻根。

在封建社会中，与集体正义价值观相适应的制度建构，首先表现在中央集权和"君国一体"的制度体系及其强化上。自周代宗法分封制开始，从秦汉到明清，从秦始皇、汉武帝到明太祖与清世宗，中央集权和皇帝专权的程度越来越高。在封建社会，从小接受儒学教育的文化精英，或通过科考而进入行政官僚体系，或沉于乡野而成为主导地方自治的缙绅，这些"官于朝，绅于乡"的儒生分处在从中央到地方的各级机构组织中，从而构成长期维系国家集体主义的"一体化结构"。[①] 在这种结构体系中，君王与家（族）长分享着相同的集体正义价值观念，君王统驭国家就像家长管理家庭一样理所应当，人民在国家中服从君王也像在家庭里听从家长一样符合逻辑。在一个个区隔分散的宗族单元中，"官于朝、绅于乡"的儒生作为"封建正统价值的代言人"，在家族管理中自发诠释并践行着集体正义的价值内涵：其关于保障家庭成员基本生存需要与维持宗族秩序的基本内容，与封建中国所宣扬的"正义"价值保持着高度一致性。当然，作为一种政治价值的民本思想，在封建专制主义下必然不会转化为明确的作为制度操作概念的"民权"[②]，然而在规范、约束和引导个人与集体价值判断及行为选择上，却在封建专制制度缺失的社会事务管理领域发挥着更为显著的作用，并自下而上地发挥着缓和专制政治、促进政治开明的历史作用。

清朝末期，苛政与外辱渐趋消解了人们对封建王朝集体主义的价值认知，然而，如果说权利的获致与自由的争取相结合甚至说以前者为后者之途径[③]，从而在思想上根除专制制度、探寻救亡图存之路的话，那么其对于制度建构的影响无疑更为深远：一方面，囿于传统的德性思维，权利伸张者倾向于以个人德性和自治来理解"自主之权"，难以接受近代西方思想家围绕现实利益（财产权）而通过权利的让渡达成社会契约，从而创建一种基于人民主权的现代国家理论；另一方面，由于权利的伸张是一种主动的诉求，因而权利话语中的自由，必然也是一种"如何去自我做主，如何主动地去表达和实现自我一致和权益"的积极自由，这种积极的自由观念极易"与平民主义相结合，最终指向改造政权、夺取政权、

---

① "一体化"意味着把意识形态结构的组织能力和政治结构中的组织力量耦合起来、互相沟通，让意识形态为政治结构提供权威等组织要素，从而形成一种超级组织力量。由于中国封建社会主要是通过儒生来组成官僚机构的，这便使政治和文化两种组织能力结合起来，实现了一体化结构。参见金冠涛：《兴盛与危机：论中国社会超稳定结构》，法律出版社 2010 年版，第 31～32 页。

② 夏勇：《民本与民权——中国权利话语的历史基础》，载于《中国社会科学》2004 年第 5 期。

③ 梁启超有言：国之富强，必民自强；民之自强，必民自由；民之自由，必民有权；富强有赖于民主，民主有赖于民权。详见梁启超：《爱国论三·民权论》。

改天换地的政治自由"①。

然而，在过渡时期，特别是在新中国成立初期，国内诸方面矛盾依然突出而尖锐，对社会稳定问题的思考和讨论依然构成党的领导人的核心话题之一。毛泽东认为，"国家的统一，人民的团结，国内各民族的团结，这是我们的事业必定要胜利的基本保证"②，"我们的目标，是想造成一个又有集中又有民主，又有纪律又有自由，又有统一意志、又有个人心情舒畅、生动活泼，那样一种政治局面"③。然而他同时指出，尽管社会主义的生产关系已经建立起来，它和生产力的发展基本适应，但是它还很不完善，这些不完善的方面和生产力的发展又是相矛盾的。④ 为此，毛泽东提出了实现社会稳定的主要途径和方式方法，例如坚持马克思主义以维护社会稳定的思想基础；牢牢掌握人民民主专政的有力武器，坚持以阶级斗争来打击敌对势力；巩固农业的基础地位；正确区分和处理两类不同性质的矛盾；加强和改善党的领导；始终重视加强军队和国防建设，坚决维护主权稳定；等等。

改革开放以后，我国进入现代化建设的新征程，相应地也出现了社会稳定的新问题。为此，以邓小平同志为主要代表的中国共产党人，创立了独具特色的社会稳定理论，可概括为以下四个方面：一是政治局势稳定，包括党的稳定、国家路线方针及政策的稳定、国家的政治职能能够得到有效发挥以及民族与国家的团结和统一等。二是经济形势稳定，因为"只靠我们现在已经取得的稳定的政治环境还不够……最根本的因素，还是经济增长速度，而且要体现在人民的生活逐步地好起来。人民看到稳定带来的实在的好处，看到现行制度、政策的好处，这样才能真正稳定下来"⑤。三是社会秩序安定，一方面是社会风气正常，当然"讲风气，无非是党风、军风、民风、学风，最重要的是党风"⑥；另一方面是社会治安状况良好，努力为国家的经济建设及人们的日常工作和生活创造一个良好的社会环境。四是思想情绪稳定，主要表现在社会成员政治思想得到了有效的范导、占主导地位的价值观念获得了普遍的认同、社会心理安适等⑦几个方面。江泽民同志继承和发展了邓小平的社会稳定理论，他认为"完成改革和发展的繁重

---

① 夏勇：《民本与民权——中国权利话语的历史基础》，载于《中国社会科学》2004 年第 5 期。
② 《毛泽东选集》第五卷，人民出版社 1977 年版，第 363 页。
③ 《毛泽东选集》第五卷，人民出版社 1977 年版，第 456～457 页。
④ 江洪明：《毛泽东关于社会稳定的理论与实践》，载于《前沿》2008 年第 3 期。
⑤ 《邓小平文选》第三卷，人民出版社 1993 年版，第 355 页。
⑥ 《邓小平文选》第三卷，人民出版社 1993 年版，第 54 页。
⑦ 汪信砚：《邓小平社会稳定理论探析》，载于《毛泽东邓小平理论研究》1999 年第 3 期。

任务，必须保持长期和谐稳定的社会环境"①，为此他提出，一方面，改革、发展和稳定三者之间的协调性问题是维护社会稳定的重要问题；另一方面正确处理新形势下的人民内部矛盾是新时期维护社会稳定的重要政治课题，同时，综合治理、依法行政是维护社会稳定的必要手段，认为依法治国"是党领导人民治理国家的基本方略……是国家长治久安的重要保障"②，而对社会治安实行综合治理则"是解决我国治安问题，预防和减少违法犯罪的根本途径"③。以胡锦涛同志为总书记的中央领导集体同样十分重视维护社会稳定。胡锦涛指出，正确处理改革发展稳定关系，实现改革发展稳定的统一，是关系中国社会主义现代化建设全局的重要指导方针；发展是硬道理，稳定是硬任务；没有稳定，什么事情也办不成，已经取得的成果也会失去。

针对"稳定压倒一切"的维稳思维下所造成的"刚性稳定"局面，以习近平同志为核心的党中央，着力破解稳定政治中所衍生出的诸如维稳成本过高、"越维越不稳"等问题，力图通过治理主体的多元化和国家治理的系统建构来实现社会的长效和谐稳定。事实上，正如有学者指出，今天的中国共产党面临的不再是盲目追随意识形态、政治效能感低下的民众，而是逐渐趋于现实和理性、根据其自身利益和社会需求满足程度来评价中国共产党领导和权威的公民。④ 因而，在新的发展阶段中，社会稳定的实现应着眼于国家及其政府与社会之间关系的规范和合理建构，重塑两者的互动模式以形成科学合理的互嵌结构，推进社会治理精细化，构建全民共建共享的社会治理格局，使社会多元主体在参与的过程中形成渐进的合法性认知。当然，多元治理离不开国家与政府的主导性参与。习近平认为，"今天，摆在我们面前的一项重大历史任务，就是推动中国特色社会主义制度更加成熟更加定型，为党和国家事业发展、为人民幸福安康、为社会和谐稳定、为国家长治久安提供一整套更完备、更稳定、更管用的制度体系。这项工程极为宏大，必须是全面的系统的改革和改进，是各领域改革和改进的联动和集成，在国家治理体系和治理能力现代化上形成总体效应、取得总体效果"⑤。国家治理是一种不同于传统的国家统治与国家管理的新的国家建构方式，它虽然仍然以公共秩序和政治合法性的维护为要旨和目标，但其要求实践过程的创新和弹性化，亦即通过将市场、社会以及相关利益相关者纳入政策议

---

① 江泽民：《全面建设小康社会，开创中国特色社会主义事业新局面》，载于《人民日报》2002 年11 月 8 日。

② 《江泽民论有中国特色社会主义（专题摘编）》，中央文献出版社 2002 年版，第 327 页。

③ 《江泽民论有中国特色社会主义（专题摘编）》，中央文献出版社 2002 年版，第 224 页。

④ 俞可平：《全球化时代的"社会主义"》，中央编译出版社 1998 年版，第 84 页。

⑤ 习近平：《完善和发展中国特色社会主义制度 推进国家治理体系和治理能力现代化》，人民网，https：//www.gov.cn/ldhd/2014 – 02/17/content_2610754.htm，2014 年 2 月 17 日。

程从而将其利益诉求体现于政策结果之中，并以包含了微观规则和宏观制度的国家治理体系对这一多元共治过程予以确认和保障，从而推动公共性的合理扩散和公共利益的切实增进，并最终实现动态韧性的公共秩序和基于治理过程的政治合法性。

第二节　中国社会稳定的传统实现机制与现代问题衍生

一、中国社会和谐稳定的传统实现机制

虽然中国历史上不乏"天下大乱，以达天下大治"的案例，但从根本上来说，诸种"大乱"的出现也并不意味着社会结构的分崩离析和社会秩序的根本塌陷，而至多只是一种共同体内部不同要素的分化、离散与再聚合而已。滕尼斯将传统共同体划分为血缘共同体、地缘共同体和精神共同体。将这三种共同体投射到中国的历史长河中，表现为从血缘共同体的"家天下"到地缘共同体国家认同的地域化再到精神共同体的"乌托邦"。中国传统社会的和谐稳定，就是在基于血缘、地缘以及精神基础上建构的共同体的动态维护下而得以实现的。[①]

1. 血缘共同体的"家天下"和社会结构的"超稳定"

中国的古代社会经历了原始社会、奴隶社会和封建社会[②]三个主要阶段，而这三个阶段见证了"家天下"的国家认同的萌芽、发展、繁荣。清朝末年外国列强坚船利炮的暴力入侵和西方激进的"民主"文化洪流般的涌入，血缘共同体用数千年铸就的"家天下"堤坝土崩瓦解。中国作为四大文明古国之一，深厚的文化积淀为世界历史提供了丰富的资料。"家天下"用中国儒家温和、博大的概念特质，包装了镇压式、盘剥式的统治理念，从而形成以血缘共同体为主体的国家认同。而这样的国家认同也维持了中国古代社会"超稳定"的现象。

[①] 参见张雨暄、金太军：《共同体利益对国家认同的嵌入——中国社会稳定演变的内生逻辑》，载于《江海学刊》2015 年第 1 期。

[②] 史学界也有另一说法，即中国古代社会包括原始社会、奴隶社会、封建社会和半殖民地半封建社会。

血缘共同体即以血缘为纽带，相互信任，彼此依赖，逐步结成共同体。究其根源，可以追溯至原始社会。原始社会组织经历了原始群、母系氏族组织和父系氏族组织三个主要阶段，人们以家族的长辈为中心，以生活和生存作为团结的内生动力。正如父母与子女、丈夫与妻子（血缘关系的延伸）、兄弟与姊妹的结构关系，在原始的社群关系中，血缘是唯一的群体纽带，也是必须被尊重的群体生活的中心。血缘共同体是一种以血缘为标志的，自觉的、自发的、简单的共同体，它的形成在一定意义上可以理解成生产资料公有制的产物。《礼记·礼运》中"大道之行也，天下为公"，正是原始社会以公有制为基础的社会关系的鲜明写照。原始社会"公天下"不可避免地以血缘为中心，也就是传统的宗族、氏族和部落。所谓"公天下"也只是血缘共同体范围内的"天下为公"。无论是母系氏族还是父系氏族，无论是公有制为基础的禅让制还是原始社会后期初现苗头的以私有制为基础的世袭制，都涵盖着对于"血缘共同体"利益的共识。这样的共识可以被理解为国家认同的雏形。①

但是，血缘共同体并没有随着原始社会的结束而停止发展，它蔓延于中国社会形态发展的每个阶段，特别是在中国长达四千年的奴隶社会和封建社会中发挥着举足轻重的作用。在中国蔓延数千年的奴隶社会和封建社会中，虽然其间伴随着君主的更替和朝代的更迭，但是这两个阶段的社会结构是相对稳定的。奴隶没有翻身做主人，农民也几乎没有进入统治阶层。② 禹建立了夏朝，世袭制取禅让制而代之，我国正式进入了奴隶社会，并开始对"家天下"的国家认同进行建构和利用，直至清朝末期封建社会的败落。从"禹传子，家天下"到西周"普天之下，莫非王土；率土之滨，莫非王臣"，再到"家天下"奴役下的"官天下"③，所谓"家天下"即为统治者一家之家。统治者奴役"官"的阶层，并通过联姻、赐姓等方式不断扩大血缘共同体的范围，加强血缘共同体对社会的影响力和控制力。所以，古代社会的血缘共同体在等级制度的基础上实现了同质化，这也奠定了血缘共同体内部结构的稳定。由此，血缘共同体掌握着绝对的政治权力，并通过严格的社会等级渗透进社会的每个角落，钳制社会动态的蔓延，控制社会发展的进程。所以，中国古代社会被覆盖于国家之中。④ 与此同时，经济和

---

① 所谓国家认同，应该建立在国家建构的基础之上。原始社会是人类发展的一个初级阶段，并没有形成成熟的国家结构，只是受到自然文化条件的约束，对原始群居生活形式的一种依赖。

② 我国古代史中，唐朝末期的黄巢起义和明代末期的李自成起义，虽然都是以农民起义的形式夺取政权并建立新的王朝，但是王朝的寿命却极其之短：李自成在位仅 42 天，黄巢在位也仅仅三年有余。在中国的浩瀚历史里，这两次农民起义夺取政权的史证并不能说明封建社会的社会结构发生过巨大的变化。

③ 张康之、张乾友：《共同体的进化》，中国社会科学出版社 2012 年版，第 272 页。

④ 牟发松：《汉唐历史变迁中社会与国家关系及其变动的基本特征》，载于《社会科学》2011 年第 7 期。

文化发展的局限性使被统治阶级相信"君权神授",从而成为"臣民",信奉"君要臣死,臣不得不死"的教化。

在中国古代社会中,"家天下"成为一种较为统一的"国家认同",血缘共同体以利益垄断为目的管理国家。以血缘共同体为主体的统治阶级造就绝对国家,形成较为单一的社会势力,组建国家暴力机构,建构严格的社会等级,层层管控,以获取最大的利益增值。"家天下"的国家认同实现了血缘共同体和利益集团的一致性、国家和社会的一体性,剥削与被剥削矛盾的潜藏,使中国社会在稳固的保守性和周期性的崩溃与回归中,维持并演绎出古代社会的"超稳定"。这样的超稳定甚至与涂尔干笔下的积极团结有着表象上的统一,即"当集体意识完全覆盖了我们的整个意识,并在所有方面都与我们息息相通的时候,那么从相似生产生出来的团结就发展到了极致状态"①。这也就是为什么"家元共同体的同质性往往会使我们认为的那些被剥削者与被压迫者站在剥削者与压迫者的统一立场上"②。

在一定程度上,血缘共同体的国家认同是血缘共同体实现社会利益垄断的一种手段,中国古代社会虽然无法避免社会矛盾暗流涌动和朝代更迭的烽火硝烟,但是依然保持着一种相对"超稳定"的结构。也就是说,"在传统的国家,个人或者群体处于相对稳定的社交圈群以及稳定的生活和生产空间中。彼时的国家情境中,具有先赋性的角色安排和认同内化,让个人或者群体的认同无须建构与选择"③。我国古代社会,国家覆盖了社会,血缘共同体实现了国家利益主导型的高度统一的国家认同。这样的国家认同反映到具体的社会状态中,则出现了长达数千年的"超稳定"。

2. 地缘共同体的地域化和社会组织的"聚中有散"

地缘共同体可以被理解为生活日常的相互关系,即在一定地理区域内结成的具有共同的风俗习惯、文化背景的人类的集合体。④ 地缘共同体相对于血缘共同体而言并不是一种替代性的概念,它与血缘共同体亦不是一种转承相接的关系。事实上,血缘共同体孕育了地缘共同体的雏形。传统血缘共同体萌生于生产力发展落后的原始社会,它的存在和发展必然伴随着人们居宿区位的彼此相邻,这样才能保证血缘的统一性、劳作的一致性和分配的公平性。血缘共同体中的个体只是自然意义上的个体,却不是社会意义上的个体。个体丧失自主的意识,群体的

---

① [法]埃米尔·涂尔干:《社会分工论》,渠东译,生活·读书·新知三联书店 2000 年版,第 90 页。
② 张康之、张乾友:《共同体的进化》,中国社会科学出版社 2012 年版,第 21 页。
③ 金太军、姚虎:《国家认同:全球化视野下的结构性分析》,载于《中国社会科学》2014 年第 6 期。
④ [德]斐迪南·滕尼斯:《共同体与社会》,林荣远译,北京大学出版社 2010 年版,第 53 页。

"同质性"直接导致血缘共同体与民主的不相容。① 这也可以用来解释中国漫长封建社会中的"超稳定"现象。地缘共同体相对于血缘共同体而言，既是文化解放的方式，也是社会进步的标志。私有制的产生（尤其是工业正式走进人类社会之后）、劳动技能的参差有别以及剩余劳动产品的出现，使得部分共同体成员具备从传统血缘共同体中独立出来的能力，于是出现了真正意义上的"私人利益"。由此人类脱离"血缘"这样单一的关系链，从而建立起更为复杂的缘际关系圈。

工业进程的不断加快，不仅赋予社会前所未有的财富冲击，也试图肃清以血缘为链接点的裙带利益关系。事实上，科学技术的发展（尤其是交通和通信技术的发展）给人们创造了走出血缘共同体、重建新的利益共同体的机会。正如涂尔干对共同体赋予的乐观态度：劳动分工使得社会的团结由"机械团结"变为"有机团结"，这也是传统社会和现代社会的区别所在。自由平等的文明浪潮、国家经济结构的调试、政客对于权力的欲望及其对权力驾驭能力的双向提高，使得社会利益的流向由自下而上的"抽水式"霸道汲取逐渐转向以利益为诱饵的"地方引流"，这不仅是社会利益从中央集中逐渐向地方分流的过程，也是民主发展的结果，其中也伴随着从集权到分权的演绎，正如中国的改革和社会转型。地缘优势逐步显现，并表现出较为完善的功能特征。这样的缘际关系圈表面被动地依赖地域进行划分，但实质上却是地缘利益的自主团结。纵观我国的历史沿革，血缘共同体利益的解构实现了权力的下扩、社会资源的回收和重组，这必然会对资源的重新配置提出相应的要求。资源的重新配置是地缘共同体之间"拉锯战"的核心，因为其直接关涉社会利益的流向问题。从"农村包围城市"的战略部署到中国城乡二元结构的形成，从改革开放提出"让一部分人先富起来"到中国社会转型期城市与农村矛盾的凸显和中、东、西部地区现实差距的存在，均是有力的佐证。以国家发展战略为前提，以"有重点"地发展地区经济为手段，具有中国特色社会主义的地缘共同体在自然生存条件和人为政策条件的双重筛选下逐步形成。地缘共同体逐步成为社会利益博弈的主体，这不仅是传统农业社会向工业社会转型的必然，也是市场经济的内在要求。

社会稳定有三个要义：共存、和谐和协调。社会稳定要求激发共同体（或人）协调矛盾的主动意识，提高共同体（或人）处理冲突的能力，从而不断维护、修正和经营和谐的生存环境，使共同体（或人）能在一定的时空范围内共而

① 《共同体的进化》第一章对家元共同体有过这样的描述："家元共同体是与民主不相容的，在一定程度上，可以说一切同质性群体与民主的治理都是不相容的。"《共同体的进化》以工业出现为分界，将共同体划分为家元共同体和族阈共同体。家元共同体是指因血缘、地缘、学缘等原因结合而成的人的群体。在一定意义上，我们可以把血缘共同体尤其是封建社会占统治地位的血缘共同体看作家元共同体的一部分。所以，这里认为血缘共同体和民主政治是不相容的。

存之，睦而处之。然而，伴随着地缘共同体利益结构的变化，国家认同的一致性被分散和压制。共同体之间国家认同的差异导致和谐缺口的形成，从而对共同体之间的协调效率和协调能力提出超前的要求。当共同体的协调机制无法回应和分解非常态化的社会矛盾时，社会就会产生相应的震荡，从而影响社会稳定。新中国成立以后，受到地缘共同体之间"利益拉锯战"的影响，国家认同逐渐呈现地方化的特征，甚至被地方认同所取代。正如卡斯特所言："地域认同就是国民对国家的疏离意识以及由此产生的对次共同体认同的常见现象。人们将会抗拒个体化和社会原子化的过程，而更愿意在那些不断产生归属感、最终在许多情况下产生一种共同体的组织中聚集到一起。"①

3. 精神共同体的"乌托邦"和社会价值的高度统一

所谓精神共同体，是指具有共同信仰、共同价值追求的人们为了满足主体心理、情感、意志等精神方面的需求而结合起来的共同体。精神共同体就是人们对理想社会的一种思考与设计②，例如宗教、宗族等。亚里士多德将希腊城邦看作共同体的模板。城邦中采用"共餐制"来培养公民彼此认识、相互认同的共识和默契，建立公民之间如同兄弟姊妹的情谊。斯巴达人更试图通过建立一个"家庭式"的国度，使"物欲"和"私欲"消融在共同体的愿景之中。然而，城邦最终在私有制的反复洗涤下黯然失色。滕尼斯认为所谓精神共同体，主要强调共同体成员可以在共同体的形成和发展中获得归属感和认同感。然而，这种共同体的生活是以"互相的占有和享受模式占有和享受共同的财产。占有和享受的意志就是保护和捍卫的意志。共同的财产——共同的祸害；共同的朋友——共同的敌人"③。鲍曼指出："共同体是一个温暖而舒适的场所，一个温馨的家，在这个家中我们彼此信任、互相依赖。然而，共同体不是一个已经获得和享受的世界，而是一种我们热切希望栖息、希望重新拥有的世界。这是一个失去了的天堂，或者说是一个人们还希望能够找到的天堂。"

精神共同体在任何一个社会都不会独立存在，它滋生于肯定和否定的矛盾体。只有社会文明发展到一定程度，才会出现与之相对应的精神共同体。精神共同体的形成是对文化发展的肯定。然而，也只有现实与有限理想脱节才会促使精神共同体的形成。精神共同体的形成基于超越现实的愿景设计——道德优于现实的行为动机，预设结果否定或者弱化现阶段的社会成就。理想和现实的差距决定

---

① ［美］曼纽尔·卡斯特：《认同的力量》，曹荣湘译，北京：社会科学文献出版社 2006 年版，第 65 页。

② 韩洪涛：《简论西方社会的精神共同体思想》，载于《郑州大学学报》（哲学与社会科学版）2010 年第 4 期。

③ ［德］斐迪南·滕尼斯：《共同体与社会》，林荣远译，北京大学出版社 2010 年版，第 62 页。

了精神共同体难以得到或者给予外部的认同。精神共同体国家认同的实现是社会利益最大化直到利益消失的设想过程，正如马克思认为国家最后消亡一样。然而，我国历经了奴隶社会和封建社会的专制主义统治，在生产力落后和科技匮乏的历史阶段，人们不得不赋予神授的君权以无限的敬畏和依赖。君主不仅是国家之"主"，还关系到风调雨顺和仓谷民生。从抗日战争到解放战争，中国共产党一路披荆斩棘，直至新中国的成立。

二、当代社会转型中的风险性要素萌生

以经济的超常规增长和社会的加速转型为标志，中国正处于"压缩的现代化"① 时期，伴随着现代性对传统社会结构与价值观念的撕裂式解构，潜隐的社会矛盾放大凸显、新的社会问题不断涌现、诸多风险性要素继发萌生，传统与现代、现代与后现代的冲突在政治、经济和社会多维领域中日益弥散，进而形成诸种差异标的的公共危机。②

1. 公域的萎缩与结构性风险

如果将现代性视作"自然与传统被终结之后的文明创造"③，那它为我们提供的一个建构现实的路径选择，便是从"积累性不平等"到"均散性不平等"④的结构转变。均散性不平等意指在现代性带来了多元化的利益主体与利益关系后，缺少某种资源或在某一领域处于较低地位的人可以通过其他增量资源而得以补偿和平衡，从而将有序的不平等嵌于利益结构转变的过程中，进而实现不平等的渐次补消。由此可见，均散性不平等的实现赖于非排他性社会资源的可获取性。然而，现实社会中公共领域发育不足、政府在社会治理中的角色与功能定位不当，这不仅会因社会公约诉求（即公众利益诉求的最大公约数）提取与输入不足，而导致政府政策创新失据和政策输出偏误，又会在客观上导致强势群体对利益资源的排他性攫取及社会元素层级流动机制的阻塞，进而因"积累性不平等"无法"均散化"而诱发结构性风险。具体表现为：

一是公约诉求的输入滞后。正如亨廷顿所说，"传统社会能否得心应手地按

---

① ［德］乌尔里希·贝克、邓正来、沈国麟：《风险社会与中国——与德国社会学家乌尔里希·贝克的对话》，载于《社会学研究》2010 年第 5 期。

② 参见张振波、金太军：《风险社会视域中的国家治理模式转型》，载于《江海学刊》2017 年第 4 期。

③ ［德］乌尔里希·贝克、约翰内斯·威尔姆斯：《自由与资本主义——与著名社会学家乌尔里希·贝克对话》，路国林译，浙江人民出版社 2001 年版，第 119 页。

④ Dahl, Robert A. *Who Governs?* New Haven, Yale University Press, 1961: 85 – 86.

现代化的要求改革其政治体制，几乎直接依靠它的人民的组织技巧和能力"①，其实践逻辑就在于能否将公众差异化的利益诉求和分散化的维权策略整合在政治决策过程之中，这就需要建构一个使民众意见得以充分表达和对话的公共领域，在其中才能有效提取具有代表性和整合性的社会公约诉求。

然而在实际生活中，这样的公共领域却远未形成。从公约诉求的形成来看，无论是难以相适于社会结构转型或自适于社会价值崩解的散沙状个体，还是在极强动员能力与身份隐匿性双重推动下"向冒险偏移"②的组织化群体，都与作为公共领域基本元素的主体性要求相去甚远。更何况，从公约意旨上升的动力和空间来看，政府如若直接推行西式民主中的选举制度，则难以将选票背后的偏好强度纳入政策议程中（而这恰恰是风险积聚的力量来源③），更何况选举政治中公众参与的有限性与政治议程的隐蔽性，往往会导致民众对公共活动"失望"而失去参与的兴趣和动力④。鉴于此，在重塑国家治理模式时，应实现政府政策议程的公开性并构建一个凝聚了社会公约诉求的公共领域，让公众意见参与到公共政策制定的过程中来，从而实现一种基于具体事件治理过程和特定政策创制输出的"治理驱动型民主"⑤。

二是社会治理的实践失序。风险社会指涉社会结构体系和社会运作逻辑的全面变迁，是与利益主体多元和利益关系分化相伴相生的。当这种多元化和分化的速度远远快于社会同化与整合的速度，而在现代国家制度体系、市场规范机制和契约性社会纽带发育尚不成熟的现实条件下，国家保持充沛的权威合法性、强化政令的有效贯彻，理应是维护社会政治稳定的基本途径。⑥然而，当这种政治权威性与政府公信力，被国家与政府实践演绎为对社会的权力压制或全面控制时，便会偏离国家与社会互动的正常轨道，甚而蚕食公共领域的孕发空间。

这是因为，一方面，在对社会的普遍压制模式下，如果政府直接介入多元化的、相互竞争甚至冲突的社会利益诉求，那么社会关系的高度复杂性将使政府难以超然于其外而发现实质性的和具有代表性的公众意愿，主观上对公共利益的维

---

① ［美］塞缪尔·P.亨廷顿：《变化社会中的政治秩序》，王冠华等译，生活·读书·新知三联书店1989年版，第29页。

② Stoner, James A. Risky and Cautious Shifts in Group Decisions: The Influence of Widely Held Values. *Journal of Experimental Social Psychology*, 1968, 4 (4): 442 - 459.

③ ［英］蒂莫西·贝斯利：《守规的代理人：良政的政治经济学》，李明译，上海人民出版社2009年版，第79页。

④ ［美］艾伯特·赫希曼：《转变参与：私人利益与公共行为》，李增刚译，上海人民出版社2008年版，第7~19页。

⑤ ［加拿大］马克·沃伦：《中国式"治理驱动型民主"》，载于《瞭望东方周刊》2010年第33期。

⑥ 唐皇凤：《"中国式"维稳：困境与超越》，载于《武汉大学学报》（哲学社会科学版）2012年第5期。

护行为却往往在客观上表现为对大部分利益主体的损害，其后果则是离公共利益的诉求越来越远；另一方面，政府的政策创制与选择受到信息输入的约束，当且仅当所有的信息都被整合进入决策过程时，才会存在完美的政策输出结果。[①] 然而互联网时代中信息体量庞大且鱼龙混杂，政府如果以权威压制和社会控制的方式单向度的、自上而下的行政性吸纳，而非基于互动的、自下而上的社会性输入，则其纳入决策议程的信息或诉求必将是有偏的甚至是有选择的。偏狭的信息供给与认知能力不仅会造成政府职能的碎片化，也使政府各部门之间相互怀疑和相互隔离，更使政府与社会之间离心离德。[②] 因而，国家治理模式的转型就在于通过公共领域的构建，促使社会将潜在的有关政策需求的公共信息或公约意旨自然披露出来，避免政府在社会压制模式下将片面、偏狭的信息纳入决策议程中。

2. 信任的消弭与认同性风险

中国长期以来的"追赶"式发展战略实现了国民经济的超常规增长，在快速提高人们生活水平的同时，却也使无所拘束的市场逻辑弥散扩延，嵌入微观生活日常之中，冲击甚至解构了以传统交往逻辑和世俗信任关系为基础的社会价值和精神信仰。事实上，在风险话语中，交往中的"信任"常常被借以表达人们对"不确定性状态之确定性依赖"的一种主观体认，据此才能在信任所涉及的环境框架中将风险及其类型"制度化"，进而"避免特殊的行动方式所可能遇到的危险，或把这些危险降到最低程度"[③]。当这种来源于个体感知的最基础的信任趋于消解时，便会引发由个体感知和价值体认导致的社会风险，即认同性风险。具体表现为：

在政治认同上，由于风险社会呈现出高度复杂和不确定的运作形态，政府如若囿于传统官僚体制的僵化运作体系以及有限的信息获取和认知能力，而呆板地恪守制度化职能分工，则其在风险的消解过程中必将难以"通过科学、合法和政治上的方法来确定其证据、归因和补偿"[④]，使得社会风险的烈度和向度会因个体的行为选择而异，从而导致社会风险的个体化分配和转移。正是在这个意义上，作为规导社会行为的共同体感被日渐冲散和淡化了。"在一个缺乏政治共同体感的政治落后的社会里，每个领袖、每个个人、每个集团皆在追逐或被看作是

---

① ［英］蒂莫西·贝斯利：《守规的代理人：良政的政治经济学》，李明译，上海人民出版社 2009 年版，第 66 页。

② 张康之：《论主体多元化条件下的社会治理》，载于《中国人民大学学报》2014 年第 2 期。

③ ［英］安东尼·吉登斯：《现代性的后果》，田禾译，译林出版社 2011 年版，第 31 页。

④ ［德］乌尔里希·贝克：《风险社会再思考》，郗卫东编译，载于《马克思主义与现实》2002 年第 4 期。

在追逐自己眼前的物质目标，而置更广泛的公益于不顾"①，作为行动实体的地方政府亦会作出具有自利倾向的行为选择。更何况政府主导的社会治理体系，又会因风险来临时的"有组织地不负责任"而致应对失效、治理过程中的"搭便车"现象而使资源过耗，这都损害、蚕食了政府在风险社会中的治理有效性与权威合法性，进而诱发自下而上的、跳脱国家权力和制度约束的风险自救行为——亚政治行为所带来的社会风险。

与此同时，复杂现代性愈发超出了人们的认知能力和范围，而网络呈现信息的庞大混杂性与人们有限的信息甄别能力形成鲜明对比，加之制度系统的抽象性并不足以建立公众对于风险的具象化理解和专业性解释，从而使得"专家信任系统"在很大程度上赢取了风险的解释权与制度的替代信任权。② 然而专家作为人格化的个体存在，同样难以避免地被私利性所裹挟而成为利益博弈的武器。因而，国家治理理应提供这样一种社会建构模式，即通过细致的制度规范和多样的价值引导，有效约束个体的自利选择并激发社会偏好，以期在制度规约与行为选择的长期互动过程中，型塑社会个体的互惠取向与合作模式。

3. 地缘的均散与流动性风险

从宏观来看，表现为社会整体的稳定趋势和地缘差异的暗流涌动。从新中国成立以后的经济复苏到计划经济的宏观把控，从市场经济的有效推进到改革开放的全方位突破，地缘共同体的利益博弈盘活了国内的竞争市场，使我国的政治、经济、文化等各方面都得到了飞跃式的发展，国家整体呈现出欣欣向荣态势。而伴随着我国综合实力的提升和国际影响力的不断提高，国家认同必然以整体聚合的方式呈现。然而，不可忽视的是，在我国特殊国情的催化下，社会利益的分置出现了政策性的不平衡——城市优于农村，沿海地区利好多于内陆地区，东部、中部、西部地区的发展速度呈现依次递减的常态，导致农民和城市居民之间的利益失衡，内陆地区居民和沿海地区居民之间的利益失衡，东部地区和中西部地区居民之间的利益失衡。这样的地理区位特点还具有明显的利益重叠，即东部沿海城市的利益和中西部内陆农村地区利益变成利益链的两个极端。由此，以争取社会利益为目的的"拉锯战"在地缘共同体之间拉开了序幕。由于中国国情的特殊性，新中国成立初期计划经济政策向城市倾斜；改革开放以后，集中资源重点开发东部沿海城市，提倡"先富"带动"后富"从而全面建设小康社会。"长江三角洲"、"珠江三角洲"、环渤海京津冀地区中国三大增长极都是典型的受益型地缘共同体。实现"先富"的地缘共同体至今依然保持着全方位的优势，因此也就

---

① ［美］塞缪尔·P.亨廷顿：《变化社会中的政治秩序》，王冠华等译，生活·读书·新知三联书店1989年版，第29页。

② 陶建钟：《风险社会的秩序困境及其制度逻辑》，载于《江海学刊》2014年第2期。

无法避免阶段性的贫富差距和与之相伴而生的地域矛盾。相关数据显示，全国居民人均可支配收入基尼系数虽在 2008 年达到最高点 0.491 后呈现波动下降趋势，但 2020 年仍然处于 0.468 的高位。[①] 贫富差距问题是影响社会秩序稳定的经济根源，直接或者间接影响着社会的稳定。[②]

从微观来看，表现为既得利益共同体中固化的利益和危机的流动。政策助推了中国经济的快速成长，实现了市场化的铺轨和国际化的衔接。中国经济发展冲出计划经济时代的阴郁绝非依靠单枪匹马，还依赖政治的倾斜（如特区的设置）、文化的配套，甚至是生态在工业发展中的觉醒。所以，地缘共同体之间的利益差距不是单一的。不可否认，政策引导下的致富顺序逐步催化了以地域为界划分的既得利益共同体和利益滞后共同体的形成。对既得利益共同体而言，当利益流向有条件地转向利益滞后地区的时候（如政策利好由城市转向农村，由东部地区转向西部地区），便会引起具有中国特色社会转型期的社会震荡。"先富"和"后富"，这样政策干预下的综合发展次序实际构成了国家和社会之间的契约，"先富"是契约权利，带动后富是契约义务，然而其中却缺少对于无法履行义务的责任条款。政策预期的利益配置调整被利益既得地域看作"利益掠夺"或者"利益瓜分"。伴随着通信技术和自媒体的快速发展，民众以更加快捷和高效的方式集合、"抱团"，从而给政府施压，导致政策迂回和政策动荡（如户籍制度、异地高考问题）。既得利益共同体着力巩固既有利益，当政策利好他向偏移时，其国家认同程度会普遍降低。而利益滞后地区在政策期许、政策徘徊、政策压力型退缩的跌宕起伏中也会降低原有的国家认同度。我国地缘共同体的形成很大程度上取决于国家战略的调整和国家政策的方向，这也决定了利益的多寡直接影响地缘共同体的国家认同程度。任何改革和转型都不是一蹴而就的，它是一个时间渐进和成效进阶的综合过程，其中也会出现尝试、徘徊甚至是阶段性的过失调整。当个人的利益无法在地缘政策内得到满足时（如城镇化过程中失地农民的就业问题），生存性的跨际流动就会出现。我国的跨际流动主要表现为人口由不发达和欠发达地区向发达地区流动。二元结构给城市建构出政治、经济、文化、生态、生活全方位的优越感，然而户籍制度桎梏下的社会公共服务却不能给"流动"提供保障。城市利益的固化与流动的保障缺位、服务缺失形成了鲜明的对比，从而加剧了区域内国家认同落差的形成。与此同时，城市人口和流动人口的国家认同程度也呈同比下降的趋势。

① 参见《宁吉喆谈贫富差距情况：近十几年我国基尼系数总体呈波动下降态势》，新浪财经，https://finance.sina.com.cn/jjxw/2021-09-28/doc-iktzscyx6807767.shtml，2021 年 9 月 28 日。

② 胡联合、胡鞍钢：《贫富差距是如何影响社会稳定的》，载于《江西社会科学》2007 年第 9 期。

三、威胁中国社会和谐稳定的问题衍生

如果说公域萎缩、信任消弭与地缘均散为当前转型社会带来的潜隐的结构性、认同性以及流动性风险的话，那么开放社会中的不平等收益和生活政治中的对话性冲突，则会对社会和谐稳定形态产生直接性的影响乃至冲击。①

1. 开放的社会与不平等的收益

在社会冲突衍生的理论分析上，达仁道夫②、哈丁③以及奈特④等都明确指出了冲突产生的利益指向，即社会力量之间有关利益的竞争和分配是导致冲突衍生的根源性因素。这表明利益冲突思维将贯穿解读社会冲突的全过程，也充分契合了分析冲突论⑤对社会冲突客观存在性的理性认知。

改革开放以来，制度改革的收益分配形态已从帕累托的全民普惠式转型为非帕累托的精英主导式⑥，基于利益主体、利益内容和利益关系多元化⑦的社会冲突势必逐渐融入公众的日常生活中。由此，对复杂利益分化格局的解构可从对社会公众日常生活的体验中找到端倪。对于中国社情的细致分析是西方理论应用于中国实践的必要前提，然而超越利益冲突的社会冲突研究思维必然形成碎片化的"现象解释现象"的悖论和看似深奥，实则浅薄的认知。社会的日渐开放性带来

---

① 参见金太军、张振波：《论社会冲突与政治体制改革的非线性关系》，载于《政治学研究》2014年第3期。

② 例如，达仁道夫认为，现代社会冲突作为群体"团结一致的行动仅仅是实现自己利益的次优方法"。参见［英］拉尔夫·达仁道夫：《现代社会冲突》，林荣远译，中国社会科学出版社2000年版，第205～206页。

③ 哈丁以个体的自我利益与群体认同的契合或错位来分析群体冲突的逻辑，指出"个体的自我利益常常可以很好地契合群体的利益"，从而诱发"骇人听闻的后果——群体冲突"。参见［美］拉塞尔·哈丁：《群体冲突的逻辑》，刘春荣等译，世纪出版集团2013年版，第3、20页。

④ 奈特在阐析社会制度的集体利益和分配利益时指出，基于理性行为理论的社会制度解释，必须重点强调分配效应，即"分配冲突的至关重要性"。参见［美］杰克·奈特：《制度与社会冲突》，周伟林译，上海人民出版社2009年版，第22页。

⑤ 根据理论观点与分析体系的不同，将社会冲突理论分为"批判冲突论"与"分析冲突论"两大理论传统。参见［美］鲁斯·华莱士、［英］艾莉森·沃尔夫：《当代社会学理论：对古典理论的扩展》（第六版），刘少杰等译，中国人民大学出版社2008年版，第63～64页。

⑥ 王绍光根据改革红利的分配情况，将改革分为两个截然不同的阶段：第一个阶段为"多赢（或全赢）"阶段，即所有的社会阶层都是获益的，该阶段开始于1978年而大约结束于1993年；始于1994年的阶段即为第二阶段，即"零和"发展阶段，该阶段中改革受益者是以某些社会阶层的利益受损为代价的，突出特征为不断恶化的失业状况和不断加剧的不平等。参见王绍光：《开放与不平等——中国能否补偿加入WTO的受损者》，载于《管理世界》2001年第6期。

⑦ 金太军、赵军锋：《基层政府"维稳怪圈"：现状、成因与对策》，载于《政治学研究》2012年第4期。

了深刻的结构转型，这在一定程度上造成了利益不平等分配与社会差序化格局[1]，同时又极端放大了人们对这种不平等和差序化的感知[2]。基于经验与实证的双重视角，开放的社会和不平等的收益将是中国社情的双重表征。

改革开放四十多年来，政策创制已渐从宏观层面的政治和经济体制架构过渡到微观社会层面，其所建构的社会运行体制与机制对社会心理、社群意识及社会个体行动取向进行渐进式的渗透与塑造。另外，政治领域的民主化和经济领域的市场化逐步促成开放社会的形成，在人群高速流动的城市化背景下，"散沙状"的中国社会依稀呈现出社会共同体的情状，这在经济全球化和信息化的外在环境下，"不同的社会情境或不同的地域之间的连接方式，成了跨越作为整体的地表的全球性网络"[3]。然而转型中国社会普遍存在的内生性的结构与功能、体制与价值的非耦合状态必然促成多维张力的表征，这集中表现在域内政策体制、社会结构在价值体系崩解与重塑过程中的不适和自适；域外主权国家权力边界在经济全球化浪潮下不断受到静态国际规则和动态跨国公司的压缩，这种压缩不仅表现在政治、经济资源的争夺与分配上，更表现在意识形态与社会思想的无边界蔓延上。[4] 如若缺乏审慎、客观、辩证的认知态度与能力，便会诱发"欣羡"甚至"怀疑"乃至"证伪"的社会思潮，进而成为从价值皈依到国家认同再到行为取向的系统性过程，从而诱发"失范性"[5] 社会冲突。

日益开放的中国社会正上演着利益格局的持续演变和社会结构的持续转型，开放性所诱发的失范性社会冲突将获得日益积聚的萌生土壤和触发要素。事实上，伴随改革开放而至的贫富差距日益呈现扩大态势，如何对其加以重新认知和有效应对成为深化改革的关键环节。"先富带动后富"的逻辑预设和政策偏重似乎仍无法有效削减市场运行中马太效应所掀起的"涟漪"，"共同富裕"的美好设想难以在市场逻辑的正常格局中得以实现，政府行政权力的有效运作能力在市

---

① 王绍光等曾以这样的数据来说明改革开放以来的利益分配零和状况。随着改革开放力度的加大，中国经历了也许是人类历史上最大规模的结构调整。1995～2000年仅国有部门和城镇集体单位在岗人员减少了4800万人，同时社会各阶层的相对收入水平急剧变动。"改革与开放并不是'人人都是赢家'，尽管产出了一大批受益者但也制造了人数规模较大的利益受损者。"参见王绍光、胡鞍钢、丁元竹：《经济繁荣背后的社会不稳定》，载于《战略与管理》2002年第3期。

② 王绍光、胡鞍钢、丁元竹：《经济繁荣背后的社会不稳定》，载于《战略管理》2002年第3期。

③ ［英］安东尼·吉登斯：《现代性的后果》，田禾译，译林出版社2011年版，第56页。

④ 金太军、姚虎：《国家认同的功能及其支撑体系：全球化视野下的结构性分析》，载于《中国社会科学》2014年第6期。

⑤ 例如李汉林等认为"失范的根源就是文化目标与制度手段之间的张力结构"（参见李汉林等：《社会变迁过程中的结构紧张》，载于《中国社会科学》2010年第2期）；更具体的，达仁道夫在《现代社会冲突》中系统论述了作为"失范"的冲突，即失范"带来一切都无序、怀疑一切和对一切无把握"，并援引罗伯特·麦敦的思想将失范描述为"文化结构的崩溃"。参见［英］拉尔夫·达仁道夫：《现代社会冲突》，林荣远译，中国社会科学出版社2000年版，第209页。

场逻辑日益强势的微观环境中正受到考验，远未形成并固化为强制性的体制机制
或具体的操作路径。在缺乏利益均衡分配体制的前提下，经济增长并不必然导致
社会稳定的形成，相反，经济增长会促成非既得利益群体的不公平感知，进而引
发阶层间的利益冲突。正如塞缪尔·亨廷顿所言，"经济发展使经济上的不平等
越发严重"①，中国经济增长内含的工业化、城镇化与转型社会的持续性互构，
使得中国不可避免地依循了世界各国实践验证了的库兹涅茨倒"U"型曲线
（Kuznets inverted U-curve）——在经济未充分发展的阶段，收入分配将随同经济
发展而趋于不平等——而中国的收入差距还处于其左侧的上升期，远未行至拐
点；詹姆斯·戴维斯解释革命起源时所提出的"J曲线"理论也表明，当经济急
剧增长（同时社会机会、生活环境等社会价值能力也迅速提高）时，民众的价值
期望值被刺激得更高，甚至会超过经济发展速度，导致利益期望与现实之间的差
距拉大②，这种发展型相对剥夺感与现实不平等交互影响，从而增大了社会心理
激化甚至诱致社会冲突的可能性。

2. 对话的冲突与"生活的政治"

在社会冲突日益成为生活政治常态元素的今天，对社会冲突理性认知与审
慎探析尤为重要。③ 认知理念和态度的转换改变了人们在直观感知上对于社会
冲突的认知与评价，然而作为评析前提的基础性认知仍需必要的属性界定以作
为社会冲突消解进路的方向与指引，即中国语境下社会冲突的生发类似却又差
别于诸如社会运动④等政治性事件的内在属性与外在表征之所在。正如查尔斯·蒂
利所说的，"我们一方面要看到这类活动与社会运动的相似性，同时也要对它们所
引发的独特的阐释性问题给予关注，这些问题需要更加清晰地予以解释"⑤。

有国外学者认为，在21世纪来临之际，"社会运动已被全世界人们公认为是
号角、是对暴虐权力的制约，是以集体行动作为反抗的集合令"⑥，且因其所隐
含的斗争性与政治相关性而被蒂利谓为"斗争政治的特殊形式"。然而，人们对

---

① ［美］塞缪尔·P. 亨廷顿：《变化社会中的政治秩序》，王冠华等译，生活·读书·新知三联书店
1989年版，第45页。

② James G. Davies. Toward a Theory of Revolution. *American Sociological Review*，1962，27（1）.

③ 跳脱既往研究囿于"群体性事件"单一认知的狭隘分析视角，有学者基于利益分化与利益诉求的
客观现实而提出对于社会冲突从"事件"到"行动"的认知理念转换。这映射出渐趋褪去敏感性的社会
冲突正得到更多的学者对于其本质与属性的探求和厘定。参见金太军、沈承诚：《从群体性事件到群体性
行动——认知理念转换与治理路径重塑》，载于《国家行政学院学报》2012年第1期。

④ 社会运动作为我国学者阐释与解析社会冲突（以群体性事件为主要表现形式）的概念之一，一方
面体现了社会冲突在社会分析框架内在的敏感性，另一方面则使人们产生了对社会冲突的负面认定与感
知，从而形成认知与解析的恶性循环。

⑤ ［美］查尔斯·蒂利：《社会运动，1768～2004》，胡位钧译，人民出版社2009年版，第14页。

⑥ ［美］查尔斯·蒂利：《社会运动，1768～2004》，胡位钧译，人民出版社2009年版，第3～4页。

于社会运动的泛化、概化及虚化态度①却往往将其强行嵌套于中国场域中的"群体性行动",使得因利益分化而客观衍生的社会冲突常常外披"颠覆性"色彩,而忽视了其所具有的显著不同于社会运动等政治事件的内在机理与外在表征。从其内在生发机制来看,惯发于生活政治中的、以现实利益为标的的社会冲突可解释为"对话的冲突":在利益分化渐呈弥散状的社会情境下,本应以理性表达与良性互动而实现的多界复杂的利益诉求与权益维护行为,却因表达渠道堵塞和互动机制的缺失而导致矛盾激化并最终演变为以群体性行为为表征的社会冲突行为,并在弱势群体生存伦理的主体意识中进一步内化为"不同利益群体之间对话的一种方式"②而成为常态化的博弈工具(甚至会在制度的非常态化运作下产生"依势博弈"的不良形态)。这种"对话冲突"的"非颠覆性"属性还具体体现在其演化情状中:一方面生发于中国场域的社会冲突虽多以群体性行动作为表现形式,但却多为"大批人相对的自发和无结构的思维、情感和行为的方式"③,属于无意识、无计划、无组织的"乌合行为"④;另一方面社会冲突的内在生发与外在诉求并非否定政府的权威与地位,反而体现了公众对政府能力的仰赖与期望,体现了民众对于政府合法性的认可与"解决"能力的期许。

社会冲突在与社会运动(颠覆性政治事件)衍生机制的异质性分析中彰显出其"对话冲突"的本质属性,而从两者生发情状的异质域厘定中则可见其作为"生活政治"的实践边界。根据吉登斯对政治行为的划分,社会冲突不同于"解放政治"之根本就在于其作为"生活政治"的"自我实现性",表现为"人们会激进地卷入到进一步追求完备和令人满意的生活可能性的过程中"⑤。物质条件的极大满足必然会促发人们对精神要求——亦即对"自我实现"的追求,且伴随公民权利的日渐普遍,"生活领域的不平等取代了普遍要求公民的、政治的或者社会的权利的位置"⑥。从而,社会冲突与政治改革的指向性关系在生活政治的

---

① 查尔斯·蒂利指出,分析家常会对社会运动产生泛化、概化和虚化的态度:"把社会运动这个术语泛化,让它包揽古往今来一切种类的公众集体行为;把运动概化让它与支持运动的群众、网络或者组织混为一谈;把运动虚化,让它依稀成为作为整体的行动者的运动。"参见〔美〕查尔斯·蒂利:《社会运动,1768~2004》,胡位钧译,人民出版社2009年版,第9页。

② 柏骏:《群体性事件的行为模式与解释框架——基于江苏的实证研究》,载于《江苏社会科学》2011年第3期。

③ 〔美〕伊恩·罗伯逊:《现代西方社会学》,赵明华等译,河南人民出版社1988年版,第765页。

④ 朱力指出,我国集体行为或集体行动的基本含义是指某种无组织、无计划、一哄而上、临时性、面对面的群众的乌合行为。参见朱力:《中国社会风险解析——群体性事件的社会冲突性质》,载于《学海》2009年第1期。

⑤ 〔英〕安东尼·吉登斯:《现代性的后果》,田禾译,译林出版社2011年版,第137页。

⑥ 〔英〕拉尔夫·达仁道夫:《现代社会冲突》,林荣远译,中国社会科学出版社2000年版,第206页。

传递中模糊了其线性特征：不同于对自由、解放的政治性追求，社会中的人们"是在无休止地、有目的地并且是有理性地为增进他们对生活中美好事物的享用而斗争"①，这种源于现实利益诉求的发展型冲突虽不具有政治事件的颠覆性本质，但会因其更为紧密直接的息息相关性而更具社会动员能力。当这种斗争过程实现了拉塞尔·哈丁所谓的"个体自我利益与群体认同的契合"② 时，则会冲破"集体行动的逻辑"，从而形成群体性事件甚至陷入"群体的无意识"③ 状态进而导致社会冲突的爆发。尽管如此，"生活的政治"仍然为社会冲突的非颠覆性提供了很好的证明与解释，即便民众在具体的利益表达与权益维护的过程中表现出一些非理性甚至暴力性行为，但这种源于生活的现实利益诉求显著不同于以政治颠覆为标的的社会运动。当今一些群体性事件中非直接利益相关者的参与，固然可以视为是对某一"具体"政府行为或政策不满的"泄愤"行为，但如将其夸大到以现行政治体制的突破与政治体系的解构为目的，那就不免耸人听闻了。

第三节 社会和谐稳定长效机制的建构指向及其路径探索

一、社会和谐稳定长效机制的建构逻辑

四十余年的经济体制改革，一方面因其所带来的经济高速增长为现代社会的孕育奠定了物质基础，另一方面则因这种不断增强的现代性对传统社会的撕裂式解构而形成了复杂的社会治理情状。其中，资源财富的日益增大与分配状况的不均是这一状况生成的重要因素，如果说经济增长是改革开放多年的核心要务的话，那么利益分配则成为新阶段体制改革与完善的中心元素。相应地，社会冲突衍生的本质利益属性不应被忽视，但制度化利益表达渠道的缺失往往迫使利益受

---

① ［英］迈克尔·曼：《社会权力的来源》，刘春荣等译，上海人民出版社 2007 年版，第 5～6 页。这种在追求"生活中美好事物"过程中引发的冲突，恰恰指向了我国学者对于社会冲突本质属性的根本界定——人民内部矛盾。参见刘勇：《政治妥协：社会冲突视阈中的公共理性》，载于《国家行政学院学报》2010 年第 2 期。

② ［美］拉塞尔·哈丁：《群体冲突的逻辑》，刘春荣等译，上海人民出版社 2013 年版，前言。

③ 2011 年的广东陆丰乌坎事件因乌坎村村民自发成立了村民代表临时理事会而被视为具有明显的政治利益诉求，实际上村民的主要利益诉求很明确：获得更多的征地补偿款。其与众不同之处在于乌坎村村民建立了相对稳定的组织，形成了相对固定的集体行动。

损群体以"非规范"的制度外渠道表达其利益诉求，因此，社会冲突化解的制度化路径仍然任重道远，而以消解特定社会冲突事件为旨归的应激式改革必然呈现碎片化、短期性的形貌，而难以上升为系统性的社会政策，更无法培育出有序和理性的社会行为。事实上，由于"共同富裕"的政策愿景在现阶段呈现出与社会现实的反差，因而可预见的是，利益分化所诱发的社会冲突将呈愈演愈烈之势。这就更需要坚定社会冲突与政治改革的非线性关系的基本判断，不要随风起舞，丧失了"制度自信"。

那么，既然社会冲突与政治体制改革的关系是非线性的，我们应将如何正确、审慎地认知这种既无必然因应却又息息关联的内在指向性呢？

事实上，在政治社会学的分析框架中，我们经常借用西方的国家—社会关系理论建构一个以"权力分羹"为核心的两极关系体系，并以分配关系与控制关系为实践外延，具体阐释实际运作层面的权力、权利与利益问题。改革开放后，伴随社会主义市场经济的发展，中国社会一定程度上脱离了高度统一的国家体制，社会利益关系深刻调整、社会组织结构渐趋转型，原有的社会模式与秩序逐渐瓦解，而新的社会模式与秩序尚在建构之中。在此过程中，传统的以血缘宗族、家庭单位与社会群体为纽带的社会差序格局被打破，而将社会变为无差序格局的结构，虚化了社会内在的自组织机制与自适应能力，伴随双重转型而衍生的诸多不确定性因素不仅不能被社会所消化反而被放大，从而使厌恶风险的传统社会因无从规避的不确定性而诱发焦虑甚至诸多负面情绪，进而增加了社会冲突爆发的可能性与强度。但应该看到，当前中国的社会冲突大都发生在现有的政治框架内，且多为以经济利益为核心的现实冲突，无须对此进行过分夸大。毋宁说，经久运作的体制逻辑一方面造成社会冲突诱发条件的重叠和触燃因素的积聚，但另一方面也在调整与变革过程中，通过相适和自适孕发出强大的免疫系统和自愈功能。[①]在此框架下相适调整并深化改革仍将是可行且行之有效的。

长效社会稳定的构建"不是要追求一个无差别、无矛盾的社会，而是要在不同利益群体之间建立一个有序的关系"[②]。然而，伴随着"单位制"的社会组织形式被打破，市场运作逻辑的弥散式影响消除了人们对单位的依附，从而使得计划经济时代整个社会的"集体性"利益结构迅速解体，社会民众只能依赖其个体的能力，而无法通过组织化、结构化的群体形式来表达利益诉求。这使社会个体的利益诉求常常难以得到应有的关注和满足，经久累积的怨恨逐渐会消融社会张力，进而诱发非直接利益相关的社会冲突。

---

① 李强：《中国在社会分层结构方面的四个实验》，载于《马克思主义与现实》2013 年第 2 期。
② 蔡禾：《从利益诉求的视角看社会管理创新》，载于《社会学研究》2012 年第 4 期。

因此，基于利益分化事实和社会个体力量的非均衡情状，要建构维护社会稳定的长效机制，就必须在政治层面构建致力于实现利益主体平等对话的平台与机制，通过平等对话沟通，消除彼此间的对立，形成多元利益主体间的互动。正如约翰·德赖泽克所言："对民主而言，它能够做到的第一件事应该是严肃的沟通交流。克服那些扭曲这种沟通的障碍是至关紧要的。"[1] 然而，不同社会群体间的话语权分配已经严重失衡。"我们不得不承认的一个事实：涉及弱势群体利益的时候，往往要靠政府和大众媒体来为他们说话，他们自己的声音是很微弱的。说句老实话，如果府和媒体都不为他们说话，他们自己很难具有有效地表达和追求自己利益的手段。"[2]

故而，在以"社会的政治后果"为逻辑阐解了社会冲突与政治体制改革的非线性关系后，便应以"政治的社会功能"为意旨在体认两者内在指向性的基础上，回归问题阐析的建构性归宿。这种建构性逻辑的实现在改革理念深入人心，甚至简单的疑虑也常常被披上改革外衣的时代背景下便显得尤为珍贵。政治的社会功能的实现，需要基于中观与微观层面的分析视角，从经济的、政治与社会的指向维度进行系统建构：一是经济维度的利益分配制度。虽然开放社会中的收益不平等有其客观性，而可控且有度的贫富分化亦具有一定的激励作用，但现行的不均等的初次分配结构与不充分的再次分配体制，造成了社会分化失序和贫富差距过大，改革红利的不完全释放与"相对剥夺感""仇富、仇官"的负面情绪相伴相生。二是政治维度的利益表达制度。常态性的不平等收益需要制度化的利益表达作为有机补充，以此弥补改革不完全所遗留的缺漏和所造成的侵损，避免出现使民众利益表达被排除于体制框架之外的情况。三是社会维度的机会均等机制。有序的社会层际流动，代表了社会资源共享机会的均等，从客体角度保证了增量利益的合理配置。鉴于现行体制的变革速度滞后于国家社会关系的转型速度以及社会生活秩序的转变速度，建设性的全面、深化改革（包括政治体制改革）就成为现阶段乃至今后相当长一段时期内中国发展的主旋律，也是推进中国国家治理体系与治理能力现代化、探索和发展符合中国国情和发展需要的国家与社会关系模式[3]的题中应有之意。[4]

---

[1] ［澳］约翰·德赖泽克：《地球政治学：环境话语》，蔺雪春等译，山东大学出版社 2008 年版，第 275 页。

[2] 孙立平：《断裂——20 世纪 90 年代以来的中国社会》，社会科学文献出版社 2003 年版，第 68 ~ 69 页。

[3] 房宁、周少来：《正确认识中国特色社会主义条件下国家与社会的关系》，载于《人民日报》2010 年 6 月 10 日。

[4] 参见金太军、张振波：《论社会冲突与政治体制改革的非线性关系》，载于《政治学研究》2014 年第 3 期。

二、社会和谐稳定长效机制的构成视角

社会和谐稳定长效机制必然是统括了多元主体的、涵盖了多重问题的、涉及多个场域的整体性系统，因此应拓宽机制分析的视域，从政党、政府、社会等多重视角出发，探索社会和谐稳定长效机制的整体性建构过程。

一是政党视角。成熟的政党制度是现代国家社会稳定的保障。[1] 在中国的现代化进程中，政治秩序的安排首先依赖于坚强有力的政党领导，政治稳定必须要有一个具备强大凝聚力的政党作为政治体制的核心主导力量。一个强大的政党在现代民主制度的规训下会不断地向制度化方向发展，成为联系社会各派力量的纽带，从而为政治稳定和有秩序的变革提供关键的支撑力量。发挥党的领导这一核心优势，完善坚持党的领导的体制机制以确保党始终纵览全局、协调各方，是社会稳定的根本政治保障。然而，伴随着我国快速的现代化，以及经济成分的多元化和利益结构的复杂化，出现了社会阶层的分化与重组。由于分化的急剧性、分层的扩大化和流动的梗阻化，可能造成社会政治不稳，进而对党的科学执政和稳定执政构成严峻挑战。故而，应全面提升执政党建设的科学化水平，推动中国共产党自身的适应性调整和现代转型，在回应社会挑战、化解社会危机的过程中不断实现自身的理性化与现代化，在不断增强体制弹性和制度学习能力的基础上，实现理性、民主而高效的国家治理。[2] 具体而言，第一，要重构执政党的群众观念；第二，要强化对分化利益的有效整合；第三，要促进社会各阶层的有序表达；第四，要构建弹性韧性的维稳体制；第五，要提升党的社会管理能力。[3]

二是政府视角。当前，社会经济分化的速度远远高于社会同化与整合的速度，在现代国家制度体系、市场机制和契约性社会纽带发育尚不成熟的现实条件下，国家保持充沛的权威合法性资源、强化政令的有效贯彻，是维护社会政治稳定的基本途径。正如有学者指出的，高效合法的公共权威是中国维稳新模式的主导力量，强能力政府在一定发展阶段是保持政治稳定的必要条件。在发展中国家的现代化过程中，巩固政治权威和强化政府能力是维护政治稳定的有效途径。[4] 因此，应通过良性政社互动增强民众对基层政府的信心，切实提升基层政府的公信力，使政府不再等事件发生之后才通过善后救济的方式来获取民意

---

① 刘飞：《新中国政党制度建设与社会稳定关系探析》，载于《山东社会科学》2013 年第 11 期。

②④ 唐皇凤：《"中国式"维稳：困境与超越》，载于《武汉大学学报》（哲学社会科学版）2012 年第 5 期。

③ 陈家喜、黄文龙：《阶层分化与执政党维稳能力建设》，载于《理论探讨》2012 年第 3 期。

支持。①

三是社会组织视角。通常而言，构建政府主导、社会参与的执行体系将有助于增长执行的正当性和可接受性。② 社会组织是社会稳定的重要参与主体。如何实现负有维稳重任的基层政府和无法有效进行利益表达的普通民众之间的良性互动，迫切需要人们以新的眼光看待民间组织参与基层维稳的价值及其限度。通过民间组织参与基层维稳过程，可以有效彰显其信息传递、利益表达和利益凝聚的价值。③ 社会组织介入可以促进基层政府与民众进行理性沟通，社会组织作为一种具有中立性的社会组织，可以对分散的民众利益诉求进行有效整合，有效去除非理性的诉求成分，使民众向基层政府表达利益诉求时能够消除表达渠道的梗塞现象，有效促进基层政府与民众进行有效的磋商，因而，把基层政府维稳的职能分解出一些给社会组织，把决策与执行分开，通过竞争的方式让更多的社会组织参与到基层维稳活动中来，可以提升基层维稳的效率和质量。④ 然而，我国社会结构的转型是自上而下的自觉过程，市民社会及公共领域的出现是国家让渡出的一部分空间，这就决定了我国公共空间主体对国家天然的依赖性。⑤ 因而，如何合理有序培育公共领域，促进社会组织的内在生长，就应成为我们寻求社会和谐稳定长效机制的重要内容。

四是社会民众视角。民众权利的确证与维护，是社会和谐稳定的根本目标和基本保障。事实上，从本质上来看，维权的过程就是维稳的过程；维稳只有建立在对民众的基本权利得到确认与保护的基础上，才可能是稳固而长久的。⑥ "维稳"的根本就是维权，实质在于"维心"，即在于得民心。没有民心就没有根本的社会稳定，这样的"维稳"也只是暂时的。而民心就是社会公平和社会正义。说到底，"维稳"就是要维持社会公平、张扬社会正义。因此，当我们从制度建构层面思考"维稳"工作时，当以社会正义为准则，此乃长治久安的根本。⑦ 因而，当前的维稳必须首先要改善民生，不断为减少和化解矛盾培植物质基础，让人民群众生活有着落；必须谨防社会动荡，维护社会稳定，切实解决好教育、就业、医疗、分配、社保等与群众基本生活密切相关的民生问题⑧；同时，要把民

---

① 陈发桂：《变"管治"为"共治"：基层维稳惯性思维的矫正》，载于《领导科学》2012年第9期。

② 张海波、童星：《社会管理创新与信访制度改革》，载于《天津社会科学》2012年第3期。

③④ 陈发桂：《民间组织参与基层维稳的价值考量及其限度》，载于《理论导刊》2010年第9期。

⑤ 王如鹏：《论社会的稳定结构——中国公共领域建设研究》，载于《社会科学战线》2013年第1期。

⑥ 于建嵘：《维权就是维稳》，载于《人民论坛》2012年第1期。

⑦ 郎友兴：《解决维稳难题的上策》，载于《人民论坛》2010年9月下。

⑧ 潘怀平：《创新社会管理：变维稳为创稳》，载于《领导科学》2011年第36期。

众迅速扩大的参与愿望纳入制度化的政治参与轨道，扩大民众的政治参与，建立健全官民之间的政治沟通与合作治理机制。[①]

三、社会和谐稳定长效机制的建构路径

1. 树立正确的社会和谐稳定观和建构理念

社会和谐稳定观以及建构理念，直接决定着社会和谐稳定的评判标准、建构模式以及实现路径，是社会和谐稳定长效机制建构的前提性和基础性要素。然而，在当前维护社会稳定的过程中，却普遍存在着将民众的利益表达与社会稳定对立起来的错误观念，甚至将公民正当的利益诉求与表达一概视为威胁社会秩序的不稳定因素。在这种稳定观念的主导下，所采取的社会稳定维护机制是通过压制和牺牲弱势群体的利益表达，来实现短期内的社会稳定，其结果是不仅治标不治本，反而起到了维护既有利益格局的作用，甚至对社会公正造成严重损害。[②]

在此基础上，应从以下几个方面树立正确的社会和谐稳定长效机制建构理念：一是正确看待社会矛盾、社会冲突以及显性的社会运动现象，将社会和谐稳定的维护过程，视作一个不断解决矛盾冲突、平衡各种利益、实现社会和谐的过程，通过全方位的、开放的系统建构，追逐一种动态的、韧性的、长效的和谐稳定，而非静止的、刚性的、暂时的僵化稳定。二是强化以人为本的根本目标和为人民服务的根本宗旨，树立人本化建构理念，将人民根本利益而非社会稳定本身作为长效机制建构的根本目的，使广大群众在和谐安定的社会中幸福感得到增强。[③] 三是从偏重事后处置向更加重视源头治理转变，把工作重心从治标转向治本、从事后救急转向源头治理，使社会治理关口前移，加强宏观长远规划，调整政府现有稳定观和权观观，克服两者间的内在冲突，逐步从追求群体性事件的零发生率转向着眼于社会长治久安的稳定观，从实践中忽视民众个体权益转向重视个体现实权益维护的权利观，根本扭转权宜式维稳局面，实现真正长久的社会稳定。[④] 四是处理好政府（在传统观念中被作为维护社会和谐稳定的当然主体）与其他社会治理力量和利益主体的关系，要改变政府直管、统包的治理模式，实现以政府为主导的多元治理，避免政府在社会矛盾中处于首当其冲的位置，强化政府作为规则和程序的制定者以及矛盾调节和仲裁者的角色，促进民间组织的发

---

① 任中平：《扩大公民参与：实现社会稳定的根本途径——以制度分析为视角》，载于《中共福建省委党校学报》2013 年第 1 期。

② 孙立平：《"不稳定幻像"与维稳怪圈》，载于《人民论坛》2010 年 7 月上。

③ 谢怀建：《和谐社会下的安全稳定观》，载于《社会科学研究》2010 年第 5 期。

④ 魏礼群：《加强和创新社会管理的几个问题》，载于《宏观经济管理》2011 年第 7 期。

育，形成化解社会矛盾和社会冲突的社会性机制；强化政府的服务性职能，借助民间自治机制，培育相关的自治或志愿组织，充分发挥社区、中介组织等各种力量，实现政府主导的多元化治理格局。①

2. 构建社会和谐稳定的制度规范及支撑机制

正如亨廷顿所指出的，发达国家与不发达国家在政治上最大的区别不在于政府形式，甚至也不在于政治参与的程度，而在于是否达到了足够的制度化水平。②现代国家制度体系是中国维稳新模式的制度支撑，传统与现代维稳模式的分水岭不在于社会当中有没有矛盾，而在于制度是否能有效化解矛盾和冲突，在于国家制度建设是否能够为公民的有序政治参与提供制度化的管道。③好的制度能够容纳冲突，并用制度化的方式解决冲突，把对政府的不满情绪和公民合法权益的政治表达纳入法治化轨道，是巩固国家政权和维护政治稳定的巧妙武器。制度建设不仅有利于节约社会交易成本和国家治理成本，而且还能有效缓解社会不满情绪，具有预防和化解社会冲突的功能。合理的制度设计能够吸纳、疏导和纾解社会不满，实现社会政治秩序的和谐稳定。正如有学者指出的，一般而言，解决维稳之难题有上、中、下三策：上策是制度层面的维稳，中策是体制与政策层面的维稳，下策是警力或暴力层面的维稳。我们自然应取其上策，用其中策，而勿用下策。故而，需要适时推进一些重要的制度变革和制度建设，只有制度化才是走出"维稳"怪圈进而实现社会长效稳定之良方。④

当前中国维护社会和谐稳定的具体实践中，存在四种主要的制度性短缺或缺陷：利益表达机制、协商机制、社会保障机制和民主参与监督机制。⑤唯有从根本上解决这几种制度性短缺问题，才能破除当前社会和谐稳定问题的衍生根源；也只有在完善这四种制度与机制的过程中，我们才能逐渐建构起有效的社会和谐稳定长效机制。为此，处于社会转型期的中国，要以法治建设为中心，不断提高国家制度体系理性化与民主化的水平，渐进有序地推进政治民主化建设，扩大公民的有序政治参与，不断增强政治体制的灵活性和适应性；同时，不断强化选举制度、政党制度、人民代表大会制度和政治协商制度的利益表达与政治整合功能，建立健全公民与现代国家之间的制度化联系机制，增强法律法规、公共政策

---

① 王梅枝：《当前中国地方政府维稳扩大化成本分析及其治理对策》，载于《湖北行政学院学报》2011 年第 5 期。

② 参见［美］塞缪尔·P. 亨廷顿：《变化社会中的政治秩序》，王冠华等译，生活·读书·新知三联书店 1989 年版，第 73 ~ 74 页。

③⑥ 唐皇凤：《"中国式"维稳：困境与超越》，载于《武汉大学学报》（哲学社会科学版）2012 年第 5 期。

④ 黄顺康、夏俊毅：《"维稳"的机制设计思考》，载于《甘肃社会科学》2011 年第 3 期。

⑤ 郎友兴：《解决维稳难题的上策》，载于《人民论坛》2010 年 9 月下。

与制度体系容纳和调适利益矛盾与社会冲突的理性能力。⑥社会保障制度是最基本的国家制度。社会保障支出是对社会变革成本的经济补偿，是对社会稳定的必要投资，是社会治理的有效手段。胡鞍钢①早就提出了"建立全国统一的社会保障制度，开征社会保障税"的政策建议，认为以此可以为中国长治久安铺下"奠基石"。另外，要完善维稳考评标准，要把现在自上而下的压力式问责，转变为基层民众对基层政府的问责，让民众来监督地方政府、地方官员，同时还要强化维稳问责机制，严格规范维稳问责制度的范围。②

3. 构建理性化的社会和谐稳定运行机制

构建理性化的社会和谐稳定运行机制，是维持社会良好秩序、维护国家长治久安和人民幸福安康的重要保障，具体包括利益分配机制、法制保障等方面。

四十余年的经济高速增长带来的利益极速生长与不平等的利益分配体制，使得源自经济、社会领域的利益分化与利益诉求日益彰显，在无法获得有效体制性回应的前提条件下，引发出日渐频繁的社会冲突，这就在现实时空中形成了对政治体制改革的"倒逼"情状。事实上，随着制度改革的收益分配形态从"全民普惠式"渐次转型为"精英主导式"，基于利益主体、利益内容和利益关系多元化的社会关系转型势必渐融到社会公众的日常生活中来③，利益关系的自适与相适过程已在民众生活中初露端倪，从而愈发凸显出社会利益关系之于社会和谐稳定的决定性因应关系。④ 因此，在当前中国实现社会和谐稳定的过程中，最重要的是要建立公平、公正的社会分配体制，这需要首先解决利益均衡和利益表达问题。⑤ 维护社会和谐稳定的工作不是要消除、也不可能完全消除利益矛盾和冲突，而是要为其设立规则，要为这类问题的解决提供制度化渠道与方式，建立在市场经济条件下有效的利益均衡机制。当前，不同的群体在争取自己的利益方面出现了不平衡，有的群体有能力为自己争取利益，有的则没有能力为自己争取利益。在这种情况下，就可能需要通过权力的均衡来建立市场经济条件下利益均衡机制。⑥

建构社会和谐稳定新格局的战略重心是法治化，法治制度化建设也为社会和谐稳定提供了基本的逻辑依据和路径框架。社会稳定新格局的构建需要法治的规

---

① 胡鞍钢：《利国利民、长治久安的奠基石——关于建立全国统一基本社会保障制度、开征社会保障税的建议》，载于《改革》2001 年第 4 期。

② 王梅枝：《当前中国地方政府维稳扩大化成本分析及其治理对策》，载于《湖北行政学院学报》2011 年第 5 期。

③ 金太军、赵军锋：《基层政府"维稳怪圈"：现状、成因与对策》，载于《政治学研究》2012 年第 4 期。

④ 李路路：《社会结构阶层化和利益关系市场化》，载于《社会学研究》2012 年第 2 期。

⑤ 于建嵘：《当前压力维稳的困境与出路——再论中国社会的刚性稳定》，载于《探索与争鸣》2012 年第 9 期。

⑥ 孙立平：《建立市场经济条件下的利益均衡机制》，载于《浙江经济》2004 年第 23 期。

引，通过制度建设、法律规范，合理界定政府、市场和社会三者之间的边界和关系，协调运行、协同创新，实现社会治理的多元协作，构建社会和谐稳定的合作机制；要突出法治思维、法制方法在调整和处理社会治理中的作用，通过法律法规和制度来规范和引导社会治理创新，良法善治，形成创新发展、维护稳定的长效机制。当前社会治理领域法律、法规的滞后甚至缺失，是阻碍社会治理创新深入推进的重要因素，将社会治理纳入法律的框架内，形成长期有效的"依法、理性、有序"的治理机制和模式，是创新社会治理手段的根本任务。[1]

信访是缓解社会矛盾的重要通道，而信访维稳工作则已成为基层政府的中心工作。信访制度既不宜简单地强化扩权，更不能削弱取消，而应该规范扩容。信访制度的规范扩容是在社会治理创新的战略布局下的一次系统改革，主要包括三个方面：第一，在组织目标上，全面落实信访制度的功能，充分发挥信访制度的整合作用，以信访、维权，实现信访、维稳；第二，在体系结构上，纵向上重新规划信访部门的内部体系，构建"椭圆形"信访组织结构；第三，在运行机制上，畅通信访通道，提升信访效率；第四，调动社会自组织力量，积极参与政策执行减少执行阻力。[2] 从而，通过信访制度的改革，切断农民上访、群体性事件等治理层面的问题上升为政治层面问题的路径。[3]

建立重大事项的社会稳定风险评估体系，是有效地从源头上预防和减少社会不稳定事件发生的重要举措。客观评估变化中的社会稳定形势，是科学决策、确定维稳支出和成本的基础。[4] 建构社会风险评估机制可以由区、县政府牵头，依靠专家、学者成立重大事项的社会稳定风险评估小组，对辖区内的重大事项进行风险评估，风险系数小的优先实施，风险系数大的暂缓实施或不实施；对风险评估小组的工作能力和水平，市委和市政府应该充分发挥地方高校和周边地缘的人才优势，也可以培训本地专家。这样可以将维稳工作前置，将矛盾和纠纷消灭在萌芽状态中，进一步减少基层各级政府维稳工作的压力。风险评估工作是预防涉稳事件发生的重要举措，在对重大事项进行风险评估时，切忌流于形式、弄虚作假，市级社会治安综合治理委员会办公室（简称"综治办"）、维护稳定工作领导小组办公室（简称"维稳办"）要通过宏观指导，组织人员培训，加大督察力度，推进辖区内重大事项社会风险评估工作的有效展开。[5] 但是，不可否认的事实是，基础理论研究缺乏、风险评估主体单一、评估程序前后不衔接等问题仍制

---

① 潘怀平：《创新社会管理：变维稳为创稳》，载于《领导科学》2011 年第 36 期。
② 张海波、童星：《社会管理创新与信访制度改革》，载于《天津社会科学》2012 年第 3 期。
③ 申端锋：《基层维稳的深层次逻辑》，载于《人民论坛》2010 年第 27 期。
④ 张荆红：《"维权"与"维稳"的高成本困局——对中国维稳现状的审视与建议》，载于《理论与改革》2011 年第 3 期。
⑤ 王玉荣：《基于社会管理视域的基层维稳运行模式研究》，载于《学术界》2011 年第 11 期。

约着社会稳定风险评估实践的有效开展①，且当前业已建立的风险评估机制基本上都是在政府相关部门的主导下，针对项目或决策的合法性、可行性、合理性、安全性等内容实施评估，这种做法没有严格遵循风险评估的要求，其科学性、严谨性均需大力提高。② 另外，有学者提出要建立健全重大事项社会稳定风险评估机制，并以此作为我国地方政府摆脱维稳困境的一个重要突破口。③

---

①③　蒋俊杰：《我国重大事项社会稳定风险评估机制：现状、难点与对策》，载于《上海行政学院学报》2014 年第 2 期。

②　常健、许尧、张春颜：《社会稳定风险评估机制中的问题及完善建议》，载于《中国行政管理》2013 年第 4 期。

第三章

社会治理体制与社会和谐稳定的
互动关系及其建构逻辑

在前述两章中，我们分别对中国社会治理体制与社会和谐稳定机制的传统经验、当代需求以及创新指向进行了研究分析，并尝试提出了创新与完善的路径选择。当然，不可否认，关于社会治理体制创新的研究不可谓不丰盈，对于维护社会和谐稳定的探索也不可谓不充实；然而前者往往难以评判甚而无的放矢，后者则常常单打独斗乃至自说自话。事实上，创新社会治理体制与建构社会和谐稳定长效机制绝非两个互不相关的过程，更不是某一方面寻求进路而能独立完成的。那么，社会治理体制与社会和谐稳定之间到底存在怎样的关联关系？现实实践是如何体现这一关系并彰显出其必要性价值的？进而言之，应如何基于这一关系，而相适地寻求社会治理体制的创新与社会稳定机制的建构？本章将对这些问题进行解读和回答。

第一节　社会治理体制与社会和谐
稳定的内在关联关系

从国家—社会的关系来看，社会治理与社会稳定从过程与形态两个方面构成了社会建设的基本内容，两者相互影响、互相嵌构，统一于国家与社会的良性互动机制之中。社会治理与社会稳定的关联关系从两者相对的两个方向体现出来：

一方面，社会治理的体制失位、冲突与僵化等体制困境，造成社会生活的离心、逆流与僭越，从而诱发因行为失范而导致的社会稳定问题的衍生；另一方面，从社会稳定问题的生发逻辑来看，价值、结构与功能等方面的问题，都需要社会治理体制的相适创新才能得以解决。正是从这两方面来说，社会和谐稳定不是一种线性叠加状态，而是以一定结构方式联系起来所呈现的一种有序化状态①，社会稳定也不应该以简单的"维稳"来实现，而应该转变思路，通过社会治理体制创新建立维护社会和谐稳定的长效机制。

一、社会治理的体制困境诱致社会稳定问题衍生

社会治理体制作为社会建设的根本指引与社会运行的规范体系，内在地决定了社会秩序的根本生成和社会稳定的整体实现。近年来，转型给中国社会带来了全面、快速的变革，也使社会结构、社会机制和社会观念等发生了深刻的变迁。这就要求社会治理体制的相适创新，实现社会治理主体的多元化、社会治理理念的现代化、社会治理进程的立体化以及社会治理手段的全面化。然而，如果社会治理体制缺乏相应的创新和建构，而出现社会治理体制的失位、僵化乃至内在冲突，就会导致社会稳定诸多问题的衍生。②

当然，社会治理体制困境所诱发的社会稳定后果，是体现在后者生发的微观根源上的。所谓微观根源，就是"坚持社会现象的宏观解释必须用建立个体层面之上的因果机制来予以支撑，具体来说，需要指明个体行为者所面临的具体环境与互动机制，并在此基础上确认社会宏观层面上的因果关系"③。因而，当我们强调社会和谐稳定的微观根源时，就意味着我们需要从"方法论个体主义"出发而将宏观结构现象化为社会个体之间理性选择的博弈结果。这即要求我们实现从宏大叙事到日常叙事的视角转换，在"整体—个体"之间选择"个体"、在"主观—客观"之间选择"客观"，又需要我们超越哲学意义上的实证主义或理性主义，强化结构性思维从而确定因果关系④，即坚持"制度—生活"的研究范式。有鉴于此，在这里，我们旨在通过建构一个指涉宏观层面的制度框架与微观层面的社会生活的研究范式，以此打通从国家逻辑的宏大叙事到生活逻辑的日常叙事之间的壁障，从而在对生活的律动、制度的规约以及两者的交织关系的分析过程

---

① 何艳玲：《将社会带回市场经济体制》，载于《学术界》2013年第6期。

② 参见张振波、金太军：《政治安全问题的微观根源》，载于《北京行政学院学报》2016年第3期。

③ Danel Little. *Micro-foundations, Method, and Causation*. New Brunswick：Transaction Publishers，1998：9-10.

④ 刘骥：《找到微观基础——公共选择理论的中国困境》，载于《开放时代》2009年第1期。

中，实现社会和谐稳定从逻辑起点到实现图景的现实阐释。

1. 社会治理体制失位与社会生活的离心

因为制度是作为对周期性生活实践的理性化回应并依附于后者而存续的，因而生活主体间利益和视野的分化必然导致制度——作为部分生活主体有意识建构的产物而出现与其他部分生活的分化，况且碎片化的、弥散状分布的日常生活必然导致"制度丛"的松散形态，是故现实中的制度很难达到"极端现代主义"所渴望的理论化和系统化的"高度"。① 由此而论，社会治理体制的缺失和碎片化共同作为体制失位的外在形态而导致社会生活的离心化趋向。

政治生活的维系端赖于一个拥有发达政治组织和政治程序之力量的政治共同体，而这种力量的强弱则取决于这些组织和程序获得支持的广度（即组织和程序所能影响的日常生活的范围）及其制度化（即日常生活所具有的适应性、复杂性、自治性和内部协调性）的程度。如果说单一社会具有迪尔凯姆所说的机械团结的统一性而能够自然形成内生、稳定且持续的政治共同体的话，那么在一个利益主体此起彼伏且利益关系纵横交错的复杂社会里，制度体系的失位就必然导致社会秩序的不确定，更勿论形成共同体了。因为多元化社会中的个体往往采用多样化策略来应对异质性的组织环境，具有自利倾向的"人格的不统一和不一致"② 提醒我们，"不能认为通过个人的理性计算可以对不同个体的行为进行聚合"③。正如亨廷顿所说，在一个缺乏政治共同体感的政治落后的社会里，每个领袖、每个个人、每个集团皆在追逐或被看作在追逐自己眼前的物质目标，而置更广泛的公益于不顾。④ 个人利益必然是短期的，制度的利益则会与世长存，只有在"个体死去"的制度化体系——而非在有限本体概念中持续调适其行为策略的社会个体所组成的散沙状社会网络中，社会生活才会形成向心的聚合力量，如此社会共同体的构建才有意义。例如自 20 世纪 60 年代以来西方进行的解放运动所释放出的不受约束的个人主义文化，就其本质而言是存在着严重问题的，因为"在这种文化里，从某种意义上说，违反规则就成了唯一保留下来的规则"，并常常是"以丧失团体而告终"⑤。

---

① 肖瑛：《从"国家与社会"到"制度与生活"：中国社会变迁的研究视角》，载于《中国社会科学》2014 年第 9 期。

② Willam Swann, John Griffin, Steven Predmore, et al. The cognitive-affective crossfire: When self-consistency confronts self-enhancement. *Journal of Personality and Social Psychology*, 1987, 52（5）：881 – 889.

③ ［美］乔尔·S. 米格代尔：《社会中的国家：国家与社会如何相互改变与相互构成》，李杨等译，江苏人民出版社 2013 年版，第 195 页。

④ ［美］萨缪尔·P. 亨廷顿：《变化社会中的政治秩序》，王冠华等译，生活·读书·新知三联书店 1989 年版，第 24 页。

⑤ ［美］弗朗西斯·福山：《大分裂：人类本性与社会秩序的重建》，刘榜离等译，中国社会科学出版社 2002 年版，第 15～16 页。

如果说社会治理体制缺失只会在建构性层面对生活政治造成影响的话，那么体制碎片化则会因其所内蕴的极强动员能力及其对集体行动困境的天然消解而对生活政治形成解构性冲击。在贝克的风险社会理论中，风险的不可分割性和普遍伤害性使得各个生活主体都将是风险的受害者而不是选择性施与，然而"有组织不负责任"现象则使政治权威难以"通过科学的、合法的和政治上的方法来确定其证据、归因和补偿"①，不得已之下人们对风险恐惧的归宿只能寄托于其所处的社群之中，并出于自我保护而建构起一种"向内看"的群体认同，从而使人们被填塞到一个个压力不断积聚的相互隔绝的"小盒子"，而不是压力被"交叉分裂"（cross-cutting cleavage）关系所持续均散的情景中。② 在这种基于工具理性主义的社群认同基础上，诞生的是一种为个体的自我利益所强化的"排他性规范"而非强调集体利益的"普适性规范"③，更不是建立在对集体层面的政治价值系统认同基础上的国家认同。从而，国家和政府在政治价值上内向的合法性被消磨和稀释，更勿论以国家认同驱使生活主体实现个人发展的"反身性筹划"甚至追寻本体性安全了。④

2. 社会治理体制僵化与社会生活的逆流

在社会治理体制与社会和谐稳定的分析逻辑中，从更广泛的意义上讲，社会治理体制是作为集体利益的具象代表而存在于人们的日常生活之中的，这一特性使得社会治理体制长期以来都是维系政治稳定的必要元素。社会治理体制的这种依归性价值，具体体现在生活个体的制度背离与制度遵循的往复过程中：一方面，如果少数生活个体无意中背离了社会治理的制度规则，则其会自我识别其行为并自动回到现有的制度形式中来，即制度的自我规范；另一方面，即便有部分人因私利而执意背离制度规则，制度的拥趸者们也会凭借群体的强制力以约束违规行为，即制度的他我规范。然而，虽然制度能够通过自我或他我规范而定义生活个体"合理预期行为"⑤，但却不能够长久地维持其必然的行为选择，特别是当存在在政策问题上永远不会占据优势的巴里所谓的"永远的少数人"的时候。事实上，正如奈特所言，制度下个体的行为选择并非一贯性的，可能是基于制度规则的理性行为，也可能是基于个人利益最大计算的非理性行为；"如果我总是在稳定的制度安排导致的结果里受到忽略的话，那么稳定看起来就像是一个祸福

---

① ［英］乌尔里希·贝克：《风险社会再思考》，载于《马克思主义与现实》2002 年第 4 期。

② ［美］埃里克·诺德林格：《民主国家的自主性》，孙荣飞译，江苏人民出版社 2010 年版。

③ ［美］拉塞尔·哈丁：《群体冲突的逻辑》，刘春荣等译，上海人民出版社 2013 年版，第 127 页。

④ 金太军、姚虎：《国家认同：全球化视野下的结构性分析》，载于《中国社会科学》2014 年第 6 期。

⑤ Talcott Parsons. The problem of controlled institutional change. In Talcott Parsons，ed.，*Essays in Sociological Change.* New York：Free Press，1945：239.

参半的东西……低级报偿的稳定性使我想要改变现有的制度安排"①。从而，在制度的吸附性规范与生活的逆流性悖反的过程中，建构与实践制度的出发点就变成了对不符合制度理性的民情的清除和对模糊生活合理性的界定。

3. 社会治理体制冲突与社会生活的僭越

从社会构成及其组成关系来看，社会秩序毋宁说是一种制度秩序，社会系统中纷繁复杂的社会关系可约简为由一定规则所规范，并可以由特定权威来控制的交往关系，从而增长社会成员行为及其结果的可预期性和确定性。② 因此，社会作为一个系统，其核心是规范性的秩序，通过它，人们的生活才得以共同组织起来。然而，在转型中国社会中，组织社会生活的制度规范却日益呈现碎片化形态，社会治理体制之间相互冲突，具体表现为：一方面，赶超式增长实现了经济体量的超常规扩张及人们生活水平的极速提升，然而却也使贪婪的市场逻辑和冷酷的利益关系得以弥散式扩延并进入人们的日常生活体验之中，这从根本上解构了传统交往逻辑和世俗利益关系，现代理性对传统制度价值的撕裂式解构使得转型中国社会普遍存在结构与功能、制度与价值的非耦合状态；另一方面，现代化过程在塑造出一套高度精细化的规范体系的同时，也加速了以不确定性、复杂性和流动性为特征的风险社会的来临，身处现代性楼阁中的人们往往以制度的确定性来对抗未来风险的不确定性，从而使得指向现实问题解决的制度与指向未来风险预期的制度之间的矛盾与冲突，成为风险社会中社会治理体制冲突的主要表现形式。

在这种混乱的、碎片化的制度环境中，生活主体要对多个制度的束缚和约束作出反应，而不是面对唯一的制度规则，而制度之间的冲突则会进一步引发个体的制度背离与制度胁迫等僭越行为，并分别在个体的交往理性和自我认知中滋生出威胁生活政治的不稳定因素。一方面，不同制度前提下的个体必然会基于制度原则与个人利益的理性计算而作出策略性行为选择，而社会结果就是个体之间互相选择的产物，任何个体的选择都会影响其他人的选择，制度体系就是在提供这种确定性的过程中实现了对社会秩序的维系。然而，当碎片化的制度规则无法提供对于其他人的行为预期时，制度就不再是社会共享的而失去了其固有的有效性前提，人们渐趋失去了对制度的信任和仰赖，其制度僭越行为自然是情理之中的行为选择。另一方面，太多的制度分别遵奉彼此矛盾的价值观和行为模式，而相互抵牾的制度之间难以避免地会激烈争夺对规则的控制权，如此一来，个体就面临着他所处的社会领域中基础性的凝聚力缺失，这就违背了人类"原则一致

---

① ［美］杰克·奈特：《制度与社会冲突》，周伟林译，上海人民出版社 2009 年版，第 38~39 页。
② 陶建钟：《风险社会的秩序困境及其制度逻辑》，载于《江海学刊》2014 年第 2 期。

性"① ——亦即，人类对于原则一致性的需求高于一切，贯穿于个体生活的各个方面——的基本人格前提，时时处于否定与自我否定矛盾之中的人们日渐走向价值崩解与行为失范的琼崖。从而，制度抵牾诱发的结构性风险进一步上升为认同性风险，进而引发从价值皈依到国家认同再到行为取向的系统性过程，陷入自我及他我否定之中的生活个体日渐迷失于多维制度价值之中，否定甚至破坏制度便成为看似极端实则"理性"的行为选择，进而诱发"失范性"② 社会稳定问题。

二、社会稳定的问题消解指明社会治理创新取向

如果说社会治理体制存在的失位、僵化以及内在冲突等困境，从微观个体的行为方式上诱生了诸多社会稳定问题的衍生的话，那么社会稳定得以生发的价值、结构以及功能根源，则从相反的方向直接指明了社会治理体制的创新取向。

1. 社会稳定问题衍生的价值根源与社会治理体制的创新指向

伴随改革开放的不断深化和社会主义市场经济体制的逐步确立，社会价值理念出现了整体性的演进和变迁，并突出表现在民众主体意识与权利观念的觉醒上，呈现出显著不同于中国传统政治文化的诸多特征。参照阿尔蒙德和沃巴的政治文化分类，可以说中国传统政治文化是近于依附性的：流淌几千年的历史之河积淀于国民心理层面的政治价值意识与行为习惯取向所展示的政治文化呈现出家长本位、自律本位、权力本位与均平本位等显著特征。③ 这种政治传统与价值的演变为社会秩序与稳定形态带来了根本性的塑造力量，这是因为，正如庞金友所说，"在公民社会机体内生长出来的多元社会权利，为国家权力的分享与制衡提供了权利保障，公民社会多元利益的冲突、互动与整合也在相当程度上衍生了理性的规则秩序"④。然而，如果说西方以权利为核心诉求的政治文化是一种内生性的、有序而长期的转变，这种系统化进程伴随着政治文化与政治结构的互动与调适，也有经济和社会观念作为土壤和支撑⑤，那么中国权利意识的觉醒则是在各种外来因素的影响甚至冲击下而应激生发的，往往表现出"单兵突进"和"异端生长"的情态，缺乏相适应的社会观念、组织结构和制度支撑。这使得社会治理与社会建构的过程中出现价值理念失据或失真的异化现象。

① Ronald Duska, Mariellen Whelen. *Moral Development.* New York：Paulist Press，1975：1.
② 李汉林、魏钦恭、张彦：《社会变迁过程中的结构紧张》，载于《中国社会科学》2010 年第 2 期。
③ 马庆钰：《中国传统政治文化的发展逻辑》，载于《政治学研究》1998 年第 2 期。
④ 庞金友：《国家与社会：政治文化研究的另一维度》，载于《宁波党校学报》2004 年第 5 期。
⑤ 正如沃特金斯所说，"自从古代希腊、罗马时期以来，法律之下的自由这一概念，便一直成为西方政治生活最为明显的特点"。参见［美］弗里德里希·沃特金斯：《西方政治传统：现代自由主义发展研究》，黄辉等译，吉林人民出版社 2003 年版，第 2 页。

事实上，现代政治的本质在于政治与人性有着紧密的内在关联，政治不但建立在人性的基础上，而且对人性的塑造起到关键的作用，政治是人性塑造的科学，而不仅仅是统治的技艺。① 政治社会化进程中的社会价值失真，则是指当前社会抗争与权益维护往往以介于利益与权利之间的独特价值作为行为标的，通常所见如"讨个说法""出口气"等。有学者认为，利益冲突——集体行动、资源动员和政治过程范式都无法解释中国农村社会高密度的集体行动，通过引入中国文化中独特的概念——"气"，分析集体行动中"气"的作用，指出基层政府对行动者的打压使抗争变成了为获得人格尊严和底线承认的斗争。② 因此可以说，在中国转型与过渡阶段中所凸显出来的政治社会价值，是一种既不同于利益追逐又有别于权利诉求的过渡性价值。我们认为，这种价值理念源生于中国"物质基础尚且匮乏，而消费时代业已来临"独特社会现实：当社会上的众多人群还在为生存而挣扎时，消费时代的来临却迫使其不得不转换对生活方式的选择和调整，因为消费社会的来临通常意味着人们开始关注日常生活必需品和生存空间的满足。此时，生存与消费连结在了一起，而人也无法与琐碎生活保持一定的距离，久而久之人便失去了反思甚至选择的精力和能力③；他们不仅没有抵抗权力和反思权力的意识，反而孜孜不倦地处在施受权力的关系中，并自觉地接受社会主流观念对人的思想意识的影响和规训④。

在合理的社会治理体制中，个人潜力的发挥、目标的实现、利益的追求以及权利的保障具有压倒一切的优先性，个体权利的确证与权利价值观的型塑则能为这种优先性提供必要的保障和文化基础。事实上，中国以城镇化、市场化、现代化为核心特征和主要内容的社会转型，共同推动了以权利为核心取向的政治价值观的变迁。当然，权利价值观并非只有当前社会转型所衍生出的独特价值取向，也绝不是西方社会与国家相对抗而衍生出的特定价值原则，权利价值观的产生、生长、变迁经历了数千年历史的锻造与适应，它既存在于中国两千年政治哲学体

---

① 在《论政治科学》的讲演中，托克维尔指出政治有两个不应该混淆的部分，一是稳定，一是变动："第一部分立足于人性本身，立足于哲学和历史所揭示的人的利益、能力和需要的性质，立足于随时间而改变其对象但不改变其本质，并和人类一样永恒的人的本能的特征，是教导什么是人性普遍恒久的状况的最恰如其分的法则，这是科学；其次还有处理日常困难的实践的和投入的政治，它根据偶然事件的变化而变化，满足片刻和一时的需要，借助于当时人们稍纵即逝的激情，这是统治的技艺。"参见杨泽章：《现代政治的本质与意义》，载于《读书》2004 年第 3 期。

② 应星：《"气"与中国乡村集体行动的再生产》，载于《开放时代》2007 年第 1 期。

③ 池莉曾谈到，"现实是无情的，它不允许一个人带着过多的幻想色彩……那现实琐碎、浩繁，无边无际，差不多能够淹没销蚀一切。在它面前，你几乎不能说你想干这，或者想干那；你很难和它讲清道理"。参见池莉：《我写〈烦恼人生〉》，载于《小说选刊》1988 年第 12 期。

④ 陈小碧：《"生活政治"和"微观权力"的浮现——论日常生活与新写实小说的政治性》，载于《文学评论》2010 年第 5 期。

系之中，甚而成为中国传统文化和思想宝库中最主要、也最精彩的部分①，并在与国家形态演变中呈现出其与国家之间的张力；又体现在历朝历代的政治运动和政治实践过程中，并在历史洪流中表现出其在基本社会经济结构中特有的生存价值和实践方式。亦即，权利价值观既有其作为预设、意向、思想和表达的应然价值层面体现，又有作为实存形态、表现形式、作用方式和实践规范的实然价值层面，两者沿着相同但非相适的历史逻辑演进和变迁，在当前转型社会中呈现出相似但非一致的表达形态，并从政治文化和政治实践两方面对政治系统产生不同的影响逻辑。

然而，任何单纯强调个体自由的，甚至某种"资本主义的存在都不足以产生一个统一的伦理……实际上，它本身根本就不会自动产生任何统一性的结果"②，更难以为一个完全的现代社会提供充分的理性依据，并且使其得以证成。在价值理性层面上，现代社会还需为生活于其中的每一个个体提供时代"祛魅"后的伦理理性支撑。③ 更何况，随着社会主体日益自主、多元而富于能动性，这需要在建构更具有包容性、共赢性的国家意识形态过程中，也去重塑一种国家与社会在意识形态话语实践中可以实现良性互动和共同进步的基本关系模式。④ 事实上，从较为宽泛的意义上来说，西方这种普遍缺乏的、广泛追求的集体的、分配正义的政治价值诉求，恰恰是中国两千多年来社会团结和政治稳定的决定性元素。集体正义的政治价值观，与集体的、国家主导的经济发展模式相适应，并反过来进一步促进政府在保障社会公平、促进公共利益和保障个人福祉方面发挥更突出的作用。这种强调秩序、强调分配公平、强调价值向心力、强调政治参与的政治价值观，更加注重个体生存权利，而忽视个人发展的欲求和客观需求；更加强调政治权利的社会性体现，而忽视社会权利的政治化保障。

2. 社会稳定问题衍生的结构根源与社会治理体制的创新指向

如果一定要用一个词语来概括中国当前社会结构的基本形态或主要特征的话，"转型"应是这一问题的最佳答案——社会主义市场经济体制的探索建立和深化改革，驱动了社会整体及其治理体制的系统性变迁，甚而也催生了社会基本结构的全面转型和价值观念的整体变动。同时也要看到，现代性价值仍然复杂而模糊，前时代的残留与现时代的过程相互碰撞、交融或冲突，共同构成转型中国的政治结构特征。正是社会结构转型中所呈现出来的诸多特征，使其成为当前中

---

① 夏勇：《民本与民权——中国权利话语的历史基础》，载于《中国社会科学》2004 年第 5 期。

② ［德］马克思·韦伯：《宗教社会学》，康乐、简惠美译，广西师范大学出版社 2005 年版，第 123 页。

③ 王焕炎：《国家治理的形而上学思考——论现代国家治理体系的三重建构》，载于《马克思主义与现实》2015 年第 4 期。

④ 王国勤：《国家治理视域下的意识形态研究》，载于《浙江社会科学》2015 年第 3 期。

国社会稳定问题衍生的主要根源之一。

一个国家和地区对于恰适的治理体制的创制或选择，受制于人的行为和社会运行的内在文化机理，而达成社会共识以生成治理改革的力量，则取决于人们政治价值的一致性以及治理体制对这种一致政治价值的适应性程度。因此，为了消除诱生社会稳定问题的结构性因素，在创新治理体制的过程中，虽仍然要以公共秩序和政治合法性的维护为要旨和目标，但更要求实践过程的创新和弹性化，亦即通过将市场、社会以及利益相关者纳入政策议程从而将其利益诉求体现于政策结果之中，并以包含了微观规则和宏观制度的社会治理体系对这一多元共治过程予以确认和保障，从而推动公共性的合理扩散和公共利益的切实增进，并最终实现动态韧性的公共秩序和基于治理过程的政治合法性。① 值得指出的是，在建构社会治理体制的过程中，一方面，应该看到国家与政府自身在结构上也具有很大的弹性，能够因应时势的变化，调整权威中心的运作方式以对不同的治理机制作出适应性的调整②，因此应避免将新的社会治理体制与传统国家政制形式对立起来，甚而对政府内部治理结构的变革形成某种不利的误导；另一方面，国家与政府也要积极与日益壮大的市场机制、新兴的社会自组织机制不断互动，形成一个结构紧密、环节众多、相互间能进行"反思性监控"的现代治理体系③，这不仅能提高政府行动的效率，而且还以互利性的方式赢得了社会的支持和信任而更具合法性、拥有更高的治理能力。④

3. 社会稳定问题衍生的功能根源与社会治理体制的创新指向

从社会治理体制的功能困境分析社会稳定问题的衍生，我们借用海迪对治理过程与功能的划分方法而以"行政与政治"和"精英与公众"两对关系为基本分析框架。海迪指出，对所谓发达与欠发达国家的比较行政研究视角，人们早就指出了两者间存在的重大差异：发达国家行政者基于分权制度建构和公民文化支持者的规范行政模式，欠发达国家依赖谋求发展的政治家精英和公众对政客的对峙心态的行动模式。⑤

从行政与政治的关系来看，相对于政权政治而言，当前转型社会中行政的重要性及其功能有了显著的提升。在政权政治中，整个国家以政治挂帅，以"阶级

---

① 金太军：《国家治理视域下的社会组织发展：一个分析框架》，载于《学海》2016 年第 1 期。
② 王家峰：《国家治理的有效性与回应性：一个组织现实主义的视角》，载于《管理世界》2015 年第 2 期。
③ 杨雪冬：《全球化、风险社会与复合治理》，载于《马克思主义与现实》2004 年第 4 期。
④ Andersen Hans. *Governance and Regime Politics in Copenhagen*. Eurez Lecture 16，University of Copenhagen，Department of Geography，2004.
⑤ ［美］费勒尔·海迪：《比较公共行政》，刘俊生译，中国人民大学出版社 2006 年版，第 210 页。

斗争为纲",整个社会呈现"泛政治化"的倾向①,相应建立起了高度集中的、泛政治化控制的经济、政治与社会体制;随着改革开放政策、纵向分权改革与社会主义市场经济体制的深化推行,地方政府获得了一定的自主权、公众主体意识和观念的觉醒以及市场化思维的弥散,都使各级政府获得了一定程度的行政功能和公共色彩,近年来服务型政府、廉洁政府等都是行政化建设的典型体现。

从公众与精英的关系来看,随着政治生活重心由政权政治形态中的政权、巩固政权,转变为注重身份、相互关系与生活方式的选择以求个体的自我实现以及人、社会与自然和谐共处,公众的主体意识与自我观念日渐觉醒,而单位制的解体又赋予了个体日益宽松的生活空间与日益多元的发展机会。然而,多元化社会中的个体往往采用多样化战略来应对异质性的组织环境,"人格的不统一和不一致"② 提醒我们,"不能认为通过个人的理性计算可以对不同个体的行为进行聚合"③,如何有效地引导并聚合那些在有限的本体概念中持续调适其行为策略的社会个体,就成为实现社会有序治理的基本条件。社会精英常常以其代表性、典型性而得到公众的信任和仰赖,然而近年来中国社会精英出现了严重的分化趋向,且面对复杂而不确定的风险社会,精英或专家的有限知识常常无法解释、预测多样复杂的社会问题,更勿论提供建设性的对策建议了。因而,在未来政治形态建构中,应探索一个多元化的社会治理体系,以有效调动多元治理力量和资源。

转型社会中社会治理体制与过程在行政与政治以及公众与精英两个方面表现出关系失范与功能异化进而诱发社会稳定问题,因此,实现社会治理体制创新及其功能提升,应从个体实现方式与政治组织方式两个方面实现变革。

对于个体实现方式而言,倡导个体自由的西方资产阶级曾以公民权或公民身份作为基本实践模式,并分化出了公民共和主义和自由主义两种迥然相异的理论化模式。事实上,资产阶级在初期常常通过赋予民众或强调自身的公民权利以激起广泛而狂热的政治诉求,以此来实现对自我独立性的获致,并对残存的阻碍资产阶级发展的力量进行清算;然而当他们占据了社会既有利益而惧怕政治分羹所带来的利益贬损和政治革命所带来的利益结构颠覆时,消费主义的欺骗性和虚假性让人们在需求的极大物质化满足中致幻、致愉甚至翩翩起舞而引以为傲。当然,不能否认的是,得以保障个体至高无上性的工具仍然是"权利",这不仅是

---

① 聂静虹:《论我国公共政策传播机制的演变》,载于《学术研究》2004 年第 9 期。

② William Swann, John Griffin, Steven Predmore, and Bebe Gines. The Cognitive – Affective Crossfire: When Self – Consistency Confronts Self – Enhancement. *Journal of Personality and Social Psychology*, 1987 (52).

③ [美]乔尔·S. 米格代尔:《社会中的国家:国家与社会如何相互改变与相互构成》,李杨等译,江苏人民出版社 2013 年版。

因为权利能够保障个人私有财产的合法性和个体发展的相对自由，而且更因为权利不依赖于个人的道德价值或人的本能，其通过保障每个人对各自的目的、利益和对善的感知，从而使个体实现自己作为自由的道德人的能力，只要不损害他人的相同自由。那么，人们应如何各自划界而不伤害他人呢？这就需要社会中的个体各自对生活实践进行反思以持续调整其行为选择。反思是一个辩证的过程，它通过个体参与到与他人的主体间对话来理解和克服制度的局限性，这使得对替代方案的探索成为可能。如果公共行政管理者理解他们的理论立场、政治和管理观点或行政实践的局限性，那么，他们就能够通过考虑使用新的变革组织的方式来改变这些局限性。① 正如杜维明所言，"人的尊严的观念不是基于作为孤岛或孤立个体的人，而是基于作为一个流动并与他人交流的人"②。

对于社会治理的组织方式而言，如何创造社会成员基于理性的交流与互动的平台，是实现现代社会有效治理的基本条件。特别是近年来市场经济体制所塑造的增长型经济与消费型社会的危机凸显，经济权力集中下代议制的动力逻辑所导致的政治权力集中所带来的危机又日趋深化。这些危机，以消费主义、隐私权（离群索居）、异化以及社会纽带的解体为特征，显然无法通过"未能充分创出真正民主条件"的代议制民主来解决，而对传统正当及其解决问题的能力缺少信心，又日益加重了公众的政治冷漠。近年来，治理理念在西方公共行政过程中被反复界定和着墨阐析，毋宁说可以看作解决人们日益扩大政治参与需求与选举政治所导致的政治不稳定之间的矛盾的一种迫不得已的选择，在治理实践中，人们开拓了除选票之外的政治参与方式，而又不至于上升至意识形态的高度，从而避免政治不稳定的产生。为了实践这种治理原则，就需要构建一个统括了多种治理力量和社会资源的多元协商体系。在这种组织体系中，国家政策议程就能走出可望而不可即的神圣殿堂，而散落于更加贴近民众日常的生活场域，并以理性对话和平等交流的方式实现行政力量与社会诉求的碰撞、互谅与相互实现，从而取代过去国家与社会之间以单向控制为主要形式的串联方式；同时，作为一种实体力量，它又能将宏观的制度体系投射在微观的日常生活层面，并具体呈现为规约成员行为的规则与条例，从而既跨越了宏观制度体系与微观生活惯常的巨大鸿沟，又打破了传统生活方式与现代治理体系的内在抵牾。③

---

① ［美］全钟燮：《公共行政的社会建构：解释与批判》，孙柏英等译，北京大学出版社 2008 年版，第 130 页。

② 杜维明：《儒家传统与文明对话》，彭国翔译，河北人民出版社 2006 年版，第 136 页。

③ 金太军：《国家治理视域下的社会组织发展：一个分析框架》，载于《学海》2016 年第 1 期。

三、以社会治理体制创新建构社会和谐稳定长效机制

在前文分析中，我们从"社会治理体制困境诱发社会稳定问题"和"社会稳定根源消解需要社会治理创新"两个视角，分析了社会治理与社会稳定的内在关联与互动关系。在这两方面的分析中，体制——作为社会运作的核心逻辑和实践依据，在建构社会和谐稳定长效机制中的核心作用和关键节点就逐渐凸显出来。这体现在两个方面：一方面，正是由于社会治理体制的失位、僵化以及冲突等困境，才导致了社会公众与个体之社会生活的离心、逆流与僭越等现象，进而消弭了社会秩序得以生成的微观基础、诱致了诸多社会稳定问题的衍生；另一方面，虽然我们指出了社会稳定问题衍生的价值、结构以及功能等根源，但从社会内在运作逻辑来看，这些根源性问题都将在社会治理体制中得到不同程度的体现和映射，并反过来对社会生活产生型塑影响——正是在社会生活与治理体制的互相连结、型塑以及嵌构的过程中，社会治理体制的创新与完善，才能从根本上促进社会和谐稳定长效机制的内在生成。

那么，迎面而来的问题是，应如何认识社会治理体制？亦即是说，应如何界定我们所要施行的全面创新的客体与对象，以打通从社会治理到社会稳定的逻辑链条呢？

事实上，加芬克尔在研究美国陪审员制度时，发现作为法律专业人士的陪审员在法庭上却并不会表现出前后一致的价值判断或"矢志不渝"的行为选择，因为他们在做决定时，虽尽量依"各种陪审员规则及法律条例"行事，但在遭遇各种失误时却常常会很自然地去援引"各种日常生活规则或民俗风情"。① 事实上，正是在与后者的区分与辨别中，社会治理体制的内涵与边界才得以明晰——社会治理体制是指以国家名义制定并支持社会治理实践过程的"正式制度"（formal institutions），以及在此基础上形成的相适政策体系或结构安排；而生活规则与民俗风情则与社会治理体制相对，是指社会人权宜或确定的、偶然或例行的、脆弱或韧性的、情感或实用的日常活动，代表着这一不确定抽象性日常活动的、与"正式制度"相对应的，则既有诸种生活实践中生产的利益、权力和权利诉求及应对策略和技术②，又有如托克维尔用以表征一个社会基本情感结构的"民情"

---

① Harold Garfinkel. *Studies in Ethnomethodology*. Englewood Cliffs：Prentice – Hall, Inc., 1967, Chapter 4.
② 肖瑛：《从"国家与社会"到"制度与生活"：中国社会变迁研究的视角转换》，载于《中国社会科学》2014 年第 9 期。

（mores）^① 或政治价值观，同时也常常以各种"非正式制度"或曰"习惯法"^②表现出来。故而，社会治理体制中的"体制"，与宽泛意义上的制度（正式制度）具有大体相近的指涉内涵和一致的外延范围。

故而可以假设，在起初，社会治理体制，抑或制度，与日常生活规则或惯例没有根本区分，前者是对后者的简单回应，依附于后者而存续；当生活主体出现利益和视野分化时，制度就会作为部分生活主体有意识建构的产物而涌现，制度与生活领域的分化就开始了。^③ 然而分化并不意味着割裂，更非各取其径而背道相驰，相反制度与生活呈现出复杂的互动关系：一方面，虽然制度持守理性化标准而否定日常生活逻辑的"合法性"，但高度韧性的生活实践却往往在遵从制度的确定性与"权宜性变通、非正式运作^④及其他日常形式的反抗^⑤"之间呈现出巨大的张力；另一方面，虽然具有规范和评判功能的制度以重塑与改造不确定和弹性化的生活逻辑为己任，然而生活却常常构成制度实践所赖以生成的文化和社会心理情境而成为制度实践者难以觉察的"前见"^⑥。制度与生活在实践中或一致或相反、或共生或互斥、或对立或融合，呈现出复杂多变的匹配与互动逻辑。宏观的建构性的制度再造、微观的回应性的制度调适以及两者之间的差异与协调，都将对社会生活产生不同的影响乃至塑造，进而影响社会的制度状况与稳定形态。

故而，在社会治理必然会因其涉及多样的利益、关系、行为、价值元素从而存在诸多不确定性风险的情况下，就必须将其建立在一种规范性的初始基础之上，亦即建立在稳定、明确的体制抑或制度的基础之上。这一制度在实践中表现为一种秩序，它是刻意为之的、明确存在的，并且业已法规化的秩序。它试图控制不确定性带来的风险，并进行重新的安排，从而使参与者之间的合作成为可能，并且使这种合作保持在某种最低限度之上——"没有一个共同性规范系统，秩序的问题……将无从解决"^⑦。具体而言，社会治理体制在社会和谐稳定中的

---

① 渠敬东：《占有、经营与治理：乡镇企业的三重分析概念》（下），载于《社会》2013 年第 2 期。

② ［美］杜赞奇：《文化、权力与国家》，王福明译，江苏人民出版社 2004 年版，第 128 页。

③ 肖瑛：《从"国家与社会"到"制度与生活"：中国社会变迁研究的视角转换》，载于《中国社会科学》2014 年第 9 期。

④ 王汉生、刘世定、孙立平：《作为制度运作和制度变迁方式的变通》，载于《中国社会科学季刊》1997 年总第 21 期。

⑤ ［美］詹姆斯·C. 斯科特：《弱者的武器》，郑广怀等译，译林出版社 2007 年版。

⑥ 正如肖瑛颇有见地地指出，正式"制度丛"并非先验地系统性存在，而是各种正式制度在实践中围绕特定事件或者诉求而松散地结合在一起的结果。详见肖瑛：《从"国家与社会"到"制度与生活"：中国社会变迁研究的视角转换》，载于《中国社会科学》2014 年第 9 期。

⑦ T. Parsons. Power and the social system. In S. Lukes（ed.）*Power*, New York：New York University Press，1986：94–143.

作用可以分为三个层次进行分析，即规范性功能、策略性功能和政治性功能。

首先，社会治理体制具有规范性功能。"制度是一个社会的博弈规则，或者更规范地说，它们是一些人为设计的、型塑人们互动关系的约束。"① 由此可见，制度构造了人们日常生活的各种规则，并以此来减少不确定性的风险。显然，这一理论是建立在一个有关人类行为选择与交易互动的结构之上的，它突出制度在异质性行为中的规范和约束功能。而弗格斯有关制度功能的认识似乎具有更多的现实主义色彩："规范规定着哪些行为被认为是可以接受的，或者是不可被接受的。规范的存在可以有效抑制机会主义的产生。"②

由此，可以更为直接地总结出制度的规范性功能主要存在于两个方面，即哪些可以做和哪些不可以做。从动力结构上看，前者是一种正向激励，释放行动者部分自由或赋予其某项权能；后者是一种反向激励，限制或禁止部分自由或权能。严格来讲，这两者并不存在功能上的优劣，都是界定和规范行为的有效选择。然而在现代社会，制度的规范性功能定位不再局限于"应当做"和"不应当做"的平面场域，而是逐渐形成宏观、中观和微观的层次型、立体式功能场域。在宏观层面上，制度的规范性功能主要表现在对集体行动目标和方向的规定性说明，但这并不意味着是对这个目标的肯定或者是对其他目标的否定。在更为严格的意义上来说，这一功能更多地具有尝试性和预测性，即基于社会的变幻无常，制度在宏观上的规定要具有动态特征，以便能够及时作出适应性调整。在中观层面上，作为联结目标与行为的媒介，权力及其结构成为集体行动的核心要素。而制度与权力所发生的联系，始终具有某种天然的对抗性。在微观层面上，制度功能的发挥是在"该做"与"不该做"层面上的进一步延伸，涉及的是"怎样做"的操作性问题。从工具理性的角度来看，制度虽是主观价值的产物，但也属于治理工具范畴，无论是法律、规则、惯例还是其他条文，都承担着对具体行为的规范性说明。

其次，社会治理体制具有策略性功能。制度的起源是"关于大量社会结果的策略冲突的副产品"③。显然，制度的这一起源意味着将其嵌入一种策略性结构的功能运用之中，对于行动者在具体的利益分配中所采用的方法和行为选择具有至关重要的作用，进而突破传统制度理念中局限于规范性功能的工具理性解读。作为一种必要的社会结果，利益分配总是在一种相互依赖的互动结构中生产出

---

① ［美］道格拉斯·诺斯：《制度、制度变迁与经济绩效》，杭行译，上海人民出版社 2008 年版，第 3 页。

② F. Lyon. Trust, Networks and Norms: The Creation of Social Capital in Agricultural Economies in Ghana. *World Development*, 2000, 28: 663–681.

③ ［美］杰克·奈特：《制度与社会冲突》，周伟林译，上海人民出版社 2010 年版，第 130 页。

来。在这个冲突远远多于和谐的分配活动中，行动者的策略选择显然是设法抑制他人利益以确保自己利益最大化。

而鉴于社会生活的相互依赖属性和冲突的潜在风险，制度在其中所发挥的功能除了制约个人的不当诉求、化解冲突之外，也在很大程度上提供了一种策略支撑。一方面，制度给予行动者有关预期他人行动的信息。通过对目标的方向性定位和行为的规范性说明，行动者可以从制度内容中获得关于他人行动的准确信息，而这种信息可以简单地归结为三类：一是过去行为的规律性；二是当前行为的规范性；三是未来行为的可能性。基于这种传递作用，制度将不同时间段内的行为有机地联系起来，从而为行动者了解和预测他人行为提供了鲜明的依据，为便于自己作出最佳选择以及在利益分配中赢得相对优势奠定基础。另一方面，制度刚性对行为的限制和规定，能够为各方行动者提供可靠的可信承诺，这是基于其规范性功能的定位。但可信承诺作为一种价值取向，对于行动者的行为选择具有重要的指引作用，从而使之上升到一种策略性功能。可以说，"信任完成了人们交往关系和合作行为的实质，也成了人的本质的基本构成部分"①。因而，制度规范所提供的可信承诺能够为行动者创造一个相对稳定的行动环境，也能够为其行为选择提供必要的价值判断，不至于在不确定性中迷失方向。由此可见，信息和可信承诺在互动结构中的根本作用，不是为个人争取最有利的结果，而是要迫使个人以违背其意愿的方式行动。也就是说，在利益分配的格局中，与其进行不确定甚至两败俱伤的竞争，毋宁展开互利共赢的合作。

最后，社会治理体制具有政治性功能。在社会治理实践中，基于多元力量的互动，制度建构的过程早已摆脱了单中心的等级结构，而成为一种协商、妥协的结果。通过这一过程，不同的行动者在寻求实现自身利益的同时，实现了权力结构的重新布局和责任义务的合理分担。从这一点来看，制度在社会治理中的作用似乎具有更深层次的政治性功能，即通过制度建构的开放过程，引入多元力量的参与，推动协商民主在公共领域的确立和发展，从而撬动政治体制改革的杠杆。因此，制度并非一种结果，在更广泛的意义上，它应当属于过程的范畴。② 一个典型的例子是公民的投票行为。几乎在任何一次选举中，个人的选票都难以影响最终的结果。如果从结果角度去对待，显然个人参与投票并不具有实际意义。但若将其看成是一个过程，投票制度就自有其价值。如同投票一样，社会治理的重要性不仅在于实现公共利益或是满足个人利益的简单结果，多元主体在其中的价值更多的是通过参与具体过程得到彰显。而制度作为分配性活动的一般规则，自

---

① ［波］彼得·什托姆普卡：《信任：一种社会学理论》，程胜利译，中华书局 2005 年版，第 31 页。
② J. Elster. *The Cement of Society*：*A Study of Social Order*. Cambridge University Press，1989：98.

然成为多元主体行动的主要场域。由于社会治理中的制度建构具有显著的开放性，因而这些制度始终可以作为一种协商和妥协的产物而存在。对于多元主体来说，由此而形成的制度是一种"或明或暗的利益交换，是一种预期能力以及一种相互约定的义务"①。

因而，通过这种制度的运用，相关群体能够产生高度的认同而自觉遵守，个人理性得以在协商互动中有效化解。而制度在解决社会治理困境中的政治性功能可以从两个方面解读：一是协商民主的嵌入。协商的作用在于将公众异质化的利益诉求和碎片化的权利安排整合到社会治理的统一结构之中，从而能够与社会治理的参与性和开放性相契合。二是合法性的确认。制度认同所带来的不仅是执行的便利，在更深刻的政治意义上，是对合法性要求的迎合，而"合法性的基础就是同意"②。可见，合法性的确立为权力的正确运用奠定了基础，从而在更为根本的结构上为提升社会治理成效、维护社会和谐稳定创造了条件。

第二节　国内外社会治理体制与社会和谐稳定机制的建构实践

一、西方社会的价值观演进与社会治理体制变迁

在西方国家，现代意义上的价值观，脱胎并奠基于从文艺复兴到启蒙运动的思想解放与价值重构的历史变革中，其根本生成则在于资本主义生产关系的萌芽与资产阶级的兴起。成长中的新兴资产阶级，作为封建社会内部的革命力量，必然要随着自己经济力量的壮大而发动新的社会运动和思想运动，必然要求用自己的世界观来改造社会。③ 在此过程中，个性价值与个体主义最先从西方政治与社会传统④中蜕变而成，并与人权、平等、自由等价值观念直接融合在一起，继而无声息地沉淀为一种普遍的社会政治文化，并无所不在地影响西方社会价值选择

①　J. Reynaud. *Systems of Professional Relations*. Centre National de la Recherché Scientifique，1990：279.

②　［美］迈克尔·罗斯金等：《政治科学》，林震等译，华夏出版社2001年版，第6页。

③　浦兴祖等主编：《西方政治学说史》，复旦大学出版社1999年版，第137页。

④　西方政治传统滥觞于希腊时期。在那时，普遍的观点是"人类自然是趋向于城邦生活的动物"，"凡人由于本性或由于偶然而不归属于任何城邦的，他如果不是一个鄙夫，那就是一位超人"。参见亚里士多德：《政治学》，吴寿彭译，商务印书馆1965年版，第7页。

及其制度品性。当理性的"个体"被确立为价值重构的起点,"自由"作为一种价值就自然地延伸出来,因为"自由是一切有理性东西的意志所固有的性质"①。这种"先验"的个体自由在格劳秀斯、霍布斯、洛克、卢梭等以"天赋人权论"为主线的长篇累牍的界说和论证中被持续强化,并在斯宾诺莎"思想自由,行动守法"的主张中,历史性地实现了"自由"作为价值原则与实践规定的统一。当自由与法律相结合的时候,自由价值的意涵及其诉求就发生了转变。在之前,自由即便不能直接代表幸福,但至少也包含幸福生活的意涵;在法治体系确立起来之后,自由与幸福的关系越来越疏远,而成了一项基本的权利和准则。② 从这个意义上来说,权利取代了自由相对于幸福生活的前提性位置,"幸福的"被粗暴地界定为"有权的","每个人的幸福"则被直接简化为"平等地享有权利"。

当权利获得了与自由的逻辑指向关系,西方"个体自由"价值观的制度建构就自然地集中到对个体政治权利的确证和维护上;换句话说,如何保障和实现个体权利,成为西方社会治理之制度设计的主导原则和政治社会生活开展的核心内容。基于自然法理论,自由主义者既肯定了国家在克服自然状态不便时的必要性,又看到了其侵辱个体权利和自由的可能性,因此国家作为一种"必要的恶",仅被赋予保障平等权利的功能和职责,其履行这种职责的效率——而不是对某些"特定的善"的维护和实践③——成为评介国家与政府的根本标准。从这个意义上来说,因为议会制和代议制愈发实现了资产阶级在起点上的政治权利(选举权)的普遍平等,同时又能使其"所宣称的政治权力的公平分配能够与市场经济的动力和谐共处"④,因而成为西方政治制度建构的标准范式。此时,政治选举就构成了西方社会政治生活的全部内容,而选举除外的政治参与、规则之外的价值诉求、权利以外的幸福追求,就不仅被视为是不必要的,更是多余的、不合宜的。

总体上来说,早期西方社会价值观是理性的、直观的,具有革命性和以政治权利为核心的显著特征⑤,这在很大程度上保障了资产阶级批判封建制度的彻底性和建构新制度的完备性。然而,进入 19 世纪,法国大革命的混乱和血腥引发西方对"无可匹敌"的"群体势力"的反思和回应,集体心理与社会心态成为

---

① [德]伊曼努尔·康德:《道德形而上学原理》,苗力田译,上海人民出版社 2005 年版,第 71 页。

② 张康之:《论权利观念的历史性》,载于《教学与研究》2007 年第 1 期。

③ [加]W. 凯姆利卡:《自由平等主义与公民共和主义:朋友抑或敌人?》,引自马德普主编:《中西政治文化论丛》,天津人民出版社 2002 年版,第 211 页。

④ [希]塔基斯·福托鲍洛斯:《当代多重危机与包容性民主》,李宏译,山东大学出版社 2012 年版,第 13 页。

⑤ 刘道镛:《西方社会与西方思潮》,东南大学出版社 1995 年版,第 112 页。

西方（特别是欧洲）价值反思重构的主题[1]；况且在市场经济体制及其运行过程中，社会与经济领域中存在的结构性不平等导致了政治领域的结构性不平等和不正义，而政治不平等又强化了社会与经济方面的不平等。[2] 在此推动下，西方价值观开始由理性主义向现实主义转变，社群的、分配的"正义"——而不仅仅是个体的、权利的"自由"，开始在西方社会价值观中萌生出来。在此情况下，独立却又软弱无力的"个体"们意识到，唯有主动的互助，才能摆脱无能为力的状态，而结社能够在公民和政权之间人为地仿造出一种中间权力，从而"在维护自己的权益而反对政府的无理要求的时候，也保护了全体公民的自由"[3]。与这种集体（结社）认知相伴随的，则是自由观从"消极"向"积极"的转变。"积极自由观"认为一个人的自由不能是绝对的，而应符合道德准则并以法律意志为约束；况且权利并不能构成自由的充分条件，因为饥饿的人们往往会在自由和面包之间选择面包，"经济上的不平等"使得权利所确证的"政治上的平等已经失去意义"[4]。因而，自由的实现不仅赖于权利的、机会的平等，而且以经济的、分配的平等为基础，为此罗尔斯在《正义论》中主张，要在保障"自由平等原则"的同时贯彻"差别原则"，对最少受惠者以必要的补偿，以减少社会和经济上的不平等。[5]

当分配正义不仅与个体权利一并作为自由的必要条件，而且在消除阻碍权利充分实现的阶级偏见上也必不可少时[6]，西方政治社会生活的内容就远非一人一票的选举过程所能满足，西方社会的治理参与诉求也绝非议会代议制度所能统括。特别是进入新世纪以来，市场经济的国际化和与此并行的国家主义的扩展——旨在决定经济活动层次的主动的国家控制——构成了根本性的矛盾，并在西方国家间歇爆发的经济危机中被持续放大。[7] 当前阶段的西方价值观取向，在普遍的福利国家体系及其价值理念的影响下，在广泛的结社化取向和社会组织发展所催生的"团结"意识的濡染下，在显著的收入差距扩大与资源分配不平等的

---

[1] 如勒庞、托克维尔、曼海姆以及麦独孤等社会与政治学家都不同程度地表现出对社会心态及集体心理的关注热情。参见周晓虹：《转型时代的社会心态与中国体验》，载于《社会学研究》2014 年第 4 期。

[2] ［美］艾丽斯·杨：《包容与民主》，彭斌、刘明译，江苏人民出版社 2013 年版，第 1 页。

[3] ［法］阿历克西·托克维尔：《论美国的民主》，董杲良译，商务印书馆 1993 年版，第 875 页。

[4] 《罗斯福选集》，商务印书馆 1982 年版，第 126 页。

[5] ［美］约翰·罗尔斯：《正义论》，何怀宏译，中国社会科学出版社 1988 年版，第 213～216 页。

[6] ［英］T. H. 马歇尔、安东尼·吉登斯等：《公民身份与社会阶级》，郭忠华、刘训练编，江苏人民出版社 2008 年版，第 28 页。

[7] ［希］塔基斯·福托鲍洛斯：《当代多重危机与包容性民主》，李宏译，山东大学出版社 2012 年版，第 99～100 页。

驱使下，在快速成长的社会主义政治力量的推动下①，尽管个体的自由的观念仍然根深蒂固，但其对于集体的认知和归属却是深刻而真实的，对于分配正义的肯定和渴求也是迫切而现实的②。正因为此，"偏好经济方面的权力"而"妄图淡化公众权力、使政治过程远离社会公民"的代议民主制，因其对于社会普遍政治价值观的偏离，而构成了西方现代社会诸多问题中的根本原因。③

故而，面对复杂的政治、经济和社会治理情状，我们应精准掌握政治与社会体制改革的节拍与步幅④，避免民主化改革的失序，乃至溃败。如果教条模仿西方民主，西方民主所框定的配套制度及后续的治理行为将可能在政治、经济和社会场域中，以一种不可逆的内在秩序进行扩散和实施，这意味着民主制度与机制的可选范围会变得日益狭窄，任何哪怕能促进实质民主，但民主形式"倒退"的政治改革也会丧失孕发空间，即使到了行动层面，也将遭遇诸多抵制，难以真正落实。中国的民主政治改革应与社会治理体制创新结合起来，并建构一种治理型民主：一方面，致力于在复杂政治、经济和社会问题的治理中，让公众享有积极性的治理参与体验，并将这种体验较为直接地落实在政策议程和政策内容上，实现政治程序公正向结果公正的转化⑤；另一方面，致力于将民主融入公共事务的治理方式之中，除了强调对人民民主权利的保护外，还强调利用民主这一治理技术来促成有效的公众参与，创设公共服务的社会化供给体制，提升公共生活的质量。

二、中国社会治理体制创新与社会稳定机制建构

1. 中国的社会治理体制创新：苏南苏北的比较分析⑥

基层政府是社会治理的直接负责者，社区是社会治理的落脚点，两者之间的

---

① 张新宁：《如何理解美国 2016 年大选中的"社会主义"因素》，载于《当代世界与社会主义》2016 年第 2 期。

② ［英］T. H. 马歇尔、安东尼·吉登斯等：《公民身份与社会阶级》，郭忠华、刘训练编，江苏人民出版社 2008 年版，第 57 页。

③ ［希］塔基斯·福托鲍洛斯：《当代多重危机与包容性民主》，李宏译，山东大学出版社 2012 年版，第 13 页。

④ 普沃斯基认为，虽然激进的改革会带来很高的社会代价，但并非总是技术官僚们和政治家们强加给民众的。如果渐进的改革策略太缓慢，以至它累积的社会代价比激进改革还要大，那么人们就不会选择这种策略。这样人们就只是在激进策略和维持现状之间进行选择。参见［美］亚当·普沃斯基：《民主与市场——东欧与拉丁美洲的政治经济改革》，包雅钧等译，北京大学出版社 2005 年版，第 129～131 页。

⑤ 西方国家现代选举制度的问题在于西方社会中财产与经济资源的不均衡分布及其对政治过程和选举结果的影响。简言之，西方现代社会制度下的经济规则与政治民主是相悖相克的。参见房宁：《现代政治中的选举民主》，载于《战略与管理》2000 年第 6 期。

⑥ 参见金太军：《基层政府社会管理体制创新——江苏苏南苏北若干地区的比较研究》，载于《国际社会科学杂志》（中文版）2014 年第 3 期。

互动决定基层社会治理的成效。目前，各地基层政府积极贯彻中央精神并与本地实际相结合，探索形成了许多卓有成效的社会治理新体制与新方式。在本部分，我们以江苏南部地区（简称"苏南"）的苏州市和北部地区（简称"苏北"）的淮安市为样本，各选取两个案例，从结构、过程和类型三个层面比较两地社会治理体制创新的差异，评估实践成效，揭示创新规律，探究发展趋势。

本研究课题关注基层政府的社会治理体制创新问题，采用多案例比较研究的方法。首先是区域比较，选取苏州市和淮安市，分别地处"苏南"和"苏北"，两地经济水平和社会状况（比如人口结构）差距较大（两地的基本情况比较见表 3-1）。选择是基于两点假设：一是经济发展水平影响社会治理体制创新的路径；二是区域的社会状况影响社会治理体制创新的内容。其次两地都是社会治理体制创新活跃的地区，有较多的案例可供选择。2013 年 7 月 21 日至 8 月 21 日，课题组成员在苏州市的吴江、太仓、张家港，淮安市清河区等多个基层政府和职能部门进行了为期 1 个月的调研。通过访谈、座谈、参观和问卷等形式，调查基层政府社会治理体制创新中的问题、社会治理体制创新的措施以及社会治理体制创新的成功经验，搜集、整理了两地翔实的社会治理体制创新案例资料。

表 3-1　　　　案例选择和苏州淮安两地基本情况比较

城市	区域	地理位置	人口状况	经济状况	典型案例
苏州市	苏南	江苏省东南部	全市户籍总人口 637.66 万，外来人口 539.14 万	全市生产总值 9 228.91 亿元，市区居民人均可支配收入 29 219 元，农村居民人均纯收入 14 657 元	太仓"政社互动"；张家港市流动人口管理
淮安市	苏北	江苏省中部偏北	全市常住人口为 4 799 889 人	全市生产总值 1 345.07 亿元，城镇居民人均可支配收入 17 680 元，农村居民人均纯收入 7 233 元	阳光信访；助保工程

资料来源：（1）截至 2010 年，除典型案例外，数据来源于苏州市统计局和淮安市统计局。（2）典型案例的资料信息来源于实地调研。

当然，如何在众多的创新案例中选择所研究的案例，是本研究最困难的步骤之一。"多案例研究遵从的是复制法则，而不是抽样法则。"[①] 在案例的选择中，我们遵循逐项复制的原则，即所选案例都能产生相同的结果：实践成效显著和社

————————

① ［美］罗伯特·K. 殷：《案例研究：设计与方法》，周海涛主译，重庆大学出版社 2010 年版，第 61 页。

会影响度高。为了让案例研究的结果具有更高程度的确定性，我们需要进行 4 个逐项复制，即选取两地 4 个社会治理体制创新的成功案例，分析其结构、过程和类型，比较异同，探究规律。我们的研究是嵌入式多案例研究，案例中包含一个以上的分析单位。其中，主分析单位是社会治理体制的创新。同时，还包括三个嵌入性分析单位：创新结构、创新过程和创新类型（见表 3 - 2）。研究单位的界定，可以帮助我们确定资料收集、分析的范围，"特别是能将与研究主题有关的资料（现象）与案例之外的资料（背景）区分开来"①。背景揭示社会治理体制创新的动因，现象蕴含社会治理体制创新的规律。

表 3 - 2 　　　　　　　　　　基层政府社会管理创新的分析单位

主分析单位	结构	过程	类型
社会治理体制创新	基层党组织、基层政府、社会组织、企业、公众及其相互关系	界定主体、提升能力、建立纽带、确定关系、明确责任	理念创新、方式创新、流程创新、权力创新、职能创新、机制创新

案例分析与比较主要基于来自四种途径的素材。一是调研中搜集的政府部门的相关政策法规、制度细则等，如淮安市"助保工程"《担保贷款实施暂行办法》；二是相关政府或部门的报告文件、宣传材料以及政府网站相关的工作报道，比如"张家港市杨舍镇小城市社区综治工作中心宣传材料"；三是国内平面媒体和网络媒体的相关报道和评论，比如《江苏淮安市实施"阳光信访"服务信访群众》（载于《人民日报》2009 年 1 月 16 日）；四是相关政府部门领导、工作人员以及社区自治组织负责人和城市居民的访谈资料。

（1）苏州市社会治理体制创新案例之一：太仓市"政社互动"。

基层政府与社区的矛盾，在社区层面表现为"职能行政化"与"财力自给化"之间的矛盾。社区是群众自治性组织，却在履行行政组织的职能。基层政府仍然把社区作为各个部门的"万能机器"，向社区下达各种行政性任务，有些社区甚至还要承担税收任务。而且，由于上级下达的任务都是指令性、强制性的，这必然牵扯社区干部的精力、挤占社区的有限资源，造成社区在服务社会、服务居民方面不同程度地存在着得过且过的现象。

基层政府虽然分配给社区很多行政性任务，但并没有给予相应的财力支持，大多数社区都面临着"事多钱少"的尴尬。调研中发现，社区工作经费来源渠道

---

① ［美］罗伯特·K. 殷：《案例研究：设计与方法》，周海涛主译，重庆大学出版社 2010 年版，第 35 页。

狭窄，主要来源于财政给付与社区自筹。由于财政拨款有限，社区财力更多的是依赖自筹，自筹能力往往取决于当地经济发展状况和社区产业状况。[①] 一些社区没有产业或所在地经济发展水平一般，仅仅靠上级拨的有限资金，开展常规性工作都比较困难，更毋庸谈开展社会治理体制创新、满足居民的文化生活需求了。

基层政府与社区自治组织之间的上述矛盾，一方面导致社区的角色冲突，在职能上是"行政组织"，在财力上却是"自治组织"；另一方面又造成了基层政府与社区之间关系混乱。一些基层政府重视社区，仅仅从减轻行政机关工作量等角度考虑，而没有将社区作为平等的法律主体和管理主体来对待。如何破解社会管理中的这一难题，成为社会治理体制创新向纵深发展的关键。

太仓市的"政社互动"模式为解决这一难题提供了可供借鉴的、有意义的探索。"政社互动"是政府行政管理与基层群众自治有效衔接和良性互动的简称，主要是通过政府行政权力的自我约束，实现基层自治组织的权力归位，通过基层自治组织自治能力的提升，实现与政府行政管理的承接、互动。具体做法包括三个方面的内容[②]：

①在界定多元协作主体的基础上，对基层政府、基层自治组织和社会组织之间的关系进行设计，建立"城市—社区"体制（见图3-1）。

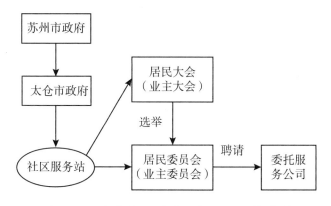

图3-1　太仓市"城市—社区"衔接体制

① 根据我们调研的直观感受和基层干部的访谈，"苏南"社区无论是办公场所、办公设施以及经费配套等"硬件条件"，还是社区干部的积极性、满意度以及对高素质人才的吸引力等"软件条件"，都要优于"苏北"。

② 太仓市"政社互动"的相关资料，参见当地政府《关于建立政府行政管理与基层群众自治互动衔接机制的意见》《基层群众自治组织协助政府工作事项》《基层群众自治组织依法履行职责事项》《城厢镇基层群众自治组织协助政府管理协议书》和《江苏太仓：积极开展"政社互动"新实践 加强和创新社会管理》（人民网：http：//cpc. people. com. cn）、《太仓市村委会行政任务减少六成》（法制网：http：//www. legaldaily. com. cn）、《太仓市"政社互动"管理新模式正在两镇试点》（苏州政府法制网：http：//www. szfzb. gov. cn），以及相关的调研访谈记录。

首先，界定协作主体。积极转变政府职能，强化宏观管理职能，弱化微观管理职能，政府主要致力于社会管理和公共服务，构建服务型政府；健全基层群众自治组织，推进基层群众自治制度化、规范化、程序化；大力培育社会组织，加快推进公益性、服务性社区民间组织社会化发展，积极做好社区养老、心理疏导、社区矫正等服务，推动民间组织自主发展。至此，"城市—社区"体制中三方协作主体已经初步确定。在建构合适的协作关系时，要考虑不同协作主体之间的兼容性、合法性和服务能力。其次，提升协作能力。规范政府行为，提高政府依法行政水平；切实增强基层自治组织治理功能，扎实推进以村（居）民会议、议事协商、民主听证为主要形式的民主决策，以自我管理、自我教育、自我服务为主要目的的民主管理，以村（居）务公开、民主评议为主要内容的民主监督；提高社会组织的能力，包括财政生存能力、承担风险能力、公共服务能力以及管理协作能力。

②建立联系纽带，确定协作类型。政府社会治理体制创新的政策与社会需求相契合，是社会治理体制创新得到社会支持的必要条件。首先，建立联系纽带，包括建立沟通机制，建立群众利益表达的长效机制；通过网络平台建立政府与社会之间的有效衔接，共享信息，建立信任与协作关系。太仓市建立健全与基层群众自治组织对话、联系以及接待等制度，不断完善"政社互动"联席会议制度。同时，运用报纸、期刊、广播、电视、网络等媒体，加强宣传引导，形成良好的舆论氛围。其次，确定协作关系。按"权随责走、费随事转"的原则，太仓市对基层群众自治组织协助政府工作事项，通过《基层群众自治组织协助管理协议书》进行落实，政府通过购买服务完善基层社会管理和社会工作。"政社互动"的"多元协作"属于契约关系，即政府利用服务合同来建构多元主体之间的协作关系。太仓市利用契约条款厘清基层政府与基层自治组织的权责边界和职能范围，即确定辖区内公共产品的类型和公共产品的供给方式（见表3-3）。

表3-3　　　　　　　　　　公共产品类型及其供给方式

供给方式	公共产品类型	相关说明
地方政府间联合生产	环境公共产品、区域公共安全、区域特色公共服务，如消防	单独提供成本较高，需求相对不足；联合供给以兼顾全域需求、降低储备成本
契约外包	公共工程、卫生和社会福利及一般型政府业务，如法律服务	选择最佳产品质量、生产效率和规模的民间部门签订公共服务购买的契约合同，以提高公共物品供给质量、效率并降低成本

续表

供给方式	公共产品类型	相关说明
特性经营	垃圾处理、供水等服务性公用事业	通过"收费"实现排他性的公共产品，政府可以通过特许经营的方式，实现供给
代用券	食品、医疗、教育	通过代用券的自由使用，实现对多元服务供给者的判断，形成类似于市场经营的方式，实现供给
社区自治	养老院、福利中心、幼儿园	社区提供一些公共服务，可针对需求，避免供需错位，既调动市民参与热情，也可降低成本

③明确协作责任。"多元协作"中，每个主体都是行为者或社会管理的参与者，如何明确不同主体的不同责任，成为构建社会管理"多元协作"长效机制的关键。太仓市完善监督机制，建立了对自治组织360度的绩效考核体系。同时，加强对政府依法行政、履行《基层群众自治组织协助政府管理协议书》的监督，发动和组织群众监督村（居）干部认真履职、搞好协管（见图3-2）。

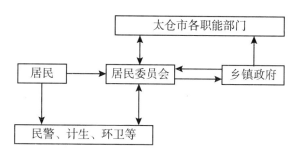

图3-2　太仓市基层群众自治组织360度考核

在此基础上，注重考核的内容，关注自治能力、服务社区、清廉度及对突发事件处理等（见表3-4）。强化监察检查，及时查处违法违纪和损害群众利益的行为，切实解决社区服务发展中反应强烈的各类热点问题，保证社区健康发展。

表3-4　　太仓市基层自治组织的考核内容和考核指标

评价指标	比重（%）	评价内容
自治能力	30	社区党建、居委会选举、居民大会召开情况、事务公开、财务公开等

续表

评价指标	比重（%）	评价内容
服务社区	30	调节、治安、优抚、文化活动等
国家政策宣传	15	各种展板、海报等
清廉度	15	公共财物收入、使用和收益情况
突发事件处理	10	能否及时发现和上报、初步处理及效果
总计	100	

资料来源：太仓市政府机构相关公开资料的汇总整理。

实践成效：太仓市"政社互动"的社会治理体制创新实践，得到了上级单位和社会各方的充分认可，被中央和省市媒体广泛报道，被专家学者评价为中国行政改革的"第二次革命"。[①] 太仓市也先后荣获全国农村社区建设实验全覆盖示范单位、全国和谐社区建设示范城区（市）和全国村务公开民主管理示范单位等称号。

从本质上讲，太仓市"政社互动"模式是通过改变权力配置格局实现社会管理机制的创新，即权力创新和机制创新"二合一"。

（2）苏州市社会治理体制创新案例之二：张家港市流动人口管理。[②]

①案例描述：

背景：一是流动人口管理压力不断加大。相关统计数据显示，2016～2018年张家港市新市民就业人数分别为51.39万、51.60万、51.89万[③]；而根据2021年发布的《张家港市国民经济和社会发展统计公报》，2020年末全市户籍总人口为93.02万人，而年末外来暂住人口则达69.62万人。一些乡镇还出现本地人数与外地人数倒挂现象。近几年来，涉及流动人口的犯罪案件和争议纠纷逐年上升。二是流动人口来源广泛。目前，张家港市外来流动人口主要来自苏北的地级市和全国其他省（自治区、直辖市），省外的主要是中西部欠发达地区，尤以四川、河南、安徽三省最多。三是流动人口成分复杂。在构成中呈现"四个为主"，即以青壮年劳动力为主，以初中及以下文化程度的人为主，

---

① 参见《十年创新路 能动再出发——太仓"政社互动""三社联动"创新实践》，载于《太仓日报》2018年10月12日。

② 张家港市流动人口管理的资料，参见《张家港市委政法委社会管理创新情况汇报》、《张家港市公安局创新三项机制，提升社会管理水平》、《张家港市法制办政府社会管理创新的法治保障》、"张家港市杨舍镇小城市社区综治工作中心宣传材料"以及相关的调研访谈记录。

③ 《张家港市：同城待遇，让新市民更快更好融入城市》，佛山新市民服务信息网，http://fslgb.foshan.gov.cn/zxdt/content/post_478216.html，2018年8月24日。

以内地农村人口为主，以从事加工业、建筑业、餐饮业、运输业、服务业等劳动强度大、收入报酬低的人为主；四是流动人口居住分散，外来流动性大。外来流动人口以租赁房屋居住最多，其次是居住在建筑工地内，其他居住在居民亲戚家的数量很少。外来流动人口不仅居住地分散，而且流动性大，每年春节过后大量涌入，居住地、工作地又经常变动，给社会管理工作带来很大的困难和压力。

理念："市民化管理、亲情化服务"，寓管理于服务之中，在流动人口服务上求突破。

措施：第一，信息化管理。充分依托信息化手段，从信息采集、研判应用、警务机制配套改革等环节入手，开发私房出租户信息管理系统、企事业单位流动人口信息输入模块、信息移动采集和实时比对模块，实现区域网络全覆盖，逐步建立信息主导的流动人口服务管理模式。第二，多元化管理。在全省率先成立"新市民共进协会、住房出租管理协会、流动人口党支部"。依托新市民共进协会，引导流动人口自我约束、自我管理、自我教育、自我服务；依托住房出租管理协会，以出租房为基本单位，将房东由"被管理者"变为"参与者"，形成出租房东、流动人口、社区民警和户口协管员"三位一体"管理模式；依托流动人口党支部，保障流动人口党员在异地也能过上组织生活，并带动全体流动人员充分享有各项民主权利，实现同城待遇。第三，服务保障与文化融合。制定、出台新市民同城化待遇政策，加快新市民在就业、社保、医疗、子女教育、保障性住房等方面享受均等化服务。在流动人口中，大力开展法制教育培训、文明素质教育、文化活动建设等一系列活动，不断提升新市民的人文素质，通过典型带动（评选"十佳新市民"）和爱心服务，以真情换真心，增强新市民建设第二故乡的信心和决心。

②案例分析：

张家港市流动人口管理创新以理念创新为先导，切实以群众利益为核心，贴近了流动人口的社会生活，更加注重和强调服务，通过流动人口的服务保障与文化融合，密切市民与外来人口之间的关系。同时，借助信息化和科技化手段，强化联系纽带，有效整合信息资源，实现了社会管理方式的创新。例如，张家港市流动人口服务中心数据库与公安部、各省在逃人员数据库和本市打击处理人员数据库联网衔接，通过"移动采集器—中心数据库--在逃人员数据库"的运行方式，实现"比对—锁定—抓捕"的快捷模式，提升了打击的准确度、灵敏度，促进了社会稳定。通过流动人口管理方式的创新，即流动人口信息化管理，提升了协作能力，强化了联系纽带。

该市流动人口管理创新还强调多方参与、共同治理，实现了流动人口的多元化管理。在政府层面，成立了张家港市流动人口服务中心（强行政化、低社会化），作为独立的职能机构，享有独立的编制和预算；在社会层面，积极引导建立"房东协会"（强行政化、高社会化）、"新市民共进协会"（弱行政化、高社会化）等社会组织，积极吸纳社会力量的参与；在社区层面，积极建立分会，并通过暂住证登记制度，将外来人口纳入社区化管理体系；在流动人口中，通过"流动人口党支部"（弱行政化、低社会化）发挥党组织和党员的核心凝聚作用，让外来流动人口从过去的单纯"被管"成为管理者的一部分，逐步实现外来流动人口的自我管理、自我教育、自我服务。这四个层面的多元主体互动与协作，从本质上反映了政府与社会之间的关系（张家港流动人口管理中多元主体的行政化和社会化程度见图3-3）。政府为了解决流动人口问题，往往需要将解决问题的参与主体连接在一起，然后将公共服务供给分解化，由党组织、基层政府、社区、社会组织甚至公众共同承担；又通过信息平台和技术网络将多元主体联系在一起，为公众提供多样化服务，并给予其更多的选择权。在这一过程中，逐步构建了"多元协作式"的社会管理体制。

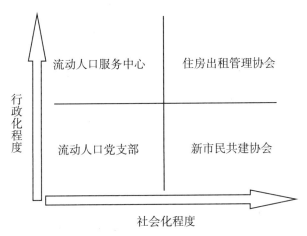

图3-3 张家港流动人口管理中多元主体的行政化程度和社会化程度

注：（1）行政化程度代表行政权力的强弱，社会化程度强调自治程度的高低。（2）箭头方向表示程度"由弱到强"的递进过程。

张家港市流动人口管理创新是以管理理念创新为先导，治理方式创新和治理机制创新相结合的"三位一体"的社会治理体制创新模式。

通过剖析苏州市两个社会治理体制创新案例，我们可以发现：第一，"多元协作式"社会管理体制逐步显现、成型。第二，建立"多元协作式"社会治理体制一般包括五个环节：界定协作主体，提升协作能力，建立联系纽带，确定协作关系，明确协作责任。第三，两个案例的不同之处有两点：一是构建"多元协作式"社会管理体制的路径不同，也就是社会治理体制创新类型不同；二是"多元协作式"社会管理体制的具体内容，也就是主体范围、能力程度、纽带方式、关系类型和责任权限有所差异。

（3）淮安市社会治理体制创新案例之一："阳光信访"。①

①案例描述：

基本情况："阳光信访"是淮安市立足"以人为本，信访为民"理念，依托现代科技成果，通过打造"阳光信访"系统，组建联合接访和电子信访两个中心，探索构建"信、访、网、电"四位一体的社会管理新模式。"阳光信访"系统集"投诉、查询、服务、督办、分析、管理"等功能于一体，连接人民来访联合接待中心和电子信访服务中心两大平台，整合市、县、乡三级信访工作资源，构建横向到边、纵向到底的全覆盖信访工作网络。

主要做法：一是布局一个系统覆盖全市。"阳光信访"系统已覆盖全市9个县（区）、147个乡镇和400多个职能部门；二是设立两个中心，连接千家万户。一是巩固提高传统的联合信访中心。二是全面打造现代的电子信访服务中心。三是"传统""现代"有机融合，打造"信、访、网、电"四位一体的工作模式，包括全方位受理投诉；全方位便民查询；全方位主动反馈；全方位征集建议；全方位了解民情；全方位监督管理。四是精心组织，强力推进"四位一体"建设。市委、市政府强力推动，拨专款予以保障。五是健全"四位一体"运转工作机制、长效运行机制、监督管理机制、考核奖惩机制。

实践成效：信访事项按期办结率达到95%以上；2010年与2007年相比，全市进京上访量下降66.2%，去省上访量下降37.6%，来市上访量下降21.5%。

②案例分析：

"阳光信访"模式创新点体现在两个层面。一是管理方式的创新，通过信息化手段，建立交流平台，创新管理技术，实现民众（信访群众）与政府之间的"无缝隙"连接，使信访成为"官方"（政府）与"民间"（社会）的沟通载体和对话平台。二是管理流程再造。社会管理流程再造，是指以"3E"（economy，efficiency and effectiveness，即经济、效率和效益）为目标的社会管理体制的全面转型。"阳光信访"本质是通过再造信访投诉、处理流程和管理监督、评价体系，整合分散的管理和服务资源，协同各部门的不同职责，促使信访工作在一定程度上发生体制变革、职能转变和效率提高。

在结构方面，涉及信访者（一般是民众）和政府系统（基层政府）两个互

① 淮安市"阳光信访"的资料参见《创新社会管理的生动实践——淮安市打造"阳光信访"、构建"信、访、网、电"四位一体工作模式的探索与实践》、淮安市信访局《阳光信访和谐淮安》以及相关的调研访谈记录。

动主体，这是传统的信访行为角色。主要的创新在于两者关系的连接方式的改变，即联系纽带的信息化，引入技术平台，由传统的"信、访"向现代的"网、电"转变，一方面使两者之间的联系更为简单、便捷、高效；另一方面大大增强了相互之间的心理认同，避免了信访事件的进一步升级和出现越级上访、群体上访或"缠访"等行为。

过程方面的创新是"阳光信访"模式的最大亮点（"阳光信访"过程见图 3 – 4）。第一，提升了信访者的利益表达能力和基层政府的利益综合能力。改变了传统的信访者利益表达的方式。全方位地受理投诉，变写信走访为多元投诉，边远山区的群众还可以通过代理投诉、视频信访等途径来表达利益诉求，提升了信访者的利益表达能力。全方位了解民情，政府由"被动等访"转变为"主动下访"，主动征集民意，对群众关心的重点、热点问题，比如征地拆迁、环境保护等，及时监测、科学评估，全面了解群众所需，提升了政府的利益综合能力。第二，协作关系（基层政府与信访者之间的关系）由"单向应付"变为"双向互动"。全方位主动反馈，提供回叫电话、回发短信、网上回复等服务；全方位监督管理，对信访事项实行分类识别、实时监测，为信访群众、信访部门、新闻媒体、领导干部、纪检部门监督提供平台，构建立体信访监督管理体系。

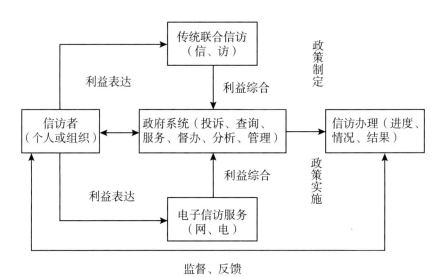

图 3 – 4　淮安市"阳光信访"过程

根据前面的分析，我们可以将"阳光信访"定性为治理方式创新和治理流程创新"二合一"的社会治理体制创新类型。

（4）淮安市社会治理体制创新案例之二："助保工程"。[①]

①案例描述：

基本情况：为解决淮安市区改制企业下岗失业、特困群体"养老保险缴费难"问题，让这部分群众老有所依、老有所养，淮安市积极探索、大胆创新，首创了全国领先的财政"助保工程"。淮安市社保中心从政策上寻求突破口，从扩面征缴上寻求支撑，集思广益，创新举措，提出成立淮安大众助保基金会，并由其负责从银行贷款，政府拿出少部分资金用于支付贷款利息，为困难群体缴纳养老保险费，从机制上解决了困难群体养老保险续接问题。

主要做法：一是财政注资成立公司，实现运行手段市场化。为化解担保贷款中的"瓶颈"问题，淮安市财政局筹资 3 000 万元，注册成立淮安市特困群体财政助保贷款担保有限公司，专门为该市特困群体提供担保。确定江苏银行淮安分行为指定贷款金融机构。淮安市劳动和社会保障局成立"淮安大众助保基金会"，作为助保贷款主体，向银行申请助保贷款并承担还本付息义务；基金会将所贷款项转借给符合条件的助保对象，用于缴纳本人养老保险费。二是财政提供全额贴息，实现特困群体续保零负担。助保对象退休前，属于下列情况之一的，助保贷款利息由财政全额负担，即夫妻双方均为下岗失业人员、单亲家庭下岗失业人员、特困职工家庭人员、零就业家庭人员、享受城镇居民最低生活保障人员、因工致残生活困难人员、无子女生活困难人员以及其他困难人员八类人员。三是财政"助保工程"体系完整，实现特困群体全覆盖。财政"助保工程"先在市区实行，并逐步在全市范围内推开；对没有能力提供助保贷款担保的县（区），可以委托"淮安市特困群体财政助保贷款担保有限公司"统一提供担保，贷款的偿还和贴息由各县（区）自行负责。

实践成效：淮安市特困群体"助保工程"截至 2013 年已累计为 6 158 名助保人员办理贷款，发放贷款资金 3 277 万元，并已有 231 名助保人员享受助保惠泽，顺利退休。[②]

②案例分析：

"助保工程"模式属于社会管理机制创新，由"一元化"的政府统管机制转变为"多元化"的社会协作机制，倡导社会各方面力量共同治理。"政府对社会的管理，特别是在事关民生的社会管理领域，政府绝对不能放弃自己的职责，同

① 淮安市"助保工程"数据资料，参见《淮安市人力资源和社会保障局"加强社会管理创新 推动民生幸福"》、《淮安市市直改企业特困群体财政助保担保贷款实施暂行办法的通知》、"淮安大众助保基金会职能"、"淮安市特困群体财政助保贷款担保有限公司职能"、"江苏银行淮安银行职能"，以及相关的调研访谈记录、录音。

② 《淮安助保工程让万名特困群体养老无忧》，江苏省民政厅网站，http://mzt.jiangsu.gov.cn/art/2013/6/21/art_55087_6760951.html，2013 年 6 月 21 日。

时还需要借助政府掌握的权力、权威和信息、资源，调动社会的积极性，充分动员社会各方面的力量，解决社会问题。"① 社会保障是政府必须履行的职责，但由于政府能力的限制和社会需求的纷繁复杂，"一元化"的等级式政府包揽机制已经无法高效地实现社会保障政策目标。吸引市场资源或社会力量的参与，成为政府社会治理体制创新的优化之道。淮安市的"助保工程"以政府权力为驱动力，吸引市场力量，借助社会组织，构建了涵盖"政府、市场、民间组织和民众"的多元协作的社会管理体制。

政府是构建"多元协作"社会管理体制的驱动力。政府敏锐地了解社会需求，并将社会需求转化为政策议程。在这一过程中，关键是解放思想、转变观念。对于特困群体无力缴纳养老保险，传统思路是"战术性"的"头痛医头，脚痛医脚"，或者拨款或者捐款，无法长期解决问题；淮安市却创新思路，搭建协作平台，建立了长效解决机制。一方面，成立民间组织——大众助保基金会，既可以建立政府与特困群众之间的直接联系，又可以吸纳社会力量，多渠道地筹集资金。政府出资成立财政助保贷款担保有限公司，既为特困群体提供担保，又确保银行贷款资金的安全，吸引市场力量的参与（淮安市"助保工程"多元协作结构见图 3 - 5）。

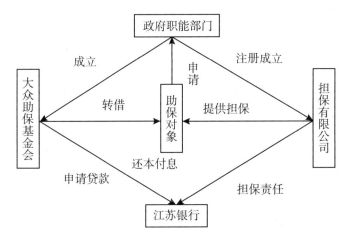

图 3 - 5　淮安市"助保工程"多元协作结构

在"助保工程"的"多元协作"结构中，包括三种类型的角色。第一是政府，通过经济工具、政策工具和管制工具进行利益综合和信息沟通，协调各方的需求和利益，处于枢纽地位。第二是民间组织，对助保申请人进行资格审查，并

---

① 潘小娟、白少飞：《中国地方政府社会管理创新的理论思考》，载于《政治学研究》2009 年第2 期。

与银行合作，从助保人员退休养老金中扣还贷款，是助保对象和银行之间的联系纽带。第三是企业，包括银行和贷款担保有限公司。贷款担保有限公司为特困群体提供担保，使银行和助保对象之间建立一种契约关系，起中介和桥梁的作用，从本质上来讲还不是纯粹意义上的"企业"；银行为助保工程提供资金，是系统运行的关键，是"多元协作"结构赖以建立的基础。

（5）两地案例比较。

前面，我们分析了苏州市和淮安市两地 4 个社会治理体制创新的成功案例。下面，我们比较这 4 个案例的主体、联系、关系和类型，探求其中的规律性（见表 3 - 5）。

表 3 - 5　　　　　苏州市和淮安市社会治理体制创新案例比较

案例	区域	主体	联系	关系	类型
政社互动	苏南	基层政府、基层社区、社会组织、公众	制度化	契约关系	权力创新、职能创新、机制创新
流动人口管理	苏南	基层政府、基层社区、房东协会、新市民共进会、流动人口党支部、市民、外来流动人口	信息化	信任关系	理念创新、方式创新、机制创新
阳光信访	苏北	政府职能部门、信访者、群众、媒体	信息化	对话关系	方式创新、流程创新
助保工程	苏北	政府职能部门、大众助保基金会、担保有限公司、银行、特困群众	制度化	契约关系	理念创新、机制创新

通过以上的分析和比较，可以得出如下结论：①无论经济水平如何，社会管理主体正日益多元化。社会治理体制创新的主体不再局限于基层政府，社区自治组织、民间组织、企业以及社会个体都成为社会治理体制创新的参与者与合作者。②基层政府与诸主体之间的关系日益多元化。不再局限于以前的行政关系或管制关系，契约关系、对话关系、信任关系等互动方式的出现，表明政府与社会之间关系的变化。③制度的规范和信息的交流日益成为多元主体衔接的有效纽带。④虽然社会治理体制创新呈现出"多元协作"的发展趋势，但发展路径并不是唯一的，关键是要与当地的发展需求相契合。这在一定程度上表明，经济发展水平与社会治理体制创新路径和社会治理体制创新的内容存在一定的相关性。

2. 中国社会稳定问题的消解：基于厦门 PX 事件中博弈主体的分析

生态公共事件是生态问题持续性恶化的社会化体现，频发的生态公共事件成为影响社会和谐稳定与国家长治久安的重要负性因素，为政府创新社会治理体制、社会公众与社会组织有序性政治参与与合理化利益表达提出了新的、更高的要求。生态公共事件引致因素的复杂结构性、发展过程的独特个案性，以及影响因素的高度异质性，使政府部门难以单方面地从根本上予以解决，这就必然要求政治领域的政府协同经济领域的企业、社会领域的公众与社会组织和虚拟领域的大众传媒，建构多元合作的公共事务治理模式与机制。

然而，无论是政府、公众、企业还是传媒，在生态公共事件的参与治理中都存在着无法自适的内在困境，且观念、利益与目标上的显著差异也决定了各主体力量相互协同合作、整合优势资源的高度困难。静态的表面、口头的承诺仿佛描绘了一幅多元主体以公共利益最大化为目标、协同合作共同治理的美好画卷，但落实到具体实践和行为过程中却完全是另外一幅图景。故而，基于动态的视角，从事件发展的过程中分析各参与主体的具体博弈策略及相互之间的互动关系，进而探究各主体在事件发展不同阶段的演化机制，对于探寻生态公共事件中不同主体的行为策略特征、完善多元协作的实现模式和机制，具有巨大的理论价值和重要的实践意义。

（1）个案甄选与事件回顾。

在生态公共事件发展过程中，形成的博弈机制包含政府部门、社会、企业等多个层面的相关主体，对于博弈主体的动态过程分析必然离不开基于事件过程与实践情景的分析方法。案例研究法重在通过对事件过程再现、结合实践情景，以动态的、联系的视角探寻研究对象的一系列问题。因此，案例研究方法适用于该类研究对象和情境难以分离的问题。

厦门 PX 项目是由台资企业腾龙芳烃（厦门）有限公司投资 108 亿元的化工厂项目，预计为厦门市新增 800 亿元人民币的国内生产总值（GDP）。厂址设在厦门市海沧投资区的南部工业园区。2004 年 2 月国务院批准立项，已于 2006 年 11 月开工建设，预计 2008 年建成投产。该项目已经被纳入对二甲苯"十一五"建设项目布局规划，得到厦门市委、市政府的鼎力支持。

PX 是一种危险化学品，基于安全考量，国际上的 PX 项目与大城市的直线距离一般为 70 千米，然而厦门 PX 项目却存在"距离人口聚集区过近"[①] 的普遍担忧。由于担心化工厂建成后危及市民健康，该项目首先遭到百名政协委员的联名反对，并在媒体的推介下，引起了民众的普遍关注和反对，在抗议无效的情况下，引发了著名的"散步"游行事件。在事件过程中，厦门市政府采取了较为积

---

① 2007 年中科院院士赵玉芬领衔起草的政协提案中提到，"厦门 PX 项目厂区距离居民区最近处不足 1.5 千米，在项目 5 千米半径范围内的海沧区人口超过 10 万人，10 千米半径范围则覆盖整个厦门西海域及大部分九龙江河口区"。参见《重访厦门 PX 原址：抛荒六年欲建文化产业园》，载于《第一财经日报》2013 年 9 月 24 日。

极、有效的应对措施，及时宣布项目缓建、进行区域环评，并进行了公开、公正的市民座谈会，广泛采集民意并做出了迁建的最终决策，促成了事件的有效解决。

针对本研究的具体案例——厦门 PX 事件，采取经典的公共危机事件四个阶段的划分理论。[①] 第一阶段危机的孕育时期：一些零星的消息开始传播，部分人群开始关注此事件，并很快引起相关人群的心理恐慌；第二阶段危机的爆发与震荡时期：先前流传于部分民众间的消息得到大范围传播，引起民众普遍的恐慌和关注，大众传媒高度关注并密集报道，政府采取的压制、回避策略激发民众极端行为发生；第三阶段危机的持续、调整和适应时期：危机的影响持续，政府和组织通过媒体传递危机应急的各种举措，努力消除危机，公众对危机的强度、范围、可控程度等有了一定的了解，情绪得到某种程度的释放；第四阶段是危机的痊愈和结束期：政府最终做出事件的最后决议，民众情绪得到平复，事件得到彻底解决。结合公共危机管理的四阶段理论，我们根据厦门 PX 事件的实际情况，具体分为四个阶段：事件源起与公众不知阶段、公众参与与事件爆发阶段、行政调解与项目论证阶段、项目决议与事件清理阶段。

通过对厦门 PX 事件的全过程观察，以及生态公共事件中的关联主体分析，最终确定的博弈主体包括政府、社会、企业三个维度：在政府层面，包括中央政府和属地政府两个（类）主体，考虑到生态公共事件中属地政府的主观能动性和巨大的行动空间，故仅将属地政府纳入研究范围；在社会层面，包括公众群体、社会组织和大众传媒三个主体，囿于该事件中社会组织的角色缺失，故未将其纳入研究范围；在企业层面，鉴于该事件主要针对台资企业腾龙芳烃（厦门）有限公司，故研究中企业主体单指该公司。由此，本研究将属地政府、公众群体、大众传媒与企业四个主体纳入研究范围，进行系统梳理（见图 3－6）。

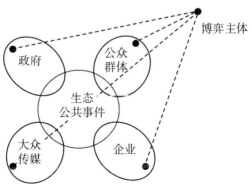

图 3－6　生态公共事件中的博弈主体

---

①　Fink S. *Crisis Management*：*Planning for the Inevitable.* American Management Association，New York. 1986.

（2）厦门 PX 事件过程中的主体策略选择及互动关系。

整个事件按时间与事件发展划分为四个阶段：第一阶段：事件源起与公众不知阶段：2007 年 3 月 15 日（政协委员上书提案联名反对，PX 项目开始进入公众视野）至 2007 年 5 月 15 日［厦门市发展和改革委员会（以下简称"发改委"）明确表态项目不会停建或迁址］；第二阶段：公众参与与事件爆发阶段：2007 年 5 月 20 日（反对 PX 项目的短信开始在厦门民间广泛传播）至 2007 年 6 月 2 日（厦门市民"散步"游行结束）；第三阶段：行政调解与项目论证阶段：2007 年 6 月 4 日（发改委发文决定停建厦门 PX 项目）至 2007 年 12 月 15 日（地方政府组织的市民参与活动结束）；第四阶段：项目决议与事件清理阶段：2007 年 12 月 16 日（厦门市政府决定将该项目迁址）至 2007 年 12 月 20 日（厦门官方首次公开回应 PX 项目）。

在事件发展的第一阶段，属地政府对项目提供全方位支持且未发布相关消息；大众传媒仅有针对项目立项、审批通过等标志性新闻的报道；民众尚未产生持续、高度的关注，仅有部分市民的零星反映，且倾向于传统利益诉求渠道；企业则在属地政府的支持下进行项目建设。事件在隐性层面不断孕育和发展，总体上处于民众不知阶段。该阶段中属地政府、民众、大众传媒与企业具体的策略选择、产生影响及互动关系，详见表 3 - 6。

表 3 - 6　　　　　"事件源起与公众不知"阶段中博弈
主体的策略选择及互动关系

第一阶段	策略选择	产生影响	互动关系
属地政府	①为企业提供快速审批等全方位支持；②低调进行与项目有关的活动	①项目快速开展；②民众不知晓项目情况、不了解 PX 全面信息	属地政府—大众传媒：①未向大众传媒透露 PX 项目具体信息；②地方媒体的正面信息报道。属地政府—公众群体：①受害市民的反映未得到有效回应；②政府未开通有效的对话机制；③公众对正规利益诉求渠道失去信心；④市民不了解 PX 项目的具体信息。属地政府—企业：①企业为政府带来 GDP；②政府为企业提供各方面的便利条件。
大众传媒	①对 PX 项目鲜有报道；②简单报道政协委员与院士的提案；③网络中少有关于 PX 项目的信息	①项目知晓度较低；②对提案的报道使该项目进入公众视野；③网络未得到充分利用，诉求未得到重视	

第一阶段	策略选择	产生影响	互动关系
公众群体	①部分市民感受到酸臭气味,向环保部门反映未得到有效回应; ②专家、院士上书提案未得到有效回应	①空气污染未引起重视,民众不知 PX 项目; ②受害民众对正规渠道失去信心	公众群体—大众传媒: ①受害市民借助论坛等反映污染情况; ②网络未成为民众利益诉求的有效渠道。 公众群体—企业: 无。 企业—大众传媒: ①企业向媒体释放产值等信息自我宣传; ②媒体报道关于企业的正面信息
企业	①完成审批工作; ②加快项目建设	"程序合法"成为其博弈的主要武器	

资料来源:对厦门 PX 事件相关新闻报道的手工整理。

在事件发展的第二阶段,属地政府迫于压力宣布缓建 PX 项目,但屏蔽大众传媒的相关报道,向民众宣传 PX 项目的正面信息;大众传媒谨慎报道,但网络和短信成为民众获取信息、沟通交流和自我组织的平台;民众对政府封锁信息强烈不满,并最终在传媒的舆论引导和组织下选择"散步"游行的抗议方式;企业通过地方媒体宣传自身"竭力保护环境、善尽社会责任"的原则,并宣称项目"会加速建设"。该阶段中属地政府、公众群体、大众传媒与企业具体的策略选择、产生影响及互动关系,详见表 3 - 7。

表 3 - 7　　　　　　"公众参与与事件爆发"阶段中博弈
主体的策略选择及互动关系

第二阶段	策略选择	产生影响	互动关系
属地政府	①屏蔽短信、禁止媒体讨论; ②对 PX 项目进行完全、绝对的正面宣传; ③PX 项目由"强势推进"到缓建; ④宣布进行区域环评	①公众误解 PX 项目; ②项目暂停; ③对于缓建民众"不领情"; ④在一定程度上安抚了民心	属地政府—大众传媒: ①屏蔽网络及媒体相关报道; ②借地方媒体进行项目正面宣传,并通过短信告知市民项目缓建; ③媒体对缓建表示支持,同时发出了对听证会等更加民主形式的民意诉求

续表

第二阶段	策略选择	产生影响	互动关系
大众传媒	①媒体报道，言行谨慎； ②网络成为公民获取信息、自我组织"主阵地"； ③报道称项目并未停止	①权威信息渠道缺失，传闻失真公民被诱导； ②网络使事件快速传播，并成为游行发起平台	属地政府—公众群体： ①市民对政府掩盖PX项目信息表达极度不满； ②政府争取项目顺利进行，但考虑到在市民中的反应时作出缓建决定（被认为是"尊重民意"）。
公众群体	①对政府封锁PX项目信息表达强烈不满； ②通过短信相互传播； ③被网络上的各种声音误导、引诱； ④"散步"游行	①PX项目在公民中快速传播； ②对PX项目产生强烈的抵触情绪； ③情绪无释放渠道，诱发游行事件爆发	属地政府—企业： 无。 公众群体—大众传媒： ①民众借助短信和网络获取信息，并进行自我组织； ②网络上主流声音的缺失使公众受到误导和引诱。
企业	①宣称"会加速建设"； ②宣传"竭力保护环境、善尽社会责任"的原则； ③强硬否认民间关于PX危害性和风险性的说法	强硬态度引起公民强烈的反感和不信任	公众群体—企业： 强硬否认民间关于自身的相关观点。 企业—大众传媒： ①企业借助传媒争取平息传闻和冲突； ②媒体渲染企业的强硬态度

资料来源：对厦门PX事件相关新闻报道的手工整理。

　　在事件发展的第三阶段，属地政府采取了正式的沟通对话渠道、全面的项目信息介绍、公开环评报告以及市民座谈会等民主公开、公正透明的行政策略；大众传媒则对该项目相关信息进行了充分的挖掘，且出现了诸多理性反思的声音，并有大量的报道对政府的做法表示欢迎和支持；民众虽仍有部分质疑，但都对政府倾听民意的做法表示支持；企业则发布了面向市民的公开信，宣称PX项目程序合法、环保先进。该阶段中属地政府、企业、公众群体与大众传媒具体的策略选择、产生影响及互动关系，详见表3-8。

表 3 - 8　　　　　"行政调解与项目论证"阶段中博弈
主体的策略选择及互动关系

第三阶段	策略选择	产生影响	互动关系
属地政府	①开通对话渠道，征询公众意见； ②印发宣传册进行项目宣传； ③称将据环评结果进行决策； ④公布环评报告（简本）； ⑤视频直播座谈会代表产生过程；召开座谈会，采集意见	①公众对 PX 项目有了较为全面的了解； ②充分了解民意，公众情绪得到有效释放和宣解，得到公众一致好评	属地政府—大众传媒： ①传媒成为政府公开透明的平台； ②媒体对政府做了大量正面宣传。 属地政府—公众群体： ①政府向公众做了详细项目介绍； ②政府广泛采集并吸收民意； ③公众赞扬并支持政府行为。 属地政府—企业： 政府通过环评报告披露企业历年污染事实。 公众群体—大众传媒： ①网络等媒体成为公众理性反思、支持政府行为决策的平台； ②传媒引导公众理性认识 PX 项目。 公众群体—企业： ①企业因环评报告披露的历年污染事实，成为公众众矢之的； ②企业发出告市民公开信，未得到市民理解和支持。 企业—大众传媒： 媒体曝光企业项目的财务状况等其他信息
大众传媒	①曝光项目其他负面信息； ②出现理性反思的声音； ③对政府倾听民意的做法作出大量正面报道	①人们更加全面、理性地认识 PX 项目； ②对市政府进行了大量的正面宣传	
公众群体	①对项目有了全面、理性认识，对自我行为进行了反思； ②对政府倾听民意的做法表示赞赏，认为体现了政府决策尊重民意、尊重科学的精神； ③对政府开放沟通渠道、公开环评报告的做法表示欢迎； ④部分公众群体对环评报告效力不信任	①理性认识 PX 项目，利于做出正确选择； ②重塑政府权威和合法性，增强决策效力； ③人民产生了当家作主的主人翁精神	
企业	发出告厦门市民的公开信，对集团和项目进行全面表述，称 PX 项目合法合规、环保先进	仍未得到厦门市民的普遍理解和支持	

资料来源：对厦门 PX 事件相关新闻报道的手工整理。

在事件发展的第四阶段，政府做出项目迁址决策，并官方回应 PX 项目；传媒对事件发展进行了系统、客观的反思和总结，并普遍对政府的做法做出高度评价；公众对政府采纳民意的做法表示支持，且进一步增强了社会主体意识；企业则对政府决策无回应。该阶段中属地政府、企业、公众群体与大众传媒具体的策略选择、产生影响及互动关系，详见表3－9。

表3－9　　　　　　"项目决议与事件清理"阶段中博弈
主体的策略选择及互动关系

第四阶段	策略选择	产生影响	互动关系
属地政府	①做出项目迁址决定；②官方公开回应PX项目；③解读其具体决策过程	①公众对政府产生信任感；②增强决策公信力	属地政府—大众传媒：①通过媒体公开、具体解读决策过程；②媒体对政府进行了赞扬和宣传。 属地政府—公众群体：①政府向公众回应PX项目，解读行政决策过程和具体细节；②公众肯定政府行为，增强对政府的信任和支持。 属地政府—企业：无
大众传媒	①系统回顾、解读、反思事件的过程；②对属地政府进行赞扬，对做法经验进行总结	①事件在全国范围内扩散和传播；②政府行政模式得到广泛赞扬和宣传。	公众群体—大众传媒：媒体通过"年度人物"的方式对公众行为进行了颂扬。 公众群体—企业：无。 企业—大众传媒：无
公众群体	①高度肯定政府行为；②游行中被拘市民表示"为了厦门是值得的"	①公众增强自我存在感和主人翁意识；②政府公信力得到增强	
企业	无行为报道	—	

资料来源：对厦门PX事件相关新闻报道的手工整理。

（3）生态公共事件中的博弈主体演化机制。

多元主体不断变化的策略选择推动了生态公共事件的持续性发展，从而使政府、公众、企业与大众传媒参与下的博弈机制更多地呈现为一种"故事文本"，即基于时间序列的动态、流动过程。故事文本式的动态研究对象，打破了人们对于客观社会事实固态、静止、结构性的传统认知，也必然要求相适的研究策略和方法的调整。"事件—过程"分析方法就是基于动态故事文本的、从人们的社会行动所形成的事件与过程之中去把握现实的社会结构与社会过程。[1] 是故，基于"事件—过程"方法的博弈主体演化机制分析，是动态演示生态公共事件中的主体博弈过程、立体化展现各博弈主体策略选择与演化机制、在场式分析不同主体在不同情境下的行为特征的必要路径。

①属地政府。

在事件发展的不同阶段，政府在不同的外部情境下采取了不同的策略行为，相应产生了不同的影响。在第一阶段中，政府企业 GDP 带动效应吸引，而"讨好式"地为企业提供各种便利条件，这也成为企业对社会公众强硬态度的根源；政府出于执政惯习和项目的特殊性质，竭力向社会和媒体隐瞒甚至封锁相关信息。进入第二阶段，政府继续屏蔽消息，这不但引起民众极大反感，而且权威舆论的缺失，使急于了解真相的民众只得求助于网络、短信等，夸大事实甚至煽动性的舆论乘虚而入。在第三阶段，政府"科普式"的介绍使民众对 PX 有了客观认识，而公布环评报告（简本）、召开市民座谈会等举措，都在一定程度上改善了公众对政府的看法；同时，政府公布的环评报告中披露了企业历年的污染事实，这从根本上改变了企业对民众的强硬态度。进入第四阶段，政府根据环评结果与民意做出项目迁址决定，通过媒体详尽回顾了决策过程，来自公众的普遍赞扬和高度评价使其重塑公信力和权威；而大众传媒对于政府民主决策的宣传也在一定程度上提升了政府的自身形象（见图 3-7）。

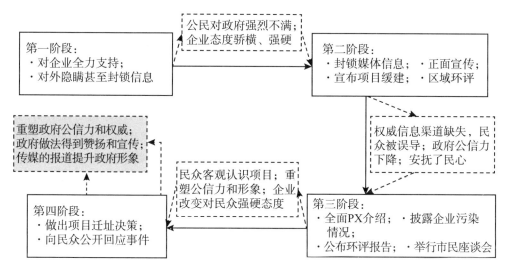

图 3-7 政府在生态公共事件中的博弈策略选择及演化机制

① 谢立中：《结构—制度分析，还是过程—事件分析？——从多元话语分析的视角看》，载于《中国农业大学学报》（社会科学版）2007 年第 4 期。

从事件发展中政府的策略选择及产生的影响可以看出，第一，在信息化时代来临和新兴大众传媒全面普及的时代背景下，"共景式敞视"的社会管理模式不仅使政府的信息封锁面临着权威与公信力丧失的风险，且各类信息充斥性覆盖，也强烈需要拥有特殊资源优势的政府作为信息权威和舆论引导的存在，这也是有效提高公众网络信息辨别能力、避免受蛊于诱导性舆论的根本途径。第二，政府的自利性①使政府常常不得不在顺应民意与招商项目之间做出取舍，即顺应民意则意味着放弃招商引资项目，而坚持项目建设则会遭到民众的反抗和抵制，使政府陷入了"零和博弈"②困境。破除"零和博弈"困境，根本在于控制政府自利性的扩张本质，将其限定于其存在合理性与客观性的范畴③，从而实现政府自利性与社会公利性的有机统一。

②公众群体。

在事件发展中，公众群体既是社会管理的重要主体力量，也是生态公共事件的首要客体因素，其行为策略直接影响社会管理的绩效。具体而言：在第一阶段，直接受害民众的污染反映受到政府的消极回应，而政委、院士联名提交的议案亦遭到否决，传统利益表达渠道的无效性引起了民众极大的不满。进入第二阶段，传统媒体的失位（被封杀）和权威信息源的噤声（广播、电视等被勒令禁止讨论），使得以短信、网络为代表的新兴传媒成为社会公众获取信息、沟通组织的主要平台；而由于网络舆论中缺少权威信息引导，片面甚至煽动性的舆论有了可乘之机；诸多要素综合作用下，"散步"游行爆发。在第三、四阶段，政府在一系列行政举措下（公布环评报告、召开市民座谈会、项目迁址决策），民众对项目有了全面客观的认识；另外，利益诉求表达和政府决策的参与，也使公众重新树立对于政府的信任和权威，同时其主体参与力量的发挥也极大地增强了在公共事务治理中的主体责任意识（见图3-8）。

故而，对于公众群体而言，第一，在事件发展的初期阶段中，对于政府信息封锁、利益表达受阻以及企业强硬态度，单个或"散沙"状态下的公众处于绝对弱势地位，群体性行为是这种绝对弱势地位的极端选择与无奈之举，公众组织的孕育和社会组织的发展是代表公众利益诉求、凝聚零散公众力量的必然路径，也

---

① 金太军等认为，政府的自利性是指政府除了具有管理公共事务的本质属性之外，还具有为自身组织生存和发展创造有利条件的属性（金太军、张劲松：《政府的自利性及其控制》，载于《江海学刊》2002年第2期）。本书中，政府的自利性具体体现为，在当前官员评价与晋升模式下，地方政府主政官员对于GDP的显性绩效的利益取向。这使得属地政府常常过分看重引入企业的GDP带动效应而忽视其生态破坏性，这就使政府的自利性与公利性产生了矛盾与冲突。

② "零和博弈"即无法共赢的博弈局面，本书中特指政府无法将招商引资项目与民意支持有机统一起来的尴尬局面。

③ 金太军、张劲松：《政府的自利性及其控制》，载于《江海学刊》2002年第2期。

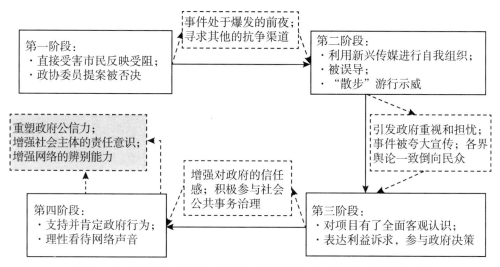

图 3 – 8　公民在生态公共事件中的博弈策略选择及演化机制

是有效预防群体性事件集中爆发的重要力量；第二，政府与公众之间健全、公正的沟通与互动渠道，是民众理性认识政府行政决策、政府了解民情民意、政府与民众之间形成良性互动机制的必要路径，也是充分释放民众情绪、有效避免群体性行为的必要举措。

③企业。

由于高污染的大型化工类企业产品并非直接面向社会公众，故而其直接利益相关者仅限于属地政府（行政审批、项目贷款、各类政府补贴，甚至影响其生存地位）。政府显著影响了企业的行为选择。在事件发展前期阶段，企业巨大的投资额和显著的 GDP 带动效应，诱使政府"讨好"式提供无条件支持，企业则以程序合法为武器，肆意宣传其"环保"原则，而公众与企业平等对话机制的缺失，使得民众不得不将对企业的强烈不满投射于政府。而随着事件的发展，随着政府在环评报告中披露企业污染事实及对民意的尊重，企业彻底失去了强硬态度和话语强势，发布致市民公开信是其挽回企业形象的无奈之举（见图 3 –9）。

故而，对于非直接面向消费者、属于政府大型招商引资项目的企业来说，政府的支持（突出表现为"程序合法"）成为其在生态事件中博弈的主要武器。该类企业往往具有高额的投资额以及巨大的 GDP 带动力量，在传统的政府考核机制下，成为地方政府竞相争取的目标，甚至不顾其潜在的生态破坏性。而这种对于地方政府的吸引力赋予了企业巨大的博弈优势，散沙状的民众群体无力、亦无相应渠道与之直接博弈。政府作为公众群体的代理者，理应在招商引资等公共事务中代表民意，对招商引资项目进行甄选，以实现人民利益的最大化。

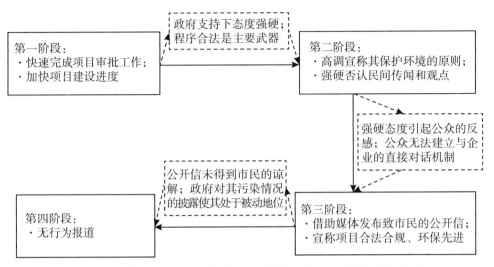

图3-9 企业在生态公共事件中的博弈策略选择及演化机制

④大众传媒。

在事件发展中，大众传媒既是主体博弈与互动的媒介，又是作为参与主体的能动力量。在第一阶段，由于民众倾向于通过直接的对话机制发出自己的利益诉求，而对于大众传媒的关注程度与使用广度较小；而进入第二阶段，民众对正规利益诉求渠道失去信心，以短信和网络为代表的大众传媒得到民众的高度重视和普遍使用，成为其获取信息、沟通交流、自我组织的重要平台，且政府权威信息的缺失与主流舆论引导的失位，使大众传媒成为各种声音"狂欢的广场"，其对于民众的影响达到顶峰；而在第三、四阶段中，政府以透明公开公正的姿态与民众进行对话交流时，虽大众传媒仍是公众发出声音的重要渠道，但公众重新对政府产生信任，并以制度化的渠道为利益表达与政治参与的主要路径，故而民众开始理性使用大众传媒并提高了自身的信息鉴别能力，使大众传媒成为民众有序政治参与的媒介和工具（见图3-10）。

故而，对于大众传媒而言，第一，以短信、网络为主要形式的虚拟空间，是公众获取信息、相互沟通交流、进行自我组织的重要平台，故而加强网络建设是培育公众社会的重要内容；第二，公众群体的信任程度、使用广度是决定其影响力的关键因素，在民众对传统利益诉求渠道充满信心、倾向于通过与政府直接规划与沟通的渠道反映问题时，大众传媒便难以发挥自身巨大的煽动甚至误导影响，故而政府主动的政务公开、畅通的对话渠道、有效的利益诉求机制，是消弭网络等大众传媒不良影响的有效路径。第三，包括网络在内的大众传媒，不但可以成为政府实现政务公开、体现公正透明的媒介，而且也能为政府带来巨大的宣传作用而改善其形象。

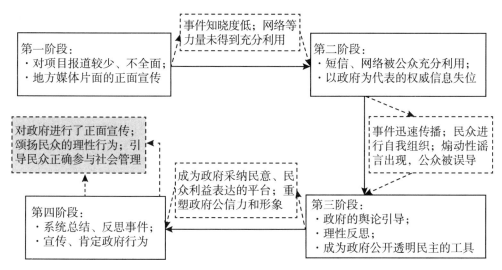

图 3 - 10　传媒在生态公共事件中的博弈策略选择及演化机制

第三节　创新社会治理体制与社会和谐
稳定长效机制的建构逻辑

　　既然我们从社会治理与社会稳定的复杂关系中，厘析出了"以社会治理体制创新，实现社会和谐稳定的长效机制建构"这样一条逻辑链条，那么如何基于社会秩序与稳定的既定视角，寻求社会治理体制的创新与完善，从而打通两者之间的实践因果关系，就成为下面研究的主要关注内容。在这里，我们找寻到了一个关键的联通要素——体制，抑或制度，从而使社会治理创新有所依据、有所标的、有所标准、有所针对，将社会治理与社会和谐稳定统一于体制创新与制度建构的系统性过程之中。

一、建构前提：不同现代性范式下的差异化机制

　　不可否认的是，社会治理体制创新或制度建构必须基于既定情境的特定规定性，这样才能使体制得以嵌入社会运行过程中并深耕于个体的行为日常。作为一个统括性的话语，现代性范式提供了情境分析的有效切入视角，从而能够成为我们建构社会治理体制、提供规定性路径的情境描述。

1. 从西方现代性超越到复杂现代性建构

　　西方话语中的现代性，在现代社会与现代文化的内在分化与冲突中走向了反

129

面，并在 20 世纪末期爆发全面危机：生态破坏、人口爆炸、战争与贫困等现代性问题层出不穷，信仰缺失等现代性危机擢发难数。在此背景下，反思甚至否定现代性渐趋成为一种潮流，人们甚至认为在发达工业文明时代，科学、理性、自由等更多地成了一种片面的问题描述，而不再是问题解决的方案，高度现代性所诱发的问题再不能靠进一步的现代化去解决，反而应以否定和解构现代性为条件；他们从哲学和认识论的视角出发，主张摒弃现代性所赖以存续的主体性、宏大叙事、本质主义、中心主义、权威主义、技术决定论和人类中心论等价值理念，而以非主体性、非原则性、异质性、多元性、参与性、不确定性等理念取而代之。这些理念被冠以"后现代性"的称谓，"意在表明对以认识论为基础，以及由人类物质进步中的信念的一种背离"①，并以此置自身于现代性之外来审视和指摘现代制度与现代性的合法性基础，以图实现对问题重重的现代性社会生活或组织模式的超越。事实上，颇为讽刺的是，这些以怀疑、解构甚至颠覆现代性为存续之基和思考逻辑的、杂乱无章的②后现代主义论，却难以掩盖自身所带有的现代性基因：它继现代性而来并孕育于现代性之中，作为"在现代性的觉醒中出现的一种理论视角"，它"只是一种专注于自我审视，并力图对其自身、所处现状及其所产生之影响进行评判的现代性精神"③。概言之，这是一种颇具后现代主义色彩却难以背离现代性本质的后现代性论调。④

那么，除却后现代性之外，同时"第二现代性""多元现代性""流动现代性"等理论话语同样在路径规定性方面令人失望的情况下，我们何以超越颂扬或拒斥现代性的非此即彼的线性思维，而建构起一种能够在批判中彰显出指向性价值的理论范式呢？

事实上，在那些站在道德制高点的极端后现代主义带着批判甚至颠覆的疾风骤雨呼啸而至时，一批科学家或科学思想家却正从现代科学内部对现代性进行反思：他们同后现代主义一样批判现代性的中心论、决定论等单线理性主义，而是主张要建立全新的思维范式——"复杂性"思维方式，以承受事物的随机、模

---

① Jean - Francois Lyotard. *The Post - Modern Condition*：*A Report on Knowledge.* Minneapolis：University of Minnesota Press，1985：79 - 82.

② ［美］戴维·法默尔：《公共行政的语言：官僚制、现代性和后现代性》，吴琼译，中国人民大学出版社 2005 年版，第 198 页。

③ Zygmunt Bauman. *Modernity and Ambivalence.* Cambridge：Polity Press，1991：272.

④ 鲍曼甚至认为，后现代性和现代性仍然存在着关联，可能一个完全纯粹的后现代性世界是不太可能的，"后现代性策略并不含有排斥现代性策略的意思；相反，如果没有对现代性策略的继承，后现代性策略也不可能被构划"。［英］齐格蒙·鲍曼：《立法者与阐释者——论现代性、后现代性与知识分子》，洪涛译，上海人民出版社 2000 年版，第 7 页。

糊、复杂与不确定性①，并力图以复杂性思维、复杂性方法和复杂性理论为危机四伏的现代科学"开药方"，从而克服现代科学的局限、困境与危机。事实上，应该看到的是，现代化并非诸多肯定性阐述或批判性质疑所惯以为的同质化、中心化和整体化的，诸如自由、独立、主体意识、平等、正义、博爱、民主、法治、科学、理性等现代性的理念、精神、意识、价值、机理、制度等文化性要素，不仅同各种所谓传统的或前现代的、非现代的要素之间形成相互冲突、相互矛盾，又相互纠缠、相互依存的错综复杂的关联，而且它们之间也相互呈现出复杂多样的、张力的和异质的关联。从这个意义上来说，现代性的复杂性就不仅是对其多维分析的、外在批判的需要，也是其内在的、本质的表现或欲求。

在复杂现代性中，一方面，日常生活中的人们对物质利益的追逐与自我实现的欲想同等真实而迫切，吉登斯所说的"解放政治"所致力于实现的理想目标尚未触及，"生活政治"所赖以成形的基本条件亦非完备；另一方面，复杂现代性承认个体与国家之统一与协调关系的可能性，然而吉登斯在以从"解放政治"到"生活政治"概括为现代政治生活的划分与演进时，资产阶级个体对国家的拒斥与防范贯穿始终且愈发突出。

2. 复杂现代性的多样性与社会治理体制的多元化

从较为一般的意义上来说，精神层面的现代性内容与现实层面的现代化过程，通常都会保持着一种内在的统一性和演进的一致性。② 正如有学者指出的，现代性作为现代工业文明的核心，规约着世界的现代化发展进程，从而深刻地影响了各个国家和民族由前工业文明向工业文明的历史变迁。③ 然而，中国的现代化进程却呈现出与西方截然不同的演进路径，我们认为，这一现象虽然不能否定西方现代化进程的可欲性与必然性，但至少包含着复杂现代性所彰显的多元性、变动性、多质态以及不确定等内在属性。

一般认为，中国真正意义上的现代化进程（最先以现代化意识的衍生为始端）是开始于鸦片战争之后，并与中国走向衰败、沦为半殖民地以及各种革命运动连绵不断的过程重叠在一起的。④ 从这里我们也可以看出，中国的现代化进程

---

① ［法］埃德加·莫兰：《方法：天然之天性》，吴泓渺、冯学俊译，北京大学出版社 2002 年版，第 9～10 页。

② 无论中西方学术界都倾向于将现代性界定为现代时期、现代状况，将现代化界定为实现现代性的一种过程。现代性是理念，是范畴；现代化则是过程，是方法论。可参见 Mike Featherstone. *Consumer Culture and Postmodernism*. London：Sage，1990：3－12；史明瑛：《现代性与现代化》，载于《读书》2009 年第 8 期。

③ 高飞乐、高远：《新现代性论纲——探索社会发展理论研究范式的一种中国话语》，载于《东南学术》2013 年第 2 期。

④ 罗荣渠：《现代化新论——世界与中国的现代化进程》，商务印书馆 2004 年版，第 256 页。

具有鲜明的开放性，而这样的开放性在很大程度上是迫于西方现代文明的冲击和改造，是在与西方现代文明的较量失败后启动的，这使得中国的现代化从一开始就显示了向西方学习的态势，甚至有学者直接明了地指出"中国的现代化过程实际上是学习西方、赶超西方的历史过程"[①]。这就使中国的现代化进程呈现出显著不同于西方的演进路径：西方更多的是一种内源性的现代化过程，以比较平稳的阶梯式推进为典型形态特征；中国则是一种内源性与外源性相互交织的现代化过程，难以控制的强大外来因素对内部现代化过程造成冲击与扭曲，同时盘根错节的传统力量引起现代化进程的反复或变形[②]，在两种截然不同却又息息相关的纷繁复杂的力量推动下，而呈现出一种极不稳定的波动螺旋的、反复无常的、前后不定的但又总体趋前的演进取向（见图 3 - 11）。

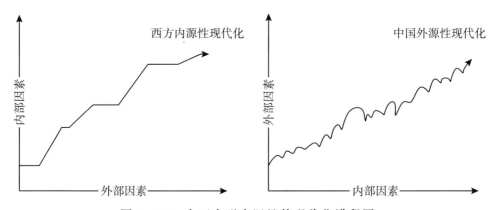

图 3 - 11　中西方形态迥异的现代化进程图

资料来源：罗荣渠：《现代化新论——世界与中国的现代化进程》，商务印书馆 2004 年版，第 256 页。

那么，中国的这种迥异于西方的现代化过程，会对现代性的内在衍生、发育、成长与外化带来什么样的影响呢？尽管正如吉登斯所言，现代性具有脱域的特性——现代性可以在西方以外的国家或地区实现[③]，但是域外现代化过程却非必然地衍生出同西方完全吻合的现代性内容与政治生活形态。从现代化与现代性的关系来看，现代化与现代性是同一过程的两个方面：现代化可以是多元的、分期的，而现代性则是与现代化相伴随的观念、理论、话语或主张；现代性可以

---

① 朱汉国：《中国现代化意识与实践的历史考察》，载于《北京师范大学学报》（人文社会科学版）2000 年第 5 期。

② 罗荣渠：《现代化新论——世界与中国的现代化进程》，商务印书馆 2004 年版，第 256 页。

③ 吉登斯指出，"脱域机制，通过将社会关系从它们所处的特殊的地域'情境'中提取出来，使得这种时空延伸成为可能"。［英］安东尼·吉登斯：《现代性的后果》，田禾译，译林出版社 2011 年版，第 47 页。

先于现代化而存在并指导现代化的实践开展，也可以在现代化的过程中逐渐形成并成为现代化成果的一部分。

那么为何西方学者常常否定非西方国家现代性的合理性与可欲性，而非西方学者又常常对其身边的现代性之可能性产生质疑呢？从根本上来说，这是因为这些学者大都将现代性理解为"启蒙运动开启的近代西方社会现代化的基本原则，即以个人主义和理性主义为中心的处于主流地位的现代西方文化观念"①。然而把现代性只作为西方的文化观念也缩小了现代性的普遍化价值和规范性意义②，事实上，正如有学者指出的那样，不可否认现代性"发轫于西方"，但随着全球化进程的加快，"它已跨越民族国家界限而成为一种世界现象"，作为历史概念的现代性标志的是"一个时期的当前性或现在性"；作为社会学概念，它与现代化的内容"密不可分"；另还有文化和美学概念、心理学概念等。由于不能囿于某一学科定义，所以现代性是一个"开放概念"。③ 正是基于这种开放性，我们在前文中提出了"复杂现代性"的解释话语，用于阐解中国现代性及其政治生活形态的复杂性、多样性、共时态等特征。

至此，我们对中国独特的现代化进程及其孕发的复杂现代性进行了系统的阐述，我们进一步是要说明，在这样的现代性情境中所逐渐形成的政治生活形态，显然无法用吉登斯的"生活政治"话语范式所描绘和概括，因为无论是对"解放政治"与"生活政治"的二元划分还是两者从前到后的演进逻辑，吉登斯都是基于"晚期"（或称为"极盛"）现代性或"后传统"社会这一前提的。然而，在诸如中国这样将历时性、阶段性的现代化发展与现代性演进过程，以共时性、混杂性状态内在混合并呈现出来的后发国家中，形成的是一个大量乡村经济、现代大工业以及诸如绿色主义等某些后现代因素互相渗透、互嵌互塑，传统性、现代性与后现代性奇异结合的异质性社会④，"解放政治"所致力于实现的打破过去的枷锁、克服某些个人或群体支配另一些个人或群体的非合法性统治的目标尚未实现，人类生活的平等机会与行动的自主权仍然受到诸多影响与阻滞，然而此时"生活政治"所欲想的自我实现、自我认同、自主选择以及自由建构等充满后现代色彩的权利与主张却又鲜明而迫切，两种政治生活形态，伴随着中国政治过程的社会化扩散与公共性的社会化生长，相伴相生于现代中国政治生活之中。此时，吉登斯对政治生活所做的"解放"与"生活"的二元划分及其演进

① 周穗明等：《现代化：历史、理论与反思》，中国广播电视出版社2002年版，第166页。
② 汪伊举：《现代化与现代性——历史·理论·关系》，载于《学海》2006年第5期。
③ 周宽、许钧：《现代性研究译丛总序》，引自《时间的政治》，商务印书馆2004年版，第124页。
④ 黄建洪：《复杂现代性视域中的国家治理模式转型——基于中国城镇化战略的分析》，载于《社会科学》2014年第6期。

逻辑就失去了适用的情境、条件以及必要性。

二、建构取向：社会稳定机制建构的制度化取向

以社会治理体制创新建构社会和谐稳定长效机制，就是力图以理性制度克服生活政治之价值混杂性、结构失调性、功能失序性与行为权宜性，而社会稳定机制建构的制度化取向，则具体体现在以下四个方面。

首先，需要一套体系化和高效性的正式"制度丛"，它既不同于权宜性的松散状分布的日常生活过程以及碎片化的弹性化诠释的规则、惯例、传统等非正式制度，又不同于象征着政治权力或意识形态的政治符号以及用以区别民族特性、地域分界的政治仪式。它的不同部分之间（纵向与横向的不同架构、法律与结构的不同形式等）是互相联系、相互支撑的，因而是有机的、系统的；它由从"'个人的习惯（usage）'、'群体下习俗（custom）'到'习俗中硬化出来的惯例规则（conventions）'再到'制度（formal rules，regulations，law，charters，constitution，…）'"① 的过程中生发，但却无时无刻不在对非正式制度和日常生活进行着型塑和规引②，因而又是有效的、建构的。制度的体系化和高效性既是基础，又是保障，同时也是"制度生活"政治形态建构的目标所在。

其次，制度又需要与生活领域呈现出一定程度的契合性。虽然制度与生活具有截然不同的形态呈现与运作逻辑，但制度绝非钢板一块，也不是冷冰冰的、毫无灵魂的标尺与刀枪，正如韦森所说，"当个人的习惯、群体的习俗和作为非正式约束的惯例经过一个动态的逻辑发展过程变为制度时，制度本身显现为一种正式的规则和正式的约束，但这绝非意味着习惯、习俗和惯例一旦进入制度之中就失去了其作为一种秩序（包括博弈均衡）、一种事态、一种情形、一种状态以及一种非正式约束的自身。相反，它们均潜含于作为正式规则和规则体系而显在的制度之中，与外显的规则同构在一起"③。这里所说的正式制度或结构安排中与生活领域相契合的部分，亦即是作为"特定政治哲学之精神表达"和"民族精神文化之集中体现"的"制度精神"，它"是人与制度、民族与国家互动的结果，凝聚着组成一定政治共同体的人们对国家和制度最本质的诉求"④。只有决

---

① 韦森：《博弈论制度分析史上的第一块里程碑——肖特〈社会制度的经济理论〉中译本序》，引自〔美〕安德鲁·肖特：《社会制度的经济理论》，上海财经大学出版社 2004 年版，第 13～14 页。

② 正如肖瑛所说，"正式制度一经发布和实践就能重塑生活"。参见肖瑛：《从"国家与社会"到"制度与生活"：中国社会变迁研究的视角转换》，载于《中国社会科学》2014 年第 9 期。

③ 韦森，《经济学与哲学：制度分析的哲学基础》，上海人民出版社 2005 年版，第 59～62 页。

④ 林尚立：《制度与发展：中国制度自信的政治逻辑》，载于《中共中央党校学报》2016 年第 2 期。

定着制度选择与制度形式的制度精神实现了与生活领域的契合，制度才能引导民情的现代性转变，自然而然地替代习惯法、非正式运作的空间。①

再次，在制度与社会生活的互动过程中，既要确保制度对社会生活领域的需求和对民情变动有充分恰当的甄别，又要强调作为"遵循行为常规的意向性"对制度形成和变革的必要性②，从而为制度与社会的变革创造条件和空间。制度的主观特征（观念结构、文化属性）是理解制度的关键。"社会制度研究中重要的不是'外生冲击'，而是人类在面对相近的'外生冲击'时所产生的不同反应及其应对措施。"③ 正是从这个意义上来说，社会制度研究应从制度的效率（交易费用）分析转向制度的适应性（fitness）分析。制度的适应性，简言之是通过意向性表达的，人类意识同外在世界的对象或事态之间的相适程度，即个人实施遵守或违反制度行为的意愿程度以及由此产生的结果。现实中的制度往往处于变动过程之中，亦即适应性高的制度会出现持续的自我增强过程，而适应性低的制度则可能自我坍塌。当然，需要特别指出的是，现代社会变革的理想顺序却是依次从作为最后一项论述的制度与生活互动过程，到第二点制度呈现出与生活领域的契合性，并最终实现体系化和高效性的正式"制度丛"的建构的。正如肖瑛所说，"当后两方面的努力实现时，第一点（即制度的建构）也就水到渠成了"④。因此建构制度生活的政治形态，其根本在于日常生活的变迁与运作逻辑。我们不是要以某种建构的制度规约生活，而是通过对生活的观察、分析以及升华，分析出生活的一般的规律和常态化的秩序特征，以此作为政治系统调适的依据和指向。

最后，在理论范式建构上，作为一种综合（更是超越）了旧制度主义与行为主义、理性选择理论的新制度主义话语，强调从理论来源、意识形态、政治对象、政治过程以及方法论五个方面进行系统性论证。第一，在意识形态上，认为旧制度主义与行为主义或理性选择理论在价值与事实的偏向上分别走上了两个极端：旧制度主义具有强烈的规范因素，把对（自己定义的）"好政府"的关注与对政治的描述性评论联系在一起；而行为主义与理性选择理论则认为应谨慎和严格界定（甚至不存在）"规范"，为此应将价值与事实分离，就算不全部也至少

---

① ④ 肖瑛：《从"国家与社会"到"制度与生活"：中国社会变迁研究的视角转换》，载于《中国社会科学》2014年第9期。

② 有学者认为，制度最重要的特征在于，制度作为人类社会特有的现象，制度依赖于个人行为，而人的行为不同于机械运动或是动物行为的关键就在于其是有意识的行为。因此制度的本质是人自身，制度是人类心灵所创造的实在。参见方钦：《制度：一种基于社会科学分析框架的表诠》，载于《学术月刊》2016年第2期。

③ 方钦：《制度：一种基于社会科学分析框架的表诠》，载于《学术月刊》2016年第2期。

要首先关注事实。① 第二，在政治对象上，认为微观个体与宏观政治相互影响、互相型构，而制度是使这种互动关系得以实现的必要中介；制度既能综合、重塑个体偏好，又能体现、建构政治系统，从而能够促进政治生活的制度化塑造和政治制度因政治生活变迁的相适变迁。第三，在政治过程上，将政治生活看作一个由输入、转换、输出、反馈构成的系统，强调制度与社会的双向因果关系，认为输入决定制度变革，而制度输出塑造政治生活。例如对国家干涉的早期选择塑造了美国资本主义，也反过来塑造了政府自身的性质。② 第四，在方法论上，是一种以制度前因与行为分析为核心的分析范式，将制度作用分析与个体行为分析结合起来，根据实际需要而不是研究规范选择具体研究方法。

三、建构路径：从聚焦于制度自身到制度体系的系统建构

当然，应该看到，制度内在的自反性问题，又会为社会治理体制创新和社会和谐稳定长效机制建构设置障碍，因而必须寻求优化路径予以克服。通常来说，对于制度优化的路径选择，一般的逻辑进路即是围绕制度中心的再制度化，从权威注入、条文准确、执行规范、过程监督等一系列自身结构调整的角度推演。在笔者看来，这种逻辑虽具有一定的合理性，但仅聚焦于制度自身，却显得视野偏于狭隘，将制度研究置于一个相对孤立的研究境地。况且，制度本身存在的诸多自反性因素，使得用不完美的制度去规范不健全的其他制度，虽然所得到的结果也许能对部分缺陷进行修补，但极有可能产生新的缺陷，甚至造成原有缺陷的进一步加剧。因此，走出体制创新困境的制度优化选择，理应跳出"以制度说制度"的逻辑怪圈，从外部系统予以考量。具体来说，制度建构是一个复杂的系统工程，需要理念引导、经济激励、政治认同和非正式制度匹配四个要素所构成的支撑体系。③

1. 理念引导：培育公共理性

在社会生活向后现代转型的过程中，社会治理不仅是功利主义的嬗变，更体

---

① 例如，当威尔逊受到人们的批评，说他希望从德意志帝国官僚制中学习如何更好地管理国家并将那些理念转化为美国所用时，他争辩道，如果一个人"看到一个杀人犯在聪明地把刀磨得锋利"，他可以从中学习如何磨刀子而不必接受磨刀人的邪恶意图。因此，照此观点，效率是政府追求的核心价值目标，这个目标可以通过比较分析而获得。参见 Woodrow Wilson. The Study of Administration. *Political Science Quarterly*，1887，2：207 – 222.

② K. Orren，S. Skowronek. The Study of American Political Development. In I. Katznelson，H. Milner (Eds.). *Political Science：State of the Discipline*. NY：Norton，2002.

③ 参见金太军、鹿斌：《制度建构：走出集体行动困境的反思》，载于《南京师大学报》（社会科学版）2016 年第 2 期。

现为公共性理念和公共理性价值的扩展。个人理性是造成多元化与协同性治理困境的诱致性因素，需要适度克服个人理性，与其相对的，当然需要通过培育社会治理主体的公共理性予以消除。而社会治理与协同治理理论提出了另一个观点：克服个人理性需要一种选择性的激励或是自组织的制度建构，而在社会治理体制创新中，个人理性是关键性因素。显然，这是一种制度建构的路径。这两种观点是否是矛盾的或是存在某种联系？笔者认为，制度是公共理性的文本规定，是共识和一致同意的规范说明，制度建构过程中所强调的参与、信任、互动，更是公共理性价值的具体表现，而公共理性是制度的价值引导和抽象形态。

因此，制度与公共理性是相辅相成的，制度是公共性的实践载体和保障，公共性是制度追求的核心价值与取向。从这种关系出发，公共理性应当成为制度建构的前置性条件。刚性是一个与制度属性相关的概念，而公共理性才是一个制度运转规范的价值理念。在一般性的制度建构逻辑中，将制度规范的焦点集中于条文、结构、权力的秩序性调整，这体现了一种功利主义和自由主义对政治学主题的统治。面对制度自反性所造成的失败，突破传统思维束缚而从反思公共性缺失的维度进行思考似乎可以开辟一条新路。制度建构在解决社会治理困境中的失效关键在于"它逐渐丧失了公共行政中的公共性"①。可以说，脱离公共理性而进行的制度建构叙事，其合理性是不充分的。就目前来看，在制度建构中培育公共理性应当从三个方面入手：一是塑造积极的多元参与主体，合理分配权能、尊重独立人格、允许个性张扬；二是发展相互依存关系，将"矮化"了的个人嵌入互动结构，利用集体的有效性带动个体的积极性；三是拓展参与渠道，为行动者时时参与、无障碍参与创造条件。若能做到这三点，就有利于恢复制度建构中对"公共的善"这个政治学主题的关怀。以此来克服制度自反性、走出社会治理体制创新困境应当是一种有效的方式，在其中不仅是一种理念上的回归，也是将公共理性作为一种能力得到加强，这就意味着能在社会治理中塑造一个深厚的、持久的友好和信任的环境。

2. 经济激励：促进利益扩展

毫无疑问，制度建构是政治领域的范畴，但在"经济基础决定上层建筑"经典论断的指引下，似乎任何关于政治主题的叙事都无法脱离经济因素而独立存续。社会治理虽是涉及公共治理场域中的行为选择问题，但从根本上来说，以利益为核心的经济激励深刻地影响着其中的制度建构。正如前文在制度自反性分析中所提到的，个人理性对自我利益的追求易于造成制度的扭曲或失败，其解决之

---

① ［美］乔治·弗雷德里克森：《公共行政的精神》，张成福译，中国人民大学出版社 2003 年版，第40 页。

道固然需要限制个人理性，但从更为根本性的角度来看，持续增强经济激励，促进利益扩展应是有效手段。因为"人们从来都不是按纯粹理性的教导采取行动"①，个人对于经济利益的追求也并非所谓的无限膨胀，而是存在着一个"倒U曲线"的模型，即当个人利益满足到一定程度时，利他的行为就会出现。在实践中，证明此观点的例子俯拾即是，如对中国而言，虽然作为一个"发展型国家"，但在今天当我们自身发展取得了一定的成就之后，就趋向于带动其他发展中国家共同发展，甚至也给予深陷金融危机的发达国家予以力所能及的帮助。当然，相反的例子则是在2008年金融危机时，以美国为首的西方国家在陷入经济衰退的泥潭中，首要的应对之策不是寻求全球合作，而是构筑本国的贸易壁垒，限制进口。在经济秩序溃散的全球经济形势下，全球治理、共同规则常施之极难；在经济基础脆弱的社会治理过程中，良序善治、共建共享也无从谈起。在现代化转型和发展中，国家选择经济激励作为有效途径，提高民众对国家的信心，使得国家的理念、行为和形态具现化于民众的认知并内化于其国家认同。

可见，制度建构的经济激励应当是这样的逻辑：经济发展为个人利益的扩展创造了条件，而当个人利益得到一定程度的满足，就会基于非理性的因素而产生利他的行为。此时，个人对制度的态度将会是自觉遵守而非百般钻营。基于这个逻辑的思考，在社会治理中，通过经济激励的增强，推动制度功能的诸种机制实现目标的效度，使各个行动者能够接受他们通过合作吸收进的成果和承担转化投资的既得风险，进而将这些制度加以内化，由此成为他们合作互动和服从交易的规范要求，以促使他们存在向其他行动者妥协和让步的意愿。应当承认，经济激励的程度将会增强群体的整合程度，而无须一种规则机制的正式化的相应加强。简而言之，经济激励越大，社会治理的可能性也就越大。

3. 政治认同：参与与认可

在社会治理中，行动者的行为往往表现出了双向矛盾的特征。在很大程度上，既有诸种对制度的逃避的尝试构成（试图歪曲制度抑或绕开制度），又有对制度的遵守的努力构成（作为一种对自己的保护和实现利益的方式）。这就产生了认同与不认同两种结果，而这却与制度好坏并无多大关系。至于为何产生不同的认同结果，一种观点认为，"认同是一种原生的、道德的或者非理性的力量……这一命题可以表述为：出于某种原因，个体的认同都是被设定了的"②。这就是种族冲突难以消除的原因所在。但这种"原生论"显然无法解释我国民族团结的现象，而且在理解规模更小、没有根本性差异的社会治理中也显得十分乏

---

① ［法］古斯塔夫·勒庞：《乌合之众：大众心理研究》，冯克利译，中央编译出版社2004年版，第8页。

② ［美］拉塞尔·哈丁：《群体冲突的逻辑》，刘春荣等译，上海人民出版社2013年版，第21~22页。

力。如此一来，"原生"一词便不攻自破了。

倘若对制度的认同的确在社会治理过程中发展出来，而且影响着制度的成败，那么行动者参与和高层认可就应当发挥很重要的作用。就行动者参与而言，这是与民主理念的不谋而合。科恩认为："民主是一种社会管理体制，在该体制中社会成员能直接或间接地参与或可以影响全体成员的决策。"① 社会治理作为一种多元主体共同构成的治理框架，其天然地具有参与属性。而且这种参与同传统治理模式中由上至下的"赋权型"参与不同，社会治理的参与行为是在行动者地位平等基础上的自由、公平参与，更能体现公共的善和正义的追求。以这种参与而形成的制度建构，存在着大量的合作、宽容、公共、公意要素，因而行动者在潜移默化中接受、认同该政治过程，遵守共同制定和实施的制度，而且还不仅仅是因为若不遵守就会受到惩处，而是因为他们确信遵守是应该的②，也是有利的。同时，通过这种参与行为也有利于培养出积极的、具有公德的多元主体。而"对一个秩序优良的公众社会来说，公众参与的认同的存在同样是至关重要的。若无最低限度的公众认同，公众社会的机构或制度就不可能运作"③。

高层的认同是与我国特殊的政治生态环境相适应的。社会治理中的制度建构，仅仅获取行动者自身的认同还只是乏力认可的第一步，在公共治理的层级结构中，政治认同需要上升到国家的层面，即必须进入地方政府甚至是中央政府的视野，这样才能具有从上至下、从局部到整体的实际的政治意义。在通常情况下，由于地方政府的参与，社会治理居于地方层面的活动居多，这就意味着依托权力结构的制度刚性或是规范性效果较为有限，因而对行动者的约束力大打折扣。因此，社会治理中的制度建构需要想尽办法获得高层的认可，这不仅是一种策略性选择，也是对制度合理性甚至合法性的保障。总之，行动者参与和高层认可构成了政治认同的双重维度，对于提升制度约束力，达到自我优化的目的具有重要意义。

4. 非正式制度匹配：获得柔性力量

制度就是正式制度和非正式制度的集合。作为一种柔性的力量，非正式制度是与正式制度的刚性相匹配的，对作用对象形成刚柔相济的规定。非正式制度植根于人的非理性因素当中，在复杂的社会关系网络中，"由情感、意识、习俗等

---

① ［美］科恩：《论民主》，聂崇信、朱秀贤译，商务印书馆1994年版，第11页。

② ［美］加布里埃尔·A. 阿尔蒙德、小G. 宾厄姆·鲍威尔：《比较政治学：体系、过程和政策》，曹沛霖等译，上海译文出版社1987年版，第35～36页。

③ ［英］J. C. 亚历山大：《国家与市民社会——一种社会理论的研究路径》，邓正来译，中央编译出版社2002年版，第87页。

因素汇聚而成"①。"就本质而言，社会凝聚来源于共同的信仰和感情。"② 这恰恰证明了非正式制度在社会治理中的作用和价值。在社会治理中，正式制度的作用只是冰山一角，仅仅是可以见到的部分。在规范社会治理的整个过程或是解决困境的时候，是通过正式制度和非正式制度的共同作用来完成的。而非正式制度在其中的作用"是一种非正式约束力量，具有自我执行能力，在共享规范性观念的群体中，可以产生'不言而喻的默契'"③。

需要注意的是，正式制度与非正式制度并非始终密切配合的，也存在着相互冲突的风险。一是当非正式制度与正式制度的规定不相符时，行动者选择前者的可能性很大。如当法律与习俗相矛盾时，作为"社会人"的个体，基于复杂的人际关系和传统压力，违背法律，尊崇习俗并非罕见。二是当正式制度规范性不够，存在部分缺陷时，非正式制度往往会提供制度外的选择，这在一定程度上存在很大的破坏性。三是即使是在制度完善的条件下，非正式制度也会造成行动者行为偏离，如犯罪团伙的集体性示范。可见，非正式制度也存在较大的缺陷。究其原因，主要是来源于非正式制度的明显激励，而且这种激励往往高于正式制度。以传统习俗为例，一种习俗显然不只是一条条规范，而是具有深厚的文化印记和关系网络。行动者对这种习俗的违背，可以说是对传统文化的背叛和对特定关系网络的脱离。这种强大的惩罚性激励迫使每个人必须做出慎重的选择。不管怎样，非正式制度和正式制度共同构成了制度建构的共同规则，前者为后者提供了一种柔性的支撑力量，为行动者寻求有利的结果创造了另一个有效路径。

---

① 杨嵘均：《论正式制度和非正式制度在乡村治理中的互动关系》，载于《江海学刊》2014 年第 1 期。

② ［法］埃米尔·涂尔干：《社会分工论》，渠东译，生活·读书·新知三联书店 2000 年版，第 234 页。

③ ［美］托马斯·谢林：《冲突的战略》，郑志刚等译，华夏出版社 2006 年版，第 73 页。

第四章

社会治理体制创新与社会和谐
稳定长效机制的系统建构

在第三章对社会治理与社会稳定之关联关系的分析中，我们提出：建构社会和谐稳定长效机制，需要不断深化推进社会治理创新；进一步地，社会治理创新，则需要基于中国独特的复杂现代性范式，力图以理性制度克服转型社会的价值混杂性、结构失调性、功能失序性与行为权宜性，实现社会稳定机制建构的制度化取向。然而，社会治理体制是一个统括了政治、经济、社会、文化等多元要素的系统结构，任一方面的单兵冒进，不仅无法形成整合性的治理成效，甚而会导致社会治理网络的功能瘫痪，进一步诱发新的社会稳定问题。作为一种全局把握、全面分析的视角，政治系统理论为我们提供了一个可行的问题分析与解答方案。依循这一理论要求，在本章中，我们将社会治理体制视为一个系统——由各个主体、权力、机构等治理要素分化形成的多元社会治理关系，这些处于一定情境条件下受环境影响并对环境产生响应的、开放而动态变化的多元治理关系，作为一个整体共同构成社会治理体制系统。在此基础上，一方面，我们从输入、转换与输出这三个阶段或方面，分别探索社会治理体制的创新路径；另一方面，我们聚焦于边缘社区、网络社区、社会组织以及协同治理机制等重点场域，以图以此为切入，寻求社会治理体制的全面创新与社会和谐稳定长效机制的系统建构。

第一节 政治系统理论及其方法论

一、政治系统概论：内涵及其理论

作为一个概念的"政治系统"最先在伊斯顿那里得到明确阐述，他主张将政治生活的结构看成是一个由个人、集团或若干机构组成并相互作用的、既有层次分工又有完整体系的有机整体，即政治系统，而如何"设法在稳定和变化的世界上持续下去"这一问题，使得我们对作为一个行为系统的政治生活所作的严密分析具有关联性和目的性。

伊斯顿进一步从四个方面论述了政治系统的概念体系：第一，从政治系统的形成来看，"一个社会中的政治互动构成了一个行为系统"，而正是政治生活的系统性分析视角，为整个分析模式提供了一个极其重要的出发点；第二，政治系统并不是存在于真空之中的，而必须把它看作"处于自然的、生物的、社会的和心里的环境包围之中"，如果我们忽视这一情境问题，就不可能为分析政治系统在稳定的或变化的世界上如何设法持续下去的问题奠定基础；第三，政治系统是一个开放的系统，亦即处于来自其他系统的影响之下的，而正是从那些系统中产生了一连串的事件和影响，进而成了系统成员的活动条件，因此必须对环境进行鉴别；第四，政治系统必须要对干扰做出反应，从而能够适应它们身处其中的那些条件，而正是在这一过程中，政治系统积累形成了借以对付其环境的大量机制，运用这些机制，它就可以调节自己的行为，改变自己的内部结构，甚至重新确立自己的基本目标。[1]

在伊斯顿的基础上，国内外学者都曾对政治系统的概念有过不同的表述。例如严强指出，政治系统指的是历史上和现实中出现的、在一定的环境条件下存在和运行着的、各种内部要素形成一定的结构与功能的、处在持续变化之中的、由政治行动主体设计并创建的开放性整体。[2] 而达尔则认为政治系统理论将社会看作具有一定结构的整体系统，由各个子系统和具体部分以一定的方式组成，每个子系统和部分都对社会整体发挥着必要的功能，这些功能的发挥使

---

[1] ［美］戴维·伊斯顿：《政治生活的系统分析》，王浦劬译，人民出版社 2012 年版，第 17～18 页。
[2] 严强等：《宏观政治学》，南京大学出版社 2008 年版，第 51 页。

得社会整体得以存续。达尔指出，政治系统是政治关系的一套模式……可以把政治体系定义为任何在重大程度上设计控制、影响力、权力或权威的人类关系和持续模式。[①]

在一般系统论中，系统通常被视为由若干要素以一定结构形式联结构成的具有某种功能的有机整体。系统论认为，所有系统都具有整体性、关联性、等级结构性、动态平衡性、时序性等基本特征。在这些特征中，系统论特别注重整体性这一特征，并将系统的整体观念作为系统论的核心思想。贝塔朗菲认为，任何系统都是一个有机的整体，它不是各个部分的机械组合或简单相加，系统的整体功能是各要素在孤立状态下所没有的性质；同时，系统中各个要素不是孤立存在的，每个要素在系统中都处于一定的位置上，起着特定的作用。[②] 要素之间相互关联，构成了一个不可分割的整体。系统论作为研究系统的一般模式、结构和规律的学问，有时被称为系统方法，这在一定程度上佐证了该理论具有显著的方法论属性。从方法论角度看，系统论强调把研究对象当作一个系统，探讨系统的结构和功能，分析系统、要素、环境三者之间的相互关系及变动规律。系统论依据不同的标准划分了系统的类型；根据学科领域的不同，系统分为自然系统、社会系统和思维系统；根据人类干预的情况，系统分为自然系统和人工系统；根据系统的范围，分为宏观系统和微观系统；根据系统与环境的关系，分为开放系统、封闭系统、孤立系统；根据系统的状态，分为平衡系统、非平衡系统、近平衡系统和远平衡系统。

概而言之，我们将社会治理体制视为一个系统——由各个主体、权力、机构等治理要素分化形成的多元社会治理关系，这些处于一定情境条件下受环境影响并对环境产生响应的、开放而动态变化的多元治理关系，作为一个整体共同构成社会治理体制系统。

二、系统分析法：演变及其应用

如果我们将政治生活视为在一定相互关系中与环境保持互动的各个元素与机构的有机体——政治系统，我们就采用了系统分析的研究方法。

从理论源始来看，系统分析法是在克服还原论的基础上发展起来的。还原论主张将研究对象不断简单化、层层剥离外部影响，以求对其最原始状态进行

---

① ［美］罗伯特·达尔：《现代政治分析》，王沪宁、陈峰译，上海译文出版社 1987 年版，第 15 ~ 28 页。

② 转引自霍绍周：《系统论》（第 1 版），科学技术文献出版社 1988 年版，第 19 ~ 24 页。

分析。然而随着系统在与环境的互动过程中、子系统之间的交互影响中不断生发出新的性质和功能，使还原论越发失去了其分析效能和适用情境。系统分析法则强调要把整体论和还原论、局部分析与整体描述、确定性与不确定性描述、定性与定量刻画相结合①，对系统相关诸要素进行综合分析，找出解决问题的可行方案的方法，从系统的着眼点或角度去考察和研究整个客观世界，为人类认识和改造世界提供科学的理论和方法②。它的产生和发展标志着人类的科学思维由主要以"实物为中心"逐渐过渡到以"系统为中心"，是科学思维的一个划时代突破。③

最早将这一观点或思维理论化的是贝塔朗菲，他在 1937 年提出了一般系统论原理，奠定了这门科学的理论基础。他强调，任何系统都是一个有机的整体，它不是各个部分的机械组合或简单相加，系统的功能是各要素在孤立状态下所没有的性质。④ 系统论的主要观点有：第一，整体性观点。一个系统必须是两个以上的要素组成的整体，且是各要素的有机统一体，即"系统与要素之间存在着一种'非加和'、'非还原'的关系"⑤。整体性的观点是系统论中的一个最基本的观点。第二，结构性观点。系统的结构是指系统内部各个要素相互联系、相互作用的方式或秩序，系统的结构直接影响与决定着系统的功能。第三，层次性观点。系统由一定的要素组成，这些要素是由更小一层要素组成的子系统；同时系统本身又是更大系统的组成要素。第四，动态性观点。现实中的系统都有生命周期，都有一个从孕育、产生、发展到衰退、消亡的过程。动态性观点要求我们要以发展变化的眼光来研究问题，研究它的历史、现状和发展趋势以及变化规律。⑥

伊斯顿最先将系统分析法应用于政治生活的分析中。他认为，传统的均衡分析（equilibrium analysis）忽略了系统对付其环境影响的可变能力，事实上这种完全自觉的、至为完善的分析方法具有极为狭窄的适用范围。而系统分析方法则更加广泛、更加有包容性而且更加灵活可变。这种系统分析将政治生活看作是由一些互动所组成，一个政治系统通过这些互动为一个社会权威性地分配价值，这就是政治系统与它所处的环境中的其他系统的不同之处。而这些环境可以分为社会内部和社会外部两个部分。前者是由与政治系统处于同一社会中的那些系统所组

---

① ③　王大辉：《在复杂中寻找简单的科学：系统科学》，载于《科学中国人》2001 年第 6 期。

②　梁玉兰：《我国公共行政系统分析法：可能性、必要性及局限性分析——基于对戴维·伊斯顿〈政治生活的系统分析〉的理解》，载于《理论月刊》2011 年第 11 期。

④　转引自霍绍周：《系统论》（第 1 版），科学技术文献出版社 1988 年版，第 19～24 页。

⑤　转引自霍绍周：《系统论》（第 1 版），科学技术文献出版社 1988 年版，第 15～17 页。

⑥　郭静安、廉如鉴：《系统论视阈下的社会保障制度及其构建》，载于《系统科学学报》2013 年第 2 期。

成的，包括经济、文化、社会结构或人的个性这样的各种行为、态度和观念；而社会外部则包括那些所有处于某种本身意外的系统结构，如国际政治系统等。这些来自外部总体环境的影响会对系统形成"干扰"甚至是"压力"，伊斯顿则将与环境中个人的行为相关的影响，或来自环境中其他条件的影响，看成是穿越政治系统边界的"交换"或"交互"作用。[①]

那么，这些交换或交互作用是如何实现的？这里就进入了伊斯顿的政治系统分析方法中最为精彩的部分：他将穿越了一个系统边界、朝着某个其他系统传送的影响看作第一系统的输出，而把外部对系统产生的影响看作输入——系统间的交换或交互作用，就被看作系统之间以输入输出关系的形式出现的一种联系。作为一项概要性变量（summary variable）的输入，是以"需求"和"支持"两种形式加以输送、反映、集中并用来对政治生活施加影响的；它们进而也成为关键性指标，标明环境的影响和状况是怎样调整和形成政治系统的运行的。输出的概念则以类似的方式帮助我们使来自系统成员而不是环境中行为的影响条理化。当然，系统成员的活动很可能对于它们自己以后的活动或状况具有某些影响，因此也不能完全忽视系统内部对其环境所做的那些行为——转换的重要性。然而政治过程并非到此就结束了，事实上输出的意义不仅在于它有助于影像系统作为其一部分的较广阔的社会事件，而且在于它们会因此而有助于决定每个进入政治系统的下一轮输入，伊斯顿以"反馈环路"（feedback loop）来说明权威当局借以对付压力的过程。伊斯顿指出，这个反馈环路由许多环节组成，包括权威当局生产输出，社会成员对输出做出反应，这种反应的信息获得与权威当局的沟通，最后，权威当局做出下一步的可能行为。[②] 政治系统的这种流动模式可以图4-1为表现行为。

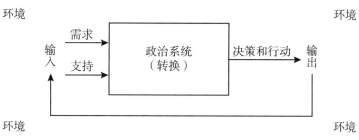

图4-1　政治系统的流动模式：方法论的视角

---

① ［美］戴维·伊斯顿：《政治生活的系统分析》，王浦劬译，人民出版社2012年版，第24页。
② ［美］戴维·伊斯顿：《政治生活的系统分析》，王浦劬译，人民出版社2012年版，第25～27页。

第二节　社会治理输入体制创新与社会和谐稳定长效机制建构

政治系统理论指出，输入能够使我们把握那些外部环境中与政治系统持续相关的各式各样的事件和状况的影响，对环境影响的考察集中于需求的甄别及其输入上，而环境中的大量行为正是由它们加以输送、反映、集中并用来对政治系统施加压力的。这是因为，如果我们把政治生活设想为一个开放系统，则"需求给我们提供了一把理解系统的总体环境怎样影响系统运行问题的钥匙。需求汇集了由环境传达给系统的广泛状况和事件"①。当然，需求的输入包括"需求"和"输入"两个关键变量，如果说"需求的制度化甄别"能够为政治系统准确识别那些必要的输入要素提供基础的话，输入的制度性建构则确保了这些需求内容得以准确、完整而及时地进入政治系统之中。因而，创新社会治理输入体制，就需要实现社会需求的制度化甄别并建构输入过程的制度化通路。

一、政治系统的"需求"及其制度化甄别

伊斯顿曾经对"需求"的含义进行过概要性的界定："所谓需求，就是说需求实现以自我为核心的目标，或者很可能是说意欲寻求某种政治决策，以便把各种职责和繁多的义务强加于系统的全体成员。"② 然而可以进入政治系统的需求多种多样，对不同需求的认知与解决也千差万别，这就需要我们在甄选或厘定作为政治系统输入的"需求"的内容时明确原则与边界。

事实上，在对"需求"的以上界定中我们发现，需求的内容必然是能够被系统所识别的，同时又是来自政治系统外部情境且代表了利益诉求之最大公约数的。这就为"需求"内容的界定确立了基本原则，即公共性原则。公共性原则要求输入政治系统的需求必然是那些公共性利益与诉求，因为人们既可能为最大的公共动机所激发而提出有益于整体或大部分系统成员利益的诉求，也有可能受攫取个人利益的欲望所驱使而提出需求，只有确保需求的公共性原则，才能保证政治系统运转与发展的合法性与持续性。③

---

① ［美］戴维·伊斯顿：《政治生活的系统分析》，王浦劬译，人民出版社 2012 年版，第 33 页。
② ［美］戴维·伊斯顿：《政治生活的系统分析》，王浦劬译，人民出版社 2012 年版，第 37 页。
③ 周义程等：《政府向社会力量购买公共服务的风险识别与防范》，北京大学出版社 2023 年版，第 90～91 页。

然而，如果按照我们所提出的"需求"内容界定的公共性基本原则，那么可以发现诸多事物应被排除在需求范畴之外。那么如何将这些事物与需求的内容进行区分？或者说，如何将这些零散的、权宜的、一时性的事物转化为作为政治之输入的需求呢？我们认为，只有在那些"使人们得以交流信息和表达观点的公共领域网络"中，才能对信息流进行过滤和综合，并形成与特定的公共舆论相关的信息束；因为"公共领域为人们的沟通行动提供了社会空间，这种沟通行动涉及了潜在对话伙伴之间的人际关系"①，正是在这些伙伴关系中，理性的沟通和对话才使得期望得以整合、意向得以汇聚、动机得以统一、利益得以凝结。

在中国的现实情境中，这样的公共领域需要一系列制度体系的规引，即社会治理体制的构建。在这里，我们认为，虽然"治理过程"与"制度规则"是治理体制同一过程的两个方面或同一制度的两项原则，但两者在功能定位与评价标准上的显著不同，又提醒着我们应分别看待两者的作用机制与构建过程。我们将其分述如以下两个方面。

一方面，"治理过程"的本质规定性为作为"需求"的事务提供了甄选依据。值得指出的是，就其本质而言，社会治理过程既是对社会公共性事务的处置过程，又体现了对公共场域中的政治性事务的甄选过程，因为治理的多中心性就强调治理主体的多元化和社会的自治性。当一些公共事务超出了社会自治的范畴，或者表现为超越自治能力的共识性、一致性诉求，从而"引起了社会成员所想要、所期待、所需求、所偏好和所相信的那些东西的变化"，即"生活方式的这些决定性因素的变化，会促使和促成社会成员表明，他们认为政治上称心如意或必不可少的是什么"②的时候，需求开始真正的形成并需要被输入政治系统。

另一方面，"制度规则"确保了作为政治系统输入之内容的外部"需求"的最大公约性。奈特指出，作为制度的治理体制能够通过建立预期而型塑当前阶段的意识形态，即一个人当前的世界观与价值观；同时这些制度规则又传递着行为意图的当前声明和过去行为的规律性，通过将当前和过去的行为投射于未来而将不同时间的行为联系起来，从而从横向和纵向两个向度上实现了意识形态的稳定性与延续性，以此将社会行为和社会结构联系起来以实现社会秩序的统一与稳定。③换句话说，制度一方面能够贯穿国家与社会的实体壁障，而实现两者的有机连结与互动；另一方面则能将纷繁复杂的社会行为和价值取向统一于同一个规

① J. Habermas. *Moral Consciousness and Communicative Action*. Trans. C. Lenhardt and S. W. Nicholsen. Cambridge，MA：MIT Press，1990：360 – 361.

② ［美］戴维·伊斯顿：《政治生活的系统分析》，王浦劬译，人民出版社 2012 年版，第 48～49 页。

③ 奈特系统地探讨了意识形态与制度规则之间的联系。参见［美］杰克·奈特：《制度与社会冲突》，周伟林译，上海人民出版社 2009 年版，第 82～83 页。

范体系之中，从而实现社会的整合和组织化。而这两方面能够在最大程度上确保输入政治系统之"需求"的最大公约性。

二、政治系统需求输入路径的制度化建构

如果说"需求"的输入决定了政治系统是否能够根据外在环境与内在机制的演进、变迁或失调而进行相适性调整，从而成为一个有机整体的话，那么需求之"输入"的具体形式与实现效应，则构成政治系统得以存续与发展的另一个基本条件。这是因为，只有外部需求得以及时、完整、本真、有效地输入政治系统，才能实现需求的全部的应有功能。

协商民主致力于建立多主体间平等沟通的平台和机制，使人们在浓厚的民主参与体验中实现个体偏好的转变和汇聚，而非简单甚至粗暴的"被代表"和"被聚合"，正是在这一过程中协商民主实现了对传统民主形式的超越。作为一种民主范式，中国式协商民主应基于系统性和统驭性的视角，通过顶层政治构建重塑协商民主的制度基础，中层政策创制提升协商民主的主体效能，并以基层治理民主开辟协商民主的实践进路，从而以多元化、多中心的社会治理模式有效应对现代异质性社会的复杂治理需求。[1]

一是顶层政治构建：重塑协商民主的制度基础。在协商民主的话语体系中，制度基础或制度保障的失位就直接表现为自由公正的协商制度和协商程序的匮乏，这不仅影响协商民主参与的广度和深度，无法把与公共事务具有利益关系的公众广泛吸纳到体制化的协商渠道中来，更无法形成具有广泛代表性和高度认可性的理性共识，而且还可能影响公众对协商民主效能和内含的正义的信任，加剧政治冷漠。[2] 因此，中国协商民主要实现全社会范围内最广泛的公共协商，就必须完善制度基础的系统建构和体制框架的顶层设计。

在中国场域内，应超越建立或完善民主机构的简单思维，实现从以职能分配、按部门设置机构和规则为标志的传统意义上的治理向以目标、伦理原则和具体工作机制为主要内容的全新治理模式[3]、从"民主国家"向"民主社会"的转变[4]。在这种全新的治理模式下与"民主社会"中，协商民主进程中公共意志的形成过程将沿着多元轨道进行，既包括类似于代议民主式的"殿堂式"政治轨道，也包括中观的政府与公众间的类似公共政策听证会的互动平台，又包括微观

---

① 参见金太军、张振波：《论中国式协商民主的分层建构》，载于《江苏社会科学》2015 年第 2 期。

② 莫吉武等：《协商民主与有序参与》，中国社会科学出版社 2009 年版，第 21 页。

③ ［法］皮埃尔·卡蓝默：《破碎的民主——试论治理的革命》，高凌翰译，上海三联书店 2005 年版。

④ C. Boyte. Civic Populism. *Perspectives on Politics*，2003（4）.

的不具有正式形式的"街头闲谈"。当然，对参与治理模式的政治实践的强调，并不意味着全盘否定现行政治制度的民主效能，事实上在社会主义民主政治中形成、完善和发展的中国协商民主，在广泛性、包容性、规范性和实践性等方面都显现出西方协商民主所不具有的比较优势①，因而可以通过针对性的调整和修正，激活现存制度的协商存量：其一，发展党内民主、激活党内民主的协商潜能，完善党内民主选举、民主决策、民主管理和民主监督的制度与程序建设；其二，应深化代表制度改革，有力提升人大代表的代表性，化解代表性危机，这是人大代表提升代议效能的关键；其三，人民政治协商会议兼具政治民主与社会民主双重民主属性，应强化议政协商、民主监督和咨询参谋等社会民主功能，建设民主、高效的现代中国政权体系②。当然，激活协商存量的关键还在于将抽象的原则性制度设计转变为可依循的操作程序，从而真正实现制度设计的实践价值。

二是中层政策创制：提升协商民主的主体效能。如何从根本上缩减社会阶层的间性距离，实现话语权力的公平分配以及民众之间的政治平等，便成为实现协商民主的根本之策。然而，改革开放以来，社会阶层距离持续拉大、利益群体极化现象愈发凸显，社会公众日渐失去他们彼此分享的意识和共同认可的价值，协商民主难以形成。故而，如何通过政策创制实现改革成果的普惠，并着力实现这种经济增长的社会和政治功能，便成为提升协商民主主体效能的决定性因素。

事实上，改革开放的政策安排绝非单维度的以富民强国为目标的"单兵突进"，而是多方面的以治国理政为价值的"整体推进"；改革开放的过程也不能一味对公众"画饼充饥"，必须要适时进行政策的调整，让经济增长拥有"灵魂"的陪伴。这里的灵魂应是政府政策的公共性回归，这里的适时改革则是公共利益实现平台的转型，即从经济建设型财政转型为公共服务型财政，从而能够利用改革开放产生的收益去补偿那些在正常市场运行中遭到忽视的人群，实现利益分配从精英主导到全民普惠的帕累托改进③。当然，政府不应仅仅满足于国民经济的建设成就，而应通过社会公共领域的型塑和公民身份价值的培育，找寻超越消费主义的更加理性、更具政治意识、更能认同政策合法性和权威性的幸福感，由此也能将民众从处处存在的"相对被剥夺感"的藩篱中解放出来，在政治参与和协商民主中实现个体成就和人生价值。

三是基层民主治理：开辟协商民主的实践进路。协商民主超越了代议制民主

---

① 陈家刚：《中国协商民主的比较优势》，载于《新视野》2014年第1期。

② 施雪华、崔恒：《论中国人民政治协商会议功能重心的调整》，载于《中国特色社会主义研究》2012年第1期。

③ 金太军、张振波：《论社会冲突与政治体制改革的非线性关系》，载于《政治学研究》2014年第3期。

对利益聚合和利益代表机制的强调而注重民众偏好的形成过程，是故按其实存的概念来说，协商民主就不只是一种政治决策和社会治理过程，而更应成为一种生活形式或社会实践。因而，如何在多元主义蓬勃发展、政府公共性扩散渐成共识的背景中，探寻协商民主在公众日常生活中的实现方式，则应成为构建协商民主的必要过程。

事实上，选票作为一种工具，公众可以用它来抛弃表现不佳的坏政府，但并不能保证新选择的政府必然具备所需的治理能力[1]；而这场以"多中心"治道、自主治理和软权力治理为核心价值的"治理革命"，是在当代全新的社会环境下发展和完善民主实现形式的一种极富价值的探索，是对传统代议制民主的一种社会性矫正，这种寓诸多民主理论与民主体系和新近各种民主创新理念于社会治理理论范式之中的构建进路，超越了传统的民主形式并推动了整个公共事务治理模式的民主化变革[2]，而表现为一种"治理驱动型民主"的新形态。在这种民主形态下，政府的合法性来源于高效敏感的内部反应机制、公开公正的政策议程设置和吸纳了社会诉求之最大公约数的政策结果输出，并集中体现于社会治理过程中的一项项具体政策上。而且，体现于政治过程和政治结果之中的治理驱动型民主将成为民主政治建设的常态化表现和常规化过程，以政策议程中的民主协商代替形式均等的选举制度，而成为一条通向民主的替代性路径。治理驱动型民主致力于构建这样一种民主形式，即既能在政治过程中有效地整合分散在多元社会主体手中的资源，又能在政策结果上体现民主的本质要求，从而对公共事务实现有效治理。

第三节　社会治理转换体制创新与社会和谐稳定长效机制建构

从根本上来说，探讨社会治理体制创新与社会和谐稳定长效机制在政治转换系统上的创新与建构，就是探究地方政府与政治权力的制度化运作形态及建构。作为中国治理体制的主导要素与核心内容，政治权力的分配、施行以及监督等运作形态，不仅从根本上决定了国家与政府领域内的政治生活展开方式与运作逻辑，而且会在国家与社会的互动过程中对社会领域的政治生活形态产生深刻影

---

[1]　[加拿大] 马克·沃伦：《中国式"治理驱动型民主"》，载于《瞭望东方周刊》2010 年第 33 期。
[2]　何显明：《治理民主：一种可能的复合民主范式》，载于《社会科学战线》2012 年第 10 期。

响。特别是对于中国这样一个处于发展方式疾速转变、经济体制深刻转轨、社会管理全面转型的新兴现代国家来讲，如何保证公共权力的规范、有效运作并真正发挥公共效用，乃是国家得到善治、秩序得以创构的决定性条件。

一、突围官僚体系：法治制度化与政府活力再激发

一直以来，中国各级地方政府在促进经济增长、推动社会建设和秩序建构上都发挥了关键与核心作用。然而，由于近年来信息化与网络化对信息传播图景的改造、经济增长模式转变与增速放缓使地方政府创造经济绩效的边际效用递减等导致了地方政府活力的衰减。我们认为，当前政府活力衰减是长期"运动性治理模式"的综合效应，加强法治化建设、推动制度体系建构，是实现政府活力再激发的必然之策。

要实现政府活力的再激发，就必须从政府治理过程中的法治制度化路径入手，既要促进政府治理法律体系的建构与完善，又要实现法律体系的制度化布局与深耕。从一般意义上讲，政府治理是指政府行政系统作为治理主体，对社会公共事务的治理。正如王浦劬所言，"就其治理对象和基本内容而言，政府治理包含着政府对于自身、对于市场及对于社会实施的公共管理活动"[1]。在这里，我们同样从政府自身以及政府与市场/社会之关系两个方面入手，分析政府活力再激发的法治制度化路径。

一方面是政府自我治理与职能履行的法治制度化。主导国家治理的中央政府以弹性化的体制与方式治理地方政府并确保后者的职能履行，然而，在权威体制与有效治理的巨大张力中，逐渐形成了运动型的政府治理方式与权宜性的个体行为模式。如何应对甚至消解这些抵冲制度化的运动、变通、权宜乃至应激的治理方式，就成为推动法治化进程的关键所在。

虽然运动型模式并不完全排斥或否认稳定性制度体系与权威性行政科层的存在与功能，但始终是以突破前者而发起、推动，并在结果上主观或客观地消解了前者的稳定与权威。[2] 尽管运动型治理机制实现了特殊时期的力量集中与针对性治理，但其对于制度化建设的阻碍是切实存在的。因此，要激发并保持政府的治理活力，就要以法治制度化克服运动型治理模式中的不确定性，这一效应唯有在

---

[1]　王浦劬：《国家治理、政府治理和社会治理的基本含义及其相互关系辨析》，载于《社会学评论》2014 年第 3 期。

[2]　正如周雪光所说，"运动型治理机制的最大特点是，暂时叫停科层制常规过程，以政治动员过程替代之，以便超越科层制度的组织失败，达到纠偏、规范边界的意图"。周雪光：《权威体制与有效治理：当代中国国家治理的制度逻辑》，载于《开放时代》2011 年第 10 期。

从中央到地方的持续性纵向分权中才能体现出来，而与分权相伴随的法律设置与制度化建构则必不可少。同时，我们之所以将政府自身治理中的个体（即官员）行为模式界定为权宜性的，是基于其作为"理性经济人"的分析起点的，即认为现实世界中的地方官员会通过各种行为来追求自己的私利，包括为获得职务晋升而表现出的追求地区"公共利益"的行为和追求某些"纯粹的"私人利益的行为[1]——当追求地方"公共利益"与实现自身私利的目标相一致时，往往能够激发出地方官员巨大的活力和动力；然而当两者不相一致，甚至两者相悖时，官员往往失去其原有的活力。此时，为官员行为制定制度框约，以约束、规范进而引导其行为选择，就成为再次激发官员活力的可行路径。当然，为消除官员的担忧或不确定性预期，就应将这样的规范以法治形式体现出来，并具体以制度化形式作为具体呈现。

另一方面是政府与市场、社会之关系的法治制度化。如果说政府自我治理与职能履行中的法治制度化不足，体现为权威体制与有效治理之间的张力结构的话，那么政府与市场、社会之关系的法治制度化不足，则表现为权力运作的规范性问题和科层分工的功能性问题。

具体表现为：一是主导要素的厘定，强调制度规约与政府引导。虽然多元协同的社会治理模式主张主体间的地位平等和利益均衡，但仍强调政府的关键作用，并体现在政策议程的设置以及公共政策的制定上。二是实践方式的型塑，以社会性作为协同治理的出发点和落脚点。社会性是多元协同的社会治理模式区别于政府管控的社会管理模式的本质所在，而在国家与政府将社会治理的部分权力下放给市场与社会，从而实现社会治理的协同性与社会性的时候，则会面对一系列亟须回应和建构的迫切问题，例如，如何界定权力的行使边界、职能范围以及相应的责任清单？如何实现更复杂的、多元化的权力结构中的权力监督？鉴于治理制度缺少可以带来权威和合法性的先天能力，治理能否以及如何才能获得更大的合法性？[2] 这一系列需要解答的问题决定了协同治理能否实现以及具体实践的质量与持续性，这不仅需要学界细致而深入的理论分析，更需要政府基于治理过程的实践体察。

二、重塑决策主体：有限理性与权责制度化

在中国行政体制的纵横向分工与架构中，作为政治转换系统之核心的决策主

---

[1] 田伟、田红云：《晋升博弈、地方官员行为与中国区域经济差异》，载于《南开经济研究》2009年第1期。

[2] ［英］格里·斯托克：《作为理论的治理：五个论点》，华夏风译，载于《国际社会科学杂志》（中文版）1999年第1期。

体的，即是各级政府的核心行动者官员。所谓核心行动者，是地方政府组织或结构中那些掌控丰富公共资源，拥有显著公共事务信息优势，其行政策略与行动结果直接决定地方治理走向与绩效的党政负责人。根据纵横向权力配置结构，核心行动者是所属行政区中的主政官员；根据责任划分与职位描述，核心行动者则分别包括政府与党委的领导。作为地方利益的代言人和推动地方经济社会发展的主导力量，他们往往采取自主行动嵌入制度的策略以获得其行动空间和制度资源，成为主导地方政府行为和地方经济绩效的决定性变量。[①] 然而，就同所有类型组织的管理者一样，地方政府核心行动者在影响甚至主导地方决策制定的同时，也因为有限理性和自由裁量权限定的影响，而对决策制定产生纷繁复杂的作用机制。故而，识别这些机制进而进行制度化规制，就成为提升政治系统之转换质量的关键所在。

1. 社会治理体制中决策主体的有限理性和自由裁量权

对作为地方政府核心行动者的决策主体的研究，兴起于对中国超常规经济增长现象之内在因素的孜孜探求。而那些探寻决策主体特征与区域经济增长绩效之关联关系的诸多研究，针对既往研究常常假设地方政府及其决策者是同质的、完全理性的，认为那些主导地方经济社会发展的决策主体的个体特征会对地方政府政策选择产生显著影响，而这些影响会直接体现在地方经济绩效表现中。由汉布里克等（Hambrick et al.）开创并得到进一步发展的"高阶理论"（upper echelons theory），因其预设的研究假定为"人口统计学变量可以作为管理人员认知和价值观的代理变量，如年龄、性别、籍贯、政治背景等"[②]，使个体抽象的、不可观测的内在特征得以通过具体的、可观测的外在表征进行体现，从而打破了高管研究的"黑箱"。高阶理论的核心是"高层管理人员会对其所面临的情景和选择做出高度个性化的诠释，并以此为基础采取行动，即高层管理人员在行为中注入了大量自身所具有的经验、性格、价值观等特征"，而这些个体特征是可以外显化为人口统计特征的。[③] 尽管情景因素高度复杂，但"有限理性"[④]的逻辑仍使地方官员的认知模式和行为选择具有高度的个性化特征，进而体现在地方政府的政策输出上，从而影响经济增长。

然而，尽管"大量论据累积表明，高层管理人员的部分行为是以其个人特征为基础的，据此组织便成为高层管理人员的反映"，但正如汉布里克自己所言，

① 沈荣华：《地方治理中的核心行动者》，载于《学习与探索》2013 年第 12 期。

②④ D. C. Hambrick, P. A. Mason. Upper Echelons: The Organizations as a Reflection of its Managers. *Academy of Management Review*, 1984, 9: 193 – 206.

③ D. C. Hambrick. Upper Echelons Theory: An Update. *Academy of Management Review*, 2007, 32: 334 – 343.

这些研究始终"没有能够更好地直接检验高层管理人员特征及其行为之间的心理学和社会学过程",以致这些"关于因果关系的结论"常常难以"令人信服"乃至受到多方批评与指摘。[①] 事实上,高阶理论始终无法解释的一个问题是,决策者经常选择那些很明显不符合他们个体特征或最大利益的"正确"选项,而拒绝那些观察者认为他们可能发现是最具吸引力的"错误"选项。

比奇提出"镜像理论"(image theory)以试图回答这一问题。他认为,"决策制定受到信念、道德、伦理和社会公约的强烈影响",而"利益并不必然是行动的最强大动力","当接到事情、处理事情、让事情发生这些事实,能促进和服从一个人的原则时,它会给人内在的愉悦感"。[②] 根据镜像理论的假设,决策者在决策过程中,需要依赖三类称为"镜像"(image)的信息表征:价值镜像、轨道镜像和策略镜像。价值镜像是指反映决策者原则、价值观、道德、信仰等信息表征集合,折射出决策者头脑中已有的判断标准;轨道镜像是反映决策者期望达到的各种长、短期目标等信息表征集合,表现决策者要达成的决策目标;策略镜像则是指决策者为达到目标而采取的步骤、策略等信息表征集合,反映决策者为达目标而采取的行动策略。镜像理论强调筛选阶段对最终决策的重要意义,并试图用相容性检测模型来解释筛选过程。当我们将决策情境放置于地方政府中时,这样的非利益相关的"个人原则",可能以条件或结果的不同方式体现于决策者对于领导权(即自由裁量权)的评估与运用上。

本研究认为,地方政府在制定相关经济发展政策时,决策者的决策自由裁量权受到党政关系的影响。因为党委一方往往扮演着监督者、支持者、引导者的角色,影响着决策者带有个体性特征的决策制定,从而表现为情境规约的因素影响。也就是说,通常情况下,决策者的政策选择会受到其个体特征的影响;而当受到领导权评估的影响或力图争夺自由裁量权时,其决策过程可能并不会完全遵循个体特征的影响,而是会更多地受到那些既与个人特征无关又不受利益驱使的"个人原则"的影响。事实上,这一假设广泛存在于政治系统之中,即决策者的政策选择往往是基于地方经济绩效或其他晋升考核指标的考虑,而其个体特征的影响可能仅存在于情境规约因素较为弱化时期,或者党委与政府具有同一性目标定位时。[③]

---

① [美]唐纳德·汉布里克:《高阶理论的起源、迁回与教训》,引自[美]肯·史密斯、迈克尔·希特:《管理学中的伟大思想》,徐飞、路琳译,北京大学出版社 2010 年版,第 97~101 页。

② [美]李·比奇、特瑞斯·米切尔:《镜像理论》,引自[美]肯·史密斯、迈克尔·希特:《管理学中的伟大思想》,徐飞、路琳译,北京大学出版社 2010 年版,第 36~37 页。

③ 据此我们可以假设:(1)地方政府决策者的个体特征对经济绩效具有显著影响;(2)在考虑了情境规约因素(党政关系)时,来自决策者个体特征的影响将显著降低,特别是当党、政的目标定位不一致时。而他们的目标定位是由晋升考核体系所决定的。

2. 社会治理体制创新中决策主体的情境规约与权责制度化

一般而言，地方决策者往往会面对如下几种来自外部情境的规约影响：一是规模效应对地方决策者认知态度与变革动力的影响。地方治理体制变革是一项涉及诸多方面的系统性工程，这就要求政府主政官员在变革推动之初就有明确的体制选择和清晰的变革思路，这不仅需要他们对外在的政治、经济环境有着全面而深入的了解和认识，又要进行一定程序上的体制修正来契合本地的治理情境，这显然意味着大量初始成本的支付。伴随这一治理体制的持续运作，相关配套制度体系与组织机构应运而生，持续的稳定收益（虽然可能是较低的收益水平）也将促成单位成本的下降。二是学习效应对地方决策者认知态度与变革动力的影响。由于我国地方治理体制的设计和变革往往具有"口口相传、步步相趋"的模仿传统，再加之官员晋升考核体系所诱发的同构效应的影响，地方经济社会的治理生态存在显著的学习效应或者说示范效应。对地方决策者而言，理性的策略在于规避体制变革带来的无法确定的政治和经济风险，同时通过有效学习和快速模仿免费享有其他体制创新成果，即各地方决策者都在不同程度观望其他同级政府的创新设想、创新方案和初步绩效，并细致观察上级政府的初始反应，从而努力预判出上级政府的最终评价。三是协作效应对地方决策者认知态度与变革动力的影响。虽然地方政府在创新经济社会体制方面具有无可比拟的灵活性和主动性，且往往承担着体制变革"先行先试"的功能，但不可否认，在既定的体制框架下，地方治理中的纵横向权力及组织间会产生基于"惯性记忆"般的协作效应。任何地方政府的率先体制变革均存在与其他相关部门相协调的难题。在缺乏认知沟通的前提条件下，协调成本巨大。因此，协作效应的存在也让地方政府主政官员在治理体制变革中面临一定的风险，消解可能的变革意愿。四是预期效应对地方决策者认知态度与变革动力的影响。地方治理体制中正式规则的确立将会导致大量与之相适应的、非正式规则的产生，从而形成对正式规则的补充并且延伸到具体的应用中，这自然会使制度局中人，特别是地方政府主政官员产生对于该规则长期性甚至是永久性延存的预期。地方治理体制变革之前，会对原有治理体制延续运行形成稳定的预期，且其他同级地方政府仍会按照原有制度规则行事，相应自己就会首先按照原有制度规则行事，其结果必然是强化了原有制度安排。

故而，地方决策者常常受制于四种制度效应的影响并必然会嵌入其认知结构和行为模式之中，让他们陷于明显的对原有治理体制的行为惯性之中。因此，按照"解铃还须系铃人"的行为逻辑，防范地方决策者的四个制度效应，必然需要基于制度框架及其规范能力的分析，在激励、包容以及监督三个方面实现对地方决策者认知态度和变革动力的塑造。具体来说：

首先应释放激励制度的规范功能。从心理契约违背模型看，激励制度规引致力于创造程序公平和交互公平，弥合可能的心理契约破裂。激励制度规引主要包括激励理念塑造，基于人本理念，将地方政府核心行动者视为政府组织最为重要的资源和财富，关注个体的心理特征与心理变化，为其自我价值实现创新条件；激励手段塑造，实现权力控制、物质满足和精神鼓励三重激励手段的有机融合；激励过程塑造，塑造公开和公正的激励过程，畅通与拓展激励信息沟通和分享的渠道，消除激励过程中的神秘色彩和人治色彩；激励结果塑造，公平的激励结果有利于稳固地方决策者的心理契约，防范心理契约的破裂。

其次要发挥包容制度的规范作用。应从制度层面拓展地方决策者的行动空间，营造相对宽松的创新氛围，包容地方决策者的"合理性"错误。这种合理性错误显然以公共利益为依归，遵循了现行的公共决策程序。当然，包容也是有限度的，主观故意、明为公利、实为私利的错误不在包容之列。

最后要提升监督制度的规范能力。在推动地方治理体制变革的过程中，既要给予地方决策者相应的行动空间，包容其"合理性"错误，又要通过监督制度的内在功能，对他们可能的治理动力衰竭与行为偏差进行有效规范。目前的监督体系存在结构偏差：内部监督为主、外部监督不足，这种结构偏差也直接导致监督体系的效能低下。因此，一是要完善原有监督制度，提升其运作效能。譬如，提高上层政府的监督意愿与能力，建构灵敏的监督机制和严厉的惩罚机制，让地方决策者形成明确的错误受惩预期，自觉杜绝不当行为或主动修正不当行为。例如德国学者柯武钢等曾一针见血地指出，"制度为一个共同体所共有，并总是依靠某种惩罚而得以贯彻。没有惩罚的制度是无用的。只有运用惩罚才能使个人的行为变得较可预见。带有惩罚的规则创立起一定程度的秩序，将人类的行为导入可合理预期的轨道"[1]。二是要特别提升横向监督中人大和政协的作用，通过完善相应代议与参政议政程序强化对地方决策者的问责监督。三是要培育整个社会的监督文化，使社会主体"想监督""敢监督"。同时，要打破暗箱行政，实现政务公开，配之以多种技术手段让社会主体"好监督"。

三、再造政策议程：应激性与制度化的调和

正如周光辉所说，"由于决策者的偏好、动机的主观性及其所掌握的信息和面临的情境的不断变化，人们其实很难了解过去某种重大决策的具体产生过程及决策者的真正动机"，此时，通过对"决策中主要变量之间因果关系的分析来解

[1] ［德］柯武钢、史漫飞：《制度经济学》，韩朝华译，商务印书馆 2003 年版，第 32、119～147 页。

释某种政策产生的实际情境"①，就成为观察与评析政治转换系统的可行切入视角。另外，以静态的结构框架和能动的决策者为基础和条件，也为我们从动态视角观察政策议程设置、不足从而提出解困之策创造了必要性前提。

当然，作为政治转换系统中的核心系统之一，政策议程内容繁多、体系宏大而形态多样，如何选择核心且关键的观察视角至关重要。根据美国政策学家约翰·金登的"多源流"理论，政策议程存在问题流、政策流和政治流三个源流，其中问题流——作为政策议程的触发机制——是指党政负责人是如何将其注意力固定在某一问题而不是另一问题上，是现实社会问题所形成的溪流。② 在王绍光看来，这种涉及"为何是这些而非另外一些事情被提上议事日程"的问题——所谓的议程设置问题，是至关重要的。因为，任何一个社会都面临各种挑战，但政府应付挑战的各种财政、人力、信息、时间以及注意力等资源都是有限的，因而在具体决策之前，政府不得不做出抉择，对处理哪些挑战有所取舍。③ 更何况，当前中国社会日趋民主、开放和多元化，特别是在网络空间中政策问题的建构权在整个网络空间中扩散而表现出流动性特征④，故而在"权力的两方面"⑤ 前提下，考察议事日程的设置更为迫切且重要。

1. 政策议程设置：不同影响力方向上的差异化选择

如果我们将政策议程设置的主体框定为各级地方政府——作为执政权力的代理者而处理公共事务并提供公共服务——中的决策者，那么其同时面临着自上而下的来自上级或中央政府的规制与命令，和自外而内的来自社会公众的诉求与需求两个方向的影响力。正常来说，这种纵、横向两个方向的约束或需求性影响，常常体现为一对在持续互动中相互补充、互为前提或条件的差异化力量，共同作为政治系统运行、调整和完善的条件与基础。然而，或是由于长期政治传统的濡染乃至社会调控方式的"路径依赖"⑥，抑或是由于其被视为权威体制保持行政体系与国家治理有效性的必要手段⑦，政策议程设置实践中逐渐显露出这样的运

① 周光辉：《当代中国决策体制的形成与变革》，载于《中国社会科学》2011 年第 3 期。

② ［美］约翰·W. 金登：《议程、备选方案与公共政策》，丁煌等译，中国人民大学出版社 2004年版。

③ 王绍光：《中国公共政策议程设置的模式》，载于《开放时代》2008 年第 2 期。

④ 张康之、向玉琼：《网络空间中的政策问题建构》，载于《中国社会科学》2015 年第 2 期。

⑤ 美国政治学家巴查赫和巴热兹指出了一个显而易见但人们往往忽视的简单事实：能否影响决策过程固然是权力的一面，能否影响议程日程的设置则是权力更重要的另一面。Peter Bachrach, Morton Baratz. Two Faces of Power. *American Political Science Review*, 1962, 56 (4): 947 –952.

⑥ 唐皇凤：《常态社会与运动式治理——中国社会治安治理中的"严打"政策研究》，载于《开放时代》2007 年第 3 期。

⑦ 周雪光：《权威体制与有效治理：当代中国国家治理的制度逻辑》，载于《开放时代》2011 年第10 期。

作逻辑：在纵向上，处于"中国式分权"① 制度情境中的地方决策者常常受上级或中央临时性指令而调整其议程重心和策略方式，即运动型的政策议程设置机制；在横向上，作为公共事务直接负责者的地方政府往往因社会诉求力量的大小或内容的敏感性程度，而采取权宜性的应对和处理方式，即应激性的政策议程设置模式。

作为中国国家治理的独特现象，运动型治理早已被中国大众普遍感知，特别是那些惊心动魄、疾风骤雨般的政治运动，更是切实影响并被应用于社会与政治系统的方方面面从而更加令人印象深刻。② 事实上，如果说国家层面的运动型机制常常超越了官僚制的组织结构和行政程序而体现了国家权威体制的控制方式或政治权力的非常态化施行的话，那么地方层面的运动型机制则是一种动员性政治体制和权宜性行政策略相结合的机制，体现了地方决策者在纵向行政力量和横向社会诉求之间自适和调整的策略与技术的松散结合。因此，运动型政策议程设置指涉两个侧面的具体含义：一方面是根据纵向政治动员而阶段性地选择政策议程设置标准甚至具体内容，例如计划生育、严打运动等。此时地方决策者往往将这些政治指令作为突出的工作重心，集中大部分资源用以解决这一问题，其他的问题——即便是那些正在进行中的或者是曾经非常迫切的议程，也不得不暂停下来或者搁置一旁。另一方面则是指地方决策者为了顺利实现这一政策议程设置过程，而常常超越了官僚制结构或惯常性程序。例如在"稳定压倒一切"的执政重心时期，在诸多信访案例中常有这样的怪象：民众由于对司法结果不满转而信访，地方政府出于维稳大局的需要而做出不同于甚至相反于司法结果的行政决策，从而使得司法结果的权威性和独立性大打折扣。

"应激"作为一种现象描叙概念最早由加拿大病理生理学家谢耶（Selye）于1936年提出，被用来指涉机体在各种内外环境因素及社会、心理因素刺激时所出现的全身性非特异性适应反应。事实上，如果我们将政治系统视作一个自组织、自运作的有机体，那么其面对各种社会经济刺激性事件所做出的应对性或适应性反应，就可以视为一种"应激反应"；相应地，在政策议程设置中，这种无事前规划的、因某一刺激性事件的偶然发生而做出的回应性政策议题选定行为，就可以称作"应激性政策议程设置"。事实上，在任何政治系统中，应激性政策议程设置因能准确识别、归因并吸纳集中性的社会诉求与公众意指，从而被作为政治系统得以施行、运作、调整与完善的必要补充机制。然而，中国长期采用"有远见的反复实验"的政策制定过程，由此而使得应激性政策议程设置成为常

---

① "中国式分权"包括以财政包干为核心的财政分权和以政治擢升为手段的政治集权两个方面。
② 欧阳静：《论基层运动型治理——兼与周雪光等商榷》，载于《开放时代》2014年第6期。

创新社会治理体制与社会和谐稳定长效机制研究

态机制。"有远见的反复实验"是指把广泛的政策试验和设定长期政策重心这两个方面以非同寻常的方式加以结合。① 就其运作逻辑而言，其作用的发挥或效应的显现，得益于其对实验性政策的有效推行与政策结果的信息获取，因此应激性机制是可行且必要的：唯有通过这样的机制，特定政策才能克服诸种困难或避免其他不确定状况而得以推行，政策结果信息才能有效地输入决策中心并进行相应的政策调整。

2. "应激性"议程设置的失序与"运动型"规制的错配

政策议程设置实践中逐渐显露出来的纵向上的运动型机制与横向上的应激性模式，常常使得来自社会和公众的外在需求与来自上级和中央政府的内在规制形成错配。从纵向影响力上来说，包括政策议程设置机制在内，"运动型"治理体制已在众多学者的各类分析中得到了细致的阐述和分析。在这里，我们以应激性政策议程设置——自下而上的、在社会诉求影响下所形成的议程序列及其重要性排序——为分析焦点，并从作为必要补充的纵向规制之需求，来分析应激性与运动型政策议程设置的错配。

虽然应激性政策议程设置是政治系统得以动态调整从而确保有机运作的必要手段，但其在运作过程中不可避免地会显露出失序趋向：一方面，在缺少必要规制和共同预期的情况下，应激性政策预期预设了一个行为者不断寻求"占优策略"② 的博弈情境，在此情境中"策略行为是不可能的，因为行为人不能理性地评估与其策略选择相关的结果"，而缺乏均衡结果"往往会导致不稳定性"。③ 质言之，应激性政策议程设置往往难以在众多策略选择中达成共识性均衡结果，任何政策议程的选择都在满足一部分行为者的同时损害了另一部分行为者。从而，在一个更一般的情形下，基于这种整合性"零和"博弈而形成社会秩序是不可想象的。另一方面，应激性政策议程设置是否能够将社会分散性利益表达真正升华为社会公众的整体性利益诉求尚需确证。因为某些政策议程常常能够通过极端表达或放大宣传等手段而得到决策者的青睐——而不论这些议程是何内容或如何紧迫。这些常见的手段既有集体性行动——作为弱者维权的"武器"，在实践过程中却常被颠倒本末，甚至异化为"作为武器的弱者"④；又常见于大众传媒——正如科恩所说，其尽管难以对受众"怎么想问题"指手画脚，但它对受众"想

---

① 韩博天：《中国异乎寻常的政策制定过程：不确定情况下的反复实验》，载于《开放时代》2009年第7期。

② 所谓占优策略，是指对于对手能够做出的每一种可能的选择，行为人通过选择该策略获得的报偿比其他选择获得的报偿更大。R. D. Luce, Howard Raiffa. *Games and Decisions*. New York：Wiley，1957：77－79.

③ ［美］杰克·奈特：《制度与社会冲突》，周伟林译，上海人民出版社2009年版，第55页。

④ 董海军：《塘镇：乡镇社会的利益博弈与协调》，社会科学文献出版社2008年版，第215页。

什么问题"的控制却易如反掌。①

　　地方决策者在面临这种应激刺激时做出的运动型、被动性的公共决策变通，是否具有长效性以及一定的延展性，仍需政府治理的现实体悟与社会公众的客观体察。基于决策方式的分析视域可发现面对陷于集体行为中的群体"简单而极端的感情"，外界"提供给他们的各种意见、想法和信念，他们或者全盘接受，或者一概拒绝，将其视为绝对真理或绝对谬论。用暗示的办法加以诱导而不是做出合理解释的信念"。② 这种"诱导式暗示"的办法即为政府应对社会冲突时惯常采用的应激式改革③——短期性、趋利性，"对人不对事""对事不对理"。呈现明显的短期性、碎片状形貌的运动型应激式决策变通，迥异于着眼系统化民主建设的决策方式，甚至会因政治稳定性思维的影响而催生"倒刺状"的应景式公共决策，更毋论以应激式改革引导民主政治建设系统化进程的美好期望了。另外，地方政府对于社会冲突的渐趋理性和人性化，更多的是出于对社会秩序纷乱可能引发的纵向权力问责的忧虑，而并非对民主主体性的尊重与民主建设的努力。

3. "制度化"政策议程设置的纠补及其与"应激性"的调和

　　制度并非要否定对于应激性事件的关注与资源投入，而是对被作为可能选项的各种议题进行重要性甄别的判断标准和优先性排序的基本依据。正如达尔所说，人们对有效选项或选择的后果的感知与那些使议事日程得以被构造的结构相互作用，并在其中做出选择和决策。④ 进一步讲，这种作为决策依据的感知与结构是相互依存的：假如 A 通过代表或影响 B 而共同做出了某一决策，如果 B 发现其被 A 操纵、利用或欺骗了，那么 B 以后就不大可能相信 A，于是未来 A 在说服或操纵 B 时就会遇到更大的困难；况且由于 A 往往无法控制议题选项的内容及其出现顺序，从而常常难以控制 B 对于 A 做出决策的感知和认可程度。此时，如果 A 凭借一套被 B 所认可的标准或依据而对各项备选议题进行重要性判断和优先性排序，那么无论决策情境多么纷繁复杂、决策后果如何不可预测，B 始终都会对 A 的议程选择乃至政策建构权保持认可和追随，那么 A 对 B 的影响

　　① Bernard C. Cohen. *The Press and Foreign Policy*. Princeton：Princeton University Press，1963：13.

　　② ［法］古斯塔夫·勒庞：《乌合之众：大众心理研究》，冯克利译，中央编译出版社 2004 年版，第39 页。

　　③ 应激式改革意指无事前规划的、因某一刺激性事件的偶然发生而做出的回应性改革行为。本书无意探讨应激式改革本身作为改革行为的合理性与严谨性，而仅仅探究在政治体制改革视域中，政府面对社会冲突做出的应激式改革行为所呈现出的碎片化和短期性方面的不足。

　　④ ［美］罗伯特·A. 达尔、布鲁斯·斯泰恩布里克纳：《现代政治分析》，中国人民大学出版社 2012年版，第 60 ~ 62 页。

力始终都是存在的，因为"说服和操纵都完全是依靠交流及其叫信性的影响力形式"①。正是从这个意义上来讲，那些构成判断标准或排序依据的制度规则是至关重要的，而基于"同意的"制度规则而非"强制的"控制性权力所进行的议题选择，我们称之为"制度化政策议程设置"。

政治决策关系到国家和社会的发展方向，关系到社会资源的权威性分配，关系到社会中各种政治主体、利益群体的意志表达和利益平衡，所以，在现实的政治生活中，社会中各种政治主体和利益群体都试图通过不同的方式参与和影响实际的政治决策过程。"制度对政治生活的塑造作用主要体现在三个方面：一是制度决定着谁能够参与某种政治活动的场所；二是制度塑造着各个政治行动者的政治策略；三是制度影响着行动者的目标确立和偏好形成。"②

制度对应激性政策议程设置的纠补功能，突出体现在网络社会中。虽然常常是网络社会中的信息、观点穿越了制度的界限而不是相反③，但现实社会中的制度——无论是制度本身所留下来的痕迹，还是制度规则投射下所长期型塑的价值与行为取向，都能对网络社会中人们的价值与行为产生潜在的引导与规范功能。这一功能对于政治稳定与社会秩序而言都是至关重要的，因为，网络社会为个体提供了得以动员、组织和行为的平台、工具或形式。正如普沃斯基所言，"个人只要没有其他的集体选择，他的态度对现政权的稳定就是无足轻重的。甚至韦伯也注意到，'由于没有其他可以接受的选择，个人的软弱无助使他们不得不屈服'。对权威主义政权产生威胁的不是合法性的崩溃，而是反对支配与控制的组织：为了另一个未来而展开的集体行动。只有当另一个集体选择存在时，孤立的个人才有了政治选择的可能"④。事实上，虽然网络社会为个人提供了自组织契机从而得以实现社会的自我治理，但网络承载着来自全球的原始信息进入民众日常生活体验中，西方社会生活和民主政治被遴选和美化后呈现在民众面前，美好的民主畅想和真切的生活实践形成反差，极易造成民众的政治认知混乱、政治体系向心力弱化，进而导致公众政治认同感和社会责任感的丧失。

---

① ［美］罗伯特·A. 达尔、布鲁斯·斯泰恩布里克纳：《现代政治分析》，中国人民大学出版社2012年版，第63页。

② Sven Steinmo. The New Institutionalism. In Barry Clark and Joe Foweraker（eds），*The Encyclopedia of Democratic Thought*，London：Routledge，2001.

③ 张康之、向玉琼：《网络空间中的政策问题建构》，载于《中国社会科学》2015年第2期。

④ 普沃斯基据此认为，这就是用合法性来解释体制的崩溃，要么是同义反复，要么是错误的原因所在。若我们以合法性的丧失来理解集体组织性选择的出现，那么这就是同义反复了，因为这些选择是集体组织起来的这一事实，就意味着体制已经崩溃了。若我们以个人的态度来理解合法性，那么这样的解释就是错误的。某些权威体制从一开始就没有什么合法性，但却已经存在了四十多年。参见［美］亚当·普沃斯基：《民主与市场——东欧与拉丁美洲的政治经济改革》，包雅钧、刘忠瑞、胡元梓译，北京大学出版社2005年版，第36～37页。

当制度取代了运动型机制而成为纵向影响力的施与体现，从而在地方决策主体依据多元、差异的社会需求而做出应激性政策议程设置时，进行程序化、规范化、合理化的约束与引导，此时就能够实现民众意指真正进入政治系统之中。或许，这才是我们得以评价一个政治体制之性质的关键所在。正如王绍光所说，不少人把官员的产生方式作为划分政治制度的唯一标准，这是把形式凌驾于实质之上，更关键的是，什么人在政策议程设置的过程中扮演怎样的角色、民众关心的问题是否被提上决策者的议事日程。据此他提出，"真正的民主体制必须给民众参与政策制定全过程的机会"①。

第四节　社会治理输出体制创新与社会和谐稳定长效机制建构

政治系统是一个开放的、自我调节和自我转变的系统，需要通过一系列输出而回应需求、响应支持，或按照现存环境和对未来资源及后果的预测而评价需求，从而以这种反作用方式寻求自身的调整和完善。因此，社会治理体制创新，旨在实现这种输出过程的制度化转向与建设性调整，从而使政治系统成为一个"建设性适应"或"目标取向"的动态系统。为此，可从内部与外部两个方面寻求社会治理体制的创新：一方面，要深化以国家治理模式转型为核心的内部输出体制创新，从治理主体多元化、治理承载民主化及治理方式复合化等方面进行系统建构；另一方面，外部输出机制创新则寻求公共政策的有效传播和贯彻执行，而实现公共政策的共识性营销，并为政策执行提供全面的合法性压力和系统的监管机制，则是两个必要且可行的创新路径。

一、"内部输出"的制度化：国家治理模式转型

1. 国家治理模式：作为政治系统"内部输出"过程

国家治理模式意指国家治理结构、内容、机制等一系列具体模块的有机组合和动态恰适，涵盖了国家治理的整体结构和具体过程，体现了国家治理体系的组织架构和国家治理能力的建设提升。其中，国家治理体系指的是党领导人民管理国家的制度体系，包括经济、政治、文化、社会、生态文明和党的建设等各领域

---

① 王绍光：《中国公共政策议程设置的模式》，载于《开放时代》2008 年第 2 期。

的体制机制与法律法规安排；国家治理能力则是运用国家制度管理社会各方面事务的能力，包括改革发展稳定、内政国防外交、治党治国治军等各个方面的能力。① 因此，国家治理模式作为出自或源自"最高决策权威"的行为，体现了政治系统"内部输出"的过程和全部内容。

然而，近年来，国家治理模式却面临着来自内外部多方面需求的压力甚至冲击，人们常常以"风险社会"来概括孕生这些差异化需求与多元化压力的政治生活形态。② 事实上，在成为一个认知上的共识和研究中的通行理论之后，风险社会及其所带来的具有穿透性的语义转换，便成为学界关注和频繁使用的对象或工具。时至今日，当我们回顾相关研究及其现实性价值时，却发现一个多少有些尴尬的事实：一方面，风险社会理论被引介进入中国后，理论界学者围绕或借助该理论展开了多样的研究工作，无论是理论介绍中的抽象概括还是制度政策上的想象创制，其成果不可谓不丰满、贡献不可谓不卓著；另一方面，当人们满足于社会风险理论对于中国现实问题的理论统括价值和现实阐释能力时，研究者对这个被隆重引进的理论范式却缺乏应有的细致解析和实践建构，现实的风险一次次超越理论的视界而走在理论的前面，风险社会理论脱嵌于对发展与变迁问题的建构性路径探索而失去了其应有的指向性价值与实践意义。

近段时期，以经济的超常规增长和社会的加速转型为标志，我国正处于"压缩的现代化"③ 时期，伴随着现代性对传统社会结构与价值观念的撕裂式解构，潜隐的社会矛盾放大凸显、新的社会问题不断涌现，传统与现代、现代与后现代的冲突在政治、经济和社会多维领域中日益弥散，进而形成诸种差异标的的公共危机。这可视为中国进入风险社会的内在逻辑与外在表征，也是我国实现国家治理现代化所必须关注的现实问题。由此而论，如何在对风险社会进行结构和价值分析的基础上，从建构逻辑和路径图式两个层面推进国家治理模式的相适转型与重塑，理应成为探究风险社会理论之实践指向以及国家治理能力之现实建构的题中之义。④

2. 国家治理的现实维度：结构性风险与认同性风险

国家治理的现实维度意指其作为一种理论话语或顶层设计，所应具有的现实关怀和问题导向。中国长期以来寻求"跨越式发展"的努力，使得那些通常历时

---

① 赵高潮：《国家治理现代化的内涵及途径思考》，载于《人民论坛》2014 年 9 月 11 日。

② 周桂田：《风险社会典范转移：打造为公众负责的治理模式》，台北远流出版公司 2014 年版，封底。

③ ［德］乌尔里希·贝克、邓正来、沈国麟：《风险社会与中国——与德国社会学家乌尔里希·贝克的对话》，载于《社会学研究》2010 年第 5 期。

④ 参见张振波、金太军：《风险社会视域中的国家治理模式转型》，载于《江海学刊》2017 年第 4 期。

性、渐次性出现并得到解决的问题，集中地以共时性、混杂性状态内在混合并呈现出来，社会结构的分化速度逐渐超过了制度规范的整合速度，结构要素之间的紧张与脱节在中国转型社会中愈发凸显。① 当然，国家治理和价值理念具有同构性，抽象的治理价值蕴含在具体的治理方式之中并规定着治理的性质和特征②，更何况正如周光辉所说，"结构失衡不可避免地会诱致认同性问题的衍生"③。为此国家治理现代化既要关注治理主体、治理范围、治理方式、治理绩效等结构性问题，也要关注其本质内涵、价值诉求和基本原则等价值性问题。④ 对国家治理现实情境的两维划分是与风险社会话语结构相契合的，因为后者"不仅对现代社会的核心制度提出了质疑，而且也导致这些制度的文化基础发生变革"⑤，从而使得现代社会呈现出结构性风险和认同性风险并存并发的典型特征。

一是结构性风险。现实社会中公共领域发育不足、政府在社会治理中的角色与功能定位不当，这不仅会因社会公约诉求（即公众利益诉求的最大公约数）提取与输入不足，而导致政府政策创新失据和政策输出偏误，又会在客观上导致强势群体对利益资源的排他性攫取及社会元素层级流动机制的阻塞，进而因"积累性不平等"无法"均散化"而诱发结构性风险。这表现在以下两个方面：一方面是公约诉求的输入滞后。从公约诉求的形成来看，无论是散沙状个体还是组织化群体，都与作为公共领域基本元素的主体性要求相去甚远，因此在重塑国家治理模式时，应实现政府政策议程的公开性并构建一个凝聚了社会公约诉求的公共领域，让公众参与到公共政策制定的过程中来，从而实现一种基于具体事件治理过程和特定政策创制输出的"治理驱动型民主"⑥。另一方面是社会治理的实践失序。在对社会的普遍压制模式下，如果政府直接介入多元化的、相互竞争甚至冲突的社会利益诉求，那么社会关系的高度复杂性将使政府难以超然于其外而发现实质性的和具有代表性的公众意愿，主观上对公共利益的维护行为却往往在客观上表现为对大部分利益主体的损害，其后果则是离公共利益的诉求越来越远；况且，互联网时代中信息体量庞大且鱼龙混杂，地方政府的偏狭的信息供给与认知能力不仅会造成政府职能的碎片化，也使政府各部门之间相互怀疑和相互隔

① Robert K. Merton. Social Structure and Anomie. *American Sociological Review*, 1938, 5（3）：672 – 682.

② 李祥、杨凤春：《国家治理的价值内蕴及其实践路径研究》，载于《社会主义研究》2016 年第 3 期。

③ 周光辉、刘向东：《全球化时代发展中国家的国家认同危机及治理》，载于《中国社会科学》2013 年第 9 期。

④ 姜晓萍：《国家治理现代化进程中的社会治理体制创新》，载于《中国行政管理》2014 年第 2 期。

⑤ ［英］派特·斯崔德姆：《风险社会中的认同和冲突》，丁开杰编译，载于《马克思主义与现实》2004 年第 4 期。

⑥ ［加拿大］马克·沃伦：《中国式"治理驱动型民主"》，载于《瞭望东方周刊》2010 年第 33 期。

离，更使政府与社会之间离心离德。①

二是认同性风险。认同性风险具有多重维度，从政治认同和社会认同两个方面可一窥端倪：在政治认同上，由于风险社会呈现出高度复杂和不确定的运作形态，政府如若囿于传统官僚体制的僵化运作体系以及有限的信息获取和认知能力，而呆板地恪守制度化职能分工，则其在风险的消解过程中必将难以"通过科学、合法和政治上的方法来确定其证据、归因和补偿"②，使得社会风险的烈度和向度会因个体的行为选择而异，从而导致社会风险的个体化分配和转移。正是在这个意义上，作为规导社会行为的共同体感被日渐冲散和淡化了。在社会认同上，由于"风险社会的结构不是由阶级、阶层等要素组成的，而是由个人作为主体组成的"③，因而从某种意义上讲，风险的形成根源于个体的主观感知，特别是当这种感知在日常生活中寻找到了其具象的存在形态时。如果说被高度分化和切割的"熟人社会"可视为现代性演化之必然形态的话，那么在人际交往过程中从"世俗的不经意"到"带恨的凝视"的转变，则直观反映了人际信任的消弭甚至缺失。④ 这种对"他人"社会存在之合理性的狐疑甚至否定，又会衍生出"被抛弃、受歧视、要报复"等"反社会"心态进而诱发新的社会风险。

3. 国家治理的模式转型：制度化建构及其路径图式

当公域萎缩所致的结构性风险和信任消弭所致的认同性风险扑面而来，逐渐褪去敏感色彩的政治体制改革就应该成为关注、分析和行动的核心目标。⑤ 对于结构性风险与认同性风险的消解以及长效社会稳定的建构过程，必须在国家治理模式转型的建构路径上打上深深的烙印；基于学理逻辑的思维，这种建构性过程必然会体现在国家治理模式转型的建构逻辑和路径图式上。

一是国家治理模式转型的建构逻辑：从权力胁迫到制度规范，再到基于互惠的自愿合作。事实上，自利选择与社会偏好并不必然呈现为绝对的矛盾关系，相反两者常常统一于基于互惠的自愿合作过程中。当然，强调合作在国家治理模式转型与建构中的重要作用，并非完全否定权力和制度的功能。权力胁迫下的合作可有效缩减协商的成本，保证国家治理行为的有效输出，这在应对后现代性未知风险及突发公共事件上依然至关重要；但亦需关注到权力胁迫必然会埋藏冲突的火苗，激化出无尽的对抗，谨慎且适度使用是必要规则。与权力胁迫不同，正式

---

① 张康之：《论主体多元化条件下的社会治理》，载于《中国人民大学学报》2014 年第 2 期。

② ［德］乌尔里希·贝克：《风险社会再思考》，郗卫东编译，载于《马克思主义与现实》2002 年第 4 期。

③ 杨雪冬：《风险社会与秩序重建》，社会科学文献出版社 2006 年版，第 39～40 页。

④ ［英］安东尼·吉登斯：《现代性的后果》，田禾译，译林出版社 2011 年版，第 70～71 页。

⑤ 金太军、张振波：《论社会冲突与政治体制改革的非线性关系》，载于《政治学研究》2014 年第 3 期。

或非正式制度规范将多数人认可的合作规则以多种形式加以固定，这就使后续治理中的冲突化解变得有典可查、有章可循；但外部规则能否实现局中人规则认可的内部化，是制度规范摆脱文本条例而实现应然功能的前提。这里就彰显出互惠、自愿的合作关系的必要性，因为治理主体的利益偏好与诉求，往往对其认同权力影响、内化制度规则产生关键的引导和协调作用。为此就应建构相应的利益表达、凝聚与协调机制，重新实现社会结构的组织化、秩序化与归属性以及利益诉求的聚合性、代表性与理性化，通过利益关系的协调与维系引导自愿合作的自觉实现。在这一过程中，权力架构、制度体系与合作过程共同构成结构性风险的应对逻辑，而互惠自愿则能为认同风险的消解创造可能性。

二是国家治理模式转型的路径图式：治理主体多元化、治理承载民主化与治理方式复合化。实现国家治理的主体多元化，一方面是要充分激发传统治理主体和存量制度结构的治理潜能，激活党委、政府、人大以及政协作为治理主体的能动力量，并以能动主体带动、引导和激发制度效能，实现主体、结构与过程的互动、互嵌与互助。另一方面则要打破国家治理的政府统揽模式，实现治理主体的多元化。这就要求在政府与社会之间建立起新型的"委托—代理"的契约关系，使社会逐渐承接更多来自公共行政范畴的维护和增进公共利益的根本旨归。当然，要真正让多元主体有效融入国家治理体系之中并形成治理过程中的多元合力，就必须实现国家治理承接载体的民主化。这是因为，治理民主是转型中国面对传统、现代与后现代张力，实现有机社会整合和有效社会动员的基础和保障。基于经验观察与学理分析，国家治理承接载体的民主化应在公共协商、基层选举与社区自治三个维度实现相应的变革：公共协商致力于激活协商存量、孕育协商增量；基层选举强调挖掘选举深度、拓展选举广度；社区自治则强调厘清权力边界、实现权力对接。传统、现代与后现代形态日益交织、张力多维显现的中国社会，其治理方式必须实现复合化。这里的复合将是法治、行政、市场、人本和技术的统一。法治是现代国家治理的基础，也是市场经济良性运作的前提，其功能定位首先在于限制国家与政府权力的扩张、规范其权力行使；其次要压制资本的扩张，规范其贪婪行为；最后更要保护社会个体正当的利益表达，维护公平正义。除了法治方式外，行政手段和市场手段也必不可少，它们是更少强制力的国家治理方式。

二、"外部输出"的制度化：政策的传播与执行

1. 政策传播与政策执行：作为"外部输出"过程

在伊斯顿看来，无论是权威性输出还是相关性输出，都将典型地采取言语陈

述（verbal statement）和执行（performance）两种形式。他认为，虽然"在大多数情况下，一种言语的输出最终可能必然得到至少是象征性执行的支持。如果没有随后贯彻陈述的行动，就可以认为它是不完全的"，"不过，撇开实际上履行的服务不论，这种言语陈述本身有时可能对支持具有重要影响"。因此他指出，"这种言语的输出方式在现代群众社会中已经变得日益显著和必要。他在所有大规模政治系统中起着一种重要的整合作用"[1]。事实上，从政策系统过程来看，伊斯顿所谓的"言语陈述"即为政策执行中的"政策传播"阶段；而正是鉴于政策传播在政策过程中的作用和功能愈发凸显，因此我们将其并列开来以做重点分析。

政策传播作为政策制定与政策执行之中介的关键作用，一方面体现于其能够通过对政策背景、目标、精神、要求、标准等基本要素的准确、及时解读，从而让公众了解、认同政策进而主动配合政策，因为政策的有效实施"是以作为政策目标群体的广大民众对所推行政策的认同和接受为前提的"[2]；另一方面能够在了解公众需求、吸纳反馈信息的过程中，将公众对政策的反应、评价、意见等输入决策系统，从而进一步修订和完善政策。事实上，尽管政策传播能够为政策执行创造条件和基础从而促进和推动政策执行已经成为共识，但政策传播研究的必要性及其价值远不止于此。这不仅是因为政策传播常常独立于政策执行而优先、自主地展开——比如那些得到广为宣传却并未付诸实施的政策，更是因为政策传播在连结政治系统内外关系、实现有效互动上具有独特的功能——例如，政策传播有利于以权利制约权力、有利于增强民众的政治认同、有利于社会良好道德与价值观的形成、有利于培养民主意识和参与习惯、有利于培养公众主动获取信息的习惯等。[3]

当然，政策传播的目的就在于政策能够得到有效、准确、持续的施行，而任何一项政策及其所规定的行为准则与规范，"即一种国家意志的表达，如果得不到执行，实际上就什么也不是，只是一纸空文"[4]。毛泽东同志也早就指出，"如果有了正确的理论，只是把它空谈一阵，束之高阁，并不实行，那末，这种理论再好也是没有意义的"[5]。在陈振明看来，政策执行在政策过程中的

---

① ［美］戴维·伊斯顿：《政治生活的系统分析》，王浦劬译，人民出版社 2012 年版，第 334 页。

② 张金马：《公共政策分析：概念·过程·方法》，人民出版社 2004 年版，第 408 页。陈振明也指出，政策宣传是政策执行过程的起始环节和一项重要的功能活动。政策宣传是统一人们思想认识的一个有效手段。执行者只有在对政策意图和政策实施的具体措施有一个明确认识和充分了解的情况下，才有可能积极主动地执行政策。政策对象只有知晓了政策，才能理解政策；只有理解了政策，才能自觉地接受和服从政策。参见陈振明：《政策科学——公共政策分析导论》，中国人民大学出版社 2004 年版，第 262 页。

③ 随红侠：《政策传播功能探究》，载于《新视野》2013 年第 1 期。

④ ［美］弗兰克·古德诺：《政治与行政》，王元译，华夏出版社 1987 年版，第 14 页。

⑤ 《毛泽东选集》第一卷，人民出版社 1991 年版，第 292 页。

地位与作用体现在两个方面：一方面其是检验政策正确与否的唯一标准。通过政策执行，不仅可以检验政策，还可以不断充实和完善政策，若在执行中发现问题和不足，则需予以修正和弥补，促进政策质量的提高，以期政策问题的最终解决。另一方面是其作为政策过程的中介性环节。制定新政策要以事实为依据，尤其要以前一项政策执行后的反馈信息为基本依据，在此基础上制定新的政策。①

2. 政策传播制度化：从支配性强推到共识性营销

新中国成立后的一段时期内，我国逐步建立起了一套与计划经济体制、纵向政治集权和全面社会控制相适应的政策传播模式，根据其特点和运作方式，可将这种模式概括为基于支配性强推的政策传播模式。近年来，随着社会主义市场经济体制的改革深化、地方自主性的扩容与增强以及单位制解体后社会主体的多元化与利益关系的复杂化，传统的政策传播模式愈发显露出其滞后性和不足，因此应建构一个包括公众参与机制、网络互动机制、信息反馈机制和政策纠错机制的现代政策传播体系，以实现公共政策的共识性营销。

新中国成立初期，出于巩固政权、维护意识形态安全和集中力量实现跨越式发展的需求，我国相继建立起了高度集中的、泛政治化控制的经济、政治与社会体制：在经济上，采用计划经济体制，党和政府通过掌握并配置全部资源而实现对经济生产资料和生产过程的全面干预；在政治上，建构起高度集中的纵向管理体制，地方政府依附于上级政府并严格遵从于后者的指令和意志；在社会上，逐步建立起了以差别户籍制度、单位制和行政身份制为组成部分的社会控制体制，这种体制"从本质上来说是一种将利益统治与强制性统治结合于一体的统治形式和工具"②，从而实现了行政权力对社会和个人的全面控制。在这种全面控制体制中，形成的必然是自上而下的、单向度的、行政化的政策传播模式。在这种模式中，政策被制定出来后就被各级地方政府整齐划一地进行宣传和灌输，既不存在自下而上的政策建议通道，又没有自外而内的信息反馈机制。显然，在高度整合的社会，这种单向的信息传递方式效率极高，且也曾对我国动员有限资源赢得社会运动的巨大成功起过至关重要的作用，但在这种政策传播模式中公众充其量只是政策的被动接受者和承受者，政策难以真正体现社会需求或响应外部支持，"一刀切"式的政策传播常使僵硬的政策要求无法适用于差异化的现实情境；况且这种以科层制为依托的层级推进传播模式也常常因组织机构自身的问题而导

---

① 陈振明：《政策科学——公共政策分析导论》，中国人民大学出版社 2004 年版，第 261 页。

② 李汉林、李路路：《资源与交换——中国单位组织中的依赖性结构》，载于《社会科学研究》1999年第 4 期。

致政策的失真或"政出多门"等不良后果。①

面对传统的基于支配性强推政策传播模式所面临的合法性危机和有效性困境，其关键在于建构一个替代性的政策传播模式。在这里，伊斯顿曾一针见血地指出，"一个成员可能因许多不同的缘由而愿意服从权威当局并遵守制度规则的需求，然而最稳定的支持还是来源于成员相信，对他来说，承认并服从权威当局、尊奉制度规则的需求是正确的和恰当的"②；青木昌彦也认为，"一些没有正式化的实践只要参与者认为它们有着内在状态的相关表征，就可以看作是制度，而当参与者对它们的信念动摇了，它们也就不再作为制度存在了"③。因此，如何通过政策宣介与传播而在政策制定者、执行者与接受者之间达成共识，才应是政策传播的根本宗旨。

然而，在现阶段，政府治理的重点从速度型发展转向规制型发展，公共政策涉及存量利益的重新分配，在此过程中政策损益表现出不确定性而不再是绝对的帕累托改进过程④；同时改革初期形成的利益集团也增加了进一步改革和调整的困难。转轨期的这些特征都意味着公共政策的目标、主体、对象以及工具变得复杂且多元，因此政策传播中达成共识绝非一蹴而就的简单过程。为此，应建构一套包括了公众参与机制、网络互动机制、信息反馈机制和政策纠错机制的制度体系。具体来说：

一是公众参与机制。基于共识性营销的政策传播，其根本在于公众通过参与政策讨论等在场形式，而能够掌握政策情境与政策问题、体察政策制定的政策目标、理解政策执行的方式选择，并能够理性、有序地针对公共政策提出自我诉求与主张。这不仅需要不断激发公众参政议政的积极性，以提高公众对政策信息的需求率和应用能力，为公共政策传播提供一个理性终端，为政策传播互动创造一个良好的思想条件⑤；而且要积极创建良好的公众参与平台，创新公众参与机制。

二是网络互动机制。公共政策的网络传播改变了政策传播中传播者与受众之间的关系，使传授双方站在平等的位置上并实现角色的自由转换，使受众由被动的接受者变成主动的参与者，赋予了受众更多的"自由"权利，为公众提

① 聂静虹：《论我国公共政策传播机制的演变》，载于《学术研究》2004 年第 9 期。

② ［美］戴维·伊斯顿：《政治生活的系统分析》，王浦劬译，人民出版社 2012 年版，第 266 页。

③ ［日］青木昌彦：《比较制度分析》，周黎安译，上海远东出版社 2001 年版，第 14 页。

④ 陈玲、赵静、薛澜：《择优还是折衷？——转型期中国政策过程的一个解释框架和共识决策模型》，载于《管理世界》2010 年第 8 期。

⑤ 刘雪明、沈志军：《公共政策传播机制的优化路径》，载于《吉首大学学报》（社会科学版）2013年第 2 期。

供了一个信息交流与畅所欲言的空间平台。① 为了充分发挥网络对于政策营销中达成共识的积极作用，就要改善对网络及其他新媒体的监管与培育方式，一方面要树立积极的规范方向和监管标准，警惕煽动性言论的无边际扩散并严防欺诈性行为的无约束滋生；另一方面则要鼓励和培育新媒体平台的建设和成长，使新媒体能够真实、平等、完全、及时地体现并汇聚利益相关者的利益诉求与政策意见。

三是信息反馈机制。共识性政策传播的对象"并不是所谓的'顺从的目标群体'，也不是被动的'政策客体'或'政策对象'，而是能够自觉认识到政策目标和措施与自身利益之间的关系，并做出积极反应的主体，即政策接受主体"②。因此要拓宽公共政策制度化的反馈渠道，重视大众传播等非制度化的搜集与反馈信息的渠道。③

四是政策纠错机制。政府部门要对所搜集的反馈信息进行系统化分析与整理，对原有政策进行适时、恰当的挑战，纠正传播中的偏差，保证政策的正确性、科学性。④

3. 政策执行制度化：从合法性博弈到多属性治理

当政策被制定出来，就脱离了整齐划一的、标准化的、严格统一的内涵界限与外在情境，而成为可变通执行的、权宜性引用的、弹性化定义的外生约束性变量。在这里，我们所要关注的问题是，为何有些政策得到了很好的执行而另一些却没有？行政组织如何认识或评估这些作为外生性约束变量的公共政策？其在做出政策执行行为时遵循着何种内在逻辑或价值取向？我们认为，地方政府在执行来自中央或上级政府的公共政策时，其是根据合法性博弈结果而做出不同的政策执行行为的。

迈耶和罗恩根据对美国各州教育体制的研究创立了组织社会学的新制度主义学派。在解释美国各州教育体制的相似性时，他认为组织结构本质上反映的是制度化的规则内容从而导致了"制度趋同"现象，这体现了一种基于社会认可的权威关系，迈耶将这种在无形中迫使组织接受制度环境中所要求的具有合法性行为模式的机制称为"合法性机制"⑤；而诸多制度之所以创立之后就被束之高阁，是因为迫于合法性压力而接受的制度结构与组织所追求的效率相矛盾，这就迫使组织将内部运作和外部结构分离开来，而呈现出"松散连接状

①④　刘雪明、沈志军：《公共政策传播机制的优化路径》，载于《吉首大学学报》（社会科学版）2013 年第 2 期。

②　胡平仁：《政策接受主体及其集团化趋势》，载于《行政与法》2000 年第 5 期。

③　聂静虹：《论我国公共政策传播机制的演变》，载于《学术研究》2004 年第 9 期。

⑤　John W. Meyer, Brian Rowan. Institutionalized Organizations: Formal Structure as Myth and Ceremony. *American Journal of Sociology*, 1977: 2: 340 - 363.

态"（loose coupling）[1]。迪马齐奥和鲍威尔进一步指出制度以影响资源分配来对组织产生合法性压力，并分别通过强迫性机制、模仿性机制和规范性机制而使组织呈现制度结构上的趋同性。[2] 例如，托尔伯特和朱克以美国公务员制度在各州推行情况描述了制度合法性机制与组织趋同现象的生发机制和过程。在公务员制度推行的初期，不同州会因其内部因素而对公务员制度持缓慢而不同的接受与变革态度，然而在后期，当大部分州都完成了公务员制度改革后，追随与效仿成为剩余州在对待这一被"广为接受"从而"获得了合法性地位"或者成为一种"理性预期"的制度的当然行为选择，各州的内部因素则无关紧要了。[3]

从这个角度来看的话，地方政府对制度环境的执行，就可以从组织社会学新制度主义的角度来进行分析。这一应用是以钱颖一等提出的"中国特色的联邦主义"[4] 理论为前提的。这一理论模型分析了中国改革开放时代的中央—地方关系，指出这一关系的制度性变化，特别是地方与中央政府讨价还价的能力和相对独立性，从这个意义上来说，这一关系近似于西方国家分权的联邦制度。基于这一认识，我们认为，正是效率与合法性共同决定着地方政府对政策的执行：在政策初期，决定一个地方是否采用这一制度，或者在何种程度上采用这种制度，是基于一种效率的考量，当然这种效率是以促进地方经济增长和纵向政治认可为体现的，其激励机制在于正向晋升效应；在政策末期，地方政府是否会采用或推行一项政策则取决于地方核心行动者的合法性考量，因为这种政策已经变成一种广泛认可的政策，其受到晋升的负向激励。从政策的执行效果上来看，则是一种效率与合法性的博弈，当效率大于合法性时，地方政府就会倾向于悬置这一外在制度，形成松散连接的状态；当制度环境的合法性压力大于地方政府的效率考量时，则会形成地方政府间的横向标尺竞争，竞相效仿而纷纷执行政策是理性的行为选择。

当然，需要指出的是，当我们将作为纵向代理人的各级地方政府作为政策执行的基本组织单元时，其合法性认同就同时指涉来自上级的政治拔擢评估和来自外部的政府能力评价两个方面，而正是这两个合法性来源的错位与错配，才导致

① Walter W. Powell and Paul J. DiMaggio. *The New Institutionalism in Organizational Analysis.* The University of Chicago Press，1991：57.

② Paul J. DiMaggio，Walter W. Powell. The Iron Cage Revisited：Institutional Isomorphism and Collective Rationality in Organizational Fields. *American Sociological Review*，1983：2：147 – 160.

③ Pamela S. Tolbert，Lynne G. Zucker. Institutional Sources of Change in the Formal Structure of Organizations：The Diffusion of Civil Service Reform，1880 ~ 1935. *Administrative Science Quarterly*，1983：22 – 39.

④ Qian，Yingyi and Barry R. Weingast. Federalism as a Commitment to Perserving Market Incetives. *Journal of Economic Perspectives*，1997，11.

地方政府基于合法性博弈的政策执行行为的诸多问题。事实上，充分而高效的政策执行，有赖于持续而较大的合法性压力，而来自中央或上级政府的内部合法性压力与来自外部评价的外部合法性压力，对于政策执行来说则必不可少，尤其是对于那些政府主动推行的意向性或变革型政策来说。因此，我们认为，实现政策执行的制度化，核心在于上下级协调的、内外部互动的多元协同机制的构建，以为政策执行提供全面的合法性压力和系统的监管机制。

作为制度变革路径的方向性约束力量，宏观政策架构与顶层体系设计是建构协同治理体系的必要条件，其中最为根本的便是实现治理机制与具体实践机制的深度互嵌，这需要我们充分激发存量制度中的潜在协同效能，激活党委、政府、人大以及政协委员作为治理主体的能动力量，以能动主体引导具体实践机制，从而实现与治理机制的互嵌互助。具体来说，第一，要树立官员的多重身份与角色的主体意识与自我认知，增强社会责任感、打破僵化的制度化分工结构和被动消极的"不出事"逻辑，强化官员协同治理的主体性和主动性。当然，在正式制度尚需完善而尚未产生应有的规导作用之前，以意识形态和官场潜规则实现非正式制度对官员的浸润是必要的过程和选择。[①] 第二，进一步完善党委、政府、人大以及政协之间的交叉兼职机制，实现权力的相互监督、职能的相互配合以及职责的相互协作，例如已渐趋成型的"地方党委书记兼任人大主任"模式便初步显露出协同效应，但应规避权力过分集中、弱化人大角色与职能等潜在弊病。第三，在丰富各主体内在沟通机制的基础上，加强党委、政府、人大与政协等各主体间的互通平台建设，例如定期举行由几大主体核心人员参加的协同治理联席会议便是可行的举措。

第五节　社会治理体制创新与和谐稳定
长效机制建构的重点场域

相对于社会学、政治学、管理学等多学科领域学者的高度研究参与热情和丰硕的研究成果，对创新社会治理和社会和谐稳定长效机制的理性分析与实证研究则显得比较薄弱，特别是缺乏对于社会治理重点场域的针对性探究、未能因不同的社会治理实施对象而"因地制宜"提出针对性的政策性建议，以及在此基础上

---

① 沈承诚：《地方政府核心行动者的生成逻辑：制度空间与制度规引》，载于《社会科学战线》2012年第6期。

的整合研究。以边缘社区和网络社区为代表的社会治理特殊情境是社会治理体制创新的重点场域，同时也都蕴含着巨大的社会不稳定因素，其本身在运行机制与逻辑上有着巨大的差异，社会治理体制创新与社会稳定的机制构建相应地也会呈现显著不同的体制与逻辑。故而，我们着重研究在社会治理的重点场域（如边缘社区、网络社区、社会组织以及协同治理机制等）创新社会治理体制、建构社会和谐稳定长效机制的路径与实施方案，以为地方政府特别是基层政府提供可操作性强、针对性突出的实施方案参考。

一、边缘社区治理体制创新与社会和谐稳定长效机制建构

城市"边缘社区"是当前农村城市化进程与城市外扩过程中普遍存在的一种社区类型。伴随着城镇化进程的不断推进，"边缘社区"已经成为重要的社区主体之一，甚至与城市社区和农村社区一起构成基于社区的社会治理的主体内容。作为一种特殊的社区形态，边缘社区构成主体异质性高、居民政治参与缺位、社区居委会成为政府行政力量下渗通道而出现"内卷化"趋向以及社区管理人员能力水平不高、管理方式落后、管理经费短缺等问题，使之成为"风险社会"的矛盾集聚高地，蕴含着诸多复杂的不稳定因素，成为维护社会和谐稳定的重点与难点。面对如此社会风险，亟须聚焦边缘社区创新社会治理，准确定位并采取措施逐步消解不稳定因素，构建社会和谐稳定的长效机制。

第一，推进社区文化建设，发挥先进文化引领作用，增强社区归属感与认同感。创新边缘社区社会治理，应充分重视社区居民的主体地位和作用，文化建设将对于强化主体地位、发挥主体作用产生越来越显著的积极作用。发挥先进文化对边缘社区社会治理与社会发展的积极作用，核心就是用社会主义核心价值体系引领社会思潮、凝聚社会共识，同时实现民族文化、现代文化与主流文化的融合，从而增强社区居民对于城市社区的归属感与认同感，将边缘社区居民由社会不稳定因素变为维护社会稳定的主体力量。第二，释放社区组织活力，培育社会资本，构建开放包容的社会治理体制。首先应重建边缘社区的社会资本，增进社会信任与政治认同；其次应探寻城市社区管理体制，创新矛盾纠纷化解机制，加强流动人口的管理与服务，推行流动人口集宿区制度；最后要着力将城乡接合部地区纳入城区进行一体化建设，将城乡接合部地区的公共安全治理纳入和谐社会建设体系。第三，破除户籍制度，保障公众权利，消除城乡二元差异。破除户籍制度，同时保障转户农民的合法权益不受损害，通过保留其原有的土地和山林承包经营权、宅基地使用权、房屋所有权，保持其村组织社员身份和村集体经济组织成员身份不变，实现消除城乡二元差异与保障公民权利的有机结合。第四，统

173

筹城乡发展，促进社会公平，完善基本公共服务均等化建设。应完善顶层设计，系统地进行制度设计并付诸实践，实现一体化规划和统筹发展；通过城乡基层治理体系创新，促进城乡生产力的进一步发展和生产关系的完善，使城乡各种资源（和资本）能够达成自由流动、集约使用和最佳配置。

二、网络社区治理体制创新与社会和谐稳定长效机制建构

网络建构了我们社会的新社会形态，现代社会成为一个各种主体彼此联系互动、相互作用的网络空间和社会形式——也就是虚拟社会，从而形成了当代现实社会与虚拟社会并存的二元社会结构。虚拟社会建设与网络舆情管理已成为地方政府特别是基层政府创新社会治理与社会和谐稳定长效机制的重要场域与重要手段。一方面，网络的开放性、匿名性和随意性为多元价值与思想提供了碰撞的平台，存在更多矛盾产生与激化的社会风险，同时在网络传播扩大效应和网络参与者社会责任感弱化的双重影响下，容易形成网络群体性事件，并反作用于现实社会，从而产生更多社会不稳定因素；另一方面，网络的即时性、匿名性和平等性也提高着人们的参政意识，扩大着人们参政议政的途径，拓展着社会民主的范围，而网络群体性事件经过妥善处理也可以成为社会治理的预警器和安全阀，增强社会治理与社会稳定的张力。无论是作为社会治理的对象，还是作为社会治理创新的手段，都应转变社会治理方式，积极、主动、有效地创新网络社会治理体制与模式。

第一，抓住网络作为社会风险显性表现的契机，发挥网络在社会治理与维护社会稳定中的正向作用。网络作为社会风险的触发高地，是社会心理风险集中表达的主要场域。网络舆情的汇聚和生发是风险迅速放大与急速传播的关键阶段，也是及时发现与有效化解风险的最好契机，故而绝不应该通过网络屏蔽等手段剥夺居民表达诉求的权利和心理风险显性化的机会，而应该善于捕捉、能于分析、巧于化解，释放网络"放大镜"与"扩音器"的正向效应；第二，积极参与与适当管控相结合，化解虚拟社区矛盾，维持网络社会秩序。管理部门应积极参与网络化、信息化进程，深入政府上网工程建设，充分利用政府微博、政府论坛及其他信息公开发布平台，实现政府与社区居民直接沟通，了解民意民求，解决居民社会心理风险，培育政治认同，维护社会和谐稳定。另外，网络社会治理未来的方向不是用"参与逻辑"完全取代"管控逻辑"，因为对于网络社会矛盾的化解和秩序的维持，两种管理逻辑具有功能上的互补性。当然，不可忽视的是，应统筹网上社会与网下社会的管理，实现虚拟社会与现实社会的良性互动。虚拟社会与现实社会相互影响、相互作用、不可分离，必须统筹"两个社会"管理，将其纳入推进全面社会治理的顶层设计与整体战略中去。坚持网上舆情处置和网下

问题处理并重，以现实社会治理创新引导网络舆论，以网络舆情推动实际问题的解决，真正实现虚拟社会与现实社会的良性互动。

三、社会组织治理体制创新与社会和谐稳定长效机制建构

社会组织是依法建立的、相对独立于国家政府系统，以社会成员的自愿参与、自我组织、自主管理为基础，以社会公益活动或者互益活动为主旨的非营利性、非政治性、非宗教性的一类组织。改革开放以来，中国社会组织快速成长，在经济、社会、文化等各个领域发挥着日益重要的作用，已经成为不可忽视的社会力量。特别是在地方政府的社会治理中，社会组织扮演着越来越重要的角色，其在公众意见的整合与代表、对社会力量的动员与重整等方面的作用愈发凸显。同时不可忽视的问题是，具有极强的社会代表、整合和动员能力的社会组织，也越来越成为社会和谐稳定的重要因素，这一方面体现为其对于社会治理的贡献能力和社会稳定的维护能力，另一方面则会表现为当社会组织缺乏有效的引导、规范、监督时而表现为社会不稳定因素的"裨益的相反"。由此看来，适应实践发展的需求，研究社会组织的治理问题（包括引导、规范、监督等），既具有重要的理论意义，也具有重要的实践价值。从现有的文献看，学界更多是从宏观层面对社会组织的治理（管理）提出了一些建议，但对社会组织内在运行逻辑的学理性分析、社会组织治理的具体手段和方法、后现代社会中社会组织的发展趋势等内容涉猎不多；即使有对部分地区社会组织治理的个案研究，但仍缺乏系统性和普适性。

为此，应从以下几个方面展开重点研究：党的二十大从顶层设计上对整个社会治理体制改革做出了部署，为社会组织的成长与发挥作用提供了新制度的空间。结合我国社会组织和社会发展的现实基础，我们可以着重在以下几个方面加强研究：加强理论研讨，为现阶段社会组织的社会职能、结构地位等提供学理分析，为社会组织的治理提供理论基础和依据；探索社会组织的一般运行逻辑和各种运作方式，对社会组织的结构、地位、职能、优势、不足等属性进行类型学分析；关注政策创新设计，为各类社会组织的自身成长发育与社会职能发挥提供宽松的制度环境和法律保障；注重政府职能转移的范围和领域研究，为市场和社会组织承接政府转移出来的职能做好理论准备；研究社会组织治理与社会和谐稳定的内在关联，探寻社会组织治理创新与维护社会和谐稳定的长效机制；等等。

四、社会治理协同机制创新与社会和谐稳定长效机制建构

体制对于社会治理的支撑作用不言而喻，社会治理创新在很大程度上表现为

社会治理体制的创新。就现阶段的中国而言，有效的社会治理体制应该能够整合各种社会资源，发挥多元主体的各自优势。中国共产党具有无可比拟的政治优势与组织优势，发挥着总揽全局和引领方向的核心领导作用；政府则具有政策输出、物质保障、社会治理要素的投入等方面的功能优势，特别是地方政府更承担着直接领导所在区域创新社会治理和社会稳定的责任；社会在服务社会、提供社会支持、化解社会矛盾等方面具有的优势和作用正日益凸显；公众依法有序参与社会治理不仅有利于实现社会的公平正义，而且有利于实现社会的安定有序和达成和谐宽容的愿景。另外，良法善治，法治思维、政策手段在调整和处理社会治理、创新社会和谐稳定中具有不可或缺的保障作用。故而，党委、政府、社会与公众作为重要能动力量，法治建设作为重要保障，共同构成社会治理创新与社会和谐稳定的多元协同创新体制。为此，应从意识理念、体制结构与平台架构三个方面入手：

第一，转变政府社会治理传统理念，培育社会与公众的社会治理参与意识和能力。政府应实现在社会治理中的"宏观上升"与"微观沉降"，宏观上从"事无巨细"式的管控模式中抽离出来，充分发挥协调、组织、管理、推动的引导性服务职能，微观上从"管而不理"的传统管理模式沉降至行为层面，加强行为管理和规制，真正实现与社会、企业等其他主体的利益平衡、权责对等。同时，应着力培养各参与主体的意识与能力，肯定并保护社会组织与民众个体的积极性和创造性，加强宣传教育与能力培养，在逐步培育主体意识、权利意识、平等意识和参与意识的同时，实现社会治理参与的合理化和专业化。第二，建立多元主体协同参与的机制体制，完善法治建设与法制体系。首先应建构协同型组织体制，横向上打破政府边界，主动寻求合作，增强适应性与灵活性，纵向上以包括多元治理主体在内的、弹性化的组织体制替代传统的官僚组织层级，提高组织整体反应能力和速度；其次要梳理权力结构，明晰各主体的权力、能力与责任，保障权力、能力与责任的匹配与对等；最后以法律制度形式明晰社会治理中各组织机构和社会公众的权力、责任和义务，理顺他们之间的关系，在权责分明基础上依法设置、依法运行并整合各多元主体力量，以实现协同治理目标。第三，健全落实协同合作体制的支撑平台。平台架构及其运转完善决定了多元协同的社会治理创新体制能否最终实施以及最终成效，故而应着力建构包含各种优势资源与能力的信息共享机制、技术融合机制、政策优惠机制等。例如，政府与企业共建的环境监管组织、政府与公众共建的网络文化监管组织等，都属于落实协同机制的支撑平台，是多元协同的社会治理创新体制的关键组成部分。

第五章

边缘社区治理体制创新与社会
和谐稳定长效机制建构

城镇化进程的深化，促进了一些城乡结合地区逐步进入城镇化发展阶段，但同时一些传统城市中心地区也随着城市发展重心的转移而逐渐衰落，这些因城镇化发展而形成的、以治理体制变迁为核心内容的社区，我们称为边缘社区。在这些社区内，要么囿于传统城乡二元治理体制而面临转型困境，要么受制于旧的城市管理制度而受到创新阻滞，这些问题与不足也相应地导致了边缘社区和谐稳定问题的衍生。鉴于这些地区往往作为城镇化发展的持续性推动力量和重要体制建构模板，因而其不但存在着巨大的治理体制创新空间，同时又蕴含着巨大的社会稳定建构力量。是故在本章中我们以边缘社区作为重点研究场域，从其内涵、生成、特征及其治理体制困境的分析入手，基于输入、转换、输出的系统过程分别探寻边缘社区治理体制创新的系统路径，从而建构边缘社区和谐稳定的长效机制。

第一节　边缘社区治理体制困境及其社会稳定问题

随着城镇化进程进入郊区城市化阶段，一些传统社区治理体制落后、传统阻滞因素错综复杂，社区治理体制创新举步维艰。边缘社区的和谐稳定，直接影响着城市和乡村社区的整体稳定形态，因为边缘社区会破坏城市文化或乡村认同，形成文化洼地，甚至对外部文化形成冲击和破坏，而且稳定有序的边缘社区能够为新型城镇化的持续推进创造条件。然而，在边缘社区的治理实践中，却存在着多个方面的体制性困境，这些问题与不足也相应地导致了边缘社区和谐稳定问题的衍生。这就需要我们基于综合性的分析视角，基于边缘社区的特征和治理困境，寻求治理体制的创新和突破。

一、边缘社区：内涵取向、生成逻辑与特征表现

1. 边缘社区的内涵取向

在地理意义上，边缘社区是指处于城市与乡村边缘的社区类型，它一般处于城市的郊区或乡村中靠近城市的地区。在这些边缘性区域中，往往因低廉的土地等资源要素价格、丰富的农村剩余劳动力资源、便利的交通运输（高速或铁路旁）等独特的比较优势条件，而吸引了较多的企业单位落户于此，进而促进进城务工人员、刚毕业学生以及其他类型流动人口的汇聚与聚居。在诸多研究中，多从地理区域的意义上来识别和分析边缘社区，然而随着城镇化进程的发展和社区自身的演变，这一认知方式常常失去其应有的识别和阐析功能。这不仅是因为在城镇化进入郊区城市化阶段之后，会在城市中出现旧城衰落的迹象，这些位于城市中心位置的社区反而会呈现出"边缘社区"的特征；而且，随着城镇规模的扩展和城市要素的外延，那些位于城市边缘地区的社区，反而会成为城市建设与社会治理创新的试验田或新阵地，从而呈现出更多的现代化社区的诸多特征。正是从这个意义上来讲，治理意义上的边缘社区才更能凸显出其内在的特征和内容。

治理意义上的边缘社区，是指那些在乡村社区治理体制与城市社区治理体制之间徘徊不定的、模糊的、过渡型的社区类型，同时也指涉那些正处于从传统社区管治类型向现代社区治理模式转型过渡过程中的社区（如旧城社区或城中村社区等）。有学者指出了此类社区治理机制边缘性的社会属性根源，即其在行政区划上属于城市的"区"组成部分，在这种意义上它应当属于城市社区，然而它作为城市的"区"附属乡镇，其乡镇定位意味着它的社会属性属于农村社区，这带来了其社会属性的交叉性。这种交叉性决定了它一方面作为城市社区的组成部分，必须接受城市政府的领导，在城市社区治理体制下运行；另一方面又属于农村社区，在土地制度、户籍管理制度等方面必须执行农村社区治理体制，从而构成了治理体制上的交叉性。[①] 有学者将此类独特的基层治理模式称为"边缘治

---

① 中共济南市委党校课题组：《"边缘社区"与城乡结合部社会稳定问题研究》，载于《济南市社会主义学院学报》2001 年第 4 期。

理"，即其作为一种介于城市居民自治与农村村民自治之边缘而在实践开展，两种基层群众自治体制和管理因素同时并存、相互渗透、综合作用，甚而使这些社区呈现出非城非村、亦城亦村的边缘性特征。[①] 当然，随着城镇化进程进入郊区城市化阶段，城市中间一些旧城社区开始衰落，社区治理体制落后、传统阻滞因素错综复杂，社区治理体制创新举步维艰，甚而呈现出新的"边缘性"治理——从传统的、低效的社区治理模式向现代的、高效的社区治理模式转型过渡的治理模式。因而，这就需要我们基于综合性的分析视角，基于边缘社区的特征和治理困境，寻求治理体制的创新和突破。

2. 边缘社区的生成逻辑

边缘社区的外在生成逻辑，是指那些促进边缘社区得以形成的直接性因素，包括人的流动和政策的推动两个方面。人的流动，是构成边缘社区生成的最直观因素体现。随着改革开放的持续推进和深化，从传统的固化的单位制和二元管治体系中解放出来的城乡居民，开始穿越城乡的地域边界而自由流动，特别是从乡村到城市的流动更是伴随城镇化进程的加速推进而愈发规模扩大，并体现在从农村进入城市的地域转移和由农村人变为城市人的社会身份变迁两个方面。[②] 当然，这与农村居民自身的进取冲动有关，因为城镇化为他们提供了这样的一个契机：他们在城市中拥有了安身立命之所而产生更多的归属感与存在感，同时这也使他们不用再像从前那样不得不舍弃家庭；他们周围有更多的同伴与支持者[③]鼓励着他们的渴望和追求，也更有可能接触到更多的社会资源与机会；他们拥有同城市人一样的市民身份，这赋予他们表达同等利益诉求的权利，乃至满足了他们渴望已久的自我成就感和虚荣心。

政策的推动是中国城镇化进程快速推进、边缘社区普遍形成的另一外在生成逻辑。事实上，农村、农民问题是新中国成立以来历届党中央、国务院非常重视的问题，这体现在近年来的一系列政策内容和施政理念之中。例如，2004 年党提出的和谐社会的执政理念就包含缩小城乡差距，提高人民生活水平的内涵；在党的十六届五中全会上又进一步提出了建设"生产发展、生活宽裕、乡风文明、

---

① 李意：《边缘治理：城市化进程中的城郊村社区治理——以浙江省 T 村社区为个案》，载于《社会科学》2011 年第 8 期。

② 章铮指出，乡村劳动力向城市迁移包含两个过程，第一个过程是劳动力从迁出地转移出去，第二个过程是这些迁移者在迁入地定居下来。参见章铮：《进城定居还是回乡发展？民工迁移决策的生命周期分析》，载于《中国农村经济》2006 年第 7 期。

③ 城镇化进程中的拆迁安置居民大多聚居于城市"边缘社区"或"过渡型社区"，而该类社区因低廉的租金而吸引了大量"租赁校区房屋的外地人口，其中有公司白领，有工厂工人，有工地民工，还有学生，还有少量因房价因素选择城市近郊购置房产的企事业单位人员"。详见张晨：《城市化进程中的"过渡型社区"：空间生成、结构属性与演进前景》，载于《苏州大学学报》2011 年第 6 期。

村容整洁、管理民主"的社会主义新农村的总体要求。① 在此要求下，除推出各项具体政策以提高农业生产水平、发展农村经济、改善农民生活水平之外，通过激励农民进城或开展农村地区社区化改造等措施催动城镇化建设，也是重要的政策选择。另外，囿于"压力型体制"② 的制度环境与绩效考核机制③，地方政府为了追逐城镇化红利，靠行政力量大量征收、拍卖农村土地，强力发起、推动和建设新型社区，但是并未完善新建社区的各项功能，从而造成了诸多边缘社区的普遍形成。

边缘社区的内在生成逻辑，指涉那些促进边缘社区形成的根本性因素，其同时也为上述两种外在生成逻辑提供了一般性的诠释。故而，我们同样从以下两方面论述边缘社区的内在生成逻辑。一方面是经济发展和社会聚集的规律使然。通常而言，随着市场经济体制的确立和深化，城市中工业化经济的发展和机器化生产的扩展，必然会吸收大量农民离开农村和土地，为更高的收入和现代化的生活方式而进入城市；同时，农业生产技术的发展促进了农业生产力的快速提升，农民逐渐从密集型生产模式中解放出来，剩余劳动力不断增加，客观上也为农民向城镇的聚集提供了推动力量。况且，诸多以农民为劳动力来源的企业往往将郊区或城乡结合地区作为厂址以降低成本，或者在这些租金低廉的地区为其工人提供租房住所，故而农村进城务工人员在这些地区的大量汇聚就内在地促生了边缘社区的自然生成。

当然，地理位置上的"边缘性"并不全然地使这些地区具有如此之特殊性，固化的城乡二元治理体制构成了边缘社区的另一内在生成逻辑。新中国成立初期，"为了保证从农业中获取稳定的工业化资金，实行严格的城乡分割政策。以城乡分割的户籍制度为基础，形成了城乡有别的二元性财税政策、就业政策、住房政策、社会保障政策等。这些制度和政策相互支持，逐渐形成和强化了城乡二元性社会体制"④。亦即是说，长期城乡二元化治理，使我国城市和乡村地区分别形成了独立的治理体系；它既不同于纯粹的农村和农村社区，也有别于成熟的城市社区，既表现出村民自治的特征，同时也采纳了城市较先进的治理模式。⑤然而，在城市郊区或乡村中的非农社会生产区域中，其或者是被划归为城市的区域规划之中，而被自上而下地灌输一种城市社区治理方式与体制，然而乡村治理

---

① 《中共中央第十六届五中全会公报》，新华社，2005 年 10 月 11 日，https：//www.gov.cn/test/2008 −08/20/content_1075344.htm，2023 年 9 月 9 日访问。

② 荣敬本、崔之元等：《从压力型体制向民主合作体制的转变——县乡两级政治体制改革》，中央编译出版社 1988 年版。

③ 周黎安：《中国地方官员的晋升锦标赛模式研究》，载于《经济研究》2007 年第 7 期。

④ 周琳琅：《统筹城乡发展》，中国经济出版社 2005 年版，第 9 页。

⑤ 吴晓燕、赵普兵：《"过渡型社区"治理：困境与转型》，载于《理论探讨》2014 年第 2 期。

的烙印根深蒂固，并形成一种自下而上的对冲乃至抗触；或者是在乡村区域中施行城市社区治理体制，妄图以社区化体制改造传统的乡村治理方式，从而形成了城乡二元治理体制相互交叉与嵌构却又互相独立乃至拒斥的复杂治理体制，正是这种治理方式上的"边缘性"，才使得这些区域呈现出比地理意义上的边缘性更为典型和突出的内在特质。

从生成类型上看，边缘社区大致包括以下几种类型：一是"城中村"社区。在快速城市化背景下，众多农村社区因政府的强势介入而被动纳入城市空间中，成为名义上的城市社区，但是它们与一般的城市社区相比，仍存在着较大的差距，这引起了学者们的普遍关注，其中"城中村"尤为引人瞩目。[①] 李培林认为，城中村的产生与发展为我们最终揭示从村落非农化、工业化、去工业化到城市化和村落终结的变化逻辑提供了可能。[②] 有学者提出了"都市村社共同体"这一概念来阐释"城中村"存在、发展的特定逻辑，指出政府合理的制度供给在"城中村"发展中的作用。[③] 二是"过渡型"社区。如果说"城中村"代表了村落社区的终结，其未来走向是逐步消亡甚至终结，那么，以失地农村的集体动迁小区为空间载体的社区则指向了一类城市新型社区的兴起——"过渡型"社区[④]。这类社区意味着其具有过渡型特征，是中国特色城镇化进程中的特定社区演进形态，这类社区包含着城市社区空间形态的特点，又延续着一定的农村社区属性（文化传统、生活习俗）。有学者明确提出，"过渡型"社区是指在城市化发展过程中在农村社区向城市社区转变的过程中形成的兼具农村和城市双重特征的一种新型社区，是农村城市化过程中的过渡形式。[⑤] 三是"村改居"社区。近年来，随着改革开放和经济社会发展的深入推进，统筹城乡发展工作力度不断加强，城市化步伐明显加快，城市边缘区"村改居"社区越来越多。"村改居"简单地说就是农村户口改为居民户口，也就是所谓的"农转非"，村委会改为居委会或社区委员会。"村改居"社区居委会选举面临诸多困境，这些问题阻滞了统筹城乡发展，应采取改变选举方式、合理设定候选人资格、理顺权力关系等措施对"村改居"社区居委会选举进行全面治理。[⑥]

---

① ④ 张晨：《城市化进程中的"过渡型社区"：空间生成、结构属性与演进前景》，载于《苏州大学学报》（哲学社会科学版）2011 年第 6 期。

② 李培林：《另一只看不见的手：社会结构转型》，社会科学文献出版社 2005 年版，第 290 页。

③ 蓝宇蕴：《都市里的村庄：一个"新村社共同体"的实地研究》，生活·读书·新知三联书店2005 年版，第 97 ~ 105 页。

⑤ 王璞、付少平、王黎黎：《中国"过渡型社区"现状初探》，载于《特区经济》2013 年第 1 期。

⑥ 张善喜：《"村改居"社区居委会选举困境与治理路径——以城乡协调发展为视角》，载于《中国农村观察》2016 年第 4 期。

3. 边缘社区的诸种特征表现

特殊的地理位置、生成逻辑与治理体制，使边缘社区呈现出如下几个方面的典型特征。

一是过渡性。边缘社区作为我国在城镇化规模扩大或乡村社区改造过程中伴随社区治理体制变革而形成的社区类型，具有典型的过渡性特征。这种过渡性体现在两个方面：一方面，传统的、乡村的，伴随其城镇化地位的变动会逐渐推动治理体制的变革，因而这一类社区时刻都处在从传统社区治理体制向现代的、新的社区治理体制的变革过程中，如何探索新的治理体制构成过渡过程的主要内容；另一方面，一些地域上处于城镇中心的、发展较早的旧城社区，旧时先进的治理体制逐渐落后于社会发展的速度和需求，因而构成一种"从先进到落后"的过渡性，如何克服传统体制的滞后、弊端与掣肘，相应地构成了这一过渡性的主要内容。正如有学者所说，边缘社区的形成与演变是一个渐变过程，昨天的新郊区变成今天的成熟郊区，以至明天的老郊区和内城。①

二是流动性。当我们将对边缘社区的关注从地域空间意义上转移到治理体制意义上时，边缘社区的流动性特征便凸显出来。这是因为，从治理而非地理的意义上来看，边缘社区不仅仅限定于城镇边缘、乡村发达地区等区域内，而是扩展到所有处于治理体制变革过程中的社区类型范围。事实上，这也是符合城镇化进程的客观规律的，因为城镇化就是一个动态演变的过程，一些处于城镇边缘的社区可能演变为真正意义上的现代性城市社区，而那些传统上位于城镇中心的社区则可能愈发落后于现代社区治理的需求而体现出其体制安排的滞后性与不足。从社会治理体制变革指向上来说，体认边缘社区这一特征的意义在于，社会治理体制变革与社会和谐稳定长效机制的建构，就不能仅仅限于城镇郊区或乡村地区的社区范围内，而是应该在新旧社区内同步展开、协同推进，既不能互相独立，更不能相互脱离。

三是异质性。由于边缘社区往往处于城镇发展的前后两端——要么是城镇扩展的前沿，要么是城镇中心转移后的旧地，低廉的土地成本、房租价格等降低了边缘社区的进入成本，使其往往包含着拆迁安置的失地农村以及租赁小区房屋的外地人口、公司白领、工厂工人、工地农民、部分学生等多种属性的社会群体，小区构成主体异质性高，所带来的不同传统生活习惯与文化特质相互碰撞与冲击，必然带来各类的居间矛盾、人际冲突、社群间相互不信任甚至敌视等问题。从一定意义上来讲，正是边缘社区的异质性特征，才真正使其成为社会体制创新

---

① Larry S. Bourne. Reurbanization, Uneven Urban Development, and the Debate on New Urban Forms. *Urban Geography*, 1996, 17 (8): 690 - 713.

和社会和谐稳定长效机制建构的重点场域。

四是分散性。在滕尼斯看来,社区应是"由具有共同价值观念的同质人口所组成的关系亲密、守望相助、富有人情味的'共同体',人们在这个'共同体'中与同伙一起,从出生之日起,就休戚与共,同甘共苦"①。然而,由于边缘社区的异质性特征,进一步导致了社会个体与群体的分散性。分散性是与整合性相对的,边缘社区的分散性指涉社区成员或群体虽然生活在同一地域空间内,却彼此保持独立、相互缺乏互动交往和情感联系,更勿论构成守望相助、休戚与共的共同体了。例如,有些社区不仅因社会地位不同而导致社会分层明显,而且高度集中的流动人口因为地缘、血缘、职业不同等原因,又造成了社会群体细分现象,出现了不同的"亚群体",如北京的"新疆村""浙江村",南京的"固始村""无为村"等。②

二、边缘社区治理体制困境与和谐稳定问题衍生

边缘社区的和谐稳定,直接影响着城市和乡村社区的整体稳定形态,因为边缘社区会破坏城市文化或乡村认同,形成文化洼地,甚至对外部文化形成冲击和破坏。而且,稳定有序的边缘社区能够为新型城镇化的持续推进创造条件,这是因为,城镇化带来的农村社区—新郊区—老郊区(城乡结合部地区)的梯次演变过程,是一个连续的和不间断的过程,而在我国城市化已经进入高速发展阶段之后,这种梯次演进过程也将不断加速,意味着必然会有部分农村社区快速地从非郊区变成城市郊区和"边缘社区"。另外,边缘社区的和谐稳定,能够为城镇化创造新的城市经济增长点。在城镇化持续推进和加速扩展的过程中,边缘社区往往承载着城镇中心向外的产业转移,进而成为城镇之外的另一个工业中心。边缘社区在土地、人力、耗材、交通等方面的成本相对较低,且其依托于城市、连结着城乡,具有深厚的市场腹地和丰富的资源供给,因此往往对某些产业具有更高的吸引力,进而表现出独特的发展活力,成为城市所依托的重要经济增长中心。并且,伴随我国部分地区的城镇化进程进入城市郊区化发展阶段,边缘社区往往能在商贸业、房地产业、现代工业等二三产业上实现超常发展,成为城市辐射、带动周边地区经济发展的核心区域,成为高新技术集中应用和新兴产业迅速发展的地区,成为城市经济发展中最具活力、最有发展潜力的新的经济增长点。③ 当然,从社会与经济的内在关系来看,经济增长的实现有赖于社会良好秩序的建构

---

① [德]斐迪南·滕尼斯:《共同体与社会》,林荣远译,商务印书馆1999年版,第53页。

②③ 中共济南市委党校课题组:《"边缘社区"与城乡结合部社会稳定问题研究》,载于《济南市社会主义学院学报》2001年第4期。

和稳定形态的实现，特别是对于边缘社区在吸引高新技术移植、外来投资等方面，更是体现出社会和谐稳定的前提性作用。

然而，在边缘社区的治理实践中，却存在着多个方面的体制性困境，这些问题与不足也相应地导致了边缘社区和谐稳定问题的衍生。

1. 社会治理应然主体的失衡性发展

在当代社会治理"已经突破传统的线性模式，走向网络化治理形态，呈现出网络化、多样化、自组织的特征"[①] 的背景下，社会治理"之发挥作用，是要依靠多种进行统治的以及互相发生影响的行为者的互动"[②]。在社区治理中，除地方政府作为治理平台的提供者和资源供给者应发挥主导性治理功能之外，社会组织与社会个体都理应被赋予平等的治理地位并获得相应的治理赋权。

然而，在现行边缘社区治理体制中，却存在着治理主体发展失衡的问题：首先，由于孕发边缘社区的城镇化进程是由政府主导并以行政权力为推动力量的，政府当然地获得了边缘社区前期建设的主导地位，然而由于传统政府管理理念的影响、其他治理力量成长不足以及边缘社区利益主体错综复杂等原因，导致政府愈发成为社区治理的核心甚至独一主体，社区居委会则成为"政府的腿"而失去了其应然的治理功能；其次，由于边缘社区异质性高、流动性大，社区成员之间缺乏互信与互助的基础，社会资本发育不足而导致社会组织成长缓慢，且在强势的地方政府的管控下仅能获得狭小的功能空间，社会治理赋权严重不足；最后，由于边缘社区往往聚集了大量流动人员，其社会活动单一且主要在工作环境中展开，即便在班后或双休日等工作之外的时间，他们的活动也很少在社区之中，并且他们那些没有离开社区的家庭活动，也不过是私人活动，而非社区活动[③]，因此作为治理主体的个体往往在社会治理中"缺场"。

2. 社区治理"治道"与"政道"逻辑的交叉性影响

从治理的结果来看，边缘社区治理一般会具有两个作用：一方面是对社会治理层面或领域中的破碎零散的冲突、矛盾、纠纷进行直接的在场处置，并在此过程中逐渐形成治理的规则、原则等非正式约定，以形成社会自治的行为原则与规约框架；另一方面是将社会领域中形成的超出了社会自治范畴的公共事务，或者表现为超越自治能力的共识性、一致性诉求，有序、合理地凝聚并输入政治系统中，以作为政府政策制定的标的与依据。因此，从社区治理的逻辑来看，其遵循的是社会自治范畴的"治道"逻辑。

① 范如国：《复杂网络结构范型下的社会治理协同创新》，载于《中国社会科学》2014 年第 4 期。

② Van Vliet Kooiman. Governance and Public Management. In K. Eliassenand J. Kooiman eds. *Managing Public Organizations*. London：Sage，1993：64.

③ 刘少杰：《新形势下中国城市社区建设的边缘化问题》，载于《甘肃社会科学》2009 年第 1 期。

然而，从根源上来说，城镇化进程中边缘社区的生成，在很大程度上都是政府基于政治晋升逻辑作为出发点的；而在实践过程中，从卫生、综治、工会到计生、团委等，各种各样的政府机构牌子挂在社区，直接监督和控制着社区的居民行为和社区的各种活动①，长期型塑下的边缘社区治理也愈发开始遵循"政道"逻辑，这使得任何社会领域中的、利益相关的矛盾与纠纷，皆会直接诉诸国家与政府，并在纷繁复杂、流动多变的社会情境中汇聚乃至集中爆发，进而呈现出"社会冲突"的外在形貌。

3. 新旧治理体制的双轨化施行

社区治理必须根据公开公认的规则，才能保证其公共性和正当性，进而降低治理成本、提升治理效能。作为社区治理的依循规则，一部分是对社区治理作出统一规定的国家法律法规（包括基层政府颁布的各种规范性文件）；另一部分是社区公共组织在长期的治理实践中总结和制定的治理准则。② 当然，这两者既不能相互独立，更不能互相掣肘，而应以前者型塑后者为过程，并以后者不得抵触前者为前提。

然而，在边缘社区治理中，却出现城市社区治理体制和乡村治理体制的双轨化施行的问题：随着社区性质和行政区划的转变，作为城市社区治理体制的居民自治相关法律和制度逐渐被地方政府强制性地用于边缘社区的治理实践上，然而这些强制性治理机制仅仅在部分过程中被应用，甚至常常浮于表面，传统的、理应被替换掉的村民自治机制和惯例反而因切实有效性和民众认同而得到沿用。这种治理体制的双轨化施行逻辑，不仅会加深体制改革的路径依赖性，造成掣肘性因素的放大集聚，而且会使社会内在地生长出抵制外在制度规范的力量，增大基层治理过程中制度僭越和悖反现象的发生概率，从而进一步导致制度规范的失效和社会秩序的紊乱。

4. 正式与非正式制度的非协调运作

在社区治理中，必须要以非正式制度作为前提，"因地制宜""因时制宜"地将正式制度嵌入非正式制度的文化土壤之中并使之深度融合、落地生根，从而建立起在正式制度框架与约束范围内相互支撑、相互补充的动态开放治理体系，实现对边缘社区的民主治理、自主治理与合作治理。③ 正如涂尔干所说，边缘社区作为一种"有机团结的存在，既需要依赖个体的相互差别和独立意识，又需要

---

① 吴晓燕、赵普兵：《"过渡型社区"治理：困境与转型》，载于《理论探讨》2014年第2期。

② 李意：《边缘治理：城市化进程中的城郊村社区治理——以浙江省T村社区为个案》，载于《社会科学》2011年第8期。

③ 杨嵘均：《论正式制度与非正式制度在乡村治理中的互动关系》，载于《江海学刊》2014年第1期。

依赖集体层面的意义系统"①。

然而，在边缘社区治理实践中，却存在着正式制度与非正式制度的非协调运作问题，这体现在：首先，正式制度的供给不足。从推进路径和进程来看，我国城镇化具有明显的"运动化"色彩，其所具有的探索性、阶段性特征相应地决定了制度指引与规范的滞后性甚至不足，在城镇化进程中出现的诸如社会保障、劳动就业、居住方式转变、集体资产处置、社会组织结构和职能转换等方面的问题，都是正式制度供给不足的表现与后果。其次，非正式制度的支撑式微。非正式制度的生成，依赖于以信任、情感、互助等关系为内容的社会资本的持续补充，然而在边缘社区中，聚居着各种类型的流动人口，他们无不经历着社会身份与生活环境的双重转换，其价值体系相对稳定、静态的自运作系统被打破，一致的心理认同感也随之崩解，而邻里异质性与人口流动性则使社会呈现为"陌生人社会"② 形态，社会认同与社区归属的真空状态加重了个体的孤独感和离群感，在这种缺乏价值目标与情感依托的生活情境中，必然无法生出对正式制度的主观认同与自我内化，也就是非正式制度的支撑不足。最后，正式制度与非正式制度之间的错配。在边缘社区中，正式制度与非正式制度的互动关系，就体现为自上而下的边缘社区变革后的地方政府下压的社区管理体制，与自下而上地被民众所认同与接受的、在长期实践中生发且行之有效的制度规则与惯例，两者只有保持方向一致，才能真正构成有序、有效的动态治理体系。然而在边缘社区——特别是在村改居或城郊社区中，民众认同且行之有效的往往是长期施行的乡村社区治理体制，而作为正式制度的则是地方政府强制推行的城市社区治理体制，两者在逻辑、路径与主体上的差异性，导致社会治理体制的失序与低效，进而诱发一系列社会问题的衍生。

第二节　边缘社区治理的输入体制创新：
基于公共文化服务的分析

在边缘社区中聚居着各类拆迁失地农民、外来务工人员、买低价房的年轻白领以及其他各类低收入人群等，他们的公共文化服务诉求及其满足，决定着边缘社区和谐稳定的基本状态，更标志着边缘社区城镇化进程的实质进展。然

---

① ［法］涂尔干：《社会分工论》，渠东译，上海三联书店 2000 年版。
② 倪咸林：《社会复合主体：城市公共治理的结构创新》，载于《南京师大学报》（社会科学版）2013 年第 2 期。

而，边缘社区各类居民的文化生活状况与公共服务诉求满足情况并不尽如人意，甚至成为城市公共文化建设的"洼地"和公共服务供给的"盲点"，如何将边缘社区纳入城市公共文化服务范围，建构完善、健全的公共服务供给体系，就成为创新边缘社区治理体制之输入过程、建构边缘社区和谐稳定长效机制的关键所在。

为此，我们以农民工为研究对象，分析其公共文化服务诉求及其满足情况，并据此提出边缘社区治理体制的输入创新路径。① 以农民工为分析对象，不仅是因为他们往往大量聚居于边缘社区之中甚而成为边缘社区的主要居住群体，更是因为他们具有较高的流动性和成为城镇群体的可能性，亦即是说，他们既会利用自身较高的流动性，而在受到不公正待遇时采取极端应对措施，甚而成为社会和谐稳定的威胁因素；又会在进城务工的过程中接受城市文化并适应城市生活，从而留在城市成为城镇化进程的推动力量。

一、社会行动理论：一个输入性过程的解释框架

农民工的公共文化服务问题是一个较新的研究课题。在研究领域上，它表现为农民工问题研究与公共文化服务体系研究的交集，属于交叉性、边缘性问题。相关研究主要围绕以下三种视角展开：第一，将农民工享有城市公共文化服务作为政府提供公共服务的一个组成部分来看待。向社会公众（包括农民工）提供大致均等的公共服务（包括公共文化服务）是政府的一项重要职责。农民工虽然在城市打工、居住和生活，但他们在就业、教育、医疗、社会保障等方面"基本享受不到城市政府提供的公共服务"[2]，"公共文化娱乐资源基本和农民工无缘"[3]。第二，将农民工享有城市公共文化服务作为农民工的一项基本权利来看待。从这一视角看，农民工应该和市民一样享有包括文化权利在内的各项基本权利。然而，当前农民工"精神文化权益问题还未能引起人们的重视，还未能真正摆上政府的议事日程"[4]，同时"农民工自身文化权益观念也不强烈"[5]。第三，将农民工接受公共文化服务作为农民工市民化的一个必要条件来看待。农民工的市民化

① 参见叶继红：《农民工文化需求与城市公共文化服务体系构建——来自江苏的调查思考》，载于《中州学刊》2015年第6期。

② 国务院研究室课题组：《中国农民工调研报告》，中国言实出版社2006年版，第13页。

③ 程名望、史清华、张帅：《农民工大量占用城市公共资源了吗——基于上海市1446个调查样本的实证分析》，载于《经济理论与经济管理》2012年第8期。

④ 王金水：《构建和谐社会与维护农民工精神文化权益问题研究》，载于《江西农业大学学报》（社会科学版）2006年第4期。

⑤ 刘启营：《农民工文化权益：困境与保障机制分析》，载于《理论与改革》2010年第4期。

187

离不开在精神文化层面与市民的对接，这就需要建立一种"文化系统的衔接机制"①，与经济系统、政治系统的衔接机制等一并构成农民工市民化的总体系统衔接机制。

这些研究从不同侧面加深了对农民工公共文化服务问题的认识和理解。但是，由于不同学科的学术兴趣点差异，关于农民工的研究较少涉及公共文化服务问题，而关于公共文化服务体系的研究则很少针对农民工群体。因此，农民工共享城市公共文化服务的专门研究成果很少，需要学术界进行深入、系统的研究。

本节研究农民工公共文化服务问题，在分析框架上借用美国社会学家帕森斯的社会行动理论，将农民工公共文化供给以及农民工文化需求满足的过程看作一项社会行动，分析该社会行动的结构特征与运行机理。帕森斯指出，作为社会行动的基本单位，任何一项"单元行动"在逻辑上包含四个要素②：一是当事人，即"行动者"。二是"目的"，即行动所指向的未来事态。三是行动的"处境"，即目标实现的环境，分为手段和条件。前者是情境要素中行动者可以控制和利用的那些促成其实现目标的工具性要素；后者是指情境中行动者无法控制和改变的那些阻碍其实现目标的客观因素。四是"规范性"取向。帕森斯认为，手段的选择必然会受到一些独立的、明确的选择性因素的影响，涉及思想、观念、行为取向等。

具体到农民工公共文化服务的实际，它主要包含以下四大要素：一是行动者，主要包括农民工和政府部门等（政府部门是农民工文化工作的责任主体，企业和社区部门是协同单位和重要载体）。二是行动者的规范与处境。前者包括政府部门的政策偏好以及农民工的消费观念、消费偏好等；后者包括农民工的公共文化服务大环境以及农民工的生产和生活环境。农民工作为行动者，其行为选择"受到嵌入制度环境的成本与收益计算的影响"③。这些制度环境既是限制性条件，也是需要突破的障碍性因素。三是手段，即政府部门和农民工在上述规范与处境中应该采取怎样的行动，包括政府部门为推进农民工公共文化服务而制定、完善的政策和措施以及农民工的需求表达、自觉参与、自我供给等。四是目标，即行动的目的要达成文化供给与需求的契合，使农民工的文化需求得到满足。

---

① 钟水映、李魁：《农民工"半市民化"与"后市民化"衔接机制研究》，载于《中国农业大学学报》（社会科学版）2007 年第 3 期。

② ［美］T. 帕森斯：《社会行动的结构》，张明德等译，译林出版社 2003 年版，第 49 页。

③ Victor Nee. Sources of New Institutionalism. In Mary Brinton，Victor Nee（eds）. *The New Institutionalism in Sociology.* New York：Russell Sage Foundation，1998：1 – 16.

本节所采用的实证资料来自笔者对江苏农民工所做的问卷调查，课题组采用非概率配额抽样和偶遇抽样相结合的方法，于 2012 年 7 月在江苏省苏州市、南通市和徐州市三地共发放 360 份调查问卷（每个城市 120 份），回收有效问卷 319 份，回收率为 88.6%，之后录入 SPSS 18.0 软件进行统计分析。

二、行动的基础：农民工文化生活现状与特征分析

调查和了解农民工文化生活的现状是开展农民工公共文化服务的前提，也是公共文化供给行动的基础。农民工的文化生活是指农民工工作之余用于休闲、消遣、娱乐等方面的非物质生活，也称闲暇生活。农民工的文化生活是以一定的闲暇时间，即"不被直接生产劳动所吸收，而是用于娱乐和休息"[①] 的时间为前提的。农民工的文化生活具有重要的功能。"娱乐不但能引人离开厌腻的工作，而且，还含有一种建设性的或创造性的元素"[②]，即通过闲暇娱乐放松心情、恢复体能，以更好的精神状态面对日复一日的工作。目前，农民工文化生活状况与特征主要表现为以下方面。

一是文化生活单调，娱乐方式单一。从农民工关于文化生活的总体感受来看，问卷调查显示，有 3.8% 的被调查者表示文化生活很丰富，15.7% 的人表示文化生活比较丰富，53.5% 的人表示文化生活丰富程度一般，18.9% 的人表示文化生活比较单调，8.2% 的人表示文化生活很单调。可见，认为文化生活一般和比较单调的被调查者人数较多，两者合计占到所调查农民工的 72.4%。这说明总体上农民工的文化生活较为单调。从农民工闲暇生活的具体内容来看（见图 5-1），农民工的闲暇时间主要用于看电视或听广播（占比为 56.9%）、睡觉（占比为 39.0%）、逛街和逛公园（占比为 25.1%）、上网（占比为 23.8%）、闲聊（占比为 19.5%）等。这一调查也与傅才武等的调查结果基本一致，即农民工在打工之余的活动主要有睡觉、看电视、聊天、打牌（麻将）。[③] 另外，农民工的闲暇生活也逐渐出现一些变化，其中最为主要的变化就是上网开始成为农民工尤其是新生代农民工文化生活的重要内容之一。

---

① 《马克思恩格斯全集》第 26 卷第 3 册，人民出版社 1974 年版，第 281~282 页。
② ［英］马林诺斯基：《文化论》，费孝通译，华夏出版社 2002 年版，第 89 页。
③ 傅才武等：《当前我国农民工群体文化生活状况调查及对策研究》，引自《中国公共文化发展服务报告（2007）》，社会科学文献出版社 2007 年版，第 54 页。

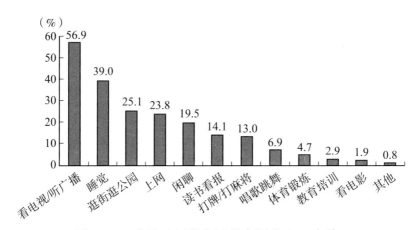

图 5 - 1　农民工闲暇生活的主要内容（多选）

二是闲暇生活层次低，发展型闲暇活动不足。闲暇生活内容在一定程度上能够反映个体的闲暇生活质量。图 5 - 1 显示，农民工的闲暇生活内容主要以看电视、听广播等消遣娱乐性活动为主，而读书看报（占比为 14.1%）、教育培训（占比为 2.9%）等用于增加知识和提升能力的发展型闲暇活动明显偏少。这也可以从农民工观看电视节目的内容上反映出来。问卷调查显示，有 65.6% 的人主要观看生活娱乐类栏目，排在第一位，而观看法制宣传（占比为 29.0%）、科技文化（占比为 15.3%）、讲座培训（占比为 5.1%）类栏目的比重明显偏少。这表明，当前农民工的闲暇生活层次比较低，大多限于纯粹消磨时间的一类活动，被动式休闲较为明显，利用闲暇时间来充实自我和提升自我的发展型闲暇活动不足。

三是文化消费支出偏低，有偿文化消费意愿不强。文化消费支出是考察农民工文化生活的一项重要指标。农民工文化消费是指农民工用于购买书报、上网、看电影等方面的开支。调查发现，农民工每月用于文化消费的支出较少，平均值为 95 元，年均文化消费为 1 140 元。其中，消费 1～100 元的占 57.2%，消费 101～200 元的占 11.7%，消费 201～500 元的占 6.7%，只有 5.4% 的人消费 501元以上，而将近两成农民工（占比为 19.1%）的文化消费支出为零。对比来看，2012 年我国城乡居民人均文化消费分别达到 2 034 元和 445 元；江苏当年城乡居民人均文化消费分别达到 3 078 元和 1 184 元。[①] 由此可见，农民工文化消费支出相对偏低。另外，农民工的文化消费支出受其工资收入的影响。从收入来看，问卷调查显示，农民工月收入主要集中在 1 000～2 000 元以及 2 001～3 000 元这两个区间，月收入在这两个区间的农民工占到所调查农民工总体的 69.3%，其月收入平均值为 2 476 元，而农民工每月文化消费支出仅占其月工资收入的 3.8%。

---

　　① 高峰：《长三角地区城乡居民文化消费差距比较研究》，载于《现代管理科学》2014 年第 7 期。

这表明，多数农民工希望有不付费的娱乐活动（如看电视、打牌等），他们对有偿文化消费意愿不强，文化消费动力不足。

四是公共文化设施的利用率低，文化活动参与度不高。文化活动离不开一定的物质载体，从农民工对城市公共文化设施和场馆的利用情况来看，问卷调查显示，在过去一年里，有 36.9% 的被调查者去过书店，22.2% 的人去过图书馆（室），10.9% 的人去过文化馆，8.7% 的人去过博物馆。可以看出，总体上农民工对城市公共文化设施的利用率不高，这也意味着公共文化设施没有充分惠及农民工群体。从农民工参加的文化活动来看，有 26.5% 的人观看过文艺演出，12.8% 的人听过免费讲座，12.2% 的人获得书刊借阅和免费网络服务，5.6% 的人获得免费法律咨询服务，3.7% 的人参观过免费展览。从农民工参与文化活动的程度来看，有 11.4% 的被调查者表示经常参与，38.8% 的人表示偶尔参与，49.8% 的人表示从未参与。可见，农民工参与文化活动的比例和频次都不高，农民工缺乏参与文化活动的热情。

需要指出的是，在文化需求上，农民工群体内部也会表现出一定的差异性。与传统农民工相比，新生代农民工受教育程度相对较高，思想较为活跃，易于接受新鲜事物，文化需求层次较高。他们喜欢读书、看报、上网、运动。例如，在上网人群中，30 岁以下的农民工占 77.7%，而 30 岁以上的农民工则占 22.3%；在读书看报人群中，30 岁以下的农民工占 63.6%，而 30 岁以上的农民工占 36.4%。新生代农民工也能够接受有偿文化消费，如看电影、培训、健身等，因而文化生活相对比较丰富。

三、规范与情境：影响农民工文化生活状况的因素

农民工文化生活的现状与特征既是一种现象描述，同时也反映出农民工文化生活存在的一些问题。显然，这些问题是在"规范"和"情境"两大要素综合作用下形成的，因而对农民工文化生活匮乏等问题的理解也需要放置在"规范"和"情境"中来认识。这些规范和情境主要包括政府部门的政策偏好、农民工消费偏好以及农民工的工作和收入条件等。

一是城乡二元体制与城市偏向的供给制度造成了农民工文化生活的边缘化。研究表明，城市公共资源的提供是影响城乡人口流动的重要因素，反过来，城乡人口流动又会对城市公共资源的投入和分配产生重要影响。[①] 因此，如何根据城

---

① 程名望、史清华、张帅：《农民工大量占用城市公共资源了吗——基于上海市 1446 个调查样本的实证分析》，载于《经济理论与经济管理》2012 年第 8 期。

市人口变动合理配置公共资源、保持人口与资源的平衡是城市政府必须面对的问题。在当前城市资源十分有限的情况下，农村人口的大量涌入必然会占用一部分城市公共资源（包括公共文化资源），造成城市公共资源的紧张和短缺。而城市政府作为本市广大居民和既得利益集团的代表者，必然要维护本地居民的利益，最终制定出偏向本地居民的公共政策。这种政策偏好与其说是一种地方保护主义，毋宁说是城乡二元结构体制下公共资源配置必然遵循的逻辑规律。20 世纪50 年代中期，我国开始实行严格的分割城乡的户籍制度。计划经济时期建立在城乡二元分割体制基础之上的户籍制度实际上起到了一种"社会屏蔽"和空间隔离的作用，人为建构了在资源分享上内外有别的我群和他群。这一屏蔽机制在今天虽有所减弱，但仍然在发挥作用，直接造成了当前农民工文化供给的匮乏和文化生活的边缘化。

二是农民工的消费观念和消费偏好决定了他们在城市中的文化消费层次。消费属于一种行为，一个人的消费行为是由其消费观念和消费偏好决定的。农民工在城市的消费行为深受其原有农村生活环境下消费经验、消费模式或消费习惯的影响。长期以来，受制于经济发展水平和收入水平，农村居民大多遵循节俭度日的消费理念和习惯，这一习惯直接影响他们进城后的消费行为。农民工在城市除了满足以必需品为主的生存型消费以外，很少考虑文化消费。虽然在城市生活的他们也受到市民时尚文化消费的影响和冲击，产生文化消费的欲望和冲动，但迫于生计压力以及基于对自身打工者身份的清醒认识，他们最终不得不放弃文化消费的念头，抑制文化消费的欲望。因为"对于大多数农民工而言，打工赚钱、养家糊口、维持生存仍然是最根本的需求"[1]，而城市文化消费与娱乐是一种不切实际的奢望。因此，尽可能不在或少在文化娱乐上消费和支出，成为农民工较为理性的消费选择和消费偏好。

三是农民工的工作环境和收入水平限制了他们在城市中的文化消费。农民工大多数是一线工人或职员，主要从事技术含量低、劳动强度大的工作。问卷调查显示，有 66.1% 的农民工感觉工作强度很大和比较大，89.4% 的农民工每天工作在 8 小时以上，83.5% 的农民工一周工作在 5 天以上，58.4% 的被调查者表示没有或很少有节假日。繁重的体力劳动、高强度的体力支出、长时间的工作，消耗了农民工大量的精力，使他们很少有精力和时间进行娱乐活动，他们需要利用下班时间充分休息以恢复体力。另外，农民工的工资收入偏低，限制了他们参加需要付费的文化娱乐活动。调查显示，农民工的月平均工资为 2 476 元。相比于

---

[1]　文化部课题组：《关于农民工文化工作调研情况的报告》，引自《中国农民工发展研究》，中国劳动社会保障出版社 2013 年版，第 394～406 页。

2012 年江苏省城镇职工月平均工资（4 273 元），农民工工资显然较低。他们每月除支付房租、生活费开销外，还要积攒一部分钱汇到农村老家，根本没有多余的钱或者舍不得拿出钱来用于文化消费，进而导致他们的文化消费欲望受到很大的抑制。

四是企业和社区对农民工文化生活不够重视，文化供给简单化、形式化。长期以来，人们习惯认为农民工是廉价的劳动力资源，是被现代化大工厂规训为原子化的、没有情感的"生产机器"。[①] 在文化产品和服务的供给上，政府及相关部门较少考虑农民工群体的实际需求。调研发现，虽然有的企业设立了文化活动室、图书馆（室），但这些活动室、图书馆（室）往往是一种摆设，活动室经常不开、阅览室没有图书或图书陈旧的现象非常普遍。一些社区的文化活动室和图书室同样也形同虚设。这种文化供给的简单化、形式化和表象化做法显然不利于农民工的文化消费。

五是市民对农民工的社会排斥与农民工的自我封闭，消减了农民工文化参与的热情。农民工作为外来人口，一方面可能受到流入地政府出于地方保护主义的政策歧视，另一方面又不可避免地受到一些当地人的歧视和排斥，从而遭遇来自政府和市民的"双重夹击"。这种社会排斥表现在，一些市民受惯性思维的影响对农民工总是表现出很强的戒备心理，他们有意疏远农民工，挫伤了农民工参与文化活动的热情和积极性，使不少农民工对城市公共文化活动望而却步。而从农民工自身来看，不少农民工由于在城市的职业地位低微，存在一种自卑心理，很容易将自己封闭在狭小的圈子里。问卷调查显示，农民工的交往圈子主要限于由工友（占比为 56.7%）、老乡（占比为 50.5%）、亲戚（占比为 27.5%）等构建起来的内群体，而与房东（占比为 7.1%）、老板（占比为 6.3%）、居委会干部（占比为 1.7%）等群体交往甚少。因此，农民工在建构生活圈子的过程中，自我排斥并"驱逐"了城市公共文化服务。

四、行动的手段：构建边缘社区公共文化服务体系

农民工文化生活的贫乏和文化消费能力的欠缺，迫切需要相关部门积极行动起来，建立面向农民工的公共文化服务体系，完善农民工公共文化服务的"相关制度与系统"。[②] 边缘社区农民工公共文化服务体系建设是一项跨部门、多主体的系统工程，需要在明确各个服务供给主体间关系的基础上，建立以政府为主

---

① 《农民工精神文化生活引关注 人文关怀缺失问题凸显》，载于《光明日报》2011 年 1 月 20 日。
② 李景源、陈威：《中国公共文化服务发展报告（2009）》，社会科学文献出版社 2009 年版，第 50 页。

导、企业与社区协同、社会组织参与、农民工自觉行动的多元共治与整体推进的运作机制。

第一，要强化政府在边缘社区农民工公共文化服务方面的主体责任。根据文化部等部门出台的《关于进一步加强农民工文化工作的意见》，"常住地政府是保障农民工文化权益、满足农民工文化需求的责任主体"①。这一规定意味着政府部门在农民工公共文化服务中始终扮演主要角色，发挥主导作用。政府部门的主体责任主要体现在以下方面。一是完善农民工公共文化服务的政策措施。农民工公共文化服务离不开制度化的保障措施。要以政策法规的形式将农民工列为公共文化服务的重要对象，纳入城市公共文化服务体系；设立以财政投入为主的农民工文化服务专项经费，将农民工文化经费纳入公共财政保障范围；鼓励和支持企业、社区开展面向农民工的企业文化、社区文化、广场文化活动，建立健全政府向社会力量购买公共文化服务机制等。二是深化户籍制度改革，促进公共服务均等化。推进户籍制度改革的实质，就是要逐步消除存在于农村和城市两种户籍人口之间的不平等待遇，实现公共服务（包括公共文化服务）的均等化。近年来，广东、江苏、上海等地以居住证制度为抓手，通过积分制遴选外来落户人员，赋予他们市民待遇，实现渐进式福利供给，为保障农民工共享城市公共文化服务清除了制度障碍。三是营造农民工共享城市公共文化服务的社会环境。政府部门要以更加开放和包容的胸襟接纳农民工，真正把农民工视为城市文明的建设者和享受者，尊重他们的劳动和创造，重视他们的文化权益。同时教育引导广大市民善待农民工，消除对农民工的歧视心理，为他们在城镇工作生活创造一个友善的社会环境。

第二，要加强企业对边缘社区农民工公共文化服务的有效供给。企业是农民工就业的主要场所，农民工不仅依靠工资收入来维持物质生活，也需要精神生活的满足。作为农民工用人单位的企业，在追求经济效益的同时，也要从企业的社会责任与人性化管理的角度出发，重视农民工的文化生活，主动承担起提供公共文化服务、改善农民工文化生活的责任。一是改善农民工的工作条件，提高农民工工资水平。由于农民工文化生活在客观上受制于其工作条件和收入，因此要设法缩短农民工的工作时间，提高农民工工资水平和福利待遇，为农民工的文化娱乐创造条件。农民工只有在物质生活得到充分保障的情况下，才有可能产生追求更高层次的精神文化生活的需求。二是加大企业资金投入，完善面向农民工的公共文化服务设施。农民工用人单位要增加对农民工公共文化服务的投资，为农民

---

① 陈彬斌：《充分满足农民工文化需求——文化部社文司负责人解读〈关于进一步加强农民工文化工作的意见〉》，载于《中国文化报》2011 年 9 月 27 日。

工订阅报纸、期刊，在农民工宿舍配置电视、音响、电脑等设备，为农民工创造看报、看电视、上网等条件。三是将农民工的文化生活纳入企业文化建设范畴，形成长效机制。要将企业文化建设和农民工文化建设相结合，积极推进农民工文化建设，通过定期开展丰富多彩的文化娱乐活动，活跃农民工业余文化生活，提高农民工对企业的归属感和认同感。

第三，要以边缘社区为依托，构建农民工的公共文化服务平台。边缘社区是农民工生活居住的场所，也是开展公共文化活动的重要载体和平台。边缘社区在农民工文化服务方面可以发挥重要的作用。一是城市社区公共文化设施配置要将边缘社区以及农民工考虑在内。城市社区要以常住人口为主要依据，充分考虑辖区内农民工的规模、特点和文化需求，规划建设和优化配置社区文化设施与服务，为农民工利用社区文化设施提供便利。二是以边缘社区为平台开展面向农民工的公共文化服务。社区内的文化活动室、图书室等公共文化设施要免费向农民工开放；社区市民学校要定期开办各种文化补习班、技能培训班、普法讲座，以满足农民工教育培训方面的需求；社区文化活动要吸引农民工参加，为农民工与市民群体交往、交流、融合创造条件。三是推广农民工集宿区文化服务模式。农民工集中居住、集中管理是近年来江苏、浙江等地为促进农民工融入城市和公共服务均等化而探索出的一种管理服务模式。集宿区建立了图书室等文化服务站点，配备了文化志愿者服务队，专门面向农民工开展文化服务工作，取得了较好的效果。

第四，要发挥社会组织在农民工公共文化服务中的补充作用。农民工的公共文化服务不是政府部门的"独角戏"，社会组织也是农民工公共文化服务中一支不可或缺的力量。这是因为，农民工要想"将自己的文化需求和权利诉求表达输入到民主社会的政治制度中，就只能靠社会化的组织而不是原子化的个人"[1]。因此，应重视和发挥社会组织在农民工公共文化服务中的补充作用。当前，随着政府职能的转变，政府不再大包大揽社会管理和公共服务，而是将越来越多的社会事务交由社会组织承担，这为社会组织参与农民工公共文化服务提供了契机。"南京市协作者社区发展中心"便是这样一个社会组织。该中心运用专业社会工作方法为社区流动人口提供服务。自成立以来，它已为农民工提供了送电影进工地、免费借阅图书等服务，深受农民工的喜爱。目前，"南京市协作者社区发展中心"已成为由地方政府部门引进社会组织服务模式的合作单位，截至 2021 年，已为包括农民工在内的超过 28 万社会弱势群体提供了各类社会工作专业服务。[2]

---

[1]　孙浩、朱宜放：《公共文化服务供给中的农民需求表达研究》，载于《湖北工业大学学报》2012年第 6 期。

[2]　《让流动儿童与务工父母"助人自助"》，载于《人民政协报》2022 年 1 月 18 日。

第五，要强化农民工在文化供给中的自我表达和自觉参与意识。农民工公共文化服务体系建设离不开农民工的广泛参与和自觉行动，农民工不应是城市公共文化服务的被动接受者和"看客"，而应是公共文化服务中的行动者和当事人，他们只有参与其中才能使自上而下的公共文化服务供给与自下而上的文化需求有效衔接起来。农民工在这场惠及自身的公共文化服务行动中，一方面要敢于和善于表达自己的精神文化诉求，增强自身的文化权利意识；另一方面要积极行动起来，自觉参与到公共文化产品的供给体系中，力争在享受城市公共文化服务的同时，力所能及地进行公共文化产品的自我创造和自我供给。

总之，针对农民工的文化生活现状，需要建立以农民工需求为导向的公共文化服务供给制度，使文化供给与农民工需求相契合。农民工公共文化供给与需求相契合的过程也就是社会行动的过程，其行动目标的达成需要政府、企业、社区、社会组织、农民工自身的相互配合和共同努力。

第三节　边缘社区治理的转换体制创新：基于二元治理体制的分析

伴随传统城镇化模式向新型城镇化模式的转型，社区治理体制的新旧过渡、城乡治理体制的交替转换也持续进行。在此过程中，边缘社区治理中的二元问题逐渐凸显，这集中表现为城乡二元对立的结构分化、以物为本和以人为本的理念碰撞、个体和集体之间的主体对抗以及政府和市场的路径选择。面对二元问题的存在，非此即彼的直线性选择逻辑将为创新边缘社区治理体制、稳步推进新型城镇化发展埋下否定性的伏笔。因此，其化解之道应是遵循"兼得"的逻辑，即兼顾城乡一体发展，发挥镇的联结作用；坚持以人为本为核心，以物为本为基础；建构协同治理，辐射个人利益；释放"看不见的手"，把握"看得见的手"。[①]

一、作为边缘社区之转换治理的二元体制

弗雷德里克·豪和林肯·斯蒂芬斯认为，现代城市在人类文明中标志着一个时代的到来，并由此诞生一个新的社会。[②] 可以说，自工业革命以来，城镇化

---

① 参见林明灯：《新型城镇化建设中的二元问题及化解》，载于《社会科学战线》2015 年第 7 期。
② ［美］布莱恩·贝利：《比较城市化》，顾朝林等译，商务印书馆 2010 年版，第 11 页。

（西方称之为"城市化"）一直被认为是国家和地区推动经济发展和实现现代化的重要标志与必经之路。党的十八大和十八届三中全会作为社会主义建设新阶段两次关键性的大会，都将新型城镇化建设上升到"国家发展战略的核心"和"提高综合国力的关键"的高度，党的十九届五中全会和党的二十大上则进一步提出"推进以人为核心的新型城镇化"，明确和理顺了新型城镇化目标任务和政策举措。这就意味着以新型城镇化为发展战略的重大抉择，有望进一步释放改革红利，成为推动经济发展的新引擎。

新型城镇化的发展固然是对传统城镇化的超越，但也决不能就此低估其发展过程中的潜在风险和障碍。一方面，在社会转型期，新事物的爆发式增长和新问题的外显式扩张在带来发展机遇的同时，也带来了挑战。新型城镇化内嵌于社会转型期的整体结构之中，个人理性的弥散、社会力量的崛起、市场机制的完善等为其提供了多样的选择空间，同时由于"路径依赖"逻辑的延伸，对新事物的怀疑和抵触造成诸如城乡问题、人本和物本问题、个人和集体问题、政府和市场问题上的选择摇摆，从而陷入两难的困境。另一方面，新型城镇化的发展已然拉开"序幕"，但传统城镇化遗留的问题并没有"落幕"，这些问题在边缘社区中集中凸显出来。此前城镇化过程中所涉及的利益问题、城乡问题、身份问题、人与自然问题等并没有得到彻底解决，在边缘社区的转型过渡及其治理过程中，又易于同社会转型期的新问题相互纠缠、碰撞，形成既有传统城镇化的部分遗留也有新型城镇化新问题的尴尬局面。

边缘社区治理中面临的两难困境和尴尬局面，可以总结为一系列二元问题的存在。在城乡之间、人本与物本之间、个人和集体之间、政府和市场之间，这些二元问题并不是一种融合，而是倾向于对立，陷入一种非此即彼的直线性选择逻辑。"要么这个，要么那个"的简单选择既有非理性的一面，也有超理性的一面。说它是非理性的，原因在于这种选择没有正当的推导理据，仅是以简单的逻辑取舍应对复杂的历史抉择；而它也可能是超理性的，这是由于明知是错误的选择，却能形成利益激励，至少与个人利益相一致。但不管怎样，面对边缘社区治理中的二元问题，在争论孰对孰错、谁是谁非的过程中，思维的摇摆和混乱，最终将为稳步创新边缘社区治理体制、构建社会和谐稳定长效机制埋下否定性的伏笔。

二、边缘社区治理转换体制中的问题呈现

1. 结构分化：城乡二元对立

十八届三中全会《中共中央关于全面深化改革若干重大问题的决定》中指

出："城乡二元结构是制约城乡发展一体化的主要障碍。"优化城乡二元结构是我国城镇化发展的基础问题。自党的十六大报告首次提出"统筹城乡经济社会发展"，特别是党的十八大以来，党中央高度重视城乡关系、强调推进城乡发展一体化，经过二十余年的努力，我国在破除城乡二元对立结构的进程中取得了显著成就。一方面，户籍制度、城乡公共资源配置制度、土地制度等关系城乡二元体制的关键性制度改革取得了历时性突破，城乡加快融合发展、城乡关系进入新阶段；另一方面，城乡居民收入比大幅下降，农业劳动生产率大幅提升，脱贫攻坚也胜利完成，中国在历史上首次整体消除了绝对贫困。

然而，同时也应看到，在许多领域城乡二元结构问题还较为突出，城乡发展差距仍然较大。城乡收入差距虽然由 2012 年的 2.88 下降到 2020 年的 2.56[①]，但这一差距依然较为悬殊，且与城乡户籍相配套的社会保障和福利供给也存在明显的呈现落差。再如，作为中国社会阶层的重要构成部分，农民工的市民化并没有得到很好解决，农民工的工资、福利待遇并未获得相应保障，在城市居住、就业仍然受到严格控制。

2. 理念碰撞：以物为本和以人为本

一般而言，决定地方政府城镇化发展理念的基本逻辑来源于两个方面：一是契合中央以绩效性增加合法性的发展战略要求，特别是改革开放以来中央强调的"以经济建设为中心""发展是硬道理"以及"必须把发展作为党执政兴国的第一要务"[②]，具有明显的效率主义导向。这就导致我国城镇化建设具有强烈的以物为本的冲动。二是基于对地方政府人员量化指标考核的规定，地方政府主责官员在理性的逻辑安排中，必将动用一切可利用的资源，优先选择"看得见、摸得着"的城镇化建设指导原则，这就进一步使得以物为本的城镇化具有某种内在的规定性。

客观上讲，中国作为一个"发展型国家"[③]，由效率主义秩序而形成的以物为本的城镇化发展逻辑具有一定的合理性。但这种由资本原则的内在强制而形成的对物质财富及其生产的一种无批判的膜拜和狂热，在城镇化过程中表现为物质主义或 GDP 崇拜，这实质上是一种贪婪攫取性的生产动机和去道德化的生产立场。[④]

由传统城镇化向新型城镇化转型的重要标志之一即是以物为本调整为以人为

①　参见王大伟、孔翠芳、徐勤贤：《中国百年城乡关系——从农村包围城市到城乡融合发展》，载于《区域经济评论》2021 年第 3 期。

②　分别参见 1987 年党的十三大报告、1992 年邓小平南方谈话内容以及 2002 年党的十六大报告。

③　罗荣渠：《现代化新论》，商务印书馆 2009 年，第 201 页。

④　姚毓春：《人的城镇化：内在逻辑与战略选择》，载于《学习与探索》2014 年第 1 期。

本。作为新公共服务理论中"重视人，而不只是重视生产率"① 理据的逻辑延伸，这一经典的政治话语表述所内蕴的时代意义在于发现了人之于城市、政治、社会生活的主体性价值。"发展为了人民、发展依靠人民、发展成果由人民共享"不仅在回答建设中国特色社会主义的宏观问题上具有意义，在新型城镇化发展的具体要义上也具有价值，即以社会发展为根本、以实现人的权利和利益为核心的逻辑与走向。就权利而言，新型城镇化的"新"即体现在结构的互动性，也就是所谓的民主参与，以此来切实彰显市民、农民和农民工等城镇化主体的主人翁地位。② 而利益是推动城镇化发展的伟大律动，正如马克思所言，"人们奋斗所争取的一切，都同他们的利益相关"③。"以人为本"不仅是一种精神上的关注和抚慰，更需要物质上的投入和支撑。在新型城镇化中，推动农业人口向城镇人口转移，关键就在于实现公共利益均等和发展成果共享。

3. 主体对抗：个体和集体

始于 20 世纪 80 年代的后工业化进程，不仅是对工业时代生产力的超越，也是对"人"的角色的一次解构和重塑。正如韦伯（Max Weber）所言，"后工业体制产生了自我为中心、自我追求和追求物质的态度的危险，城市之间不断移动的人口必然会遭受这些道德败坏的影响，没有人能够用冷静的眼光来看待这些。城镇越大，道德的凝聚力越弱"④。换句话说，以自我为中心的个人理性扩散使得个人角色和功能发生质变。这主要来源于两个方面：一方面以网络技术的出现和发展为突破口，实时性、交互性社交媒体的运用使以个人化为特征的角色塑造重新定义了人和组织在治理过程中的作用与功能；另一方面公共话语体系的建构失败和集体行动的现实困境造成个人对集体力量的质疑和对自我价值的崇拜，从而进一步强化社会"碎片化"的倾向。

面对后工业社会中个人理性的弥散，新型城镇化建设的整体诉求和微观努力显然难以与之相匹配。无论是涉及城乡问题、阶层问题、利益问题，还是应对城市社会风险，"任何一个行动者，不论是公共的还是私人的，都没有解决复杂多样、不断变动的问题所需要的所有知识和信息；没有一个行动者有足够的能力有效地利用所需的工具；没有一个行动者有充分的行动潜力单独地主导一个特定的政府管理模式"⑤。从这一点上讲，集体行动应当成为新型城镇化建设中不可或

---

① ［美］珍妮特·V. 登哈特、罗伯特·B. 登哈特：《新公共服务：服务，而不是掌舵》，丁煌译，中国人民大学出版社 2010 年版，第 112 页。

② 金太军：《中国城镇化推进中的公共性不足及其培育》，载于《社会科学战线》2015 年第 1 期。

③ 《马克思恩格斯全集》第 1 卷，人民出版社 1965 年版，第 82 页。

④ ［美］布莱恩·贝利：《比较城市化》，顾朝林等译，商务印书馆 2010 年版，第 10 页。

⑤ Christopher Hood. Paradoxes of Public—sector Managerialism, Old Public Management and Public Service Bargains. *International Pubic Management Journal*, 2003（3）：92－93.

缺的社会建构。而在当下，个人和集体之间的主体性对抗似乎愈演愈烈，主要体现于两点：一是公共利益和个人利益的竞争，特别是后者对前者的侵蚀在很大程度上压缩了社会张力的弹性空间，造成公共利益结构的消解和既得利益者的固化，进而对诱发社会风险产生不可估量的助推作用；二是公共权力和个人权利的对立，权力的滥用已经受到广泛的批判和制约，而权利的过度也应当引起必要的警惕，以避免利用权利的合理性造成个人角色的膨胀，从而引发对公共空间的挤压。

4. 路径选择：政府和市场

从历史角度来看，城镇化或是城市化的实现路径通常有两种：一种是政府主导的城镇化，即利用政治力量的强制作用人为地造城，如以苏联为代表的计划经济体制下政府主导型城镇化；另一种是市场驱动的城镇化[1]，是在市场经济发展到一定水平后自发形成的历史过程，如以欧美发达国家为代表的自由放任型城镇化。就我国而言，政府在地方治理中长期扮演着主导角色，通过一系列政策投入和制度设计加强对城镇化发展的控制和对社会风险的有效化解。虽然这对于效率主义导向的国家来说可以成为一种优势，但政府主导色彩浓厚的路径选择始终是一个令人担忧的事情。因为作为有限政府理论的逻辑延伸，政府主导型的城镇化发展之路不再具有可持续性，单纯以财政投入来保持高速增长和城市规模的发展动力越发羸弱，并且这种"投资—拉动型"城镇化过程越来越凸显出比例失衡、产能过剩、消费不足等弊端。

而关于新型城镇化应该走什么样的道路，费孝通早已指出，市场应是城镇体系形成的决定性推手，区域经济发展的"发动机"即是市场导向的确立。[2] 而党的十八届三中全会《中共中央关于全面深化改革若干重大问题的决定》中提出的"使市场在资源配置中起决定性作用"的论断，更加使得走市场导向型的新型城镇化之路变得更具合理性。当然，也要看到，虽然市场在投融资、提高效率、释放活力、具体运作等方面具有无可比拟的优势，但"市场逻辑的无边界蔓延造成了社会关系与利益结构的内生解构与自由重塑，这种缺乏约束的自由力量使资源要素更多地流向社会强势群体。这种不断放大的'马太效应'进一步凸显出社会阶层、群体间的力量对比"[3]。这也就意味着公共选择学派提出的"市场失灵"观点，在新型城镇化进程中同样能够得到印证。因此，不论是政府主导型还是市

---

[1]　董明：《试论我国新型城镇化的可欲与可能》，载于《浙江学刊》2014 年第 1 期。

[2]　费孝通：《全国一盘棋——从沿海到边区的考察》，载于《瞭望》1988 年第 40 期。转引自丁元竹：《费孝通城镇化思想：特色与启迪》，载于《江海学刊》2014 年第 1 期。

[3]　金太军、张振波：《城镇化模式的人本化重塑：基于风险社会视域》，载于《南京社会科学》2014 年第 3 期。

场导向型的城镇化，都存在着失败风险。因此，新型城镇化路径的选择不应遵循政府与市场对立的逻辑——在一方失败的情况下自然而然地偏向另一方，而应当在两者之间作出必要平衡，兼顾政府和市场。

三、边缘社区治理之转换体制的创新路径

面对边缘社区治理转换体制中的诸多二元问题，我们在现实中作出的选择往往是非此即彼的简单逻辑。而历史的实践提醒我们，这种简单的取舍不仅没有对遗留的问题作出完美回答，也没有在新的挑战面前作出有效回应。因此，边缘社区治理转换体制中二元问题的化解之道应遵循"兼得"的逻辑，既发掘原有体制的优势，又撬动新体制的积极因素，实现互补互进。

1. 兼顾城乡一体发展，发挥镇的联结作用

整体来讲，当前无论是学术界还是实务部门，对待城乡二元结构基本持批判态度。因而破除城乡二元结构似乎成为新型城镇化道路上的决定性措施。但深入研究我们发现，城乡二元结构其实使得中国应对经济危机的能力大增，在制造业受到冲击的情况下，大批失业农民工能够回到家乡，从事农业或是其他职业，从而消解在城市逗留的风险。[1] 这就是为何中国能够从容应对金融危机的重要原因之一。从这个意义上讲，作为一种具有保护性作用的二元结构，在城市基础设施、社会福利制度、人文环境等尚不具有完全吸纳能力的情况下，统筹城乡发展决不能"操之过急"，二元结构应在一定程度上予以维持，从而保证农业人口转移过程中的"进退自如"。

但需要强调的是，这并不意味着二元结构的长期不变，而是要在遵循发展规律和社会需求的基础上稳步推进。至于何为"稳步"，笔者认为，在现阶段，应着力发挥县城的联结和承接作用，以县城为重要载体推进城镇化建设、破除城乡二元结构。2022年中共中央办公厅和国务院办公厅印发的《关于推进以县城为重要载体的城镇化建设的意见》中明确指出，"县城是我国城镇体系的重要组成部分，是城乡融合发展的关键支撑，对促进新型城镇化建设、构建新型工农城乡关系具有重要意义"。县域小城镇作为"城市之尾、乡村之首"，在新型城镇化的整体结构中发挥着承上启下的作用。所谓"承上"，即联系大中城市，承接产业与劳动力"双转移"，成为新的发展与生活的聚集地[2]；所谓"启下"，一方面是吸纳农村剩余劳动力，另一方面是带动农村产业发展，从而缩小城乡差距，推

① 贺雪峰：《城市化的中国道路》，东方出版社2014年版，第100页。
② 辜胜阻等：《大力发展中小城市推进均衡城镇化的战略思考》，载于《人口研究》2014年第4期。

进城镇化的进程。因此，县域小城镇作为县域发展的龙头、城乡融合发展的有效平台，需要发挥其在新型城镇化与乡村振兴中的双向驱动、双向赋能作用，为率先在县域内破除城乡二元结构提供持久动能。[①] 对于县域小城镇的建设应当集中于三个方面：一是大力发展小城镇基础设施，提高对周边农村的吸纳能力；二是合理承接产业转移，避免"贪大求洋"，打造具有特色的规模产业，走专业化、集聚化之路；三是利用"全面放开小城镇和小城市落户限制"的政策优势，率先推进公共服务均等化改革。应当说，探索县域小城镇作为新型城镇化发展的突破口，既体现了城镇发展的自然轨迹，又契合了城乡协调的现实需求。

2. 坚持以人为本为核心、以物为本为基础

亚里士多德曾言："人们来到城市是为了生活，人们居住在城市是为生活得更好。"[②] 从这个意义上来看，坚持走中国特色新型城镇化道路，必须要把推进以人为核心的城镇化作为出发点和落脚点。之所以要坚持以人为本，可以从两个层面进行解读：一是在我国的政治生态中，坚持以人为本既是对党和政府"全心全意为人民服务"宗旨的时代回应，也是后现代社会城市治理转型的逻辑基点。这一理念不仅主张人是发展的根本目的，回答为什么发展、为谁发展的问题；而且更进一步明确人是发展的根本动力，回答怎样发展、靠谁发展的问题。[③] 二是坚持以人为本的背后隐藏着一个现实而紧迫的政治问题，即社会稳定。在单纯强调以物为本的传统城镇化中，所造成的危害不仅包括城市规模扩张、资本神化等表面问题，而且还导致了社会结构进一步分化、食利阶层进一步固化、城乡差距进一步拉大等结构性弊端，使当下的社会快速走上"风险社会"的轨道。

因此，坚持以人为本不仅具有理念上的指导意义，更具有政治上的现实诉求。然而，坚持以人为本不是一句新颖响亮的政治宣传口号，而是需要具体政策予以落实，这就需要将坚持以人为本和以物为本相结合。不论我们对"物本"理念抱有多大的质疑和批判，我们终究要回到"经济基础决定上层建筑"这一经典的马克思主义论断中予以考量。具体到新型城镇化上面，虽然我国城镇化发展取得了巨大的成就，但相对于发达国家而言仍然处于较低水平，中西部城镇化水平依然不高、城乡差距依然较大、公共服务均等化仍亟待提高、城市基础设施建设还需扩大投入。面对这些问题，绝非高唱以人为本的口号就能解决，而是需要实实在在的财力、物力投入。因而，即使在新型城镇化构建的当下，以物为本仍然不可丢。只不过需要在"人本"理念下对其内涵和价值进行重塑，使其始终围绕

---

① 游斌、陈文胜：《率先在县域内破除城乡二元结构》，载于《光明日报》2023 年 8 月 1 日。

② 转引自杜晨薇：《城市空间，凸显"人"的尺度》，载于《解放日报》2019 年 11 月 11 日。

③ 张晨：《新型城镇化背景下的城市治理转型：缘起、动力与路径》，载于《上海行政学院学报》2014 年第 6 期。

增进人的利益、体现人的价值的核心而展开。

3. 建构协同治理，辐射个人利益

随着高度统一的国家体制的解构，个体化和原子化的社会力量释放出巨大的能量，由此而出现的多元主义和参与主义构成了以民主、善治为核心的公共话语体系。然而，"没有人可以掌握关于城市的全部知识，但每个人都具有建设城市的部分能力，并不是要把这些能力一个接一个地排起来，而是根据时间和空间存在的可能将它们综合在一起"①。因此，建构以多元主体参与为核心的协同治理应当是新型城镇化建设的重中之重。一般而言，后工业社会个人理性的弥散解构了传统社会中的整合机制，消解了原有的社会资本，不利于集体行动的形成。但作为由传统向现代转型的新型城镇化建设，它所强调的重要一点即在于对社会资本的关注。

通过对社会资本的培育，增加多元主体之间的信任，促使社会行为规范的内化和彼此心理机制的完善，从而提高协作行为的适应性。党的十八届三中全会《关于全面深化改革若干重大问题的决定》提出："必须更加注重改革的系统性、整体性、协同性。"这一论断对新型城镇化的建设具有指导和启发意义。笔者认为，应当建构一种"政府引导、市场决定、社会参与"的新型城镇化协同治理模式。首先必须尊重政府在地方治理中的主导作用，而且这种作用的发挥必须长期保持不变；其次发挥市场在城镇化资源配置中的决定性作用，特别是要大力扶持企业的自主性；最后社会组织和民众作为城镇化的承载主体，既是直接感受者，也是最终评判者，因而构建多元的社会参与渠道应当是新的亮点和重点。需要注意的是，新型城镇化中协同治理的构建虽然是对公共利益和公共权力的有效回应，但这并不意味着是对个人利益和权利的否认。正如哈丁（Russell Hardin）所言，"我们之所以要团结起来，这是因为，假如其他人也来合作，那么合作就是我们每一个人的利益所在。只要有充分的领导力量以及足够数量的参与者，我们就能团结起来，而个体就能从中获益良多"②。

4. 释放"看不见的手"，把握"看得见的手"

政府与市场的关系既是经济学也是政治学中的一个古老而又永恒的话题。英国经济学家斯密提出了市场作为一只"看不见的手"牵引着经济的发展，而凯恩斯认为，国家干预作为一只"看得见的手"调控经济发展。"两只手"既有各自的优势，也有各自的不足。因此，应当避免简单的取舍而要实现"两手都要抓、两手都要硬"。可以说，在新型城镇化进程中合理调整政府与市场的边界应当成为不断发展的重要动力。

① ［西］若尔迪·博尔哈、曼纽儿·卡斯泰尔：《本土化与全球化：信息时代的城市管理》，姜杰译，北京大学出版社2008年版，第144页。
② ［美］拉塞尔·哈丁：《群体冲突的逻辑》，刘春荣等译，上海人民出版社2013年版，第31页。

从各国既往城市化建设的实践历程中可以较为清晰地总结出，城镇化的发展"既是市场调节、自然发展的过程，又是政府调控、规划引导的结果"①。一方面，随着市场经济的不断发展完善，应当充分发挥市场在资源配置中的决定性作用。新型城镇化虽是一次伟大的城市文明转型工程，但在实质上仍是公共资源合理分配的基础性工程。为了资源能够在城乡之间、地区之间自由流动而不受政治因素的干扰，只有"利用市场化运作手段对构成城镇空间的载体及构成城镇的资源进行重组、集聚、运营"②，才能在自由、效率和现代的意义层面上推进城镇化的动态发展。另一方面，新型城镇化的发展不仅追求效率的实现，而且更加注重公平、正义价值的建构。正如弗雷德里克森（George Frederickson）所言，"把效率和经济作为公共行政的指导方针是有必要的，但仅此是不够的，必须加上社会公平作为公共行政的第三大理论支柱，使公共行政能够回应公民的需要"③。因而这就需要政府这只"看得见的手"在建构制度环境、提供基本公共服务、加强基础设施建设、完善再次分配等方面予以补充。但"诺斯悖论"提醒我们，"国家的存在是经济增长的关键，然而国家又是人为经济衰退的根源"④。因而，对待"看得见的手"我们需要一系列的政策设计将其关进"制度的牢笼"，如公共政策议程公开、公众参与公共政策与社会事务等。⑤ 总之，面对新型城镇化构建中诸多的二元问题，我们决不能囿于传统的非此即彼的简单逻辑，而是要在纷繁复杂的后工业社会中，具备应对挑战的创造性思维。城与乡、人与物、个人与集体、政府与市场，不仅在当下，而且在可预见的未来仍将是困扰新型城镇化建设的主要障碍。在这些难题之间的考量与选择既考验着我们党和政府的执政智慧，也决定了我国城镇化未来发展的根本方向。

第四节　边缘社区治理的输出体制创新：基于公共政策执行的分析

在前文分析中，我们曾指出地方政府公共政策在边缘社区中往往浮于表面而

---

① 张占斌：《经济中高速增长阶段的新型城镇化建设》，载于《国家行政学院学报》2014 年第 1 期。

② 倪鹏飞、董杨：《市场决定模式的新型城镇化：一个分析框架》，载于《改革》2014 年第 6 期。

③ ［美］乔治·弗雷德里克森：《公共行政的精神》，张成福译，中国人民大学出版社 2003 年版，第 88 页。

④ ［美］道格拉斯·C.诺思：《经济史中的结构与变迁》，陈郁译，上海人民出版社 1994 年版，第 20 页。

⑤ 金太军：《中国城镇化推进中的公共性不足及其培育》，载于《社会科学战线》2015 年第 1 期。

难以得到切实执行，这不仅制约了边缘社区治理体制的创新进程，而且造成不同程度的制度僭越与悖反行为，从而降低制度的规范与约束功能而诱发社会稳定问题的衍生。事实上，任何一项政策及其所规定的行为准则与规范，"即一种国家意志的表达，如果得不到执行，实际上就什么也不是，只是一纸空文"①。公共政策执行不仅能够检验政策的正确与否，而且还可以不断充实和完善政策，若在执行中发现问题和不足，则需予以修正和弥补，促进政策质量的提高，以期政策问题的最终解决。②

最低生活保障制度（以下简称"低保"）是让广大人民共享改革发展成果的重要支撑。然而，低保政策在边缘社区内的效用发挥存在的一个重要问题就是政策的变通执行。近年来，学界对低保政策在实践中变通执行的研究大多从制度视角、治理视角、伦理视角等出发，并主要集中于对执行过程和负责实施组织机构的微观分析，并且局限于乡村场域，缺少对边缘社区政策执行逻辑的深入探讨。本节在已有研究基础上，尝试从街头官僚理论出发，对边缘社区低保政策变通执行的过程进行研究，力图揭示其运行的内在基本逻辑，从而探寻低保政策变通执行的治理之道。③

一、街头官僚理论与边缘社区低保政策的变通执行现象

1. 街头官僚理论的基本主张及其中国适用性

街头官僚理论的创始人李普斯基认为，"街头官僚"是指处于基层、直接和民众发生互动，并对政策执行具有实质判断力的政府工作人员，包括警察、公立学校的教师、社会工作者、公共福利机构的工作人员、收税员等。④ 街头官僚可通俗理解为在政府机构的"窗口"单位执行工作任务的政府公务员。与其他层次官僚之间存在明显不同的是，街头官僚在制定和执行政策过程中必须不断地作出大大小小的判断和决策，这些决策或多或少地涉及某些法律或者规则的细节解释和具体运用。这就证明了街头官僚在政策制定与执行中起着十分重要的作用。而其最大的权力，莫过于"和大多数组织中的低层职员不同，街头官僚在决定他们的机构供给的利益和惩罚的性质、数量和质量时拥有相当大的自由裁量权"⑤。

---

① 〔美〕弗兰克·古德诺：《政治与行政》，王元译，华夏出版社1987年版，第14页。
② 陈振明：《政策科学——公共政策分析导论》，中国人民大学出版社2004年版，第261页。
③ 参见殷盈、金太军：《农村低保政策的变通执行：生成逻辑与治理之道——基于街头官僚理论的视角》，载于《学习论坛》2015年第11期。
④ Lipsky. *Street-level Bureaucracy*. New York：Russell Sage Foundation，1980：5−9.
⑤ Lipsky. *Street-level Bureaucracy*. New York：Russell Sage Foundation，1980：13.

街头官僚理论认为，街头官僚具有五大特征：（1）执行现场性。街头官僚往往处于政策执行的末端，直接接触广大公民，与公民的互动最为频繁，政策如何被执行，在于他们在最前沿的选择性实施。（2）信息完备性。在具体空间中掌握一手信息，上级难以对其进行有效的监控。街头官僚本身最清楚在和民众面对面的现场如何作出决策、为何作此决策、决策的具体内容是什么，以及决策未来会对服务对象带来哪些影响，其决策某种程度上相当于私人决策。（3）形象重要性。街头官僚远离权力核心，其所掌握的信息直接来源于政策客体，政策的实施效果如何，凭借政策客体对他们行政的评估，主导着公众对政府的评价。（4）监督匮乏性。街头官僚的工作环境充满了挑战、风险及不确定性，使其工作很难制度化，由此导致缺乏相应的制度监管；在信息不对称的情况下，上级很难作出合理有效的监督。（5）高度自主性。由于上述特征，街头官僚可以通过有效地控制办事流程等方法来抵制或者异化上级官僚机构的意志和命令。不同于高层官僚注重组织整体目标的实现，街头官僚的重心则在于按照自己的偏好方式完成上层指令。"街头官僚制组织的实质在于，他们需要由人来为其他人做出决定，由于在服务提供过程中需要人的判断，而人的判断的作用是无法加以规划的，也是无法由机器所代替的，街道层官僚因此拥有自由裁量权。"[①]

在当代中国边缘社区的政治生活中，社区干部与基层权力人员处于政策执行的末梢，在工作界面的空间性质、工作任务的执行特质、执行政策的分配性质、服务对象的确定性质上都与街头官僚具有高度的相似性。如果运用街头官僚理论来分析基层干部的行为，尤其是借助于这种理论分析来解读其在低保政策中的变通执行行为，也许能得到更多的发现和认识，从而找寻到克服低保政策变通执行的有效治理之道。在科层制下，上下级信息不对称及利益的多元化所导致的街头官僚的自由裁量权，是本节分析低保政策变通执行的核心逻辑。

2. 街头官僚理论与农村低保政策变通执行的表现

低保政策作为社会保障政策的重要组成部分，属于不具有强制性的再分配政策。在低保指标分配的过程中，都遵循严格细化的规定程序，直到分配到村、社区一级，社区内部则根据自我情况变通执行。具体体现为低保指标由乡镇、街道民政所统一分配到城市或乡村社区。在此过程中，街道会预留出一部分的机动名额保持弹性。低保政策在社区内部的变通执行，相对公平地平衡了村民的权益。

由于近年低保含金量和惠及面有显著提升，低保名额的分配备受众人关注，社区中的部分群体开始有寻求这一"香饽饽"的冲动，呈现出用各种方式"争低保"的态势，挤压了内部分配的弹性空间。在这种情况下，不断有谋求低保的

---

① ［英］米切尔·黑尧：《现代国家的政策过程》，赵成根译，中国青年出版社 2004 年版，第 178 页。

人以此为据向各方面反映多样化的变通执行情况，小组内部原有自己特色的分配办法开始难以得到公认，低保变通执行中呈现出规则模糊甚至匮乏的无序状态。

二、低保政策变通执行之生成逻辑的街头官僚理论分析

国家单一的低保政策在复杂多样的边缘社区场域执行上带来了偏差，对这些变通执行很难作出是与非的判断，而要在具体语境中去分析其发生机制，将各个利益主体的偏好揭示出来，需要从街头官僚理论出发，对各级官僚的选择偏好进行解释。戴维·伊斯顿认为，公共政策是政治系统权威性决定的输出，是对全社会价值所做的权威性分配。[①] 由于公共政策是带有价值偏好的，其价值取向在相当大的程度上决定了政策的客体范围。"公共政策是关于政府所为和所不为的所有内容。"[②] 显而易见，不但行政作为之间、行政作为与不作为之间存在着充分空间，而且决定作为与实际作为之间也有显著空间。这种政策传递、价值偏好与政策空间为本节的分析奠定了理论基础。

1. 县级（街道）政权的模糊型治理及低保标准的抽象性

除去边缘社区中集体公认的家庭经济极其困难确实需要低保扶助以维持生活的特殊家庭外，剩下名额的分配标准需要全体居民的接受和认可。2007 年，《国务院关于在全国建立农村最低生活保障制度的通知》框定了农村低保对象的大致范围，即"农村最低生活保障对象是家庭年人均纯收入低于当地最低生活保障标准的农村居民，主要是因病残、年老体弱、丧失劳动能力以及生存条件恶劣等原因造成生活常年困难的农村居民"，并提出农村最低生活保障的标准由"县级以上地方人民政府按照能够维持当地农村居民全年基本生活所必需的吃饭、穿衣、用水、用电等费用确定"；2010 年《民政部关于进一步加强城市低保对象认定工作的通知》同样规定城市居民低保对象的认定工作由街道经办机构负责，并提出了进一步改进低保对象的认定方法。但是，随着居民生活水平的普遍提高，社会经济分层并不明显，且边缘社区的收入状况普遍地不具备货币化和信息化的特征，再加之其所具有的高度流动性的特征，使得很多家庭是否达到低保标准难以确定。模糊性治理为调动地方的主观能动性发挥了重要作用，低保标准的笼统抽象也需街头官僚根据当地经济水平具体理解和阐释，同时也把矛盾转移到了基层政府，街头官僚便可以根据政策的模糊性进行变通执行。

2. 乡镇政权的弱监督约束

街头官僚工作空间的开放性和特殊性决定了对其监督制衡更多地需借助于上

---

① ［美］戴维·伊斯顿：《政治生活的系统分析》，王浦劬等译，华夏出版社 1999 年版，第 21 页。

② ［美］托马斯·R. 戴伊：《理解公共政策》，彭勃等译，华夏出版社 2004 年版，第 2 页。

级或外部机制来实现，而不是依赖于内部力量的牵制。首先，正如有研究所揭示，街头官僚往往优先执行那些明确了考核任务的、附着纵向问责压力的政策事项①，然而普遍来看，在上级对于街头官僚执行低保政策的考核中，长期未能明确政策执行绩效的量化和问责标准。其次，低保政策的执行主体在乡镇机构设置上是属于行政事业单位性质的民政所，但民政所不仅在乡镇与街道政府内部没有行政管理权，在人员配备上也没有专门负责低保的工作人员。最后，低保政策规定乡镇人民政府（街道办事处）每年需根据低保家庭类型进行不同频次的分类复核②，且每次都需要工作人员到场入户抽查，在一般无专项办公经费支持和居民网络信息化、组织化程度低下的情况下，在较短时间内集中完成对低保对象的调查审核，要达到公正、客观的效果是相当不确定的。毋庸讳言，在缺乏监督约束的情况下，不少民政所的干部在低保工作推动和落实过程中奉行"只要不出事"的工作底线逻辑，而没有有效的措施阻止漏保、骗保行为的发生。

3. 边缘社区治理资源的缺失

边缘社区的最终治理权在普通居民手中，但是在社会快速变迁、国家取消农业税费、外出务工人数持续增加等因素作用下，不仅边缘社区居委会的治理能力大幅下降，甚至昔日的以人际交往、情感联系、信任关系为基础的社会资本与生活共同体也面临着日渐解体的危机。首先，边缘社区基层治理组织从原来的自下而上提取资源转换为向上接受转移支付款。其次，基层治理组织在税费时期可以通过税费和土地来分配和调整资源，从而实现社区的治理，然而当前基层干部手中可以借助调配的物质资源非常少，这是权力资源的缩减。最后，在后税费时代，为节省开支，很多地区进行了合村并组以及裁撤基层干部的工作，行政人员大大缩减，这是组织规模的缩减。这样，就使"熟人社会"中的纠纷调解、信息传达等事务难以及时完成。治理资源的缺失，也使得基层干部很难调动居民参与公共事务。

政策变通是介于正式与非正式两种运作方式之间的一种准正式运作方式。由于县级、街道政权对基层信息难以掌握，在边缘社区普遍缺乏充裕收入的经济限制下，为了避免"一刀切"的方式造成政策资源的浪费，通常会采取模糊性治理方式来解决。而乡镇与街道政权由于处于中心工作的考评约束下，自身机构与人员难以对广大的基层干部进行有效的监督约束，再加上社区治理资源的匮乏与居

---

① 赵继娣、何彦伟、汤哲群：《街头官僚优先处置何种任务？——一项基于离散选择实验的任务选择逻辑研究》，载于《公共管理与政策评论》2022 年第 4 期。

② 根据民政部 2021 年印发的《最低生活保障审核确认办法》，乡镇人民政府（街道办事处）应当根据低保家庭成员和其家庭经济状况的变化情况进行分类复核：对短期内经济状况变化不大的最低生活保障家庭，乡镇人民政府（街道办事处）每年核查一次；对收入来源不固定、家庭成员有劳动能力的最低生活保障家庭，每半年核查一次。

民的相对剥夺感，这些因素迫使基层干部对低保政策进行变通执行。但问题的关键还不在于能否进行变通，而在于居民是否认同这种行为。低保对居民的意义不仅在于得到经济的托底保障，而且关乎公平公正的价值问题，也就是顺应传统中国人争相维持的"情理"。其前提是首先确定相应的标准，随后找到一个合适、合理的方式，并由公正的执行人最终落实，也就是说是否存在和遵从稳固的"地方性规范"。

三、街头官僚理论视角下农村低保政策变通执行的治理

与西方国家不同的是，虽然中国基层治理中街头官僚的行为特征会对低保政策执行效果产生重要影响，但其行为不仅绝大部分受制于"压力型"的独特政治生态和来自居民及地方规范的多重掣肘，而且受制于满足公众需要的政策资源非常有限这一条件。因此，应进行有效治理，协调分配社会资源和福利，以提供公平、正义、有序的边缘社区低保服务。

1. 确立地方性规范

制度由正式的法规（宪法、法令、产权）和非正式规则（道德约束、禁忌、习惯、传统和行为准则）组成。[①] 与正式规则一样，非正式规则也发挥着重大的作用。由于居民们的行事逻辑是按照边缘社区本身内生的长期的地方性规范，所以国家政策和地方变通后的政策其实是遵循两套公平的逻辑。对国家政策进行变通后依然遵循公平的逻辑的前提条件是边缘社区存在地方性的规范和共识，实际上就是按照地方规范来分配相关资源。伴随居民整体生活水平的普遍提高，遴选标准本身的模糊抽象给分层并不明显的社区经济进行低保认定工作增加了难度。在没有地方规范的地区，基层干部有可能会按自己的意志进行政策解释和行为抉择，但在边缘社区治理的地方性规范较强的条件下，可以结合当地居民具体生活水平，对本社区贫困阶层的确定量身打造一个可操作的标准。把国家的低保政策进行"地方化"后，确立享受低保的对象条件得到居民的充分理解和相互认同。

2. 构建监督与激励机制

由于低保政策执行监督机制存在一些缺陷，因而导致街头官僚在变通执行中偏离公平的政策初衷。对边缘社区最低生活保障政策的执行情况应及时做好跟踪评估与监督工作，从而构建好内外沟通、上下结合的监督网。首先，对于尚未建立健全民主评议和社区自治组织的边缘社区，政府应要求这些社区实施完整的行

---

① ［美］道格拉斯·诺斯：《制度、制度变迁与经济绩效》，刘守英译，上海三联书店1994年版，第4~7页。

政程序，上级民政部门在社区内设"低保信访流动办公室"，执法部门不定期地走访受保居民家庭，当地媒体也可同步追踪报道真实案例。其次，可以通过开展居民网络平台匿名评议基层干部、低保信息动态呈现等方式激发居民监督管理的积极性和热情。最后，把低保政策工作执行情况作为基层干部评优考核的重要依据。把低保工作任务完成的质量及其后期效果与民政工作人员和低保经办人员、基层干部的具体收入挂钩，并注重采用普查、媒体监测、受惠群体抽查、抱怨监测、书面或网络反馈、独立机构评估等方法进行考核。

3. 培育相对自主的地方性自治组织

在街头官僚理论视角下，对边缘社区低保政策的有效执行必须依托由一定合作程度的居民组成的、相对独立自治的组织载体，只有这样，才能避免偏离保障村民基本生存权的制度设计初衷。边缘社区社会碎片化的现状使得大部分居民无法有效参与到低保政策实施中，低保政策需要的不是极其软弱的分散个体，而是一个完善而具体的基层组织作为承接力量。有鉴于此，可由社区自治或选择有资质、可信任的民间组织，设计一套民主评议程序，打破街头官僚对信息的垄断，边缘社区居民、业主委员会、居委会等主体都参与其中。为避免出现基层干部操纵评议过程，民主评议过程中各主体都应拥有同等的决定权与话语权。从各地已有的经验来看，难以正常实施制度规范的社区，可通过召开居民大会、听证会、座谈会等，解释低保政策的主要内容和精神，同时畅通居民表达的渠道，业主委员会、居委会乃至街道及时收集、整理相关内容并上报给民政部门和上级政府，并在规定时间内给予回复或解决。

210

第六章

网络社区治理体制创新与社会
和谐稳定长效机制建构

网络社会已成为我国的基本社会形态之一，网络社区相应地也成为我国社会的基本构成单元。网络社区所特有的高透明度、信息的即时传播性等鲜明特征，与处于社会转型阶段的中国诸多社会矛盾、冲突纠结在一起，为社会治理体制带来了前所未有的系统挑战。与此同时，网络社区与网络空间能够跨越时间、空间、文化、民族、国家的藩篱，其包含对象小到个体家庭，大到国家民族；它既可以深入市井文化，又可以商榷家国天下。从这个意义上来说，有效而合理的网络社区治理，又能为社会和谐稳定提供不竭的动力和支持。因此，在本章中，我们从输入过程中的网络民主及其创新建构、转换过程的政府治理及其创新路径以及输出过程的主体内容以及形式创新等方面，探讨以网络社区治理体制创新而实现其和谐稳定长效机制的建构进路。

第一节　网络社区及其社会稳定问题

一、网络社区的生成及其类型

网络社区界生于网络空间，源于大众的类似志趣、利益捆绑和情绪表达需要所结成的集体，它继承了传统社区"共同善"的本质和"协商自治"的功能优势；它是社会组织在网络空间的折射，却又以高于社会组织的形式存在。既有相关网络社区的研究大多强调的是"网络"与"社区"的字面意思上，往往强调的只是一种结合，或者说是一种团结的方式，其本质等同于社群，甚至等同于"群体""群集"的概念。网络社区往往强调在"网络"这样明确的介质中产生的来自人类思想意识主控下的"团结"。然而，网络社区则沿用了滕尼斯对于共同体最本质的界定：共同善和协商自治。具体地说，网络社区是对网络空间"结合"的一种理性假设。"网络共同体"中，"网络"是共同体依托生存的介质；而"网络社区"中的"网络"则是社区存在的一种"形式"。

根据不同的标准，网络社区可做以下划分：（1）以稳定性为标准，网络社区可以划分为临时网络社区和常规网络社区。所谓"临时网络社区"，也可以描述为"独立事件共同体"，往往形成于某一特殊事件引发的利益供求，此类网络社区因事件发生而结成，因事件淡化或终结而解体，持续时间一般较短，所以称为"临时网络社区"，如厦门 PX 事件中在各类社交平台上形成的舆论结社即为此类临时网络社区。"常规网络社区"相对于"临时网络社区"具有更高的稳定性，这类网络社区往往与现实社会中的职能化组织机构相对应，例如以学校为单位设立的 BBS 论坛，以居民社区为单位开辟的业主论坛，甚至是涉域较广的无国界医生组织等，皆为此类。（2）以目的性为标准，网络社区可以划分为利益型网络社区和非利益型网络社区。"利益性网络社区"如字面所理解——界生于网络空间，因利益型构而成的共同体。"利益型网络社区"的形成动机具体可以划分为"争取利益"和"维护利益"。以"争取利益"为目的的网络社区，其共同体成员往往以社会利益的缺失者为主体；而以"维护利益"为目的的网络社区，其共同体成员往往是社会利益既得者。所以利益共同体是矛盾的统一，也可以被描述成为"矛盾共同体"。而非利益性共同体往往是基于兴趣爱好或者公益慈善而结成的，这种网络社区往往用作交流、展示，抑或借助网络平台实现慈善募捐等。（3）以领域性为标准，网络社区可以划分为政治网络社区、经济网络社区和文化网络社区。按照涉及的领域进行划分，网络社区可以分为政治型网络社区、经济型网络社区和文化型网络社区。政治型网络社区的型构往往是建立在由社会公共事务引发的舆论基础之上，人们基于不同的社会需求，使得舆论在网络上形成"模块化"特征。而这种模块化的舆论形成意志较为统一的"共同体"，并以"共同体"的形式向政府表达社会态度，反映社会意见，甚至形成压力集团，影响政策的成形和实施。经济型网络社区往往是以经济合作、商业互助、商业链接为目的而结成的"共同体"形式。在互联网金融时代，电商、互联网银行和电子化的运输单位共同构建的消费服务链就是最典型的经济型网络社区。文化型网络社区则是以文化主题，实现文化生产、文化展示、文化交流、文化互助的共同体。

当然，网络社区作为一种虚拟化的共同体形式，其形成并非摒弃传统共同体的功能，而是在很大程度上继承了传统共同体的某些特征和型构逻辑。事实上，以君主为中心的统治型血缘共同体早已湮没在历史的洪流中，城乡隔绝、控制流动的二元结构也在逐渐衰老，对于精神乌托邦的幻想憧憬和无病呻吟也在理性文化的洗涤中越见明晰。然而，这并不代表传统共同体功能的全然退化。[①] 远渡重洋的子女通过社交软件可以与国内的父母进行交流，天各一方的故友可以通过建立社交软件群互通消息；在汶川地震、玉树地震、舟曲泥石流的特殊灾难时期，借助于网络实现的乡缘祝祷、捐款、互助，给予灾区珍贵的精神支持和大量的物质扶持；无论是来自自媒体的"心灵鸡汤"，还是来自主流媒体正本溯源的社会价值劝导，都成为治疗负面情绪的有效途径。事实证明，网络社区不但没有忽略传统共同体的社会职能，反而秉持"取其精华，去其糟粕"的原则，借助于网络媒介，进一步继承、发扬和深化了传统共同体的优良功能，促成传统共同体的现代化再生。

二、网络社区与社会和谐稳定

我国正处于社会转型期，社会矛盾集中表现为多重性、突发性和潜在性的特征，这也直接导致利益的多样性和非均衡性。以利益同质性为第一要义的共同体对社会权力的用度和社会权利的保障采取着力争取的态度。"全能政治"影响的根深蒂固，使共同体习惯将利益的获得付诸对政治的诉求，尤其体现在公共事务的社会管理中。一方面是发展经验的匮乏，另一方面是不可避免的高速发展；一方面是国家和社会和谐相助的召唤，另一方面是对国家政治权力的依赖和向往。这不得不使我们对网络社区的政治角色和政治功能进行深入的思考。相对于现实社会组织的羸弱性，网络社区政治参与的热情、觉悟、力量和功能都在发生着从有到无、由弱趋强的变化。在没有经验索取的前提下，一切尝试都是一种"试水"行为，因为只有在实践的基础上，才能对网络社区的地位有一个准确的"度"的拿捏，也才能为社会治理提供有效的依据。所以，认可网络社区的存在，分析网络社区的政治优势是研究网络社区与社会稳定内在联系的第一步，也是对网络社区进行可行性研究的基础。

网络对于社会治理体制创新与社会和谐稳定长效机制建构的场域规定性，最

---

① 传统共同体是指血缘共同体、地缘共同体和精神共同体。

为核心地体现在信息传播渠道的立体化与全息态。各种电子论坛、门户网站、电子邮件、即时聊天工具、移动上网工具、博客、微博等新方式层出不穷，社会治理所面临的信息流、态度流以及与此相伴的行动选择等均出现了较之以往颇为不同的新趋势、新特征。正是网络时代信息传播的互动性与及时性、海量性与多元化、个体性与多媒体化，让相对静态的"问题情境—危机处置"模式似有不堪为用之虞。可以认为，网络背景对于复杂社会中的稳定问题之展演特征起到了至关重要的作用，威胁社会稳定之公共危机的突发性与紧急性、不确定性与易变性、快速性与不可控性，以及危害性与破坏性等特征更为明显，对经济社会的可持续发展和秩序稳定产生深刻影响。因此，认知网络时代比之非网络时代社会治理的显著特征，对推进当下社会治理体制创新、构建社会和谐稳定长效机制，具有基础性的重要意义。

比之非网络时代，网络时代的社会治理存在着诸多差异，正是这些显著差异构成了社会治理体制创新与社会和谐稳定长效机制构建的关键——当我们正视这些差异并建构起相适的社会治理体制，那么就能消除转型社会中的不稳定根源，建构起动态、有效的社会和谐稳定长效机制；如果忽视这些显著差异的重要影响，就会导致社会问题的萌发和集聚，进而诱发诸多新的社会不稳定因素。归纳起来，这些差异主要体现在以下几个方面。

1. 在治理环境上：相对封闭与逐步走向开放

在中国深化推进工业化和城镇化建设的过程之中，社会治理的经济社会环境或者说政治社会生态出现了重大的变化。依据现实国情和现代化发展状况不难判断，中国社会转型的基本趋势：一是经济层面的"一元化"，即经济市场化、全球化[①]［如加入世界贸易组织（WTO）就是适应这一趋势的重大举措］；二是政治层面的"二元化"，包括党政结构、国家与社会、政府与市场关系的二元分化[②]，国家治理结构的改革以及强政府—强社会关系模式的选择；三是文化层面的"多元化"，即主流价值导引下社会文化的多元与繁荣、文化价值的宽容调和；四是社会层面的"信息化"，即知识经济时代科技广泛应用下的治理技术现代化。整体看来，这样的转变是从一个相对封闭的治理环境逐步转向一个信息开放、多元的互动环境。尽管这一过程仍在不断分化和演进之中，还存在着许多不确定因素和各种风险，但其大的趋势大体上是可以确定的。在转型期，网络发展给社会带来重大影响，这对于社会治理体制创新环境的塑造有着复杂的作用和影响。

网络背景下，社会治理体制创新的大环境有五个方面的逐步改变：一是从政

---

① 金太军、姚虎：《国家认同：全球化视野下的结构性分析》，载于《中国社会科学》2014 年第 6 期。
② 金太军、袁建军：《政府与企业的交换模式及其演变规律——观察腐败深层机制的微观视角》，载于《中国社会科学》2011 年第 1 期。

府经济基础看，农业生产力构成政府总体基础的重要部分，现代化工业占据的比重渐次加大，工业社会特征渐趋明显，智能化与信息化水准大幅度提高，这是传统时代所完全不可比拟的。二是就政府管理经济的模式而论，依靠市场和价值规律为杠杆调节经济的成分逐年增多，管制经济模式与自由经济模式并存；从政府职能的偏重看，地方政府惯以偏重经济增长绩效且往往能在短期取得立竿见影的成效，对公共服务事务的注意力偏好相对滞后、存在明显区域差异且往往难以在短期内取得显性履职成效①；也正因为如此，各种网络平台和载体的出现导致对于社会公平正义的关注大幅度攀升（诸如反腐败、环境保护、就业机会、社会保障等）。三是就政府与民众的关系而言，既非单纯的传统型依附关系，亦非完全的政府与民众平等互动型关系，它们之间存有隔阂但又有一定程度的双向互动。此番状况相对于传统格局是一个显著进步，但对于要有效回应经济社会快速发展所提出的整体要求仍存在显著差距。四是就政治与行政的关系而言，出现一定的分化，但又保有相当程度的一体化倾向，政府结构的分化与职能的专门化、权力的理性化等方面都具有不少混合的过渡因素；网络使得此番情形更趋复杂。一方面，信息增多，海量呈现帮助人们能够及时获得各种资讯，但同时里面充斥着各种不实信息甚至是流言蜚语，这对于社会治理体制建构及其创新有重要影响；另一方面，网络信息平台在合理的驾驭和整合下，也可以成为社会治理和维护社会稳定的有力武器，但如何有效使用，从目前态势来看，仍有许多不尽如人意的地方。五是从行政风范讲，基本打破了传统的血亲主义，但又受一定的裙带关系和人际因素的影响，兼具平等主义与命令行政的一些特征。② 在此阶段，政府在自我发展过程中存在"双重意识"，有着转型期政府所具有的观念矛盾和利益冲突。这既可以成为发展型政府行为逻辑的注脚，又可以揭示赶超型发展的叠加风险，它恰恰构成政府危机治理对象的制度环境源头。

2. 在治理结构上：高度同质化与迈向限度多元化

与以往非网络的、同质化社会条件下的社会治理所不同的是，网络场域中的社会治理呈现出多元化利益诉求及复杂演化的突出特征。在传统形态下，社会治理构架设立的基本依据是静态社会或曰农业社会的官僚制度体系，即依据于行政区域和行政职能，以政府主导的方式进行社会治理并以政府管控的方式维持社会刚性稳定。这种治理的结构特征概括起来有三：一是行政权威力量高密度配置。这既是对于社会理论脆弱作出的弥补和替代安排，又是革命后国家政府对于社会

---

① 尚虎平：《保障与孵化公民基本生存与发展权利——我国基本公共服务均等化的历程、逻辑与未来》，载于《政治学研究》2021 年第 4 期。

② 黄建洪：《公共理性视野中的当代中国政府能力研究》，中国社会科学出版社 2009 年版，第 159 ~ 160 页。

进行整体性控制的现实需要。在一个"行政吸纳政治"① 的现实环境之中，行政力量对于社会治理的强势作用，在相当长的阶段内既有历史的合理性，又有实践的有效性。二是党政国家与社会民众的高度一体化。这样的结构，具有很强的整合性与吸附力，优点在于对于突发事件的快速处置，但其弊端也衍生于此——本应消解于社会日常的利益纠纷与冲突通常会寻求行政化的解决方案，社会冲突与行政体制的无边界化使体制应对社会风险的韧性、弹性和空间极为有限。三是缺失市场力量的有效介入而导致政府全能化态势加剧。在社会治理上，也因为这种缺失而形成一种权威依附与依赖，政府对社会的强力控制和全面管控看似高效，但却可能因为对于风险周期理解不够深入而导致局部化和选择性作为，因而治理效能也就难以稳定可靠。

网络时代的来临，具有双重释放作用：一是对于信息黑箱的"解码"，让大量信息分散和传播到各类社会主体之间，形成强大的舆论场，左右着社会舆论状态；二是对政府政策议程的引导和塑造作用，尤其是相对独立的舆论者以弱势群体代言人的方式出现在公众面前，引导着网络话语关注和追思政府决策过程、推动着网络话语影响和塑造政府政策议程。正是在这样的氛围下，限度多元化的社会治理模式成为转型期人们所吁求的实践模式。这样的治理结构，有三重含义：一是承认行政力量之外存有可参与治理的现实力量。尤其是自中国明确提出市场经济体制改革目标以来，伴随着各种大量新兴媒体的兴起，对于市场机制和社会自主性的倡导，也已成为一种惯常的观点。但是，对于此种观点所主张的"政府—市场—社会"三者互动模式究竟应该如何有机衔接，方能激发出其社会治理的显著实效性，仍然处于一种实践探索之中。二是政府失败、市场失灵与社会失序之间的内在关联需要人们谨慎对待政府建构市场、政府培育社会的现实状况。在此情势下，政府既是进一步深化改革的动力，同时又是进一步深化改革的对象。② 因此，对于市场力量和社会力量的导入，实际上意味着对于"行政吸纳政治"格局下的政府治理常态模式的持续改造，这自然会对社会治理产生深刻影响。三是创设政府主导格局下的政府、社会等力量导入社会治理体系的制度机制建设至关重要。这不仅要求政府具有吸纳力和整合力，而且还需要整个社会具有彼此信任和合作的社会资本，从而为社会治理情境的改善和治理结构的调适创造条件。

3. 在治理资源上，单向度权威配置与趋向多向度协同配置

网络社会兴起为多元协同社会治理体制的构建提供了治理资源配置变迁的新

---

① 康晓光：《90 年代中国大陆政治稳定性研究》，载于《二十一世纪》2002 年第 8 期。
② 任剑涛：《政府何为？——中国政府改革的定位、状态与类型》，载于《公共行政评论》2008 年第 1 期。

契机。这种契机表现为：一是政府的治理改革意愿在新形势下得以呈现。这与政府更多地从社会的角度思考和设计经济社会政策的执政理念转变紧密相连，也与全球化、市场化、信息化和社会化背景下所催生的服务型政府建构密切相关。二是民众参与意愿和参与能力的显著提高。这是现代化进程中一个普遍的现象。但这之中，中国的特殊国情和发展现实对于民众的普遍公共参与设定了条件。① 与传统时代的大规模群众运动式的泛政治参与不同，网络时代的公共参与更加生活化、利益化和碎片化。几乎每个网民都能对世界呐喊，专家学者称之为"网民自媒体"时代。② 与传统媒体相比，网络信息的真实性、全面性相对欠缺，政府的信息管制能力也大为下降。然而，因为庞大的网民基数，容易被不经核实的信息影响的群众数量非常惊人。特别是面对各种突发事件，政府一旦处置不当甚至稍为迟缓就很被动，这是与非网络时代有着明显不同的地方。因此，如何让不断成长的社会组织力量为国家治理和国家现代化供给更多、更为持续的治理能量，仍然需要谨慎思考和认真对待。三是市场发育与社会成长成为一个常态的进步现象。在此背景下，网络的理性与浮躁、清醒与迷惘、激情与虚空对于人们生活世界和精神世界的影响是极为复杂的。这也表明，政府对于网络舆情的重视、对于网络背景下的公共危机信息管理和群体性事件的处置，都需要在一个更为开放、透明的场域中展开。也正是基于此，类似于以往以行政指令方式即兴自上而下的治理资源配置就难以为继了。

但是需要警惕的是，在分权化改革进程中的风险特点出现两极化传送的趋势，即向中央政府和基层社会扩散。③ 这更加需要政府治理资源配置的多元化和多样化。为此，网络时代社会治理的资源配置，需要逐步实现多元化的转型发展，并进行有效的引导和规范。这可以从两方面予以考察：

一方面，治理资源配置的内容需要逐步多元化。网络背景下社会治理需要有大量的资源支撑，政治性、经济性、文化性和社会性的各种资源的持续供给是政府不断获取和保持高效能的基础性条件。在现代化进程中，尤其需要如下治理资源的配置：一是物质资源，包括物力和财力等资源，需要政府管理和推进经济社会的发展，提升汲取、动员、控制与分配等能力，为地方政府执政奠定雄厚的物质基础。二是制度资源。不断文明化和理性化政府理念、制度与行为，特别注重地方政府的制度建设，增强制度的规范性与正义性，提高政府制度的综合平衡能力和协调能力，构建延展性强、容纳性广、整合度高的执政制度基础。三是心理资源。公共执政需要地方政府具有较高的政府生产力，有良好的政府绩

---

① 俞可平：《公民参与的几个理论问题》，载于《学习时报》2006 年 12 月 20 日。
② 邹航、张丹：《走出网络公共危机的误区》，载于《管理纵横》2011 年第 8 期。
③ 童星：《熵：风险危机管理研究新视角》，载于《江苏社会科学》2008 年第 6 期。

效，但更为重要的是政府能够把直观的绩效转化成为弥散性的合法性资源，确保政府拥有持续的权威资源供给。四是人力资源。用好用活地方政府体系内的人才，科学开发人力资源，形成梯级人力资源库，支持地方政府的科学行政。五是技术资源。充分利用现代科学技术促进地方政府管理的现代化，在信息化、电子化等方面迈出实质性的步伐，提高政府综合应对和快速、公正处理公共危机的能力。

另一方面，丰富治理资源的配置工具。作为结构化的集体行动，治理工具是与公共事务领域相关的社会主体持续互动的一种制度化的信任行动模式，其目的在于解决公共问题。① 在网络背景下，可以合理采用市场化、工商化与社会化的治理工具来运行行政权力，与社会中的公司企业、社会团体乃至民众个人进行持续合作。譬如，灵活使用政府付费、合同外包、特许经营、产权交易、绩效管理等市场、工商技术，提高资源配置的多样化和效率。与此同时，社区参与、志愿者模式和合作治理等社会化技术的采用，一定程度上解决了公共产品供给不足的问题。② 笔者认为，在治理资源配置方式多元的基础上，政府管理与社会自治在一个根本上有别于传统政治社会高度同质化与一体化的新层次上，能够逐步呈现出基于分化的高级一体化，即治理的互融、互嵌、互助与互利，因而社会治理的协同化形态也就能够逐步成型。

4. 在治理绩效上，应急型绩效与转向风险型绩效

社会治理绩效的评价，引导着日常治理行为和惯常的制度建设，对于社会治理体制的运行态势具有深刻的型塑作用。网络时代的来临，对于社会治理绩效的突出影响主要集中在以下三个方面。一是将社会治理作为关系社会稳定和民生福祉的重要议题来予以确认。相对于以往的传统治理，网络背景下的社会治理具有了与常态治理的紧密相关性。这要求政府治理的预案建设、体制建设、机制建设、法治建设能够有效匹配政府的日常管理与服务工作。二是治理的应急性、应付性评价逐步转变为治理的前瞻性、系统性评价，社会治理绩效的认识也逐步从相对静态的评价转向一个更为动态和全面的评价上去。三是更加注重从社会冲突中寻找契机，即将冲突治理当作改进政府常态治理、提升治理层次和治理能力的匹配性工作，因而对于治理所涉及的机制、机构、程序、资源、技术和保障体系等建设，应更为重视。

---

① Salamon L. M. *The Tools of Government：A Guide to the New Governance.* New York：Oxford University Press，2002.

② 黄建洪：《公共供求场域中的行政权力：配置方式、运行机制及发展趋势》，载于《社会科学研究》2013 年第 5 期。

　　当然，要使政府绩效评估措施能够在实践中得到有效实施并发挥积极作用，就应当着眼于转变观念、消除体制障碍，而营造变革观念与体制环境是推进政府绩效评估发展并发挥其作用的有效途径。① 为此，需要积极营造社会治理绩效评估有效施行的环境条件。既要创新政府公共管理观念，树立绩效型政府的理念，又要根据社会的需要科学界定政府职能并根据行政职能、工作岗位职责与绩效标准、绩效评估指标之间的内在关联性，科学构建绩效评估指标体系。与此同时，还要建立与完善政府绩效评估中的信息系统和信息沟通机制。通过大众传播媒介、管理信息系统和网络等手段，提高政府部门收集、处理信息的能力和实现资源共享；实现信息沟通渠道的社会化，建立和畅通公众表达利益与意志的渠道，提高政府部门回应公众需求的能力。坚持"软"指标和"硬"指标相结合的评估体系，在评估指标体系、绩效评估标准、评估方式体系、评估程序体系、评估组织体系、评估制度体系、评估信息系统等方面逐步完善。② 社会绩效必须由政府的服务对象来评价，引入公众参与机制是改善政府绩效评估的一个有效途径。推动危机绩效评估的社会化，逐步把第三方力量引入地方政府的绩效评估过程中来，尤其不可忽视的是把民意引入政府危机绩效评估的过程中来。打破过去地方政府绩效评估封闭性和评估主体单一性的弊端，建立政府危机绩效评估的公众参与渠道，并通过制度建设保障公众群体意志在政府危机绩效评估中的地位和影响。

第二节　网络社区治理的输入体制创新：网络民主及其创新性建构

一、网络社区治理的输入体制功能：基于国家与社会视角

　　网络社区作为我国社会自组织的一种方式，能够提供个体间的对话平台、凝聚社会共识并形成一致性利益诉求；而网络社区治理的输入体制，其功能就在于能够将这些共识性诉求，以合理、有序的方式输入政治系统之中，并充分发挥网

① 斯亚平：《公共危机管理体系研究》，知识产权出版社 2008 年版，第 6 章。
② 张小明：《公共危机管理绩效评估的机制与指标体系分析》，载于《党政干部论坛》2006 年第 12 期。

络社区的筛选器和国家与社会之中介的角色。①

1. 筛选器：社会能量的收集和消融

网络社区作为社会组织在网络世界的折射，它不仅在国家和社会之间起到承接的作用，更代表了一种可靠的社会力量。这种新的社会力量不仅是一种自发秩序，也是一种创制秩序。首先，它尊重公众对于自由、平等和公平的愿望。公众按照自己的喜好、兴趣、利益需求等组成网络社区。其次，网络社区具有自治协商的功能性运作。网络社区可以对来源于社会的不同信息进行整理、归类、筛选和反馈。在筛选的过程中，网络社区不但对信息进行去伪存真的辨别，同时对负面的、过激的信息进行协调，甚至是消融。而经过筛选的信息通过网络社区形成双向传递：向上传递具有真实性的、代表民生需求的信息诉求，这样可以提高政府行政部门的工作效率。同时，网络社区面向社会公众公开自治协商的结果。当网络社区的自发秩序不足以维系其良性运行时，便会表现出信息繁杂和利益需求的矛盾，而网络社区自治协商的创制秩序就会发挥积极的作用。"对于一个社会来说，最理想的秩序应当是创制秩序与自发秩序相互补充和相互支持。"② 同理，实现自发秩序和创制秩序的有效衔接与相互补充也可以维持网络社区的良性运作。网络社区作为一种新型的社会组织并不是独立运作的，它的发展和维持在"共同善"的理念领导下表现出对内代表绝大多数共同体成员的利益，对外维护国家稳定、社会和谐、民族团结的特征。所以，网络社区作为新型的社会组织，拥有理性的协商自治能力以合理合法的用度社会权力，维护社会、国家稳定和民族团结。这对于国家和社会之间权力的相互平衡和相互制约起到了积极的作用。与此同时，网络社区优化了整个社会的参政结构，使其更加理性。

2. 中介："委托—代理"关系中的平衡机构

恩格斯明确指出："一切差异都在中间阶段融合，一切对立都经过中间环节而互相过渡。"③ 对于国家和社会的关系亦是如此。随着互联网技术的不断发展，网络社区借助于网络平台应运而生，并表现出多元化、个性化、具体化的特征。它的构成跨越了时空、民族、国家、文化的阻碍，在相对于现实社会的虚拟空间，对个体进行筛选和整合。与此同时，个体也对可以归属的共同体进行选择。网络社区和个体之间的互动本质上就是一种认同的过程。因为共同体对个体的认同，所以个体才能在共同体中与其他分子实现共存。也正是因为个体对共同体的认同，共同体才能构建起统一的核心价值伦理，而这也是建设国

---

① 参见张雨暄：《虚拟共同体的生根、偏植和归正——基于社会稳定视角》，苏州大学博士学位论文，2015 年。

② 张康之、张乾友：《共同体的进化》，中国社会科学出版社 2012 年版，第 9 页。

③ 《马克思恩格斯选集》第 3 卷，人民出版社 1972 年版，第 535 页。

家认同的关键所在。网络社区的角色定位不同于传统共同体，它不再是国家或者社会某一单方面利益或者是交织利益的承载者。具体来说，它由国家和社会的法人代表变成了第三方，从而更加客观地协调和均衡利益的分配，以影响社会的稳定。

现阶段强国家—弱社会的社会结构依然存在。网络社区的开放性和平权性在一定程度上调整了社会的平等杠杆，优化了社会的公平机制。人们被技术性地赋予话语权，以了解和参与国家公共事务的管理。网络社区不仅仅是国家和社会之间意见交换、融通的枢纽，更大程度上，网络社区是国家和社会之间对抗或和谐的界点，网络社区的国家认同能够成为调节国家与社会关系的重要载体和有效机制。了解网络社区国家认同的本质，首先应该认知、建立和完善国家和社会之间的信息对话机制。网络社区作为国家和社会的中介，也是信息的集中处理中心。网络社区首先对来源于社会的信息接收、筛选、优化和整合。目的有二：其一，网络社区弱化、修正和消融社会的负面情绪，以去伪存真，除戾气而得理性。正如福山所述："有了技术作后盾，传播所带来的良性信息会赶走恶性信息，诚实和勤奋会排挤欺诈与不事生产的寄生虫，而人们也会自愿群集在一起，为团体共同的目标而努力。"[①] 其二，网络社区向国家提供真实有效的信息和合理有度的意见，从而降低信息碎片化带来的负面影响。这需要充分运用网络社区协商自治的功能优势。网络社区在第一轮信息处理后，采取双向信息输出，一方面，网络社区将第一轮处理的信息反馈给现实社会，接受现实社会的监督，实现虚拟和现实的沟通，促进信息的优化。另一方面，网络社区将整理和优化的信息传递给国家，反映真实的民生需求，从而影响政策的制定，监督政策的实施，促进政策的完善。当国家接收到有效信息后，再对信息进行合理的审度与分析，鼓励和采纳来自社会的有效建议，解释具有潜在冲突危机的观点，而后通过网络社区这样一种网络空间的自治组织反馈给社会。国家的反馈经过网络社区传递给社会，正是借用网络社区的群众基础，缓冲意见冲突。社会接收来自网络社区的直接反馈和来自国家的间接反馈，也是一种对国家认同的理性培养。除此之外，合理理性的对话机制使得网络社区生成的国家认同更具有兼容性，它不是单纯地立足于国家或者社会的角度，而是充分考虑国家和社会的双向利益。如果网络社区的利益取向是国家和社会的共荣，其反映到现实社会必然会促进社会的稳定（见图 6 - 1）。

---

① ［美］弗兰西斯·福山：《信任——社会道德与繁荣的创造》，彭志华译，海南出版社 1998 年版，第 32 页。

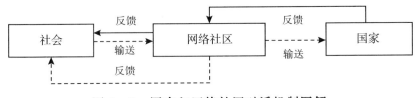

图 6 - 1　国家与网络社区对话机制图解

二、网络社区治理的输入体制故障：网络民主的路径失能

网络社区作为国家和社会社区以外的第三种中性空间形式在网络空间的映射，不仅是国家和社会之间的传感器，也是推进我国民主建设的重要路径；不仅是实现民主的工具，更是参与民主培养的介质。然而，过度的行政控制和公共领域的私人化共同导致了网络社区的萎缩，甚至是难产。与此同时，"沉默的螺旋"的倒置、"娱乐化"政治等变异民主形式容易将网络民主导向"多数人的暴政"。路径的闭塞和形式的异变直接导致了网络民主在中国社会转型期的扭曲和失能。

1. 网络公共领域的"难产"

汉娜·阿伦特和尤尔根·哈贝马斯是最早提出"公共领域"的两位学者，然而，他们对于公共领域的界定却有所不同。1958 年，阿伦特在其著作《人的条件》中首次提出"公共领域"的概念。在阿伦特的理解中，"公共领域"是一个完全意义上的政治概念，它源于"社会的兴起"（the rise of the social）。[①] 一方面，经济从"家庭领域的阴影"中离析出来，进入公共事务；另一方面，社会又在现代国家的转型中逐渐形成。那些既不属于"政治国家"，又有别于"家庭领域"的零散成分客观上需要一个整合、互动的空间，而这个"空间"就是阿伦特所理解的"公共领域"。不同于阿伦特的理解，在哈贝马斯理念中，"公共领域"建立在公民社会之中，是介于"公共权力领域与私人领域之间的中间地带"[②]，并"始终构成了私人领域的一部分"[③]。无论是阿伦特认为的具有政治倾向的"公共领域"，还是哈贝马斯认为的具有市民社会特征的"公共领域"，它们都是一种"中间成分"，强调最大限度的"公共性"，鼓励公众的参与。公共

---

① 参见［德］汉娜·阿伦特：《人的条件》，竺乾威等译，上海人民出版社 1999 年版，第 2 章。阿伦特将政治领域、经济领域和家庭生活的制度分化称作"社会的兴起"。阿伦特所指称的"社会"是一种介于公私之间的新的形式，社会的兴起意味着被限定在私人领域的事务溢出了它的家庭之界限、蔓延扩张至公共领域，同时社会领域入侵政治领域，并最终引起市民的兴起、公民的衰亡以及政治在人类活动中的地位的衰退。

② ［德］尤尔根·哈贝马斯，《公共领域的结构转型》，曹卫东译，学林出版社 1999 年版，第 35 页。

③ ［德］尤尔根·哈贝马斯，《公共领域的结构转型》，曹卫东译，学林出版社 1999 年版，第 89 页。

领域的整体运行模式为自愿介入—协商自治—集体决策—外界互动：公共领域并没有类似于政府行政单位或社会组织的机构设置，参与形式为直接参与。除此之外，公共领域进入门槛较低，"自愿"即可。直接参与的形式和进入的"低门槛"可以最大限度地保障公共领域的"可参与性"，进而维持其的"公共性"。在此基础之上，公共领域作为一个相对独立的空间，以"自治"为管理模式，不受国家权力和私人意志的干涉，并通过协商路径，实现集体决策，且反馈至外界（国家和社会），以实现其价值。

所谓"虚拟公共领域"是现实公共领域在虚拟网络空间的延伸，具体是指通过虚拟交往方式在网络空间构建而成的人际关系在特定的社会领域的反映。[①] 虚拟公共领域以网络舆论为核心，并成为网络舆论的培养皿，而舆论的架构决定了虚拟公共领域的社会性。[②] 然而，过度的行政控制和公共领域的私人化却容易导致虚拟公共空间的"难产"。

（1）行政理性的限度。

网络似乎给公众建立了一个公开、平权、自由的公共领域，沿用哈贝马斯的观点，这种公共领域应该是介于公共权力领域和私人领域之间的第三空间，不受公共权力和私人意志的干预与干涉。然而，我国的互联网发展仍旧停留在技术性发展阶段，既有的公民素质、文化支持和法治建设都不足以构建和支撑庞大的互联网自治系统。基于国家安全和社会稳定的需要，合理的行政指导和行政监督是具有必要性的，正如行政和市场的关系。然而，行政理论的理性限度和行政行为的非理性缺陷会导致虚拟公共领域的"难产"。

同经济学中的"经济理性"假设一样，管理学中也存在"行政理性"。例如，著名的管理学家赫伯特·西蒙非常重视管理行为中的理性问题，他认为行政组织的存在和运行都是以理性为基础的，他批评经济学家不合理地赋予经济人无所不知的理性，认为行政理性是一种有限理性——人类并不具备对一项决策的价值界定、知识支持和相关行为实施的全方位能力。因为"在现实世界里，人类行为才是有意的理性行为，但只是有限的理性行为，也只有在现实世界里，真正的组织理论和管理理论才有生存空间"[③]。然而，中国历经了漫长的奴隶社会和封建社会，新中国成立以后又由于特殊国情的需要，经历了为时不短的全能主义政治时期，所以，"集权"形式在中国的历史发展中扮演着重要的角色。对于政府而言，公共领域的形成无疑是对既有"集权"利益结构的威胁。

---

① 杨嵘均：《论虚拟公共领域对公民政治意识与政治心理的影响及其对政治生活的形塑》，载于《政治学研究》2011 年第 4 期。

② 陈力丹：《舆论学——舆论导向研究》，中国广播电视出版社 2005 年版，第 10~24 页。

③ ［美］赫伯特·西蒙：《管理行为》，詹正茂译，机械工业出版社 2009 年版，第 78 页。

（2）网络公共领域私人化。

"公共空间私人化"是"社会和文化变迁的产物，具有多重原因，几乎渗入生活领域的各个方面"①。伴随着自媒体时代的到来，网络空间公共领域和私人领域之间的界限越发模糊。这里之所以使用"越发"是因为网络空间其本身就具有公开性，要在一个具有公开性的空间内界定私人领域，其本身就是矛盾的。例如，个人的微博在一般意义上可以界定为私人领域。然而，在不设密的情况下，其信息受众即为公众，其"评论"功能亦是面向公众的，公众可以通过评论功能对微博信息和延伸信息进行评论和讨论。所以，一条原始的微博既是私人领域也是公共领域。当微博的评论量和转发量达到一定额度时，就会进入微博热门榜，再由新闻媒体引用发布，正式成为公共领域。正如胡泳所言："公共空间私人化和私人空间的公共化是两个平行的过程。"②

网络公共领域私人化在一定程度上也助推了公共领域的"难产"。自媒体的普及开启了"人人都有麦克风"的时代篇章，如詹姆斯·克兰所言："互联网用作自我传播的媒介功能兴起了这个功能成就了更多的自我表达，也许还加强了个人主义的趋势。"③网络公共领域往往成为展示个人的场域，如公众可以在网络公共讨论板块发布网店信息、招聘广告，甚至是插入热点讨论，导致公众关注点的转移，使网络公共领域的社会功能逐渐式微。

2. 网络民主形式的异变

（1）"沉默的螺旋"的倒置。

"沉默的螺旋"由伊丽莎白·诺尔—诺依曼在其论文《舆论是我们的皮肤》（1974）中首次提出。"沉默的螺旋"指出个人对于"意见气候"的认知受到大众传媒的影响。经由大众传媒强调的信息往往会成为主流舆论，甚至被界定为"对的""权威的"或是"正确的"，并以此为中心，逐渐形成"多数人的意见"。因为恐惧被孤立，持有"劣势意见"的"少数人"通常会选择沉默。于是，一方的声音会越来越大，而另一方则会越发沉默，从而形成"沉默的螺旋"。后来，"沉默的螺旋"泛指人们在表达意见时，如果发现自己的观点得到别人的认同，并且受到欢迎，就会积极地参与话题的讨论。相反，如果自己的观点很少有人关注或是赞成，为了防止孤立，就会保持沉默。而这种沉默就会导致意见对立方的增势，从而形成意见双方或对方不均衡的力量对比。

诺尔—诺依曼将"沉默的螺旋"的形成归因于少数人对于被社会孤立的

---

① ［美］劳伦斯·莱斯格：《代码：塑造网络空间的法律》，中信出版社 2004 年版，第 235 页。
② 参见胡泳：《众声喧哗》，广西师范大学出版社，第 235~241 页。
③ ［英］詹姆斯·克兰等：《互联网的误读》，人民大学出版社 2014 年版，第 67 页。

"恐惧"，并且强调"人们对于被隔离的恐惧要大于对犯错误的恐惧"①。由此可见，少数持有劣势意见的人之所以选择沉默至少出于两种原因：恐惧被隔离和恐惧犯错，只是恐惧被隔离更加容易造成"沉默的螺旋"。所谓"隔离"，不仅是指身体上的隔离，更多的则是精神上的隔离。社会中的个体需要得到认可，继而被团结。在缺乏民主或民主滞后的社会中，最普遍、最权威的"认可"往往来源于政治权力。诗仙李白桀骜不驯，也曾借言潇洒道："天生我材必有用，千金散尽还复来。"然而，其笔下却不乏具有宫廷色彩的诗文，诸如"云想衣裳花想容，春风拂槛露华浓"。封建君主制度下的民主缺场，使君王的意志成为最具有权威性、普遍性的认可和最主流的价值导向。大众传媒时期，政府是新闻的把关人，传统媒介是政府意志的传播者，只有政府才具有信息的"知情权"。因此，传统媒介借助于政府的政治权威拥有了引导社会舆论的主动权。所以，大众传媒时期的舆论呈现出明显的"倾权性"。若权力和权利在社会阶层中呈现出明显落差，那么社会的主流价值形态和舆论导向都表现出明显的"倾权性"。

互联网的公开性、平权性和可匿名性在推进权力和权利的再分配中起到了积极的作用。可匿名功能则给公众提供了一个最安全的面具，每个人都可以成为"布袋木偶"。人们摆脱了传统的政治权威的压力，民族、国家立场的束缚，文化的差异以及人际关系中对于人情和面子的顾及，似乎实现言论的自由，也似乎促进了网络民主的发展。其实不然，真正的网络民主建立在理性言论、有效言论的基础之上。然而，我国互联网的发展速度相对于网络法治建设的深度和全面公民素质的进程而言，呈现出明显的"超前性"，互联网的可匿名性促进言论自由的同时，也引发了"消极自由"在网络空间的弥漫。互联网提供的可匿名功能使部分公众脱离了道德和法律的约束。当谎言、谣言、污言秽语以"多数"的形式占领网络空间，社会的价值标准出现变化——数量的优势代替了专业性和权威性，网络民主被异变为教条式的"多数人"民主，进而有可能沦落为"多数人的暴政"。"沉默的螺旋"发生了倒置。正如托克维尔所说的那样，"多数人的暴政""不尽指立法、司法、行政的多数，而且指的是舆论的多数"②。

（2）"娱乐化"的政治。

在现有的相关研究中，"娱乐化"往往作为一个定语，用来形容不同社会领域或社会生活，如新闻娱乐化、政治娱乐化、经济娱乐化、微博娱乐化、教育娱乐化等。所谓的"娱乐化"主要体现在内容的娱乐化和表现形式的娱乐化两个方面。

---

① ［德］伊丽莎白·诺尔—诺依曼：《沉默的螺旋：舆论——我们的皮肤》，董璐译，北京大学出版社 2013 年版，第 63 页。

② 罗玉中、万其刚：《民主、平等和自由——托克维尔评价》，载于《中外法学》1999 年第 6 期。

　　其一，内容的娱乐化。内容娱乐化的实现往往无法脱离名人、明星以及与之相关的隐私、八卦、谣言。值得注意的是，"内容娱乐化"建立在"娱乐化内容"的价值基础之上，即"娱乐化"是否可以带来利好。正如上述所言，"娱乐化"往往依托于名人、明星，即"娱乐化内容"的价值在很大程度上有赖于"名人效应"的影响大小。以微博为例。这里可以从两个问题进行审视：微博如何实现盈利？名人效应在微博盈利中扮演着怎样的角色？卢金珠认为，"短信分成、广告、品牌服务、电子商务和虚拟服务"仍旧成为微博的主要盈利模式。①我国的微博网站尚处于起步阶段，广告依然是中流砥柱的盈利方式，而如何增加广告的曝光率则成为现阶段微博盈利成败的关键。微博，即微型博客，要求以微博网络为载体的文字表达控制在140字以内。字数的限制导致了信息的碎片化和模糊化，想要在浩瀚如海的互联网信息丛林中展露矛头，甚至异军突起，除了依赖信息的曝光率，更有赖于信息对社会动态的敏感程度。实际上，只有从时间、空间、受众兴趣对口三个方面全方位地刺激信息受众，吸引信息受众的注意力，才能使信息不至于如沧海一粟，即刻淹没在汹涌而至的信息流之中。而在微博网站，广告互动则主要依靠转发、点击链接、评论、@好友四种方式（见图6-2）。然而一些微博网站为了提升传播性，且愈发呈现出泛娱乐化倾向，其一方面体现在娱乐化的信息占比重过大，另一方面则体现为用户在表达上存在随意性，在传播符号的使用上偏重娱乐性。②2015年，某王姓男明星一条生日微博转发量竟创下吉尼斯世界纪录。③可见"娱乐化"（在一定程度上可以理解为"明星化"）已然成为微博的显著特征，娱乐明星也成为微博热点。这也充分说明了"娱乐化"对于微博网页的价值所在。再以政治选举为例：2012年，奥巴马参与总统竞选时，布鲁斯·斯普林斯汀（Bruce Springsteen）和肖恩·科里·卡特（Jay-Z）就曾利用"名人效应"为奥巴马的总统选举拉票造势。根据相关报道显示，美国当地时间2012年6月5日，哥伦府的国家体育馆里20 000座席基本被填满，这为奥巴马的总统选举拉票创造了有利的机会。④由此可见，"娱乐化内容"的价值所在是"内容娱乐化"的前提。

---

① 参见卢金珠：《微博客传播特性及盈利模式分析》，载于《现代传播》2010年第4期。

② 参见汪侠静：《微博泛娱乐化倾向的影响及对策》，人民网，2017年8月30日，http://media.people.com.cn/n1/2017/0830/c414067-29504931.html，2023年9月14日访问。

③ 孔小平：《TFBOYS王俊凯创吉尼斯纪录 单条微博转发量最多》，人民网，2015年6月23日，http://culture.people.com.cn/n/2015/0623/c22219-27191679.html，2023年9月14日访问。

④ 《奥巴马携流行巨星挥别总统竞选》，中国新闻网，2012年11月6日，https://www.chinanews.com/gj/2012/11-06/4306602.shtml，2023年9月14日访问。

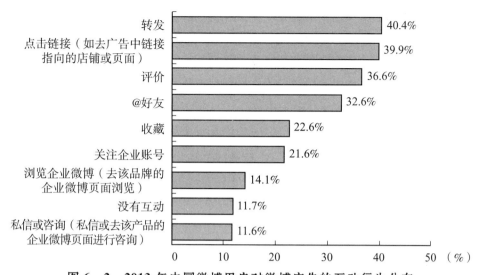

图 6 - 2   2013 年中国微博用户对微博广告的互动行为分布

资料来源：《哪些微博广告最受欢迎？》，创业者网，2014 年 6 月 26 日，http：//www. chinaz. com/manage/2014/0619/356310. shtml，2019 年 10 月 21 日访问。

其二，表现形式的娱乐化。以新闻表现形式为例。传统的严肃新闻往往表现出以下特点：内容严肃、无互动阐述、语言行文准确严谨、播报人着装端正等。而娱乐化的新闻往往会以一种轻松诙谐的语言表达，更加亲民、互动式的方式展现。"娱乐化"以其价值属性，逐渐浸入社会的各个领域，正如尼尔·波兹曼所言，"所有公众话语都逐渐以娱乐的方式呈现，并成为一种文化精神，我们生活着的政治、宗教、新闻、体育和商业都心甘情愿地成为娱乐的附庸……"[①]

社会文化取向的"娱乐化"在自媒体技术的发展下不断被强化，而过度的政治娱乐化使网络民主产生异变。首先，互联网时代背景下，新闻通过传统媒介和新媒介，借助于链接或者超文本路径，将严肃的政治新闻碎片化为具有典型"娱乐性"的新闻。如"两会"[②] 期间，媒体聚焦于明星委员，特别是当期具有舆论热点的明星……这里并不否认新闻多元化的优势，然而，值得注意的是，过度的政治娱乐化会影响政治的聚焦性，相继导致公众的"政治失望"和"政治冷漠"[③]，不利于网络民主的建设。其次，过度的政治娱乐化会影响网络民主的公

---

① ［美］尼尔·波兹曼：《娱乐至死——童年的消逝》，章艳、吴燕莛译，师范大学出版社 2004 年版，第 87 页。

② "两会"指人大会议和政协会议。

③ 所谓政治失望，是指对国家领导和政府行政人员私人行为的过度报道，会使公众对本国政治失去信心，从而导致政治失望。

平和公正。正如上文所述，奥巴马在其总统竞选时邀请了颇具影响力的明星为其造势、拉选票。依靠明星所拉得的选票多源于"名人效应"对明星的感性认可，而非公众对候选人的真实认可，也非政治选举的客观理性认可。当前一种感性认可取代了后一种理性认可，再借助于互联网技术落实于真实的选举活动时，网络民主的公平与公正便遭到了破坏。

三、网络社区治理的输入体制创新：治理体制的创新路径

网络社区界生于网络空间，它继承了传统共同体协商自治的功能，同时也表现出"去中心化"的特征。网络社区发生核心膨胀则意味着它正从"去中心化"逐渐走向"中心内聚"，有可能是一个中心，也有可能是多个中心。预防核心膨胀，主要可通过"智慧民生"的构建以及主流舆论的引导来实现。

1. "智慧民生"的构建——"智慧"科普

2015 年，马化腾提出"用移动互联网，推动智慧民生"[①]。所谓"智慧民生"即"科技民生"，是指借助于移动互联网技术向公众提供更加快捷、便利的公共服务。"智慧民生"以"互联网＋"模式展现于众，并逐渐改变着公众的生活方式。例如，人们可以通过医疗 App 实现网上挂号、缴费、查看报告；可以利用大数据了解交通状况，绕开拥堵路段。然而，所谓"智慧民生"不应仅仅局限于科技手段的智慧，还应该关注公众本身的智慧。在"互联网＋"的模式下，公众的生活内容越发丰富，与之相伴而生的是公众人际关系圈的裂变以及公众社会角色的多元化。"互联网＋"的模式使公众穿梭于不同的网络社区，其感性和激情会影响共同体原有的理性，甚至会导致不同共同体之间产生"共振效应"，造成网络社区的空间膨胀，继而引发时间膨胀。由此可见，"智慧民生"的构建不能简单地依靠"科技手段"，科技只能使公众成为生活的主人，却不能使公众成为自己的主人。所以，这里认为，"智慧民生"既应该是"科技民生"，也应该是"理性民生"。在"互联网＋"的社会运行模式下，建立理性民生主要依托主流舆论的"智慧"引导和专业智能部门的"智慧"科普。

接下来看这样一个例子。几位从事不同领域工作的人一起吃饭，就饭桌上的圣女果进行了讨论。A 抛出了一个客观问题——"圣女果是否是转基因食品"。B 说："早有所闻，听说是的。"C 强调："听说还会致癌。"D 说："网上早就辟谣过了，说圣女果不是转基因。"B 又说："不但圣女果是转基因，连甜玉米和紫

---

① 马化腾：《用移动互联推进"智慧民生"》，http://gb.cri.cn/44571/2015/03/11/421s4897943. htm，2015 年 3 月 11 日/2015 年 7 月 1 日。

薯都是转基因的。"D 又说:"转基因的食品到底能不能吃呢?"事实上,问题经历了"提出—肯定—强化—质疑—升级—转移"的过程,原本关于"圣女果是否是转基因食品"的提问——一个简单的、客观的问题已经逐渐转变为"转基因产品是否可以食用"这样一个复杂的、主观问题。案例中的 A、B、C、D 四者在网络空间分属于不同的网络社区,而以网络社区为单位的舆论风暴更具复杂性和不可控性,甚至引发危及社会稳定的"离模膨胀"。以上案例可见两点:第一,信息源足够丰富的前提下,公众似乎并没有变得更加"智慧",反而在浩瀚如海的信息中失去了方向。第二,问题的升级和扩散。正如关于圣女果的问题会演变为一个政治问题,当多地政府陆续将政府网络舆情工作纳入机关绩效考核之后,各级政府行政部门对于网络舆情的监督和监测投入了大量的人力和物力,但相关部门往往把关注点集中于具有明显"冲突"潜质的问题。然而"网络是一个无限放大的小城镇"①,任何一个网络热点都有可能发生蝴蝶效应,从而成为席卷整个互联网的新闻飓风。政府行政机关依托于技术优势和权力优势,比一般社会机构更易洞察舆论风向,捕捉舆论热点。所以,政府机构在关注职权所向的社会动态时,更应该贴近民生,关注社会热点,积极参与政府工作涉及领域内的民生讨论,从回应"小问题"着手,形成政府与公众的良性互动。必要的时候与第三方机构合作(如高校和相关专业的研究所),以科学的、专业的态度澄清社会误解、回应社会疑惑,从而避免社会问题的突发和病变。除此之外,在基于社会责任的、面向公众的科普行动中,政府应该积极调整与新闻媒体之间的互动关系。不可否认,在社会科普方面,新闻媒体(包括独立媒体和公共媒体)比各级政府更具有热情,这是由新闻的本质和新闻的价值所决定的。现下,就社会科普而言,主要由媒体承担。然而,政府的信息资源远远优于新闻媒体。因此,政府应该提高对公众基础科普的关注度,与媒介形成良好的互动,准确、诚恳地实施科学普众,从而培育社会理性。

2. 主流舆论的价值引证——"智慧"引导

"在传统的媒介格局中形成的意见领袖,通常是人际传播活动中的积极、活跃分子,善于言辞,具备较好的人际交流的能力。他们与媒介的接触率比一般受众多,获取信息的渠道也较一般受众丰富。"② 所以,传统媒介中的意见领袖多以社会精英为主。自媒体的发展则营造了一个"人人都有麦克风"的年代。每个人都是信息受众,每个人也都可以是信息发布者,甚至每个人都可能成为新闻的操纵者。公众也在网络信息的传播中获得了前所未有的具象化的认同——微博的

---

① 胡泳:《网络政治:当代中国社会与传媒的行动选择》,国家行政学院出版社 2014 年版,第 95 页。
② 邓若伊:《网络传播与意见领袖理论调适》,载于《新闻传播与研究》2011 年第 3 期。

粉丝数、微信博客的留言数量、朋友圈的点赞量、领英网的关注度等。这种认同感激励着公众不断地进行网上"发声",于是批量地生产出水平参差不齐的网络意见代表。自媒体时代的意见代表相对于传统媒介中的意见代表表现出明显的去层级化和耦合性。不可否认,网络意见代表的"去层级化"在一定程度上解锁了"沉默的螺旋",使得部分小众的真理有了生存和发展的机会,对社会公平、公正、民主的建设都起到了积极的推进作用。然而,网络意见代表从来都不需要以个人的名誉保证"意见"价值导向的正确性,他们所谓的"意见"只需要参照事实性的证据,哪怕这种证据是具有片面性的。以"成都女司机被打"案件为例。当女司机卢某被张姓男子拖下车实施暴打的视频曝光以后,舆论一边倒向女司机,普遍表示对女司机的同情,鉴于当时的情况,在网上发表"谴责打人者"的信息,并义愤填膺地表达对女司机的同情,便有可能成为意见代表;然而,随着张某行车记录仪中的视频被公之于众,女司机的"逼车"行为又使舆论风向转为对男司机的理解,彼时,如果发表言论"谴责女司机"亦有可能成为意见代表。再后来,被打女司机卢某遭到人肉搜索,于是对于"人肉搜索是否合法的言论"理所当然地成为舆论的热点。相对于传统媒介中的意见代表,网络意见代表的风险成本明显较低,邓若伊认为他们是"以局部事实、细节真实为标准的网络意见领袖"[1]。网络意见代表的"意见"往往讲究实时性,这就决定了其"意见"价值的片面性和局限性。碎片化的信息、时效性的网络意见代表,使得社会核心价值被击打得分崩离析,社会真相也难以整合。鉴于此,主流舆论的价值归引就显得尤其重要了。

"主流舆论就是代表主流人群的主流思想和情感意志的强势舆论。主流舆论是正向舆论,是能够体现社会发展方向、反映时代主流与本质、真正代表民心民意的舆论:是积极的、进步的、建设性的、正义的舆论。"[2] 于社会稳定而言,主流舆论是有益的。以"买盐风波"为例。2011年,日本福岛核电站由于地震的原因发生了泄漏,网络谣言声称辐射会导致海水污染,造成盐荒。于是,市场哄抬盐价,抢盐成风,甚至还出现了"买盐帝"的闹剧。主流媒体——《人民日报》、央视、各地报刊等纷纷发文澄清事实,证明中国只青海一地的产盐量就足够满足中国人口70年的需盐量,这才使得"抢盐风波"在网络上得以平息。[3]传统主流舆论媒介应该保持言论的客观性和风格的中正性,把持社会核心价值的

---

① 邓若伊:《网络传播与意见领袖理论调适》,载于《新闻传播与研究》2011年第3期。

② 郑保卫:《掌握驾驭和引导舆论的艺术提高应对和化解舆论危机的水平》,载于《新闻记者》2005年第2期。

③ 可参见:《盲目购买食盐没必要 探寻喧哗背后真相》,载于《人民日报》2011年3月18日;《从谣"盐"事件看媒体如何参与社会管理》,央视网,2011年5月24日,https://www.cctv.com/stxmt/20110524/107046.shtml,2023年9月14日访问。

方向。与此同时，通过传统媒介的改革和升级，促进主流舆论在新媒体场域的发生。

第三节 网络社区治理的转换体制创新：
政府治理及其创新路径

一、网络社区政府治理体制的突出特征

作为网络社区治理的转换体制，政府对网络社区的治理机制、方案与措施，既延续了传统社会治理的基本原则和主要内容，又在资源整合、行动规范等方面表现出显著不同的外在特征。这些特征突出体现在以下几个方面。①

1. 核心关注——秩序价值

风险社会与转型社会叠加，使当下中国社会呈现"风险共生"的态势；传统的灾害风险、现代化过程中的社会风险和现代性产生的生态风险，在网络社区中集中凸显并放大呈现，增加了网络社区治理情境的多样性和复杂性。② 这样的态势，对网络社区乃至经济社会的有序发展和民生保障构成了重大威胁。从各级政府对网络社区的治理机制模式的基本设置看，具有依托官僚体制、针对网络公共危机根源及表征实现行政权力的有效输出以化解危机的体制设计特征，在寻求网络治理的效率保障的同时，也自然而然地将既有科层制对于秩序的遵从和重视放置到了核心关注的位置。一方面，从中央政府的角度看，网络危机现状得到果断控制和危机生发的网络社区秩序得到快速恢复成为首要选择③，因此控制网络危机和进行快速的秩序重建被放到了评价的高位；另一方面，就地方政府而言，对于辖区之内的网络事件，不论是自然灾害、安全事故，还是公共卫生和社会安全类别的事故，尽快阻断危险扩大、确保一方安宁也自然在为政者的第一考虑之中。

上述两个层面的关注叠加，对于直接介于上层政府宏观管理与下层政府微观

---

① 参见金太军：《网络时代政府危机治理的特征分析》，载于《行政论坛》2014 年第 5 期。

② 金太军、赵军锋：《风险社会呼唤协作治理公共危机》，载于《中国社会科学报》2014 年 2 月 21 日。

③ 张国清：《公共危机管理和政府责任——以 SARS 疫情治理为例》，载于《管理世界》2003 年第 12 期。

管理之间的应急管理实施机构而言，当然是要极为重视的。实际上，面对来自传统社会与现代社会、农业社会与工业社会以及现代性与后现代性等多种因素的交织和相互作用，中国网络社区中公共事件的传感性、危害力以及波及度，都对政府治理提出了深刻的挑战。网络社区治理的秩序强调无论从统治稳定有序还是民生福祉发展改进的角度讲，都是极端重要的。社会情势越是对这种秩序的渴求与日俱增，那么就越有可能进一步强化发展中秩序维护和发展的重要性，从而对网络社区治理体制的"维稳化"提出日渐强盛的要求。这又为超越秩序应有价值去把握和处置危机事件设定思维情境，从而限定了将网络民主转变成为改革契机的实践想象力。

2. 权威集聚——超自主性

回应网络公共危机解决的高能耗和高速度要求，网络社区治理需要有充分的权威集聚。这种权威集聚，大体上是以常态政府构架中相关职能部门的权力让渡和移交方式来完成的；从权力流向看，既有中央政府向危机领导小组或指挥部的权力暂时授予，也有地方相关职能部门向处置领导管理机构的权力暂时让渡。但是，无论流向是自上而下还是横向集中，都是在科层权力的"紧急权"集中状况下实现的，其行使的范围、作用的方向、运行的期限以及终止的裁定都是在权力系统内部完成的。[①] 这种显著的闭合性和限度整合度，实际上表明了网络事件处置权威以官僚制为基础的超自主性。一方面，官僚制是其基础，这是中国网络社区治理模式的行政性或"行政国家"范式所决定的；另一方面，相对于危机场域内的企事业单位、社会团体和社会公众而言，对于网络社区"紧急权"的聚散离合，他们大体上是难以直接染指的，这表明了"紧急权"政府行使的超越性。尽管"紧急权"与各权力源泉单位或部门有着千丝万缕的联系，但是在涉及人命关天和财产安全等一些重大社会关切的时候，它所具有的对于各部门权力、地区权力的超越性也能够在相当程度上予以实施并得到落实。

这种决策权高度集中且具有相当闭合性的权威决策层，构成了矩阵形态的"战斗部"或指挥中心。在网络公共危机处置救援大体上还处于政府担纲，而市场力量和社会参与总体还比较有限的情况下，这种超自主性的权威治理模式既是现实常态治理的主要形态，也是以一种更为集中的方式应对"麻烦"事务的可靠选择。作为常态治理的延伸，作为非常态治理的网络公共危机治理，这种超强规模的治理权威能量供给，恰恰反映出转型社会治理的基本困局——"政府能力悖论"[②]，即社会转型在不断破坏和抑制着政府能力的生长，同时又有着大量的能

---

① 戚建刚、杨小敏：《行政紧急权力的制约机制研究》，华中科技大学出版社 2010 年版，第 1~8 页。
② 任维德：《中国社会转型时期的政府能力开发与建设》，载于《中国行政管理》2001 年第 11 期。

力需求，政府能力供给与社会发展的能力需求之间彼此不平衡的状况十分明显。然而，网络社区治理，本质上讲应该是一种能力建设的议程。[1] 从这个角度，我们可以观察到现有网络社区治理模式的速度、效度与限度。

3. 资源整合——阶段汇流性

网络社区治理需要有充沛的资源供给，以确保其所需的大量人力、物力和财力的消耗。网络公共危机应对所需的大量资源提供支撑，既包括经济性、政治性的各种资源的持续供给，也包括社会性、文化性乃至心理性的资源保障。从中国网络公共危机管理实践的发展看，线上与线下、部门之间、体制内外之间的组织资源整合具有显著特色。这包括权威统筹型的组织资源，主要是指应急指挥部或危机事件处置领导小组，统揽危机处置的重大决策和宏观执行安排；专业型的组织资源，是指现有的条线部门，如公安、消防、安监、卫生、民政、气象、交通等，强化其各自职能和权责，同时依托消防组建一支专业的救援队伍，保持快速反应和专业救援实力；志愿性的组织资源，立足社区组建的市民参与的志愿组织，既可以根据专业分类组建，也可以统一以"平安志愿者"组建，进行日常应急管理知识的普及、培训和教育，并可担负日常社会管理、社会面防控、信息沟通和突发事件配合救援的重要作用。[2] 通过组织资源整合，也就为获得宝贵的人力资源提供了保障。此外，围绕组织资源进一步整合形成对于网络社区治理所需要的物质资源（包括物力和财力等），实现汲取、动员、控制与分配的危机制度资源，形成社会合力和鼓舞士气的心理资源（包括舆论引导、信息发布和心理救援等），以及各种危机处置的专业技术资源，极大地提高了政府综合应对和快速处置网络公共危机的整体能力。

4. 行动规范——便宜从权性

从制度建构的角度来看，包括网络公共危机在内的重大突发事件的政府应对机制包括预防机制、应变机制、资源调配机制以及自动修复机制，涉及紧急预案、组织机构、物质保障（技术、设备、物资、资金等）、立法、政策、宣传教育（旨在掌握有关知识、改变信息不对称状态、改善社会心理条件）等制度要素。[3] 这实际上意味着，需要基于系统优化的方式来展开网络公共危机的应对工作。从实践运行来看，网络危机应对行为总体上在趋于规范，这表现为：一是按照预案进行危机预警，针对不同类别和性质发布相应的预警信息，从而展开危机处置前动员；二是危机处置领导机构的搭建更加遵循科学效能和属地负责的原

---

① 刘学民：《公共危机治理：一种能力建设的议程》，载于《中国行政管理》2010 年第 5 期。

② 容志：《公共危机治理框架如何转型》，载于《学习时报》2012 年 1 月 9 日。

③ 莫于川：《我国的公共应急法制建设——非典危机管理实践提出的法制建设课题》，载于《中国人民大学学报》2003 年第 4 期。

则，在分级分类响应的基础上，中央政府与地方政府的合作协调更为融洽有效①；三是危机决策的科学化程度不断提高，专家学者和有关专业机构的决策参与有所扩大；四是危机信息发布较之以往更为规范、充分，对于回应社会关切也更加富有引导力和掌控力②。

但是，在网络公共危机处置中，仍然在一定程度上存在对紧急情况下行政越权和滥用权力的监督机制不健全、危机管理的权利救济机制不完善（如对责令停产停业、强制征用征收、强制隔离、强制检定、其他人身强制措施等造成权利损害后的补救机制不完善）等状况。③ 这表明，在效率导向之下，网络公共危机处置过程中对于"紧急权"的配置、运行和监督总体上属于便宜从权的阶段，法律形式的规制正在逐步完善之中，而权力实践中则不同程度地存在着某种权能流失、散逸甚至失控的状况，从而对网络社区治理造成深刻影响。

二、网络社区政府治理体制的运作逻辑

根据对我国各级政府对网络社区治理体制的特征表现和运作模式的分析，大体上可以把我国现行网络社区治理模式概括为"刺激—反应"模式。其运行的核心逻辑如下。④

1. 刺激的发生

对中国网络公共事件酝酿和发生逻辑的有效把握，需要深入中国特定的政治社会生态之中去认识，这样才有助于揭示现有网络社区治理模式的"刺激"缘起。从社会的内在结构看，改革开放以来中国现代化建设的一个基本图景是"混合结构"，即由市场经济取向的改革引发的"领域分离"和"结构转型"。⑤ 显然，这是一个公共领域初步发育而又不足的社会。从社会的运行方式来说，大量民营企业、公益性社会团体等不断涌现，其自主性虽有张扬，但社会运行存在显著的权力依附性。就社会的发展内涵而言，社会本身如何通过构建合理的利益整合结构来有效容纳多元的权益诉求，如何通过社会权利与政治权力的彼此互动合

---

① 胡象明、唐波勇：《论利益相关者合作逻辑下的公共危机治理——以汶川"5.12"地震为例》，载于《武汉大学学报》（哲学社会科学版）2010 年第 2 期。

② 高小平、刘一弘：《我国应急管理研究述评：上》，载于《中国行政管理》2009 年第 8 期。

③ 莫于川：《我国的公共应急法制建设——非典危机管理实践提出的法制建设课题》，载于《中国人民大学学报》2003 年第 4 期。

④ 参见金太军、糜晶：《网络时代中国政府应对公共危机的基本模式与核心逻辑》，载于《行政科学论坛》2014 年第 4 期。

⑤ 韩庆祥、张健：《中国特色社会主义建设实践的内在逻辑与发展趋向》，载于《中国社会科学》2012 年第 3 期。

作、沟通接纳甚至部分的制度化拒斥来实现自我认同和国家认同，仍然处于变动之中。

当下中国正处于从现代化中期向后期转变的过程之中，整个社会面临工业化、市场化、城市化、信息化与全球化的重大机遇与挑战。无论是从回应传统的自然灾害、生产事故角度出发，还是从应对新型的诸如网络犯罪、环境污染、技术滥用引发的食品药品安全风险等角度出发，都需要政府具有很强的危机治理能力。从总体上看，我国的危机治理体制诞生于转型环境之中，尽管其面对的是传统与现代、技术与社会等各种不同的风险，但是其基本构架大体上是常态治理之中的行政科层体系。从行政风范上讲，由社会结构和经济状况存在的许多过渡色彩所决定的棱柱型行政范式，主导着当下国内的常态治理和非常态治理。作为常态治理的延伸和发展，网络社区治理的基础和依据自然是具有转型规定性的。这表现为：就政府管理经济的模式而论，以市场和价值规律为杠杆调节经济的成分逐年增多；从政府职能的偏重看，政府总体侧重于经济事务，对社会服务性事务管理不足；就政府与民众的关系而言，两者既非单纯的传统型依附关系，亦非完全的政府与民众平等互动关系，它们之间存有隔阂但又有一定程度的双向互动；从行政风范讲，政府行政基本上打破了传统的血亲主义，但又受人际因素的影响，兼具平等主义与命令行政的一些特征。① 恰恰是这些特征，以内在积淀于治理结构中的制约因素方式，影响和塑造着国家政府的网络社区治理模式的选择。

2. 反应一：危机决策的情境界定

在改革开放多年和各种新媒体技术高度发达的今天，政府危机决策的情景发生了重大变化。这种变化不仅仅表现在人们在缺场状况下可以及时对各种危机信息有相当多的了解，而且还在于人们基于关切自身权益或虽然与自身利益不直接相关但是与他人利益相关事件的网络参与和媒体发声，从而大幅度、大规模地改变着危机发生场域乃至整个国家常态治理的舆论生态。在此情况下，政府危机决策过程的环境开放性需求便直接提了出来。

但是，这种散佚的民众舆论声音和网络参与对于政府危机决策的改变，并非以人们所臆测的直观改变的方式展开，而是具有其复杂性。一方面，更多的信息汇聚表达了政府危机决策甚至常态决策治理的开放度。直面网友、敢于纳谏成为各级地方政府治理中的一种创新和探索而得到普遍关注和好评，这对于改进政府决策，尤其是对提高直接关切民众利益的问题决策质量，具有不可低估的价值。另一方面，在资源约束长期存在和决策过程少部分人主导的路径依赖下，又成为抑

---

① 黄建洪：《公共理性视野中的当代中国政府能力研究》，中国社会科学出版社2009年版，第159～160页。

制网络时代政府决策公共性提升的实际桎梏。在倡导决策民主化、科学化和法制化的今天，尽管政府在为决策治理水平提升和保障公众知情权、参与权、表达权和监督权方面做了大量工作，但无可否认的是，这种"内输入"的运行机制是精英民主的集中体现。在制定公共政策的过程中，其政策信息由政府各部门公务人员收集，然后直接向各部门的负责人提出政策建议。掌握决策权的政治精英们位于权力的高端，拥有足够的权力主导政策过程，对最后的政策输出有着相当大的影响力，再加上独特的等级制场域，公共政策最后便直接形成于政治系统的最顶端一级。这种自上而下单向运转的决策模式①，在获得危机决策高效率的同时，也对其有效性构成了相当的内在约束。

3. 反应二：危机处置的在场操控

现有网络社区治理模式的一个突出特点在于其反应快、效率高。我们知道，网络突发公共事件具有紧急性、衍生性、关联性等特点，影响的范围大、造成的危害重，这就对进入危机现场场域的行为提出了很高的要求。其中，至关重要的：一是处置的统一权威，即要求对于网络危机治理机构或现场指挥部、领导小组等赋权充分，形成足以统一指挥和调度的核心结构。二是协同合作，强调在涉及多领域、多部门的危机实践中，能够分级负责、协调配合，从而做到科学应对。

尤其值得关注的是，在一个并非充分自由竞争的市场条件下，政府与企业之间存在着复杂的利益关联和交换关系②，极易在交换失范的情况下引致政府失灵与市场失败的复合风险。从特点上看，当前网络公共事件具有利益的主导性、诱因的多样性、参与主体的多元性、行为上的偏激性、影响的冲击性以及处置的艰巨性等特点③，面对网络危机事件扩大蔓延迅速、肇因复杂、组织程度明显提高等特征，亟须政府对其进行有力掌控。可以认为，以行政为主导的效率应对模式，正是回应转型期经济社会发展中存在的危机状况而做出的制度安排和行为设计。这种在场操控模式虽然具有反应速度快、行动果断、控制力强的优势，但是又不可避免地暴露其劣势，即政府既作为危机领导的主导又作为危机处置的主体这一混合角色定位，以及市场力量和社会力量参与危机处置的整合力度尚有所欠缺，又实际地限制了该模式对网络社区治理的可持续性与有效性。

4. 反应三：危机善后的科层常态

伴随着网络危机事件处置的结束，危机善后成为重要内容。通常而言，危机

---

① 任中平、阳斌：《政府公共决策思维模式的透析与转换》，载于《领导科学》2012 年第 27 期。

② 金太军、袁建军：《政府与企业的交换模式及其演变规律》，载于《中国社会科学》2011 年第 1 期。

③ 中国行政管理学会课题组：《中国群体性突发事件：成因及对策》，国家行政学院出版社 2009 年版，第 11 ~ 15 页。

善后工作包括处置结果解释、舆论引导、扩大宣传等，其目的在于通过强力控制和密集宣传引导，使得以暂时稳定的状态恢复到正常秩序状态，保障经济社会的稳定有序发展。

第一，危机善后的重点在于重建。危机善后的基本使命是恢复重建，因此其基本步骤包括建立危机恢复的领导机构、开展前期评估、制定恢复计划、总结整改和监督落实、进行后期恢复评价。① 第二，危机善后的重要内容包括及时奖惩。危机善后还包括及时的问责和补偿，这就提出了在善后阶段展开基于"奖惩周期"理解的相关激励与约束工作。这方面的内容不仅包括对因政府应急管理中的过错、违法行为造成的损失进行的行政赔偿，也包括对因政府在应急管理中的合法或无过错行为导致的损失进行的行政补偿②；不仅包括对积极有为的政府应急管理先进（包括机构和人员）进行表彰奖励，还包括对社会参与力量（诸如公司企业、社会团体和杰出个人等）予以嘉奖。第三，通过危机学习全面提升危机善后的危机治理能力。这就需要全面、客观、科学地总结危机爆发和处置的经验教训，尤其要克服那种重危机爆发后的处置、轻危机预警和善后的宿弊③，为建立致力于长期有效治理的危机管理体系奠定基础。从实践的具体情形看，现有危机治理模式在进入善后阶段后，一般实行的都是科层化治理，即从非常态治理转移到常态治理，把危机区域和领域的管辖治理权逐步移交给当地政府，以行政区内政府治理的方式展开。这既是危机治理阶段重心的转移，又是对治理资源流向、治理结构安排和治理行为部署的详细调整。

5. "刺激—反应"式的威权性

转型社会面临双重挑战，一是转型挑战，二是发展挑战。转型挑战是指从农业社会向工业社会转变过程中出现的系统化转变所形成的挑战，发展挑战是指从相对滞后状态向全面现代化状态转变过程中出现的挑战。挑战意味着对现有治理的秩序挑战和结构重构，是一种公共需求发生重大变化的结果。而作为回应复杂挑战的公共供给，依托于权威性高、决策速度快、行动力强的政府主导模式，成为务实可行的选择。无论是对危机信号的辨识、对危机情境的辨识、对危机决策的把握，还是对危机决策的执行、对处置机构的搭建、对危机事务的处置、对危机蔓延的管控、对危机信息的发布，以及对危机是否得到及时控制、是否应该和何时转入善后重建等问题的判断，都需要政府的反应敏捷而适度。速度上的过慢或过快，或是反应程度的过低或过高，都容易失去对于网络危机的有效控制，从而形成更为广阔的危机蔓延态势或衍生危机。

① 王革、阎耀军：《公共危机管理研究述评》，载于《理论与现代化》2011 年第 3 期。
② 张海波、童星：《公共危机治理与问责制》，载于《政治学研究》2010 年第 2 期。
③ 谭燕：《政府危机善后处理在危机管理中的效能》，载于《法制与社会》2008 年第 8 期（上）。

中国网络社区治理模式是常态官僚制模式的新发展，它较好地结合了常态化治理与非常态治理的效能优势，对于稳定社会秩序和促进经济社会发展发挥了重要的积极作用。仔细考察该治理框架可知，该模式属于"刺激—反应"式。具体看来，转型环境和网络场景是危机刺激发生的背景基础，反应则集中表现在危机决策的情境界定、危机处置的在场操控以及危机善后的科层常态三个方面，这使得该治理模式具有明显的威权性。因此，该治理模式既有模式的治理，又具有秩序导向的行政修复性质，还具有相当的行政"切割式"治理色彩。客观而论，中国政府现有网络社区治理模式对于紧急情境的控制具有突出的效率优势，这可以从国家处置一系列重特大公共危机事件的实际成绩中得到证明。然而，不可忽视的是，在网络背景下该模式的不足或缺陷也逐渐显露。新的治理环境向治理模式提出了新的挑战和新的革新要求。

三、网络社区政府治理体制的创新路径

面对我国各级政府在网络社区治理传统体制上的弊端与不足，应制定完善应急预案，建立健全应急体制、应急机制和应急法制，从而提升网络社区政府治理的体制效能，建构网络社区和谐稳定长效机制。[①]

1. 预案体系：原则设定与纲目指引

应急预案又称应急计划，它是针对可能的突发公共事件，为保证循序、有序、有效地开展应急与救援行动，减少人员伤亡和经济损失而预先制定的有关计划或方案。[②] 它是在辨识和评估潜在的重大危险、事件类型、发生的可能性、发生过程、事件的后果以及影响的严重程度的基础上，对应急机构与职责、人员、技术、装备、设施、物资、救援行动及其指挥与协调等方面预先做出的安排。从纲目指引的角度看，任何预案都不可能一一对应现实中或然的或业已发生的突发公共危机事件。为此，预案需要着重凸显如下功能：一是应急指挥的核心是控制，即尽早切断事故正效应链，采取常规与非常规措施，将公共危机的破坏力和影响范围控制在最低级别；二是着力突出"第一反应"和"属地为主"的原则，必须明确将应急活动分为初级响应和扩大响应两个阶段[③]；三是高度重视预案的

---

① 参见金太军、糜皛：《网络时代中国政府应对公共危机的基本模式与核心逻辑》，载于《行政科学论坛》2014年第4期。

② 《中国应急管理》编辑部：《领导干部预防和处置突发公共事件：实用指南与案例分析》，国家行政学院出版社2008年版，第2~3页。

③ 薛澜、钟开斌：《突发公共事件分类、分级与分期：应急体制的管理基础》，载于《中国行政管理》2005年第2期。

危机学习功能，强调对预案的培训、宣传和演练，防止"预案关空"或制度空转。从实效性角度讲，当一起特别重大的突发公共事件发生时，一级政府等待其上级政府指示后再行动的效率，只是启动应急预案再行动的效率的 1/300。[①] 这足以说明应急预案的纲目指引功能非常强大。

现阶段已基本形成了中国特色应急管理体系。截至 2019 年，应急管理事业累计颁布实施《突发事件应对法》《安全生产法》等 70 多部法律法规；党中央、国务院印发了《关于推进安全生产领域改革发展的意见》《关于推进防灾减灾救灾体制机制改革的意见》等；制定了 550 余万件应急预案，形成了应对特别重大灾害"1 个响应总册 + 15 个分灾种手册 + 7 个保障机制"的应急工作体系，探索形成了"扁平化"组织指挥体系、防范救援救灾"一体化"运作体系。[②]

2. 领导体制：统一领导与属地负责

网络危机管理是有计划地消除风险与不确定性，使组织更能掌握自己前途的艺术。[③] 因此，建立一个健全的危机管理的领导体制至关重要。我国的应急管理体制应按照由国务院统一领导、综合协调、分类管理、分级负责、属地管理为主的原则建立（见表 6 - 1），包括应急指挥机构、社会动员体系、领导责任制度、专业救援队伍和专家咨询等。

表 6 - 1　　　　　　　　　危机分级管理组织框架

管理组织	特别重大（Ⅰ）红色	重大（Ⅱ）橙色	较大（Ⅲ）黄色	一般（Ⅳ）蓝色
国家	√			
省级	√	√		
市级	√	√	√	
县级	√	√	√	√

资料来源：《国家突发公共事件总体预案》。

其一，从机构设置看，应注重从覆盖到位的角度回应公共危机管理的现实需求。既要有中央级的非常设应急指挥机构和常设应急指挥机构，又应有与各级地方政府对应的应急指挥机构，县级及其以上各级地方政府设立本级政府应急指挥机构。与此同时，根据实际需要，还应设立相关突发网络公共事件应急指挥机

---

① 李立国、陈伟兰：《灾害应急处置与综合减灾》，北京大学出版社 2007 年版，第 41 页。

② 《应急管理部：我国累计制定 550 余万件应急预案》，人民网，2019 年 9 月 18 日，https：//www. mem. gov. cn/xw/bndt/201909/t20190918_336740. shtml，2019 年 9 月 14 日访问。

③ Steven Fink. Crisis Management：Planning for the Invisible. American Management Association，1986.

构，组织、协调、指挥网络突发公共事件的应对工作，力保做到组织领导到位。

其二，从职能配置看，要从法律意义上明确常态下编制规划和预案、统筹推进建设、配置各种资源、组织开展演练、排查风险的职能，规定在网络突发公共事件中采取措施、实施步骤的权限，给予政府及有关部门"一揽子授权"。[1] 这样做的基本目标就是致力于快速解决突发网络公共事件中政府职能缺位问题。以我国安全生产应急救援组织体系为例，它包括领导决策层、管理与协调指挥系统以及应急救援队伍三个层次，以确保形成集中统一、坚强有力、政令畅通的指挥机构。

其三，从功能整合看，危机领导机构具有一体化的决策和行动能力至关重要。在网络社区治理实践中，实现政府层级间的有效协调和充分合作是高效应对网络公共事件的关键，核心是谋求应急所需之人、事、财之间的合理匹配，剔除权能分立阻隔与科层惯性干扰，增强协同治理能力。因此，整合政府网络危机治理需要着重解决三个方面的问题：一是指挥体系的权威性问题，即要有一个规格高、权威性强的指挥机构对应急所涉及的各横向和纵向部门机构有效统领；二是管理职能的科学性问题，基于响应快速科学以及处置运转高效、规范有序的基本要求，构建突发网络公共事件公共行动体系；三是明晰管理责任的问题，尤其要避免权力与责任不对等、不统一的抵牾现象产生，形成以责任建构行动、以法制保障成效的行动模式。

3. 运行机制：长链设计与分阶展开

网络公共危机是一种不平衡状态，它具有潜伏期、爆发期、蔓延期、恢复期和消除期的生命周期特征。[2] 在罗伯特·希斯看来，有效的危机管理需要遵循4R模型，即缩减、预备、反应和恢复（见表6-2），关键在于从危机应对周期的相应机制角度出发，提高危机应对能力。

表6-2　　　　　　　　罗伯特·希斯的危机管理过程的4R模型

危机管理过程	主要工作
缩减（Reduction）	减轻危机的冲击力和影响力，对危机进行风险评估和风险管理
预备（Readiness）	建立监视和预警系统，对员工进行培训，提高危机应对能力
反应（Response）	分析危机影响，制订危机管理计划，具备必要的资源和技能
恢复（Recovery）	控制危机后，将人力、物力、财力以及工作流程恢复到正常状态

资料来源：［美］罗伯特·希斯：《危机管理》，王成译，中信出版社2004年版，第32页。

---

[1]　张连波、任晓东：《地方政府应急管理》，大连理工大学出版社2009年版，第65～66页。
[2]　董传仪：《危机管理学》，中国传媒大学出版社2007年版，第9～10页。

所谓网络公共危机管理机制，是指政府设置、调节和运行一系列管控办法，实现对网络公共事件的全程性、动态化管理与控制，以实现秩序恢复和社会稳定的治理工具。它具有连续性、实践操作性和调适性等特征。从一般性公共危机事件应对的角度看，我国公共危机管理的机制主要有以下五种（见图6-3）。进一步完善现行五种应急机制、充分激发其社会治理效能，是创新网络社区政府治理体制的关键所在。

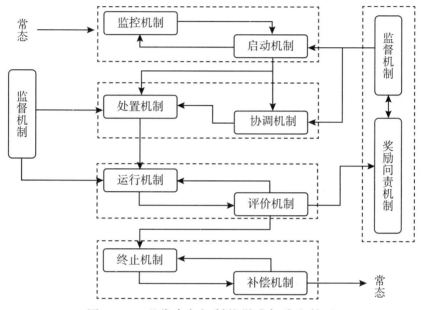

图6-3 现代应急机制的组成部分和关系

资料来源：陈安等：《现代应急管理理论与方法》，科学出版社2009年版，第139页。

第一，监控与启动机制。监控机制是危机管理的基础性职能，全面而精准的危机监控是进行危机预控和制定危机应对处置方案的依据。它融合了风险的识别与评价、风险事件发展规律的预测、语境信号与阈值的确定，以及对风险源的连续性或阶段性的监视与风险源控制。[1] 从流程上看，监控机制包括四个步骤[2]：一是对风险源的识别，具体涉及对风险事件类别的识别和对实践指标与参数的识别。前者包括自然灾害、事故灾难、公共卫生事件和社会安全事件的分类，抑或是交叉性质判断；后者则试图尽量通过量化的参数指标详细描述风险事件，以便为后续管理提供决策依据。二是对风险事件的初步评估，即基于事件原理性机理

---

① 于丽英、杜明星：《基于警源—压力—预警能力的城市公共危机预警研究》，载于《中国安全科学学报》2012年第6期。

② 陈安等：《现代应急管理理论与方法》，科学出版社2009年版，第140页。

对事件的发生、发展与传播的规律进行挖掘和总结，从而对时间进行规律性刻画。三是发布预警信号，提醒相关部门做好突发事件的应急准备。四是分级建立启动阈值、启动不同等级应急措施的标准，为下一个应急机制启动机制提供判断依据。① 所谓启动机制，则是当可以监控的突发事件本身的参数超过给定阈值，或者突发事件的影响范围或程度满足给定条件时，可以启动相应预案或应急举措的机制，它是一套判断灾害是否达到一定危害程度、是否需要启动应急举措的方法。从应急启动科学化的角度讲，对不同类型事件进行分类启动至关重要。②

第二，处置与协调机制。处置机制与协调机制不可分离。这是因为一般在突发公共事件发生的情况下，处置机制的启动就意味着协调机制相继启动。值得注意的是，在突发重大公共事件的应急协调中，应根据危机结构的复杂程度和危机管理的性质，按照结构不良性危机和结构非不良性危机进行危机分类处置③，因此，政府协调也可以选用多种方式：会议协调（包括最高决策会议，即国务院决定成立专项应急指挥部或领导小组会议、现场会议和总结会议）、文件协调（紧急通知、函件、指导意见、参考意见和专业化的行动标准等形式）、应急视察（获取事件信息、了解前期救援以及存在纰漏状况，快速解决其间存在的权力分散、职能交叉等问题）和现场办公（中央的直接接入和权威干预，协调中央与地方、地方纵向与地方横向的合作以及政府与社会的合作）。④ 以会议方式为主的政府间协调主要应致力于解决如下问题：在信息沟通方面，中央有直接接入，却没有充分的直接信息；在资源方面，地方有切身之痛，却没有足够的应急资源（组织、人力、物力和财力资源）⑤；在决策与执行方面，部门机构会不同程度地存在决策时同时在场，而执行时权宜性缺场的问题。因此，应急协调实质上就是要试图打破部门壁垒和机构利益权衡。⑥

第三，运行与评价机制。应急运行机制的核心问题是要把应急处置权威机构的处置决策方案付诸实施，达到合理处置公共事件、遏制事态恶化蔓延的处置预期。因此，在运行机制中需要强调三方面的内容：一是统一指挥。突发公共事件往往经常超出某个部门或某个地区的职责范围，处置突发事件往往需要许多部

① 马怀德：《法治背景下的社会预警机制和应急管理体系研究》，法律出版社 2010 年版，第 438～450 页。

② 陈安等：《现代应急管理理论与方法》，科学出版社 2009 年版，第 145～146 页。

③ 《学习时报》编辑部：《国家与政府的危机管理》，江西人民出版社 2003 年版，第 17～18 页。

④ 黄建洪：《重大突发公共事件的纵向府际协调研究》，载于《苏州大学学报》（哲学社会科学版）2012 年第 2 期。

⑤ 金太军、赵军锋：《公共危机中的政府协调：系统、类型与结构》，载于《江汉论坛》2010 年第 11 期。

⑥ 张新梅、陈国华、张晖等：《我国应急管理体制的问题及其发展对策的研究》，载于《中国安全科学学报》2006 年第 2 期。

门、许多社会组织的共同参与，在此过程中只有互相支持和协作，形成统一的处置力量，整合各种处置资源，形成处置合力，才能实现最优效果。二是行动迅速。针对突发事件的突发性、不确定性和危害性，全力调集应急资源、迅速控制事态发展应是第一考虑。三是依法行政和科学处置。尽管事出紧急，也不能以此为借口无视国家法律法规的程序约束。政府应急权的行使，需要限定在对于公民人身权、财产权最大限度保护的前提下和范围内。与此同时，在处置中更需注意借助高科技成果，遵循客观规律，发挥专家和专业技术人员的决策支持作用，切忌盲目决策。在评价机制方面，则需要坚持严谨科学的原则，对应急管理的效率、效果和效益进行评价。

第四，监督与奖惩机制。这里所指的监督，主要强调运用舆论、法律、技术等手段，采用各种适当的方法和措施对突发事件的预备、处置及恢复过程进行监督。它区别于事后监督。过程监督包括丰富的内容，诸如舆论导向监督、法律法规监督、应急物资监督、应急技术监督和协调管理监督。一方面，通过内部和外部的监督，确保公共危机管理的全过程能够"在阳光下运行"，提高透明度和社会可预期性；另一方面，通过对危机管理的权威行使者——政府机构及其工作人员的法律法规监督〔随着社会力量参与公共危机治理范围的扩大和程度的加深，各类非政府组织（NGO）参与行为的规范性也越显重要，譬如对红十字会的救灾运行规范的监督〕，提高危机处置的社会公信力，确保相关权益人的合法权益得到保护。从激励有为的角度讲，及时、适度和合理的奖励对于参与公共危机管理各阶段、各环节的工作人员而言，是一种工作肯定和价值认同；从约束怠政的层面看，少作为、慢作为甚至不作为的负面现象始终不同程度地存在着[1]，因此，不论对于常态管理不力导致危机事件爆发、扩大、蔓延的行为，还是对于在危机应对进程中未按照法律规定和制度规则的行为，都应该依法依规对当事人进行公开、严肃的问责[2]，以确保奖惩周期内赏罚分明、高效管理。

第五，终止与补偿机制。终止机制主要是在危机大部分或全部解除情况下的应急终止，或者是在对现有处置进行阶段性任务大转移（如处置阶段转入善后阶段）条件下的终止设计。完善行政应急状态开始与结束的形式标准、完善社会危险终止的法律规则，对于形成完备的公共危机管理体系极为重要。[3] 所谓补偿机制，则主要是指对在危机处置过程中所涉及的公司企业、社会团体和公民个人的征用、拆除和调集等行为所产生的损失进行补偿，以及上级政府对下级政府和社会组织在危机处置过程中所损耗的物力、财力进行适度补偿拨付，以利于迅速恢

---

① 刘芳：《论我国公共危机管理中的问责制》，载于《半月谈》2008 年 12 月（下）。
② 张海波、童星：《公共危机治理与问责制》，载于《政治学研究》2010 年第 2 期。
③ 戚建刚：《中国行政应急法律制度研究》，北京大学出版社 2010 年版，第 340～342 页。

复生产生活，导引社会尽快恢复常态秩序。

4. 应对法制：非常态法律体系建设

应急管理法制就是在深入总结实践经验的基础上制定各级各类应急预案，形成应急管理体制机制，并且最终上升为一系列的法律、法规和规章，使网络公共事件应对工作基本上做到有章可循、有法可依。其中，妥善处理好网络公共危机治理的效率与规范之间的"二难选择"至关重要。[1] 我们知道，公共应急法制建设是一项宏大的社会系统工程，广泛涉及完善的应急法律规范、应急预案及相应的理论模型，依法设立的应急管理机构及其应急权限和职责，在紧急情况下国家权力之间、国家权力与公众权利之间、公众权利之间关系的法律调整机制，在紧急情况下行政授权、委托的特殊要求，在紧急情况下的行政程序和司法程序，在紧急情况下对违法犯罪行为的法律约束和制裁机制，与危机管理相关的纠纷解决、赔偿、补偿等权利救济机制等诸多领域。同时，对危机管理过程中的人、财、物资源的动员、征用和管制，对市场活动、社团活动、通信自由、新闻舆论及其他社会生活的限制与管制，在紧急情况下的信息公开办法和责任、公众依法参与危机管理过程等，也应有全面的规定。[2] 近几年我国相继出台和实施了包括《突发事件应对法》在内的一系列危机管理的法律法规（见表6-3），但是这些法律法规对于满足我国正处于社会转型期公共危机治理的需要而言，仍有进一步发展和完善的空间；更何况，这一类应急法规都是针对现实世界中的突发事件的，虽可进行权宜性援引，但网络公共事件的诸多差异化群体特征、生发逻辑、诉求内容等特征，都导致这一系列应急法规治理效力的滞后，因此如何制定针对性的网络社区治理法律法规，是创新政府治理体制的重点工作之一。

表6-3 中国非常法律体系的构成

非常状态种类	规范渊源	紧急事件诱因	决断机构	专门治理机构
战争状态	宪法、国防法、国防动员法、军事法规	外敌入侵、武装颠覆等	全国人大（闭会期间的全国人大常委会）	武装力量（军队、武装警察、民兵）
紧急状态	宪法、戒严法、突发事件应对法	动乱、暴乱或严重骚乱，特别重大突发事件	全国人大常委会、国务院	警察、武装警察（必要时解放军协助）

---

① 应松年：《突发公共事件应急处理法律制度研究》，国家行政学院出版社2006年版，第3~4页。
② 莫于川：《我国的公共应急法制建设》，载于《中国人民大学学报》2003年第4期。

创新社会治理体制与社会和谐稳定长效机制研究

续表

非常状态种类	规范渊源	紧急事件诱因	决断机构	专门治理机构
应急状态	突发事件应对法、军队参加抢险救灾条例、政府及政府部门和军事部门的应急预案	自然灾害、事故灾难、突发公共卫生事件、社会安全事件	各级政府和政府部门	政府各个部门、武装力量

资料来源：孟涛：《中国非常法律的形成、现状与未来》，载于《中国社会科学》2011 年第 2 期。

第四节　网络社区治理的输出体制创新：制度、内容与形式

相对于现实社会，网络社区具有较高的透明度和可视性，如同福柯所谓的"单向注视"的"敞视监狱"一般。[①] 相应地，网络社区似乎理所当然地具备较高的可控性和可监测性。然而，事实并非如此。自媒体的高速发展就像给"敞开的监狱"开设了无数道不定时开关的门。自媒体使信息源和信息受众的界限逐渐模糊，每个人都可以成为信息的发布者，甚至可以通过网络"水军"、网络推手成为信息的操纵者。网络社区"敞视监狱"的格局被破坏，任何一个间隙都可能成为监控的盲区。与此同时，虚拟空间的"匿名性"使得每个人都成为戴着"面具"的行动者，甚至成为"布袋木偶"。[②] 自媒体的高速发展越过了人们对于道德、法律的休整期，诱发和加速了现实社会功能和网络社区诉求的脱节，所以容易诱发"紧急事件"或者"突发性事件"。当然，应该看到，网络社区内的利益冲突与矛盾，其演化为公共性的危机与事件，需要经历潜伏期、前驱期、症状明显期和恢复期，而所谓"紧急"和"突发"取决于潜伏期和前驱期的时间长短；政府治理作为网络社区治理的输出过程，其体制效能决定了其潜伏期的长短，乃至是否会持续集聚而最终演化为公共危机。正是从这个意义上说，完善作为网络社区治理输出体制的政府治理体制，具体而言即指对利益冲突和矛盾的疏

[①] "敞视监狱"是由福柯在《规范与惩罚》中提出的，指"在犯人身上造成一种有意识的和永久的可见状态，以保证权力的自动运行"。参见胡泳：《网络政治：当代中国社会与传媒的行动选择》，国家行政学院出版社 2014 年版，第 19 页。

[②] ［美］安德鲁·基恩：《网民的狂欢——关于互联网弊端的反思》，丁德良译，南海出版社 2010 年版，第 73 页。基恩用"布袋木偶"来形容互联网空间内的虚假身份。

245

导机制，就成为网络社区和谐稳定长效机制建构的关键所在。

一、网络社区治理的输出主体创新：政府定位及其策略

从政治系统与网络社区之间的关系来看，网络社区治理的输出体制，其主体必然是中央与各级地方政府。故而，推动网络社区治理的输出主体创新，就是要进一步明确政府在网络治理输出体制中的应然定位，并推动政府治理策略的相适创新。

1. 明确政府作为网络社区治理的当然主体地位

不可否认，互联网的出现不仅改善了公众信息贫困的状态，更促进和保障了社会的公平、政治的民主和公民的自由。但是，如果就此判定政府作为新闻"把关人"的时代的终结①，还为时过早。事实上，公众以为的"自由"只是建立在"把关区分基础上的残余的自由，并不能改变受控的状态"②。互联网时代背景下，政府主要通过技术性的信息过滤和对互联网公司的责任规范两种途径实现信息"把关"。技术性的信息过滤主要是指国家自主地引进信息过滤系统，直接对网络上出现的敏感信息进行屏蔽。而对互联网公司的责任规范实际上通过法律、法规来规范和制约，实现政府和企业、国家和社会对于网络空间的合作治理。在中国，政府和互联网从业单位对网络环境的合作治理早有先见。2002 年 3 月，中国互联网协会发布《中国互联网行业自律公约》（以下简称《公约》），《公约》要求："不制作、发布或传播危害国家安全、危害社会稳定、违反法律法规及迷信、淫秽等有害信息。"③ 颁布当年即有 300 余家互联网单位签署了《公约》，并且签署单位的数量正在逐年增加，自觉践约的案例也不胜枚举。④

政府相对于个人的技术优势和权力优势决定了政府依然享有信息的主动权，至少可以认为，政府在信息控制上享有比个人更多的主动权。正如蔡文之认为的那样："网络时代，个人所有的网络权利是完全可以完全通过技术手段来制约

---

① "把关人"原用于心理学研究，后由传播学者怀特引入新闻研究领域。群体传播中存在一些"把关人"，只有符合群体规范或"把关人"价值的信息内容才能进入传播渠道。

② 蔡文之：《网络：21 世纪的权力与挑战》，上海人民出版社 2005 年版，第 104 页。

③ 《互联网行业规范（公约）汇编》，http：//www.miit.gov.cn/n11293472/n11505629/n11506577/n11969128/n11969345/n11969777/12103214.html，2002 年 3 月 26 日/2015 年 6 月 27 日。

④ 例如，2002 年，一位记者通过雅虎电子邮箱向境外组织发送了一份国内的内部文件，雅虎根据《公约》要求向相关部门提供了该记者的电子邮箱地址，记者最终获刑；2004 年，谷歌推出了一个新的搜索引擎——google.cn，以满足中国政府的要求，将不符合中国政治发展和社会稳定的新闻排除在外；2005 年，MSN 屏蔽了中国博客标题中的敏感词汇。

的。"① 对于社会自治条件尚未成熟的处于转型期的中国而言，对互联网实时有效而适度的管控更加有利于社会的稳定。正如严峰所言："政府从技术层面建立网络预防体系虽然有利有弊"，但是，"在目前没有更有效的预防手段之前，仍不失为基本的防火墙。"②

全球化背景下，互联网给世界提供了一个公开的交流平台，与此同时，却也造就了一个没有硝烟的战场——互联网或成为某些国家蓄意对他国进行政治干预、文化侵入和经济控制（或打压）的重要路径。国家和各级政府运用技术手段、法律手段和行政手段编织了一个信息筛网，将明显的、不利于国家安全和社会稳定的信息隔离在外，宏观上保证网络舆论的健康，塑正了主流价值体系，这与网络社区内在要求的"共同善"是一致的。相较于社会，政府具有更高的技术能力和权力能力来实现对公共危机的预测和预防。当然，政府对于互联网空间的管控必须在一个有效的"度"的范围内，以防止政府权力在互联网空间的滥用。

2. 创新政府在网络社区治理中的输出策略

中央与地方政府应从以下几个方面创新其网络社区治理中的输出策略。

一是要切实发挥法律法规的引航功能。较为完善的法律体系可以预测和预防网络社区的公共危机，从而促进社会的稳定。建设"公共危机"预防系统必须依托法律的前瞻性和权威性。法律的前瞻性客观要求加快网络立法的进程，促进网络的法制化建设。我国现行相关互联网的法律法规多以《条例》《暂行规定》《办法》《决定》等形式出现③，发布机构各有不同，内容难以统一，甚至会有所冲突。只有建立具有独立性和系统性的网络法律法规才能避免名目繁多又缺乏可操作性的《条例》《办法》等。所以，国家应该积极构建网络法治体系，使得网络行为有法可依。

二是推动联动应急机制的构建。如果用"阡陌交通""纵横捭阖"来形容虚拟空间也未见不妥，故而，再精密的预警系统也无法做到准确、精良地预测网络社区公共事件的发生。网络社区界生于虚拟网络空间，这就决定了其成员构成的复杂性，以及冲突影响的广域性。所以，构建联动系统应对突发网络公共事件显得尤为重要。联动应急包括横向的跨区域联动治理和纵向政府部门以及社会的联动治理，其核心在于"跨域合作"。这里的"域"既指地域，也指行业领域。联动应急系统建立在政府信息共享的基础之上，如户籍信息、企业基本信息等。这是一个技术问题，同时也是一个观念问题。政府应该打破地方保护主义的狭隘思想，实现资源共享。一旦网络社区发生公共危机事件，政府及相关部门可以及时

---

① 蔡文之：《网络：21 世纪的权力与挑战》，上海人民出版社 2005 年版，第 99 页。

② 严峰：《网络群体性事件与公共安全》，上海三联出版社 2012 年版，第 206 页。

③ 郑永年：《技术赋权——中国的互联网、国家与社会》，东方出版社 2014 年版，第 82 页。

排查、定位、追踪和追究危机中的核心人物。与此同时，信息的共享有利于政府预估"冲突能量"，及时做好应急准备。

三是要引导归正为主，驱除解散为辅。事实上，网络社区的危机爆发本身就是具有双面性的，一方面，由于网络社区界生于网络空间，其对共同体成员的吸纳并没有区域性的要求。所以，当网络社区发生公共危机的时候，往往会造成多地并发，从而危及社会的稳定。另一方面，网络社区本身具有"协商自治"的优势，公共危机的发生，可以集中反映社会诉求，促进社会变革。网络社区发生公共危机以后，政府部门应该对事件的性质以及网络社区在事件中扮演的角色进行界定，以引导归正为主、驱除解散为辅。如果网络社区意于危害国家安全或破坏社会稳定，应即时封锁其生存载体（如微信公众号、微博账号等），并及时通过主流媒体进行社会公告。与此同时，启动现实社会治理程序，通过法律追究责任。然而，对于一般网络社区的公共危机（主要是指第一圈层的、并未触及法律权威的"公共危机"），相关部门应该以引导归正为主。网络社区是时代的新生儿，现实社会组织并未给其提供丰富的可鉴经验，自治失灵的发生便是不可避免的。现在的网络行为失范由于人们还处于对民主、自由和法治的明适应阶段，所以，引导并指导网络社区的良性发展，培养和发挥社会治理中的理性色彩和宽容态度显得更为重要。

二、网络社区治理的输出内容创新：培育网络政治文化

网络社会不可避免的到来，对整个社会产生了全面而深刻的影响。政治作为社会大系统的第一重要子系统必然深受互联网技术的影响，网络政治文化也应运而生。网络政治时代的到来不仅改变了人类参与政治的行为方式，更改变了人类的政治思维方式，使得政治思想获得极大解放。探究网络政治文化发生的逻辑起点与历史契机，以及分析网络政治文化发生的客观条件与主观建构，是有效地把握网络政治文化发展规律的基础和前提，有助于网络政治文化理性有序地发展。[①]

1. 网络政治文化发生的逻辑起点与历史契机

马克思主义发生学指出，任何历史事件的产生与发展均遵循一定的历史与逻辑规律，探寻和研究网络政治文化产生的逻辑起点和历史起点是认识网络政治文化首先需要解决的问题。从网络政治文化的生发逻辑来看，其发展进程与发展程度不仅必然取决于网络技术开发能力与经济发展的客观需要，同时还有受制于政治发展与网络法治建设的主观需要。

---

① 参见李娟：《网络政治文化的马克思主义发生学解释》，载于《南京社会科学》2015 年第 6 期。

互联网技术的产生使生产力发展进入了全新的历史阶段，人类认知世界的广度和深度也随之得以拓展，思维方式也从原先的直线单向的发展转向了网络化多维度的发展，经济全球化发展得以真正实现，以政治文化为主要内容的上层建筑也必然烙上了互联网技术的烙印而发生了深刻的变化，普遍相关性和国际化视野成为政治活动的首要思维习惯，逐渐形成了以及时、公开、透明、沟通、回应为主要特征的网络政治文化。总之，网络政治文化产生于互联网技术对政治社会领域的浸润式影响，追本溯源，作为生产工具的互联网技术的产生与广泛运用是网络政治文化产生的逻辑起点。

尽管互联网技术是网络政治文化的逻辑起点，但并不必然产生网络政治文化，逻辑规律还必须依赖于相应的历史规律才能发挥作用，换言之，网络政治文化的产生还必然需要一定的历史契机。从互联网技术开发的目的和使用伊始，互联网就具有了政治性——互联网产生于"二战"后"冷战"时期的军事需要，诞生于美国国防部高级研究计划署，最初的设计是为军事活动提供在直通或直连通道被阻断之后仍能通过中间路由器在网络中传播的通信网络，可见，国家政治格局形成的国家间政治军事竞争是互联网登上历史舞台的历史契机。但是由于互联网是政府投资建设的，仅限于研究部门、学校和政府部门使用，互联网的工具理性价值尚未得到充分发挥，因而其对政治文化的影响也极其有限。但是互联网技术的本质属性决定了其不可阻隔的发展趋势。由于互联网技术带来的通讯上的便捷也是经济发展需要突破的"瓶颈"，故在经济规律和利益的驱动下，互联网技术迅速发展成为"人民的互联网"，随着互联网基础设施的广泛覆盖和通讯品质的提升、网络操作系统的优化、网络终端设备的多样化、各种网络社交平台的开发，互联网真正嵌入人们的日常生活和公民的政治生活领域，已成为公众获悉政治信息和参与政治讨论与活动，维护自身合法利益的重要渠道和平台。在公众不断利用网络和与网络互动的过程中，互联网通过改变人们的政治思维与政治行动方式潜移默化地重塑了传统政治文化。所以说，国际政治格局和经济发展需要是网络政治文化产生的历史契机。

但是，逻辑与历史的统一还必须建立于网络政治文化本身的属性之上。换言之，互联网技术本身的属性与政治文明发展的契合是网络政治文化逻辑与历史统一的基础。之于网络政治文化的发展，两者缺一不可。没有互联网技术就无法突破原有政治民主化发展存在的政治技术障碍；没有政治民主化发展的政治要求，互联网技术就无法获得政治支持而快速发展。正是两者互为条件和相互促进，为网络政治文化的产生创造了前提和条件。一方面，互联网技术本身所具有的开放、自由、平等、透明等技术属性，要求使用互联网的主体在网络节点上遵循技术特性与规则，所以互联网渗透的社会交往必然反映和体现其所具有的上述特性，而这些特征恰是政治民主化发展的要求。另一方面，随着民智的开启和公民能力的提升，任何霸权极权思维的政治模式与政治体制都将遭遇民众的反抗而逐渐失去合法性基础，人类政治发展必然走向全民平等参与的政治状态。但是政治民主的实现需要突破客观条件的限制和实现政治技术创新，互联网技术恰好满足政治民主化的此种需求。因而说，网络技术的本质属性与政治民主化发展是相互契合的，在此基础上产生网络政治文化也同样兼具且反映两者的共同追求，网络政治文化可以说是在互联网社会条件下人们民主地实践政治和对民主政治期待的主观态度倾向。

2. 网络政治文化发展的实践维度及其规律把握

马克思指出："对人类生活形势的思索，从而对它的科学分析，总是采取同实践发展相反的道路。这种思索是从事后开始的，就是说，是从发展过程的完成结果开始的。"[①] 采用马克思主义发生学阐释网络政治文化的产生发展是"从后思索"的认识过程。人类的认识发展遵循"旧实践—认识—新实践"的螺旋式上升的规律。认识来源于实践，并且超越实践，从而指导未来之实践，因而利用马克思主义发生学认识网络政治文化的目的不在于对历史的回顾与总结，而是从中发现规律，进而指导人们去主动建构符合人类社会发展需要的网络政治文化。前面通过"从后思索"的方式总结了历史与逻辑契合网络政治文化之所以可能的问题，归纳了网络政治文化产生的客观条件和主观因素，此为网络政治文化之所以实现的问题，完成了"旧实践—认识"的阶段，建立于对实践地位与作用的认识和把握之上。在"认识—新实践"的阶段同样必须从实践的规定性中去把握事物发展趋势的规律问题。

前文分析了实践在历史发展中的关键地位和重要性，社会实践在网络政治文化发生中的"座架"功能。探索网络政治文化发展规律，也必然要从实践的维度中去把握影响其发展的关键节点与要素。实践的维度分为实践的主体、实践的目的、实践的价值、实践的对象和实践的过程。实践的主体作为实践的第一维度，强调的是主体在实践中的主导性作用和主体建设；实践的目的决定实践的其他维度，把握和协调实践的直接目的与最终目的的相互关系是实践的重点与难点；实践的价值与实践的目的密切相关，实践不仅是经济的实践、政治的实践，而且也是伦理的实践，忽视实践的伦理性也就等于否定了实践的本质规定性；实践的对象无外乎解决人与自然和人与人之间的关系，在网络时代还应该包含人与技术的关系；实践是否定之否定的过程，强调的是实践是事物自身矛盾运动的结果，突出的是事物发展的曲折性。

[①] 《马克思恩格斯全集》第 23 卷，人民出版社 1995 年版，第 92 页。

从实践的维度把握网络政治文化类似于给网络政治文化设定了发展的标准。明确指标且追求达标是实践网络政治文化发展的历史与逻辑统一的技术路径。网络政治文化的发展并非自发演化生成，而是人为建构创设的过程，而且网络政治文化的发展不仅是对过去文化或传统线下政治文化的搬运与继承，也是对传统政治文化的批判与挑战，故网络政治文化的发展过程必然伴随着矛盾与冲突、失误与挫折，这就对网络政治文化的主体提出了更高的要求，不仅要求技术能力和政治功能的提升，更要求政治价值观的改进。就主体而言，网络政治文化主体需充分认识到自身在文化建设中的地位与作用，产生主体自觉性，自觉承担在网络政治文化建设中的责任，各司其职。面对当下网络政治文化发展尚处于探索的混沌阶段，网络政治文化关系内容复杂的情形，政府应建立严格的自我约束机制[1]，规范政府网络管理方式；建立网络上政民互动规则，重构建立公平公正的网络政治文化环境，构建官民互信关系；建立严明合理的奖惩机制，引导网络舆情与行为[2]；建立制度化新闻发布机制，提升舆情引导能力，从而在网络上建立起公开、公平、公正的网络政治文化制度环境。作为网络中最大的技术平台的网络媒体，在网络政治文化发展中超越了自身的技术工具价值，对网络政治文化也发挥着强大的文化塑造功能，因而要求主流传统媒体顺势积极发展高品质的网络媒体平台，坚守主流媒体在政治新闻报道和政治信息传播中的客观性和权威，要求网络自媒体和网络公司打造有影响力和竞争力的网络社交平台，整合网络政治资源；建立网络社交媒体行业协会，形成自我约束和自我纠偏机制，促进网络社交媒体规范化运作，搭建自由理性的网络话语平台。

网络政治文化被评价为人民的政治文化，而非统治阶级的政治文化，而且公众或网民是网络政治文化发展的最大群体，因而公众参与网络政治的能力和素质的培养至关重要，发展民主参与和包容协作的网络政治参与，是对网民主体建设的要求。任何人类活动都是有目的指向的，网络政治文化同样不是盲目生长的，网络政治文化的产生与发展是人类实践的过程与产物，遵循实践的原则发展之，这是马克思主义发生学之于网络政治文化阐释的精髓。

三、网络社区治理的输出形式创新：体系治理机制建构

随着网络社区的扩展，以信息技术嵌入所形成的治理过程系统性、整体

---

[1] 金太军：《论政府公共管理责任的承担》，载于《行政论坛》2008 年第 1 期。
[2] 金太军、施从美：《论政府的网上责任》，载于《政治学研究》2001 年第 2 期。

性、综合性、复杂性和网络性特征日益凸显，寻求网络社区多元主体的协同与合作治理成为必要且必然的治理取向。同时，网络社区中多元主体的成长发育，也为协同治理的生成建构创造了条件，当然也提出了新的需求。体系治理作为网络社区中协同治理的创新发展，在以信息系统建设为基础，重塑治理结构、整合多元系统、统筹各方行动、整体应对全局上，发挥着重要的功能和作用。它以技术嵌入和更新为突破口，从机制修缮逐步推向体制萌动，实现公共治理中权力结构、关系结构和行动结构的实质性变革，从而有效地契合了当下的发展要求。①

1. 网络社区协同治理的机遇与挑战

伴随网络技术的深入发展，以博客（blog）、百科全书（Wiki）、即时信息（IM）、脸书（Facebook）、推特（Twitter）为代表的社交媒体呈现出爆发式的发展态势，从而使以技术创新为主导的 Web 1.0 时代逐步过渡到了以人为本的 Web 2.0 时代，价值理性超越技术理性重新占据时代的制高点。以交互性为特征的平台创新促进了公共参与的升级、以实时性为特征的信息传播实现了交往方式的革命、以个人化为特征的角色塑造重新定义了人和组织在治理过程中的作用和功能。可见，Web 2.0 时代的出现"建构了我们社会的新形态，而网络化逻辑的扩散实质性地改变了生产、经验、权力与文化过程中的操作和结果"②，从而促进了真正意义上的网络社区的生成。网络社区治理变革存在着诸多的机遇：首先，作为一种治理手段，技术创新为协同治理提供了强大的支撑，在信息处理、资源分配、人员调动等方面的新技术应用能够大幅提高行动效率和效能；其次，网络交互平台的发展不仅增强了主体之间的互动性，而且为民众的广泛参与提供了丰富的渠道，对于落实协同治理的参与性、多元性、互动性要求具有重要意义；再次，个人和组织参与实时性特征的凸显，是对协同行为时间和空间的超越，如在微博上发布的任何一条信息，都会获得在线网民的瞬时关注和传播，形成强大的舆论场域，为集体行动造势；最后，用户终端的普及使个人角色和功能发生质变，从旁观者变为参与者、从信息接收者变为信息制造或传播者、从间接参与变为直接参与、从有限参与变为"无疆"参与。

但是，网络社区中协同治理把握机遇、深入发展的同时，也面临着诸多的挑战。一是协同主体系统性的发展。一直以来，协同治理模式是以多元主体为行动框架，通过相互合作和互补形成聚合优势。但在网络社区中，随着信息技

---

① 参见金太军：《Web 2.0 时代的协同治理创新》，载于《学术界》2015 年第 7 期。
② ［美］曼纽尔·卡斯特：《网络社会的崛起》，夏铸九译，社会科学文献出版社 2006 年版，第 434 页。

术的发展，原来的主体已经超越了单纯的构成要素范围，每个行动主体之中都形成了由多个单元组成的系统，如行政系统、企业联盟、行业系统等。因此，构成协同主体的要素应当由单个的主体变为既独立又衔接的各个组成系统。二是协同行为整体性的把握。由于协同主体的系统性发展，每个主体既存在于内部的子系统之中，也存在于外部的宏观协同系统之中。因此，协同行为的选择和执行受到来自两个方面的制约，在两个系统之间寻求平衡。三是公共问题综合性的趋势。在网络社区中，信息爆炸、数据传输、瞬时联结等特征决定了任何一个公共问题绝非单向度的逻辑，而是存在着复杂的诱因系统，是政治、经济、文化、社会、心理等多重要素的综合结果，这就使问题的强度和烈度大幅提高。如一个看似普通的踩踏事件，却涉及政府监管、部门执法、外来移民、城市建设、公共文明等一系列问题。四是治理过程复杂性的重视。由于公共问题综合性的增强，协同治理过程的复杂程度不断提高，这不仅需要多元主体之间的互动合作，更需要其他各方面的配合和支撑。如财力、物力资源的调动，社会群众有序、有节的参与，警力、救护力量的及时、有效配合，后勤力量的快速跟进，规章制度的有力保障。五是社会结构网络性的建构。在纵向上，信息技术的发展和应用将原本层级制的社会结构大幅度"压平"，并使以权力为核心的上下对话转变为以权利为核心的平等对话。在横向上，以网络为桥梁、以信息为介质，社会民众之间的横向联系逐步加强，彼此形成休戚与共的共同体。可见，社会结构的网络性转变使与其紧密相连的协同治理必须做出应变。

2. 解读体系治理：网络社区中的协同治理创新

网络社区中，系统性、整体性、综合性、复杂性和网络性特征的凸显，为协同治理的创新发展提出了更高要求，即要在信息化转型时代，重新塑造治理结构，统筹协调、凝聚各方、应对全局。因此，我们提出体系治理概念，以实现协同治理的扩展与整合。所谓体系治理，即是指在信息化转型时代，以信息系统建设为主轴，通过各主体系统之间的相互配合和补充，并辅之以目标系统、执行系统、监督系统、评估系统、保障系统，形成体系性的治理能力，保证整个体系不会因某个个体或主体的变动而能力骤降甚至体系崩溃，从而提高治理的稳定程度。

对于体系治理的解读，首先需要明确区分两对概念，即体系治理与协同治理、体系治理与治理体系。就前一对关系而言，通过对两者概念的比较可以发现，其共同之处在于，体系治理和协同治理都包含多元主体的内容，也都是以合作为行为选择，实现共同行动。而其不同之处更为显著，即体系治理是以信息系统为基础，各组成要素都是以系统的形式而存在，强调各系统间数据联结和信息共享，以体系能力的提升应对公共问题的系统性、复杂性趋势；协同治理侧重于体制创新，强调公共权力在各参与主体之间的合理配置，以突破传统单中心模式的束缚，实现多中心治理的发展。就两者的关系来看，体系治理与协同治理并不是分离关系，更不是替代关系，而是在网络社区中的一种更新和升级。体系治理是协同治理在新时期的新形态，一方面，前者对后者具有继承性，即体系治理是在协同治理的基础上发展而来，继承了多元主体、合作共享、集体行动的原则；另一方面，前者对后者也具有超越性，这主要体现在"体系"的特质与精髓，以信息化为基础，各要素、各主体、各行为、各系统的有机融合，打破彼此界限，优化体系结构，着力实现横向集成和纵向链接，以治理体系的全方位、多维度、立体融合提高整体效益。而就体系治理与治理体系来说，在概念上，习近平同志在《切实把思想统一到党的十八届三中全会精神上来》的重要讲话中指出：国家治理体系是在党领导下管理国家的制度体系，包括经济、政治、文化、生态文明和党的建设等各领域体制机制、法律法规安排，也就是一整套紧密相连、相互协调的国家制度。[①] 俞可平也认为，治理体系"就是规范社会权力运作和维护公共秩序的一系列制度和程序。包括规范行政行为、市场行为和社会行为的一系列制度和程序"[②]。由此可见，治理体系强调的是治理活动的制度承载，是一种客观存在。而体系治理强调的是治理活动的表现样态，是一种主观描述。因此，顺应信息化时代发展的治理体系是进行体系治理的制度保障，而体系治理是在网络社区中治理活动实践形态的准确描述。

体系治理主要由五大系统构成，即信息系统、执行系统、监督系统、评估系统和保障系统（见图6-4）。信息系统主要承担信息的收集、检索、整合、储存和发布功能，通过数据库和互联网，实现信息的瞬时传递、分析和共享；执行系统是体系治理的主干，承担整合治理结构的具体运作职能；保障系统主要是承担人力资源、财政资源、物质资源、理论建设、法律制度供给职能，所谓"兵马未动，粮草先行"，该系统的重要性不言而喻；监督系统贯穿于体系治理的全过程，利用信息技术的开放性、参与性、实时性、普遍性特征，扩大监督的广度和深度；评估系统是体系治理的重要保证，通过建立科学化的评价标准，对治理结果的效度和信度进行准确分析，以判断治理行为的成败。这五个系统以信息技术为支撑、以网络连接为桥梁、以有机整合为旨归，共同构成公共事务治理的完整体系。

---

① 转引自胡鞍钢：《中国国家治理现代化》，中国人民大学出版社2014年版，第86页。
② 俞可平：《论国家治理现代化》，社会科学文献出版社2014年版，第3页。

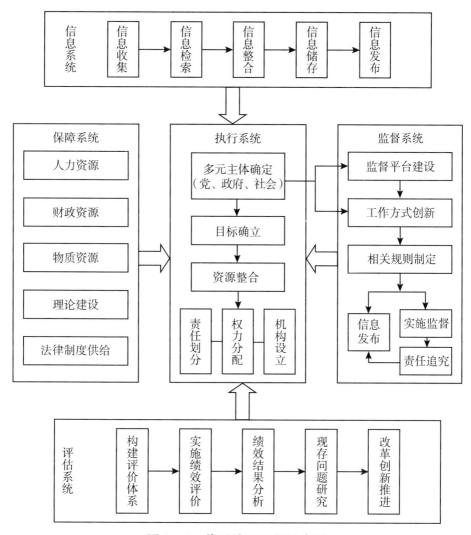

图 6 - 4　体系治理运行示意图

体系治理是网络社区中协同治理的信息化发展，其构成要素从以人和组织为框架转变为以信息链接的系统支撑，这种协同结构的重要转变是顺应当下公共事务处理系统性、综合性、复杂性和多元性的必然要求。随着协同结构的转变，原协同治理中以公共权力分配和应用为核心的行为逻辑显然难以适应新结构对效率、灵活、整体的要求，因而需要形成新的行为逻辑以契合协同结构的转型。概括起来，体系治理的行为逻辑突出体现在以下几个方面：

一是技术支撑。在信息化时代，技术创新和应用始终是时代的主题，并且它将工具应用的技术理性嵌入传统的价值理性领域，引发了对效率、准确、标准的新追求。相对于协同治理以体制机制创新、法律制度完善和价值伦理树立等传统政治手段为改革动力而言，体系治理却以社交媒体、网络平台、数据共享等信息技术为先导，利用网络的快速传播和互联互通功能，建立起多样的信息系统，提高信息处理能力、资源调配能力、快速反应能力、实时联系能力等，从而将信息时代的技术优势有效地引入体系治理之中，进一步发挥多元主体协作、共享的优势。这既是提高治理能力的必由之路，也是顺应时代发展的必然要求。

二是体系对抗。网络社区中的治理形态是两个复杂体系的对抗，即治理体系和公共事务体系的对抗。两方面均以有机整体的状态行动，从而引起两种"矛盾体系"系统性、有序性的对立。因此，片面强调单一方面的重要性已经不适应信息时代的要求，特别是协同治理中强调政府的主导作用，易于形成某种"权力高地"，而使其他主体沦落为辅助角色。虽在名义上强调协同，但实际上已成为协同行动的累赘，"食之无味、弃之可惜"。从协同治理向体系治理的升级，其行为逻辑应当实现由个体对抗向体系对抗、平面思维向立体思维、线性处理向非线性处理的转变，这是网络社区中的一个历史性变化。

三是实时交互。随着智能手机、笔记本、平板电脑、POS 机等移动终端技术的发展和普及，普通百姓原本只能在固定场所（如网吧、机房）实现信息互联的局限彻底成为历史，正如德卢卡所言："过去固定僵化的'公共屏幕'（public screen）变得灵活流动和无所不在，从过去的电视、计算机再到现在的智能手机，我们生活在一种渗透了多种媒体交织的 WIFI 云的移动空间，在任何时间和地点，只要动动手指就能实现参与。"[①] 正是这种实时交互模式的出现，公众参与实现了无障碍、无疆界、无成本的普遍行为，不仅突破了时间和空间的限制，而且大幅度提升公众参与热情和积极性，对公共空间的扩展和公共人格的塑造具有重要意义。

四是个体聚合。Web 2.0 时代是一个注重个人、倡导个性化的时代。从社会结构的角度来看，网络技术的个人化有力地冲击了社会结构的整体性，解构成一个个"原子化"的个体，言论自由、权利分配、行为选择无不彰显个人主义倾向。面对网络个人主义对公共性消解或扭曲的风险，体系治理建设以网络为桥梁、以信息为介质，将分散的个人融入相应的系统之中，并再次将各个系统进一步整合，形成更大的社会治理系统，使个体能够受到系统的约束，从而维护公共性价值。可以说，体系治理既强调了 Web 2.0 时代对以人为本的要求，又利用网络的"强连接"作用，加强了个人的整合，在个人主义与集体行动之间实现了有效的契合。

---

① Deluca K. M., Sun Y., Peeples J. Wild Public Screen and Image Events from Seattle to China: Using Social Media to Broadcast Activism Beyond the Confines of Democracy. Ins. Cottle, L. Lestereds. *Transnational Protests and The Media*. New York: Peter Lang, 2011: 143 – 158.

3. 体系治理的改革价值：从机制修缮推向体制萌动

体系治理是网络社区中以信息系统为主要支撑的运作形式，通过大量的技术创新，优化治理结构和整合协同主体，具有显著的机制改革倾向。但作为协同治理模式的信息化转型，其改革逻辑依然遵循行政体制发展的基本规律，即由技术更新或创新而引发的机制修缮，进一步推向体制变革。

一是公共权力结构发生变化。网络社区中，技术发展重新定义了多元主体角色，其所承载的职权势必要重新划分，公共权力结构的变迁也就"自然而然"了。当下，公共权力结构变化主要体现于两个方面。一方面，推动了权力层级扁平化发展。在等级序列基础上划分的公共权力结构显然带有深刻的传统治理模式的痕迹，即使是协同治理对多元中心的要求也难以触动权力结构的弊病。体系治理对信息的重视和对信息技术的应用，超越了以权力作为介质的传统行动模式，从而在很大程度上消除了集体行动的权力色彩。同时，个体参与的实时性大大缩短了结构中的权力距离，使多元主体能够同处一个结构层面，为权力结构的扁平化甚至水平化奠定基础。另一方面，权利嵌入丰富了权力结构。通过对公共事务的合作共治、多方参与、权力共享等行为，逐渐淡化地方政府在社会治理中的唯一性和主导性，使其能够将不该管、管不好的事交给市场或社会，这不仅是对权力结构的优化调整，也是对社会力量和权利的尊重。

二是公共权力制约强度提升。制约公共权力问题是行政体制改革和发展的永恒主题，而以什么方式才能最有效地制约公共权力一直以来也是人类所探讨的重要政治学命题。毛泽东曾说："只有让人民来监督政府，政府才不致松懈；只有人人起来负责，才不会人亡政息。"[1] 同样，邓小平也指出："要有群众监督制度，让群众和党员监督干部，特别是领导干部。"[2] 在体系治理中，借助于社交媒体和门户网站的应用，使信息的获取、搜索、关注超越时间和空间的局限，无障碍、无疆界、无成本、无差别的公共参与成为现实的行为选择。基于虚拟世界的扩张，在公共领域形成了一个全新的权力形态，即网络话语权。这一更为广泛和有效的监督形式不仅在虚拟世界中扩张迅速，而且对现实世界的影响也愈发深刻。可以说，体系治理中信息技术的引入以及网络话语权的出现极大地丰富了群众监督的渠道，提升了监督的透明度、参与度和效度，使腐败行为无处遁形。

三是主体间关系重新梳理。协同优势理论指出，协同既存在着优势也存在着惰性的可能。而造成这种惰性的原因之一就在于协同行为中组织成员结构关系具

---

① 黄炎培：《八十年来》，资料文史出版社 1982 年版，第 148 页。
② 《邓小平文选》第二卷，人民出版社 1994 年版，第 332 页。

有模糊性、复杂性和多变性三个特点。① 而在实践中，各地在发展协同治理的过程中仍是权力主导或控制，并没有摆脱传统政府独揽模式的窠臼。体系治理以信息技术为先导，通过技术引入实现了公共权力合理分配、结构扁平化和权利嵌入，从而在两方面实现了主体关系的重新梳理。一方面，坚持以人为本，以社交媒体和移动终端技术的发展为契机，提高个人在公共事务中的参与度和话语权，并以丰富的渠道建设和技术支撑保证每个人的平等参与、有序参与、有效参与。另一方面，政府与社会、权力与权利总是一对互为指靠对象、互为依存条件、互为发展依赖的组合。政府的发展离开了社会就变得没有任何意义，社会的成熟离开了政府的理智就会危机四伏。不论是市场经济的发展，还是信息技术的应用，权力与权利关系的融合始终是优化主体间关系的根本旨归。而这种融合的关键在于权力对权利的尊重和接纳。所谓尊重即是对权利的认同，是在历史、形式、性质、结果等方面的认可；所谓接纳即是在行使、参与、维护等方面的许可。尊重和接纳既代表权力的宽容和开放，也意味着政府的开明和进步。

四是集体行动结构深刻转型。众所周知，"集体行动不是一种自然现象，而是一种社会建构"②。在不同的历史环境中，集体行动结构也并非一成不变的。在网络社区中，个体层面上存在着的分散化、碎片化、差异化的个人主义倾向使集体行动面临着重大挑战。奥尔森早已指出，个人理性作为集体行动的逻辑起点，在很大程度上易于导致集体行动的困境。③ 因此，如何抑制个人主义的盲目增长，如何将宏观社会特征和微观个人行为的矛盾有效化解并有机结合，都推动着集体行动结构的深刻转型。体系治理以体系建设为根本要求，作为一种整合手段，使个人能够蕴于多样的系统之中。通过系统内部的规范要求，约束个人自由性的发挥。因为规范不仅是强制性的标准，也是公共理性的文本化，是共识和一致同意的规范性说明。以规范的公共性价值约束个人主义的张扬，从而能够克服个人理性对集体行动的消极作用。同时，通过信息技术的嵌入引领机制修缮，打造多系统"互联、互通、互操作"的体系结构，有机整合分散的社会资本，提升组织化程度，从而既能够应对社会整体化的挑战，又能够顺应个人主义发展的倾向。集体行动从协同结构向更为先进的体系结构的转型，不仅有利于消除个人主义产生的集体行动困境，也是信息化时代发展

① Huxham C. , Vangen, S. Ambiguity, Complexity and Dynamics in the Membership of Collaboration. *Human Relations*, 2000, 53 (6): 771 - 806.

② ［法］米歇尔·克罗齐耶、埃哈尔·费埃德伯格：《行动者与系统——集体行动的政治学》，张月等译，上海人民出版社 2007 年版，第 1 页。

③ ［美］曼瑟尔·奥尔森：《集体行动的逻辑》，陈郁译，上海人民出版社 2011 年版，第 37 页。

的召唤。

　　体系治理是以信息技术引入实现机制修缮，这是网络社区治理的必然选择。通过对体系治理改革过程的深入分析可以清晰地发现，机制修缮的措施隐藏着丰富的体制萌动的要素。在公共权力结构、公共权力制约、主体间关系和集体行动结构等体制改革上的价值彰显，是体系治理建设由表及里、由内而外、由浅入深发展的必由之路，也是任何一项改革都应遵循的应有之义。

第七章

社会组织治理体制创新与社会
和谐稳定长效机制建构

社会组织在服务社会、提供社会支持、化解社会矛盾等方面具有无可比拟的优势和作用，其发育和成长为新时期中国社会治理体制的变革奠定了重要的组织基础，更为促进社会融合与整合、维护社会和谐稳定创造了必要条件。然而，当前我国民间组织发育迟缓，社会治理主体和治理结构单一，善治的社会资源支持匮乏。在创新社会治理体制的过程中，应审慎地寻找社会组织与各种制度逻辑的契合点，寻求自主性的发展空间。在本章中，我们基于输入与输出的系统过程，从社会组织参与公共危机治理以及国家治理视域，分别探寻社会组织治理体制的创新路径，从而充分激发其内在治理效能和社会和谐稳定的建构力量。

第一节　社会组织治理及其与社会稳定之关联

伴随经济的快速发展以及社会问题的凸显，社会组织在服务社会、提供社会支持、化解社会矛盾等方面所具有的优势和作用日益显现出来，它扎根社会基层，能够了解和满足公众的个性化需求，可以根据情况的变化随时调整服务。对于某些领域的公共服务，社会组织相比政府更加灵活、更有效率，其发育和成长为新时期中国社会治理体制的变革奠定了重要的组织基础，更为促进社会融合与整合、维护社会和谐稳定创造了必要条件。然而，当前我国民间组织发育迟缓，社会治理主体和治理结构单一，善治的社会资源支持匮乏。在创新社会治理体制的过程中，应审慎地寻找社会组织与各种制度逻辑的契合点，寻求自主性与嵌合性的发展空间。

一、社会组织及其社会和谐稳定功能

市民社会，与构成市民社会的诸种社会组织一起，被当作除了国家系统（第一部门），以及市场系统（第二部门）之外的所有民间组织或民间关系的总和。[①] 国内研究者如王名归纳了我国社会组织发展的几个重要影响因素[②]：首先，政府体制与职能的调整为社会组织腾挪了空间，在多领域内双方的创新合作，将为社会组织带来更广阔的社会空间乃至政治空间；其次，市场逐步成熟和经济持续增长促使社会财富极大增长，却催生了大量亟待关注的社会问题，反映出"现代性的阴暗面"[③]，同时又塑造了致力于公益事业之群体，独立、自主、志愿之精神也由此被广泛唤起；再次，制度维度的渐进完善形成更具化的行动框架，它不断调和"制度匮乏"与"制度剩余"的矛盾，收缩"现实空间"与"制度空间"的张力[④]；此外，通讯革命伴随不可逆的全球化加速，中国语境下萨拉蒙所说的"全球结社革命"出现了广度与深度上的深刻变革。

近年来，"社会组织"概念逐渐取代了过去常用的"非政府组织""非营利组织""第三部门""志愿者组织""民间组织""公民社会组织"等不同称谓，被政府接受且初步实现了中国化，成为中国特殊语境和制度环境中的概念。[⑤] 这种语义逻辑的变迁是与社会组织的快速数量增长以及其所扮演的社会作用的逐步提升离不开的：伴随经济的快速发展以及社会问题的凸显，社会组织在服务社

[①] 参见俞可平，《中国公民社会：概念、分类和制度环境》，载于《中国社会科学》2006 年第 1 期。

[②] 王名：《走向公民社会——我国社会组织发展的历史及趋势》，载于《吉林大学社会科学学报》2009 年第 3 期。

[③] 大量的社会问题不单单体现为市场带来的外部性，从更深层次来说，它们属于吉登斯意义上的"现代性的后果"。生态环境就是个典型的案例，吉登斯认为，马克思、涂尔干和韦伯这些社会学的缔造者们并没有预见到，"生产力"的拓展所具有的大规模毁灭物质环境的潜力（参见［英］安东尼·吉登斯：《现代性的后果》，田禾译，译林出版社 2011 年版，第 7 页）。

[④] 参见俞可平：《中国公民社会：概念、分类和制度环境》，载于《中国社会科学》2006 年第 1 期。民间组织管理缺乏一般性法律，存在"真空地带"，此为"制度匮乏"的集中表现；重复、交叉、烦琐的规范性文件造成双头或多头管理，意欲实现"双保险"的制度实际却可能造成推诿塞责，此为"制度剩余"。公民社会的现实空间大于制度空间也是制度环境一大特点，由此呈现大量 NGO 的制度外生长。

[⑤] 王向民：《分类治理与体制扩容：当前中国的社会组织治理》，载于《华东师范大学学报》（哲学社会科学版）2014 年第 5 期。

会、提供社会支持、化解社会矛盾等方面所具有的优势和作用日益显现出来，它扎根社区，能够了解和满足公众的个性化需求，可以根据情况的变化随时调整服务。对于某些领域的公共服务，社会组织相比政府更加灵活、更有效率[①]，其发育和成长为新时期中国社会治理体制的变革奠定了重要的组织基础[②]。因此，社会组织成为社会治理相关研究的重要内容。

在中国社会组织的发展历程中，人们倾向于将 2008 年称为中国社会组织元年，这种叫法不无道理但并不准确。王名认为，我国社会组织的发展大致可以分为两个阶段：第一阶段为"兴起阶段"（改革开放初至 1992 年），自上而下释放的空间和自下而上迸发的热情相结合，产生了社会组织的爆炸式增长；第二阶段为"规范管理和新的发展高潮"阶段（1993～2007 年），法律法规颁布后，以双重管理为核心的社会组织管理体制形成并巩固，组织数量增速加快[③]；本书认为第三个阶段为"放松规制，鼓励发展阶段"（2008 年至今），简政放权在民政领域持续推进，旧规修订和新规出台，积极推动了地方开展直接登记，社会组织再次涌现[④]，同时社会组织承接政府购买服务走上正轨[⑤]。因此，2008 年被称为社会组织元年，强调的并不是其登上历史舞台的起点，而是社会组织第一次在公众视野中的集体展示，此后，社会组织得到了广泛关注。

我国关于"社会组织"概念的界定从单纯的"社会团体"，到同时涵盖社会团体和新生民办非企业单位的"民间组织"，再到经由党的十六届六中全会提出，并在党的十七大正式得以确立的"社会组织"，此间见证了改革开放之后社会力量的不断强大。现在，"我国社会组织主要包括社会团体、基金会和民办非企业单位三类"[⑥]，既有的相关成果也多以此三者为研究对象。根据 2022 年《中国民政统计年鉴》统计数据，截至 2021 年底，全国社会组织总量为 901 870 个，其中社会团体 371 110 个，民办非企业单位（社会服务机构）521 883 个，基金会

---

① 侯琦、魏子扬：《合作治理——中国社会管理的发展方向》，载于《中共中央党校学报》2012 年第 1 期。

② 崔月琴：《新时期中国社会管理组织基础的变迁》，载于《福建论坛（人文社会科学版）》2010 年第 11 期。

③ 王名：《走向公民社会——我国社会组织发展的历史及趋势》，载于《吉林大学社会科学学报》2009 年第 3 期。

④ 民政部修订与出台《社会团体登记管理条例》，制定《四类直接登记社会组织认定标准》和《全国性社会组织直接登记暂行办法》。根据《中国民政统计年鉴》数据显示，2008～2021 年，民政部门登记注册的社会组织从 38.69 万个增长到 90 余万个。参见黄晓勇：《中国社会组织报告（2022）》，北京：社会科学文献出版社 2022 年版，第 3 页。

⑤ 《财政部、民政部关于支持和规范社会组织承接政府购买服务的通知》，中国政府网，2014 年 12 月 18 日，https://www.gov.cn/xinwen/2014 - 12/18/content_2793736.htm，2023 年 9 月 22 日访问。

⑥ 廖鸿、石国亮：《中国社会组织发展管理及改革展望》，载于《四川师范大学学报》2011 年第 5 期。

8 877 个；社会团体数量首次出现负增长，而民办非企业单位和基金会数量则增幅较大（见图 7-1、表 7-1）。除此之外，我国还存在大量尚未登记在册的草根社会组织以及在政策边缘的国际社会组织、涉外社会组织和境外驻华社会组织。社会组织数量的剧增、分类的多元化、涉猎行业的多样化对现有的社会组织管理机制提出了挑战。

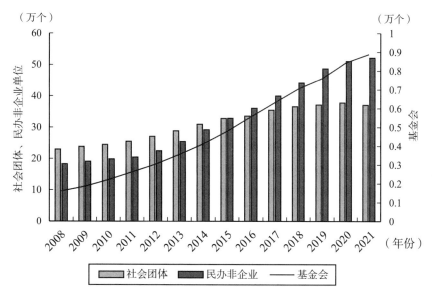

图 7-1　2008~2022 年社会组织数量变化情况

资料来源：2009~2022 年《中国民政统计年鉴》。

表 7-1 　　　　　　　**2008~2022 年社会组织数量变化情况**　　　　单位：万个

社会组织类型	2008 年	2009 年	2010 年	2011 年	2012 年	2013 年	2014 年
社会团体	22.97	23.87	24.53	25.5	27.11	28.9	30.97
民办非企业	18.24	19.05	19.82	20.44	22.51	25.47	29.22
基金会	0.1597	0.1843	0.22	0.2614	0.3029	0.3549	0.4117
社会团体	32.85	33.59	35.48	36.62	37.16	37.84	37.11
民办非企业	32.91	36.09	40.04	44.21	48.71	51.1	52.19
基金会	0.4784	0.5559	0.6307	0.7034	0.7585	0.8432	0.8877

资料来源：2009~2022 年《中国民政统计年鉴》。

当然，不可忽视的问题是，当前我国民间组织发育迟缓，社会治理主体和治理结构单一，善治的社会资源支持匮乏。"大政府，小社会"的社会现实制约着中国民间组织的发展；如果说"政府办社会、事业单位办社会"的传统理念限制了民间社会组织的生长空间，那么民间组织对行政资源的高度依赖性则导致其难以发育出能够独立和有效从事社会治理的自主性力量。当前社会组织普遍面临着社会管理主体身份的合法性缺失、生存空间狭小、社会组织形态衔接转换的复杂性、社会弱势群体阶层自治组织培育等问题，直接导致社会治理主体和治理结构的单一、社会组织活力不足的问题对当前和未来转变经济发展与社会治理方式的进程造成了严重影响①，甚而也制约着社会组织在有效处置公共危机、维护社会和谐稳定中的作用体现和功能发挥。

二、当前中国社会组织的治理危机

明确当前中国社会组织在治理中的诸多问题与危机表现，才能提出针对性的治理体制创新路径与对策，进而也才能建构一个维护社会和谐稳定的长效机制。从当前中国社会组织治理实践来看，其在内部治理、社会信任等方面呈现出不同程度的治理危机。②

1. 内部治理困境

随着行政管理体制改革以及政府职能的渐次转变，包括社会组织在内的各类行业协议逐渐脱离政府全面管控的传统管理模式，而开始以独立地位、自主运作的形态承担更多的专业化、政治化以及社会性职能。这就必然地对社会组织的自主治理和内部组织管理提出更高的要求。然而在实践过程中，社会组织却由于观念滞后、利益困境以及管理不健全等原因而陷入内部治理困境，严重制约了其功能作用的发挥。具体表现为：

首先，在思想观念上，部分社会组织负责人员仍然没有随着协会地位和职能的转变而更新其传统理念，等、靠、要的传统思想依然存在。面对社会组织活动经费不足、协会规模较小、基础设施较差、人员待遇较低等问题，不能从自身下功夫，整合拥有的社会资源或拓展资金筹措渠道，而是过多地依赖政府主管机关的支持和扶助，缺乏自主创新的积极性和能动性。况且，由于各类社会组织往往与政府有着千丝万缕的联系甚至是直接由政府创办，这就不可避免地使这些协会显露出过重的行政色彩甚至会滋生官僚主义的行政作风，机构运作方式僵化并呈现出脱离群众和实践境况的趋势，从而失去了其应有的群众代表性、吸引力和社会作用，也在很大程度上削弱了社会组织对内的凝聚力和对外的社会公信度。

---

① 关信平：《社会政策发展的国际趋势及我国社会政策的转型》，载于《江海学刊》2002 年第 4 期。
② 参见张雨暄：《虚拟共同体的生根、偏植和归正——基于社会稳定视角》，苏州大学博士学位论文，2015 年。

其次，在资金来源上，社会组织发展资金短缺、筹资渠道单一，也导致其自我生存与发展能力相对不足。社会组织从事非营利活动所需要的资金与其所能募集到的资源之间存在着巨大缺口，这是所有社会组织面临的一个共同问题。在国外，虽然社会组织资金来源相对更为丰富和多样化，有各种志愿捐款、会费、服务收费，还有很大一部分来源于政府的资助，即便如此其社会组织活动仍然常限于资金不足、难以为继的困境。在我国，社会组织筹措资金能力和渠道依然薄弱、单一的情况显得尤为突出。伴随着政会分开政策的推行，我国各社会组织逐渐从政府主管部门中脱离了出来，其后果不仅在于社会组织获得了充分的主体性地位和自主发展空间，而且不可避免地也切断了来自政府部门的直接资金供给；在我国各社会组织仍处于成长和发展阶段的客观情况下，政府通过财政支出而购买社会组织所提供的公共服务，便成为维系社会组织生存发展的重要资金来源。然而在实践过程中，却常表现出"没钱办不成事、不干事更没钱"的恶性循环，因运作资金不足、拓展发展能力薄弱、社会市场敏感性高等问题而常陷于生存困境之中。

最后，在管理模式上，同时陷入外部管理失序与内部管理失场的双重困境之中。一方面，同诸多非政府组织一样，社会组织往往也是在地方政府的扶助下；甚至是地方政府直接创办的，在具体的运营过程中也常常会由于经费、职权、人员等因素的限制而在组织、职能、活动方式以及管理体制上都高度依赖政府，政府也未将应由和适宜社会组织履行的职能授权或委托给相应的协会。在这种情况下，一是行政机构的官僚主义作风不可避免地会伴随着协会内官僚结构构建而蔓延到社会组织内，造成协会内办事效率低下、脱离群众基础；二是社会组织的改革和发展涉及多头管理的问题，常会在关键问题的决策上出现失位、越位甚至错位的问题；三是专业化的社会组织常常被置于非专业化的行政人员的领导和管理之下，从而会因其对业务规律的错误认识而阻碍甚至误导一些专业性公共领域的健康发展。另外，由于我国社会组织的权力来源不同于一般的社团法人来源于会员契约，其主要来源于国家法律法规的授权，这种经授权取得的行政管理权，无法在社会组织获得监督，特别是在目前社会组织尚不具有自律能力的时期，当协会会员的权利受到侵害时很难依靠协会内的制度获得救济。

另一方面，我国社会组织缺乏系统的战略分析和绩效评估机制，这使得其长期苦于找寻战略调整和自我完善的可行路径，难以在困境中寻得突破。事实上，绩效管理作为一种有效的组织管理工具，在企业和政府的管理实践中已得到大量运用，对组织效率的提升、组织运作的改善都起到了举足轻重的作用。然而在我国各地方社会组织的管理中，绩效管理的观念意识仍十分单薄、绩效标准划分仍不系统、绩效目标仍不明确、绩效评估体系仍旧欠缺，已成为组织地方社会组织进一步发展和转型的重要掣肘因素。此外，虽然我国目前大多数社会组织在创办之初都有活动章程或管理条例，但在实践开展中这些章程和条例却往往形同虚设，章程和条例规定的会员的权利和义务也会因内部民主管理机制的普遍缺乏而流于形式，协会的作用发挥不足，协会任职人员名义上的多，有名无实，以协会名义开展活动未能履行相关程序，协会无议事规则。例如目前在我国一些社会组织中，理事不参与社会组织的管理，也不关注社会组织重大事务的决策，完全成为虚设的职位安排。

2. 社会信任危机

社会组织的信任危机来源于政府和公众对于社会组织的认知偏见以及社会组织自身的行为失范两个方面。

一方面是政府和公众对于社会组织的认知偏执。在很大程度上，公众对于社会组织的信任缺失源于社会组织的行政化。在这个问题上，公众的态度是矛盾的。一是"大多数社会中介组织与政府模糊的关系导致社会中介组织缺乏社会自治，从而不得不扮演'二政府'的尴尬角色，失去了中介组织的本色"[1]。所以，公众认为社会组织的角色立场是利政府，而不是利社会，由此导致公众对"被行政化"的社会组织是有排斥性情绪的；二是市场化并没有实现预期中对权力的合理分解。依托于期权、股票等经济形态，政府掌握的资源由有限实物资源转变为有限的实物与无限的非实物结合而成的多元化、多面体的资源结构，权力的"含金量"在市场化环境下与日俱增。在社会权力恒定的前提下，政府权力的蔓延，无疑伴随着社会权利的进一步缩水。在这个层次上，公众在情感上依然保留"行政万能"的意识。无论是对"行政化"的排斥，还是对传统行政模式的依赖，这都间接造成了公众对社会组织的失信。

另一方面是社会组织自身的行为失范。在网络技术飞速发展的今天，自媒体之间的互动构成了无数"过度敏感"的社会反映个体或集体。这样的社会反映单位形成了一个密集的社会监督网络，互联网的公开性、平权性、隐匿性淋漓尽致地体现了自由的两面性——自由让自由更自由，但自由也会使得自由不自由。建立在真相上的舆论有助于公众监督权利对实现规范社会组织的行为起到积极的促进作用，而源于虚假信息的舆论则会使人们深陷谎言的囹圄，成为有意造势或收集负面情绪的本体，成为被信息控制的情绪制造体。相应地，舆论的对象也会有事实失范和"被失范"的不同表现。社会组织也是如此，特别是较为倚赖公众信任的公益性社会组织，其自身由于管理不善等原因而导致的事实失范往往会导向

---

① 唐兴霖：《国家与社会之间：转型期的中国社会中介组织》，社会科学文化出版社 2013 年版，第148 页。

"被失范"的更大范围的负面效应。例如，中国红十字会曾在 2011 年因郭某事件而被推向舆论的风口浪尖，成为社会批评的众矢之的，其不仅自身面临前所未有的信任危机，致使社会捐赠锐减①，还引发了层出不穷的更多虚假负面报道②，严重冲击了中国慈善事业的整体发展③。

另外，源于历史和现代行政模式的影响，我国的社会组织表现出先天的羸弱性和必然的生长性障碍。然而，不可否认，随着国家政治、经济、文化水平的总体上升，个体则表现为更加丰富的国家情怀、更多的可自由支配的资金以及社会道德水平的普遍提高，也为"结社"提供了基础，特别是大量草根社会组织的产生。只是我国社会组织尚处于起步阶段，社会组织依然是零散的、无体系的。这就决定了社会组织自治能力和统筹能力的欠缺和不足，人们依然停留在感性结社（或者可以称为"激情结社"）的阶段，组织概念薄弱，强调个人贡献。

第二节　社会组织治理的输入体制创新：基于公共危机参与治理的分析

在前文的分析中我们指出，外部环境通常都是通过需求和支持这两种形式，其大量行为才得以输送、反映、集中并用来对社会治理体制施加影响的。在这里，我们着重从支持的角度，探索社会组织参与公共危机治理的体制创新。事实上，作为社会治理结构的重要组成部分，我国社会组织的孕育成长平台仍未完全放开，其在社会冲突治理中的作用远未得到很好的发挥。对此，党和国家在顶层设计层面早已提出要"加强社会治理体制建设，完善党委领导、政府负责、社会协同、公众参与、法治保障的社会治理体制"④。政府和社会组织之间的互动合作与协同治理应当是未来我国社会治理实践的基本方向，也是创新社会治理体制的关键所在。为此，开展政府和社会组织在公共危机中的参与治理研究，具有十

---

① 据《新京报》报道，网络郭美美事件以后，2012 年红十字会收到的社会捐赠比 2011 年减少 1.5 亿元。参见《中国红十字会公布财报 捐赠收入比去年降 1.5 亿元》，人民网，2012 年 12 月 14 日，http：//politics. people. com. cn/n/2012/1214/c1001 - 19982300. html，2023 年 9 月 14 日访问。

② 参见《"郭美美事件"引发信任危机 中国红十字会逐条回应》，新华社，2011 年 6 月 29 日，https：//www. gov. cn/govweb/jrzg/2011 - 06/29/content_1895495. htm，2023 年 9 月 14 日访问。

③ 参见《红会称郭美美事件已很清楚将不再多回应》，人民政协网，2014 年 8 月 5 日，https：//www. rmzxb. com. cn/sy/yw/2014/08/05/358527. shtml，2023 年 9 月 14 日访问。

④ 《决胜全面建成小康社会，夺取新时代中国特色社会主义伟大胜利》（2017 年 10 月 18 日），引自《习近平谈治国理政》第三卷，外文出版社 2020 年版，第 38 ~ 39 页。

分重要的意义。

一、公共危机治理中的社会组织参与：案例分析

研究中，我们选取了 2008 年汶川地震中的"5·12"联合行动①和 2013 年雅安地震中的"4·20"联合行动②案例。为避免不同参与主体的内生特质和外部环境方面的差异，本书严格筛选并重点剖析了一个在两次重大危机中连续参与的联合行动，以期对重大公共危机治理中的社会组织参与演进过程进行观察。③

1. 两次公共危机中社会组织参与治理的对比分析

2008 年汶川地震发生后，大量的社会组织和团队涌向地震灾区，由于缺乏相关经验，出现了一定程度上的无序和乱象，未经系统训练的志愿者，反而占用了灾区资源。因此，舆论一度出现了"志愿者不要给灾区添乱"的呼声。④ 不过有一些社会组织意识到了单打独斗、各自为战的"瓶颈"，5 月 15 日，来自四川、北京、贵州、陕西等地的 20 多家公益机构，在成都成立了四川"5·12"民间救助服务中心（以下简称"5·12 中心"）。其成员包括本土组织，国际组织、基金会、志愿者组织、互联网公益组织等，其运作经费主要由南都公益基金、友成基金会、香港曙光慈善基金会等几家基金会提供。"5·12 中心"本质上就是一次民间自发合作建立的临时性非政府社会组织合作共同体。

2013 年 4 月 20 日雅安芦山地震爆发，牵动全国。这一次，冲上一线的志愿者们又站在了舆论的风口浪尖。空有拳拳之心，没有系统管理，许多志愿者欠缺救灾经验和技能，民间力量救援资源和能力匮乏，只能在媒体的信息中随波逐流。⑤ 为此四川省以及国务院办公厅不得不连续发出通知，要求各单位和社会团体，未经批准原则上不得擅自前往灾区。在无序之中，借助先前的经验和现有的平台资源，原"5·12 中心"积极开展了"4·20 联合行动"。

在借鉴斯蒂文·芬克的经典"四阶段划分法"基础上，结合事件本身，我们将两次重大公共危机划分为危机爆发、危机过渡和危机恢复阶段，据此对两次社会组织联合行动发展过程进行回顾（见表 7 - 2），并作比较分析。

---

① 2008 年案例主要参考：王名等：《汶川地震公民行动报告：紧急救援中的 NGO》，社会科学文献出版社 2009 年版，第 138 ~ 149 页；朱健刚等：《责任、行动、合作：汶川地震中 NGO 参与个案研究》，北京大学出版社 2009 年版，第 148 ~ 196 页。在此基础上，结合相关新闻报道自行编写完成。

② 2013 年案例主要在参考尚明公益官方网站信息基础上自行编写而成。

③ 参见金太军、张健荣：《重大公共危机治理中的 NGO 参与及其演进研究》，载于《华中科技大学学报》2016 年第 1 期。

④ 《团中央有关部门负责人：希望志愿者不要盲目前往灾区》，《中国青年报》2008 年 5 月 16 日。

⑤ 木叶：《来自雅安地震的五个思考》，载于《法治与社会》2013 年第 6 期。

表 7 - 2　　　　　　两次重大公共危机中社会组织联合行动过程回顾

阶段划分	2008 年汶川地震	2013 年雅安地震
危机爆发	①"5·12 中心"联合行动宣告成立，明确组织定位； ②确立例会制度，完善组织架构； ③划分行动领域，确定职能分工； ④有序开展工作，参与救援、救助、培训和信息服务	①四川尚明公益发展研究中心开展"4·20 联合行动"①； ②开展联合会议，信息分享； ③提前调查灾区情况，了解实际需求； ④制作活动简报，发布救援进展； ⑤加强与政府对接，开展共同协作
危机过渡	①合作延续，重新进行组织定位； ②提供灾后信息、公共宣传、调研各方面	①总结工作情况，安排过渡安置工作； ②听取灾后重建建议； ③定位灾后需求，部署灾后计划
危机恢复	①建立网站②，延续灾后信息服务； ②接待和服务灾区重建的社会力量； ③继续灾后调查研究工作，并且建言献策	①开展需求调查、物资发放、心理帮扶、知识普及以及志愿者培训工作； ②安排专项资金，实施对灾后重建的公益项目专项支持③

资料来源：根据两次地震相关新闻报道材料手工整理。

（1）演进规律。

联合是大部分势单力薄的社会组织在重大危机中有所作为的最优选择。在一个仍然呈现一定无序状态的社会组织参与背景下，尚明公益是一个比较成功的案例。汶川地震救援期间曾出现另一个联合行动，即"NGO 四川救灾联合办公室"（简称"联合办"），相比之下"5·12 中心"显示了更好的可持续性。④ 一次联合行动的生成与发展，可以折射出社会组织整体参与演进的大致轨迹，主要呈现以下规律：

---

① 2012 年 3 月，原"5·12 中心"在四川省民政厅正式登记注册，改名为四川尚明公益发展研究中心，属于民办社科研究机构，业务主管单位为四川省社会科学界联合会。

② 建设专门网站（www.512ngo.org.cn），制作活动简报，提供灾后重建各项信息。由于"5·12 中心"是临时性组织，因此当前该网站已停用。

③《抗震救灾社会组织和志愿者服务中心公益项目实施方案》，http://www.512ngo.org.cn/show_1_32.html（该网站目前已停用）。

④ 首先，"5·12 中心"作为枢纽机构协调各组织间的活动；而"联合办"更多地强调在联合体内，组织与组织间的点对点合作；其次，"5·12 中心"囊括了多种背景的社会组织，包括基金会和国际组织，而"联合办"则更具草根性；最后，"联合办"在完成救援工作后随即解散，而"5·12 中心"合作得以延续。

第一，危机需求回应精细化。基于科层制的政府救援响应，能短时间内汇聚大量资源与投入，却难以实现物资的精细化投放，呈现出"强力量"和"粗线条"特点。政府储备救灾物资结构较为单一，主要为帐篷、棉被，而当政府物资到达灾区后，往往需要依靠社会组织的力量才能送到灾民手中。相形之下，社会组织救援力量虽然微弱，却更为下沉，事实上更能够满足受灾群体的多样化需求，这一方面是由社会组织本身关注领域的多样性决定的；另一方面，"船小好掉头"，社会组织在危机应对中更为灵活机动。在汶川地震中，"5·12中心"联合行动通过考察当地灾民的实际需要（能细化到某种特定物资），有针对性地进行物资的调度、安排和补充，不过这仍然属于反应式的需求回应。"4·20联合行动"则更注重对灾区信息和灾民实际需求进行主动获取和提前感知，为政府救灾需求回应网络的相对盲区做了较好的填补。

第二，自身角色功能定位明晰化。从无序到较为有序，从志愿者乱象到联合行动，社会组织的危机参与逐渐反映出组织理性。首先，自身功能定位更清晰。一些专业的民间救援队伍有能力在救灾一线与政府成功对接，但大量的社会组织"术业有专攻"，并不具备直接救援实力。"4·20联合行动"中，社会组织第一时间就很明确，公益机构的长处在过渡安置和重建阶段，调查灾情并提供多样化的志愿服务。当然，民间一线救援力量如何被纳入应急响应机制中，而不是仅作为临时性伙伴，值得进一步关注。其次，与政府关系中的角色定位更明确。政府主导、社会互助、灾民自救是危机救援的主基调，超越外部现有制度约束和内部自身能力约束，既是困难的也是有风险的。因之"协助政府、助力灾区、有序参与、有效服务"成为联合行动的共同使命，始终明确社会组织作为政府助手的角色。

第三，政社合作带来身份认同。在全球视野下，多主体共治是重大公共危机治理结构发展的必然趋势。2008年的第一次联合行动完全是一个自组织自合作过程的产物，能实现联合的原因在于部分本地组织具备一定合作基础，通过联合倡导能迅速达成共识。联合行动主动向政府汇报工作内容和进度，以获得官方认可。而在2013年，共青团省委第一时间加入，联合行动成员与官方的紧密互动成为新的现象，继而一个完全草根的自组织联盟，在缺乏正式制度的前提下，转变为准"政社合作"性质的联盟。对社会组织来说，官方的认同是展开行动的一项重要资源，而对政府来说，通过管理与引导，处于风险管控之下的社会组织及其联盟可以成为危机应对的有力助手。

尽管从两次地震救灾中可以看出一定成长，不过应然分析与实然结果之间的张力，仍然揭示了目前社会组织参与中难以回避的几大障碍。首先，参与机制方面。危机发展过程中的社会组织参与，往往出于个人情感、组织职能或是强烈的社会责任感，并不存在整体意义上的社会组织危机响应机制。即使是"政社合作"也依然停留在临时伙伴关系上，汶川地震后更是出现志愿组织的集体"退潮"，这与参与机制的缺位不无关系。其次，资金来源与管理方面。社会组织资金来源比较有限，与国外政府购买社会组织服务相比，我国地震救灾中的资金呈现"逆向流动"趋势，汶川地震中公益性组织的大部分资金流向政府账户①。例如在 2010 年玉树地震中，政府出台行政命令②，民间组织筹集的善款统一交由政府管理。这极大地压缩了社会组织的活动能力与空间。最后，社会组织自身建设方面。与许多现有研究相呼应，社会组织自身的不成熟也是短板之一，表现为人力资源的素质不足和应急能力不足。志愿者培养与培训不够到位，高素质的专业人才难以汇集；应急过程中救灾能力与救援热情的不对称，缺乏合作意识和合作经验，导致了无序参与和整体低效。

（2）内在动因与机制。

演进规律是重大公共危机治理中社会组织参与的方式能力、广度深度等表层变化的展现，而究其深层机制，这种成长与变化在发生机理、发展轨迹和合作拓展中，有着特定的内在逻辑，也即参与的发生受到"个体情感—组织职能—社会责任"机制路径的驱动，参与的发展符合自组织演进机制，参与合作的拓展动力则来自政府与社会组织之间的资源交换机制。

①发生机理："个体情感—组织职能—社会责任"驱动。作为一种自发的行为，社会组织参与缘何发生，"个体情感—组织职能—社会责任"驱动路径能够给出较好的解释。首先，正确教育下的人们往往具备对公共利益的关心，只是可能存在程度上的差异。在重大危机的感官刺激下，个人同情心与同理心的生发带来情感的共鸣。在汶川地震中唐山志愿者显著踊跃，表明拥有类似记忆的个体情感激发更为强烈。"这种情感是连接危机治理网络中不同组织和不同成员的关系纽带，也是非政府组织参与危机管理的动力来源和感情基础。"③其次，组织目标是组织行动的必然追求，大部分社会组织致力于公共事务和公益事业，结合危机情境中的现实需求，社会组织的职能在于动员并整合社会资源，为受灾群体提供志愿服务和人道主义援助。最后，社会组织的社会责任来源于公共性使命。政府和社会组织都是公共利益的追求者和公共价值的践行者，与市场主体相比，社会组织被赋予了先天的道德约束。因此，在危机中提供必要的公共性产品和服务，是其社会责任所在。

---

① 包丽敏：《谁来执掌 760 亿地震捐赠？》，载于《中国青年报》2009 年 8 月 12 日。
② 民政部：《青海玉树地震抗震救灾捐赠资金管理使用实施办法》，2010 年 7 月 30 日。
③ 赵军锋、金太军：《论非政府组织参与危机管理的演化逻辑——基于治理网络视角》，载于《学术界》2013 年第 8 期。

②发展轨迹：自组织演进机制。"自组织"是与"他组织"相对应的概念。协同学的创始人哈肯认为：如果系统在获得空间、事件或者功能的结构过程中，没有外界的特定干预，我们便说系统是自组织的。这里的"特定"一词是指，那种结构和功能并非外界强加给系统的，而且外界实际是以非特定的方式作用于系统。[①] 这种系统的基本特征，一是进化性，在持续的物质能量流作用下会产生突变，形成新的结构；二是整体性，人们常用整体大于部分之和来形容这种整体性的获得。

从自组织立场看，系统进化动力首先在于外界持续的输入—能量—信息流，其次在于系统内部子系统的交往，竞争与协同是两种典型模式。序参量作为"熵"的替代概念被引入系统演化中，用以判断系统有序性。子系统各行其是难以形成有序，合作协同方能产生序参量。涨落则是序参量的实现机制，是一种偏离平均值的现象[②]，"临界涨落"（哈肯语）破坏系统稳定性使其失稳从而获得新的稳定性。简言之，涨落是形成有序的过程和方式。

重大公共危机治理中的社会组织参与从无序到有序的进化也是其自组织系统演进的结果。危机信息能量的外部输入，促使"个体情感—组织职能—社会责任"驱动机制生效，而在参与过程中社会组织主体间既有竞争倾向，又显示出协同的意愿与行为。以"5·12"联合行动、"社会组织四川救灾联合办公室""4·20联合行动"等为代表的自组织合作的出现打破了僵局，显示了社会组织有序参与的新趋势，这种由涨落冲击平衡状态所形成的序参量产生示范效应，从而能够逐步构建有序参与结构。

③拓展动力：政府与社会组织的交换视角。以"价值—资源—影响力—交换"为核心要素的政府与企业交换关系分析的新框架可以深刻诠释我国政府与企业的微观互动。[③] 内在价值的集合预示交换的可能，各自的资源比较优势是交换基础，通过发挥影响力的行为过程，政企之间的交换得以实现。同样，交换理论对危机应对中政府与社会组织的互动也具备解释力，两者间存在基于资源视角的交换动机和行为。

政府与社会组织的交换形式以协作、嵌入、表彰、资助等为主。在危机应对中政府与社会组织面临着竞争或合作的选择，竞争性治理必然导致零和博弈继而加剧无序与混乱，而通过资源互换的合作能够最大化治理绩效。政府的全能式应

---

① ［联邦德国］H. 哈肯：《协同学》，戴鸣钟译，科学普及出版社1988年版，第29页。

② 张立荣、冷向明：《协同治理与我国公共危机管理模式创新》，载于《华中师范大学学报》（人文社会科学版）2008年第2期。

③ 金太军、袁建军：《政府与企业的关系模式及其演变规律》，载于《中国社会科学》2011年第1期。

对捉襟见肘，而社会组织展现出自下而上的比较优势，成为政府职能的有力补充。南都公益基金会就认识到，社会组织与政府合作的关键就是要找准政府的需求。民间机构可以为政府带来品牌效应，聚拢政府所欠缺的广泛社会资源。① 与一些国外的社会组织相比，我国社会组织的独立性和自主性难以望其项背。重大危机中，外部合法性认同、制度空间、信息共享、资金支持等众多要素构成社会组织资源交换的需求集合，而前两者相对而言是其迫切需要的现实资源。

首先，外部合法性认同是最基础的资源。较之于韦伯和哈贝马斯意义上的政治系统合法性，组织合法性则属于更宽泛的范畴。对于社会组织组织来说，内部合法性易于获取，成员大多基于自愿凝聚在一起，外部合法性获取则存在挑战。长期以来，握有公权力的政府在常态管理中独当一面。当面临重大突发危机时，政府便成为人们除自救以外寻求帮助的首要对象，如此这般，社会组织自下而上的外部合法性获取自然艰难。广大社会组织认识到在危机参与中如若没有政府认可，或是寸步难行，或是剑走偏锋。与其说联合行动的拓展将官方组织吸纳进来，毋宁说是政府将社会组织自组织联盟纳入其危机应对救援体系中，两者通过交换过程，整合了危机应对的全社会资源。其次，制度空间是参与行动的重要资源。危机中社会组织参与的制度空间，既是一种行动框架，也是一个行为边界。就现实来看，这种框架是不完备的，边界也并不清晰。缺乏足够的制度供给，无法明确制度预期，成为社会组织行动的重大障碍，并不明朗的局面，带来了交换的动机和机会，社会组织或是主动依附，或是积极配合，当然也有部分出于其他考虑坚持单打独斗。制度缺失下社会组织的多样化策略实则是一种无奈的选择。

2. 案例启示：构建社会组织危机参与机制

不可否认，志愿精神能够在危急时刻凝聚很大范围内的社会力量，并且较之于政府动员，它的号召更能充分引起社会共鸣，发挥着超乎预想的作用。在大灾大难面前，社会组织代表着一种来自社会自身的能量，对原子式的个人予以重组。然而，缺乏组织与引导的志愿力量易被自损消耗，重大公共危机治理中的社会组织参与需要进一步规范，有序而有效的参与才是发挥其最大功能，实现其最优价值之途径。从政府和社会组织自身角度，主要有以下几点考虑：

其一，构建和完善社会组织危机参与机制。如何将社会组织纳入国家的重大灾害响应和应对体系中，以《国家自然灾害救助应急预案》为体现的国家顶层设计经历了较长时间的演进和完善过程。从 2011 年修订版中未做相关说明，到最新修订的 2016 年版中提出"充分发挥基层群众自治组织和公益性社会组织的作

---

① 朱健刚等：《责任、行动、合作：汶川地震中 NGO 参与个案研究》，北京大学出版社 2009 年版，第 21 页。

用""民政部指导社会组织、志愿者等社会力量参与灾害救助工作",可见虽然社会组织在灾害响应和应急中的重要作用得到肯定和明确,但却并未制定相关和配套的组织机制与实施方案。在没有完备的参与体制规范和机制设计的条件下,社会组织行动更多地受到信息不对称的误导,或者政府力量的挤压,再者缺乏整体自合作的能力与经验,其参与质量尚有很大提升空间。为提升社会组织参与质量和实效,政府相关部门应探索建构合理的培育、引导和规范机制,当然这种机制强调以社会自身为主导;同时构建具有可操作性的政社合作协同机制。

其二,加大对社会组织行动的资金支持。除部分官方社会组织与公募基金会之外的其他民间组织尚不具备接受社会募捐善款的法律资格,大量草根社会组织的经费只能来源于个人捐赠、上游基金会或者国外的资助,政府的支持十分有限。由于规范性和透明性受限,不谨慎的募捐容易招致"非法集资"嫌疑,这对于本身生存能力羸弱的草根组织来说,是一个难以承受的风险。对有能力参与危机治理的民间组织,政府应当对其加强组织培育,加大资金支持,同时完善危机中政府购买公共服务的体制与机制。民间善款可逐步放开交由社会组织自身运作,而强化对其规范性、公开性、透明性的监督要求。

其三,进一步完善社会组织自身建设。首先,社会组织要精通专业领域,培养高素质人才,建立一套参与危机治理的预案和应对机制,"打铁还需自身硬"。其次,社会组织的自组织联合是较好的选择,但优秀的实践十分有限;社会组织应当具备合作的思路,并且考虑如何更主动地配合政府协调。参考国外经验,例如萨拉蒙发现,在拉丁美洲社会组织能力建设中"方法之一是通过培训和基层组织建设进行投资"[①]。就目前而言,走出困境需要政府主导力量的扶持来实现资源互换,更需要社会组织自身不断加强理念更新和能力建设。

政府与社会组织的互动与交换,若能通过合理赋权来提升其合法性,改善制度容纳以厘定其行动预期,辅以信息共享与资金保障等配套支持,同时社会组织加强自身能力建设,那么重大公共危机治理中,双方功能互补的优势才能得以更为有效的彰显,实现由"管理"转向"治理",由"政府支配"趋于"政社协同"。

公共危机的"发生—应对"成为"风险社会"里的一种现实状态,危机应对不仅面临着从"管理"到"治理"的话语转换,也随着网络普及与技术更新,遭遇了网络社会与现实社会双重响应、交互作用的外在环境变迁。不管是参与的发起过程、行动过程抑或公共舆论的形成过程,危机治理中的社会组织参与都呈

---

① [美]莱斯特·M.萨拉蒙等:《全球公民社会——非营利部门视界》,贾西津译,社会科学文献出版社 2007 年版,第 31 页。

现出网络时代的特征。科斯认为，等级制存在的原因是减少了交易成本。马隆和耶兹提出廉价的信息技术降低了交易成本，因而人们不再具有创建等级管理体制的积极性。[①] 从这个视角来看，在网络时代，面对重大危机，人们也不再因为严重的信息不对称而仅仅渴望着官僚机构来独当一面，相反，他们因信息和资源获取能力的提升开始拥有自我救助，进而救助他人、救助社会的自信，危机治理中的社会力量逐渐萌生壮大。这必然要求公共危机治理结构由高度同质化迈向限度多元化，治理资源由单向度权威配置趋向多向度协同配置。[②] 传统的"行政国家"范式在危机治理中体现为行政权威力量的高密度配置、国家与社会的高度一体化和市场力量的持续收缩，强势的行政力量在相当长的阶段内有其合理性与有效性，然而政府全能化加剧继而产生权威依附，国家与社会间既无沟通又无协作的积弊使得在单一逻辑下的危机应对呈现"刚性脆弱"，国家一旦失守，便再无替补角色。网络时代的公共参与碎片化和多向度性呼吁治理结构的调整，多元化治理承认行政之外参与治理的社会与市场力量，这的确需要政府的培育，但政府本身也无法回避被改革的现实，政社合作或者政企合作，"实际上意味着对于'行政吸纳政治'格局下的政府治理常态模式的持续改造"[③]。在公共危机治理中引入社会力量，亦是将其作为一种治理资源的配置工具，以不断优化资源配置效率，最大化危机治理绩效，进而产生对自上而下的行政命令式的治理资源配置方式的批判。

公共危机治理要重视非政府组织，培育社会力量，提升社会自主性的观点在网络时代背景下几乎成为一种共识，但政府与社会到底如何有效衔接的问题在实践探索中是极为关键的。不管是通过合理赋权、制度容纳还是信息共享、资金保障，实现政社间有机合作都需要对政府和社会之间的关系进行再次梳理，致力于形成政府主导格局下将各方力量导入危机治理体系的体制机制，"这不仅要求政府具有吸纳力和整合力，而且需要整个社会具有彼此信任和合作的社会资本"[④]。建构体制机制的作用在于形成多元主体合作沟通、共同行动的框架路线图，实现危机的协同治理。[⑤] 更进一步来说，以体制机制完善为重要承载的协同治理，在网络时代，凭借信息和网络技术的更新与应用，应当逐渐走向体系治理这一新的形态。体系治理意味着"以信息化为基础，各要素、各主体、各系统的有机融合，打破彼此界限，优化体系结构，着力实现横向集成和纵向链接，以治理体系

---

① 参见［美］弗朗西斯·福山：《大断裂：人类本性与社会秩序的重建》，唐磊译，广西师范大学出版社 2015 年版，第 200 页。

②③④ 金太军：《网络时代政府危机治理的特征分析》，载于《行政论坛》2014 年第 5 期。

⑤ 协同治理侧重于体制创新，强调公共权力在各参与主体之间的合理配置，以突破传统单中心模式的束缚，实现多中心治理的发展。

的全方位、多维度、立体融合提高整体效益"①。它既继承了多元主体、合作共享、集体行动的基础原则，同时又对协同治理具有超越性，政府、市场、社会力量以及公民个体仍然是其中不可或缺的重要角色。体系治理是在网络时代下对危机治理实践形态的准确描述，也是公共危机治理体系现代化的目标和方向。

二、社会组织参与公共危机协同治理的功能阻滞

近年来，我国的社会组织得到了快速发展，与政府的协同功能初显，不仅愈渐成为政府决策的重要智囊和推动政府改革的强大动力源，而且愈发成为参与社会治理的关键和重要力量。虽然社会组织的地位日渐突出，其作用愈发显现，但因种种原因，社会组织参与公共危机治理中的协同功能尚未得到充分发挥。②

1. 社会组织资源力量的不足使得其在公共危机治理中功能发挥弱小

现今的中国社会组织自身普遍存在着资金严重不足、项目可持续性差等现象。2020 年一项针对北京市社会组织的评估报告③数据显示，提供服务或产品收入和政府补助及政府购买服务收入、捐赠收入是所调研的社会组织的主要收入渠道，分别占到了 64.24%、60.93%、54.30%，"收入单一，太过依赖某一渠道"④。根据民政部公布的相关统计数据，除了 2008 年汶川地震公益募捐的特例外，正常情况下全国社会组织的捐款仅在 200 亿~300 亿元⑤，而目前全国登记注册的社会组织近 90 万家，平均到每个组织仅有极少量捐赠以作为其活动经费。如此少的捐赠资金，使得诸多社会组织为了生存，只好更多依靠政府的拨款和补贴。社会组织的资金若主要不是来自民间，其工作思路和目标追求就难以更多地迎合民众的需求与回应社会底层问题，而是更多地考虑和迎合政府组织的意图或捐赠方的利益。

同时，很多社会组织自身发展很不成熟，管理能力较弱，没有完善的法人治理结构，导致在资金使用上不透明、不合理，资源浪费现象明显。由于缺乏在资

---

① 金太军：《网络 2.0 时代的协同治理创新：体系治理》，载于《学术界》2015 年第 7 期。

② 参见宋超：《社会组织参与社会冲突协同治理：功能阻滞与路径选择》，载于《南通大学学报》（社会科学版）2014 年第 6 期。

③ 2020 年 7 月 20 日，中国农业大学人文与发展学院、公益慈善周刊等机构通过对北京市服务型社会组织的调研，发布了《新型冠状病毒肺炎疫情对社会组织的打击》评估报告。该报告较为精准地调研了社会组织的生存状况。

④ 参见《14% 社会组织生存堪忧，面临倒闭》，载于《南方周末》2020 年 8 月 13 日，https://www.infzm.com/contents/189619，2023 年 9 月 14 日访问。

⑤ 例如，根据民政部发布的统计数据，截至 2020 年 3 月 8 日，全国社会捐赠资金为 292.9 亿元。参见《民政部：全国社会捐赠资金已达 292.9 亿元》，中国慈善联合会，2020 年 3 月 9 日，http://www.charityalliance.org.cn/gov/13362.jhtml，2023 年 9 月 15 日访问。

金募集、项目运作、善款使用及社会交代等方面较为完善的制度和较为丰富的经验，加上个别负面新闻的影响，社会民众对这些组织的不满意和不信任情绪日增，结果是社会组织得到的捐赠越来越少，社会组织的发展遇到了前所未有的挑战。

不仅如此，我国社会组织动员志愿活动资源的能力和规模也很有限，渠道比较狭窄。我国的青年志愿者主要通过学校共青团系统自上而下召集的。在城市，社区志愿者主要通过社区居委会进行统一组织和协调。因此，大多数社会组织中的志愿者数量极为有限，志愿能力较弱，在吸纳、管理和激励志愿者方面也缺乏必要的机制和有效的措施。一旦遇到公共危机时，由于这种公益志愿的基础脆弱，使得社会组织缺乏足够的能力承担与政府协同的重任。

2. 社会组织能力的不足使得其在公共危机治理中功能发挥欠缺

由于产生时间短、资金资源不足，加之其本身的公益性、非营利性，难以提供有竞争力的薪酬和福利，使得我国社会组织拥有的专业人才奇缺，只能通过招募志愿者以维持其日常运转和活动开展，其专业能力缺乏的现象就较为突出。尤其在公共危机事件发生后，仅凭这些社会工作者完成事件处理是有些勉强的。可以说，社会组织无论是在资源征集还是在公共危机治理中要想与政府协同处理，其必须具备丰富的专业技能和专业经验。这些社会组织工作人员在组织管理能力、协调沟通能力、应急处置能力、开拓创新能力以及服务供给能力等方面，与协同治理要求具备的能力层次上尚存较大差距。

与此同时，现有的社会组织无论是彼此间，还是与政府、媒体或其他市场力量之间，都缺少应有的合作交流与力量整合。我们看到的大多数社会组织基本上习惯于单打独斗、各自为政，缺乏跨专业、跨地区、跨领域的协同意识。这种协同意识的缺失，将直接导致协同行动的难以产生和协同能力的难以养成，最终也在一定程度上阻滞了地方政府与社会组织协同治理的积极性。

3. 社会组织自身公信力的不足使得其在公共危机治理中监督功能减弱

社会组织公信力是指社会组织在运行中通过一以贯之的透明、诚信、问责和可预期行为，获得社会广泛信任和支持的能力以及相应的影响力和号召力。在我国，长期以来由于社会组织自身的透明度不高，相关的信息披露制度缺乏，几乎很少有社会组织对募集资金的使用情况进行公开，使得社会和募捐者无法对其进行必要的、有效的监督。那些背离公益宗旨、内部治理混乱、财务不公开、项目运作信息不透明、存在欺诈和腐败等问题，是削弱社会组织赖以存续的社会信任基础不可忽视的重要问题。"公益腐败"频发，极大损害了社会组织的公信力。社会组织的专业性、中立性及对相关问题的持续关注，在公共危机治理中特别在治理的后续阶段本应发挥好监督者和参与者的作用，但正因为社会组织自身存在着一定程度上的公信力缺损，其在公共危机治理中的监督效力与协同效能大打折扣甚至功效全无。

三、社会组织参与公共危机协同治理的路径创新

以社会组织为主的社会力量与政府协同参与公共危机治理，必将有助于完善现有的公共危机治理体系，有助于构建公共危机的常态化解图景，丰富公共危机治理的有效手段，提高公共危机治理体系的承载力。为此，针对上述分析中社会组织在参与公共危机治理中存在的诸多功能阻滞，应通过公共危机协同治理体制变革、协同治理过程完善以及社会组织的自我革新三个方面，探索社会组织参与公共危机协同治理的创新路径。[①]

1. 公共危机协同治理体制变革：厘清政府与社会组织的权责边界，实现政府职能转变

长期以来，我国由于受高度集中的计划经济的影响，在社会治理中政府占据绝对的优势和主导地位，社会组织参与社会治理的空间受到严重挤压，其参与的积极性也受到严重损害。随着社会主义市场经济体制的逐步确立，政府职能开始悄悄地发生着变化，政府在不断给自己"松绑"的同时，开始鼓励和支持社会组织的发展。但由于政府对社会组织长期管控所形成的政策惯性和社会组织自身的先天不足，其发展遭遇了"瓶颈"。现在要想充分调动社会组织的积极性，发挥其独立自主的积极功效，必须全面厘清政府与社会组织的权责边界，真正实现政社分离。政府应积极退出社会组织能够自行消解的公共危机领域和范围，少一些干预和控制，同时，积极培育社会组织在公共危机治理中的能力，逐步提高社会组织在民众心目中的美誉度和信任力。

为使社会组织更好地发挥作用，改革社会组织管理体制已刻不容缓。政府应当放松对社会组织的登记管理，降低社会组织的准入门槛，简化烦琐的审批和登记手续。早在 2008 年 9 月深圳市就规定该市范围内的工商经济类、社会福利类、公益慈善类社会组织可直接向登记管理机关申请登记；而对于社区社会组织，则实行登记备案双轨制。[②] 这种社会组织发展的新型制度安排是社会组织登记管理体制创新的有益探索。尽管如此，许多地方依然存在着大量的基层"草根"社会组织因无法依法登记而获得合法身份的情况。为此，应进一步完善社会组织登记

---

① 参见宋超：《社会组织参与社会冲突协同治理：功能阻滞与路径选择》，载于《南通大学学报》（社会科学版）2014 年第 6 期。

② 李舒瑜：《我市出台意见进一步发展规范社会组织》，载于《深圳特区报》2008 年 10 月 23 日。

管理体制机制建设，提升社会组织管理机构的监管效能，提升各类社会组织的业务专业性和行为规范性。公共危机治理过程中，在分清政府与社会组织各自职责的前提下，引入专业化和独立性的社会组织无疑是一个不错的选择，可以有效地转变现有冲突干预角色及其效果不足的局面。当基层政府热衷于冲突有没有得到控制、问题有没有得到解决时，社会组织则更多地关注冲突各方的诉求表达是否充分、利益是否得到均衡维护以及冲突的后续影响和意义分析，因此，职责分明下的社会组织会被更多的民众所接受和认同，当这样的社会组织与政府协同治理，必将有助于公共危机的及时处置和问题的根本解决。

2. 公共危机协同治理过程的科学完善

人类社会并非没有冲突的社会，一个稳定有序的社会应是一个拥有疏通、调解和解决冲突的合理健全机制的社会。冲突本身并不可怕，适度的冲突还会有助于统治者认清形势、发现不足，操练应急处置能力。面对和处置公共危机乃至冲突的关键，在于建构较为完整又科学地解决公共危机所必需的社会沟通机制、矛盾疏通机制和各方利益表达机制。在公共危机治理过程中如何充分发挥社会组织的协同作用，使公共危机数量压降、冲突烈性减弱，理应成为大家思考的重大课题。

第一，应充分发挥社会组织在公共危机治理全过程中的作用。先前我们过多强调的是政府在公共危机发生前的关口排查管理，但忽视冲突全过程的管理。政府往往重预案设计、轻事后反思，重强力快速平息、轻梳理协调利益。这一政府应对理念和行为模式限制了公众参与的渠道和环节，将不利于问题的最终有效彻底解决。其实，与政府治理相比，社会组织"有着不少自身的优势，能够对政府治理起到补充与帮助作用"[1]。我们应当构建一个全过程、多元主体共同参与的公共危机治理体系，社会组织在冲突事前防范、冲突过程协调乃至冲突事后管理主体补缺等方面的作用往往可以起到事半功倍的效果。社会组织可以平息冲突各方的激动情绪，稀释冲突能量，以利于在平和、冷静环境下寻求解决方案；可以利用自己相对独立的角色真诚地开展工作，易于被冲突各方接受，取得大家的认同和信任；可以利用自己的专业优势，较客观、全面地分析冲突发生的起因，借助媒体等力量激发社会各界的反思，通过沟通有效督促政府重新审视相关政策，甚至实现政策的修缮或变革，最终达到社会矛盾完全化解的目的；在冲突事件解决之后，既可监督各方履行达成的协议，又可通过事件的总结向政府提出避免再次发生类似事件的建议。

---

[1] 宋言奇、陈宇光：《全球环境管理模式的转变：从政府治理到社区自治》，载于《南通大学学报》（社会科学版）2011 年第 2 期。

第二，必须合理界定地方政府与社会组织在公共危机治理中的责任关系。在公共危机协同治理过程中，只有明晰了地方政府与社会组织的各自责任，才会达到协同增效的目的。一般以为，地方政府的公共责任主要是宏观层面的政治责任、法律责任、行政责任或道德责任，而社会组织的公共责任主要还是微观层面上的执行责任，即如何保证资源的有效利用和社会公益目标的实现。因此，在公共危机治理过程中，地方政府所承担的责任要比社会组织承担的责任范围更广、内容更多、层次更高，带有全局性和整体性特征，而社会组织的责任限于局部性和部分性。

我们强调在公共危机治理过程中要充分发挥社会组织的作用，并非说地方政府的公共责任可以借此转移乃至"推诿"。相反，地方政府在冲突发生后依然是主要的管理者，矛盾的解决只有在政府那里才会最终实现。同时，地方政府还要承担对社会组织的协调、规范、引导责任。如果没有地方政府的支持和帮助，社会组织的作用发挥是非常有限的。此外，在公共危机治理过程中，地方政府与社会组织还应建立起相互尊重和充分信任的关系。这种互信机制的确立，是两者协同增效的基础和前提。地方政府不仅要增强对社会组织的了解、沟通、信任、支持，将其视为友好可亲的合作伙伴而不是"麻烦的绊脚石"，还要利用一切机会和条件主动与社会组织进行协同与合作，为社会组织创造制度化的、更加便捷的、通畅的沟通渠道。社会组织要想赢得地方政府的信任和支持，必须积极投身到公共危机的治理活动中去，通过与政府经常性的接触，向政府充分展示自己的诚意和能力，提高与政府交流沟通的艺术水平，配合政府做好利益相关者的工作，必将赢得政府的进一步理解、信任和支持。

第三，应努力创新政府与社会组织协同治理的方式。在公共危机协同治理过程中，治理方式的创新几乎是最为关键的。近年来，无论是理论界还是政府管理实践中，政府购买社会组织公共服务的治理方式已经引起了大家的关注，值得进一步研究和探索。政府购买社会组织公共服务是一种"政府承担、定向委托、合同管理、评估兑现"的新型的公共服务提供方式，其实质是引入竞争机制和契约化管理实现公共服务供给主体的多元化，其范围涉及关乎民生的基本公共服务。

公共危机协同治理中推行政府购买社会组织公共服务应当正确厘清以下几个问题：一是拓宽政府购买服务的范围。一般认为该范围主要是政府职能范围内不能直接提供或由社会组织提供更加质优、价廉、高效的公共服务。社会组织除了可以在行业规范准则、行业产品标准、服务标准、行业状况调查、行业经济运行分析预测、行业人员上岗或进修培训等方面提供积极服务外，还可以在公共危机治理中就民众反映的诸多现实困境（如环境污染、征地拆迁、养老福利等）进行有效的信息收集、调查以及风险评估。二是完善政府购买社会组织公共服务的方式。目前政府购买服务普遍采用的是公开招标和定向购买两种方式。要注意的是公开招标活动一定要防止串标现象发生，加强监督，倡导公开透明；定向购买方式也许是公共危机治理中更加常用的方式，但一定要注意严格把关，防止权力的腐败。三是努力健全社会组织公共服务的项目选择与评估机制。为确保政府购买的服务必须达到有效提供公共服务的目的，应当进一步完善政府购买服务的程序。在项目选择上，要防止因政府部门自行决定项目而与民众的实际需求不一致的现象；在服务提供选择上，要防止因可供选择的社会组织有限或突发事件后急需社会组织的介入而导致服务质量难以保证的现象；在项目评估上，应建立统一评估标准和有效评估监督机制。尤其在社会组织发展环境不佳和政府对购买的服务缺少一定的监督办法下，应积极引入独立第三方的评估机构。

第四，应实现信息技术背景下的资源共享与充分协同。在公共危机情境下，各利益主体基于不同目的形成了错综复杂的相互博弈和相互影响的关系，从而共同推动着冲突的不断发酵。此时，冲突相关利益主体间能否形成多向、合理的互动沟通是有效治理冲突的基本前提和重要保障。"作为公共管理主导者的政府必须在各利益主体和治理主体间搭建平台，通过各种平台促进各利益相关者之间、利益相关者与多元治理主体之间以及多元治理主体相互间进行互动合作"①，使得冲突境况下的信息沟通、资源分配和行动协调成为可能。在网络技术支持下，信息的收集、交换、存储、控制、加工等更加便捷可行，各相关利益主体和治理主体可以在信息公开中充分了解各方，增进相互理解，实现各成员组织间的相互依存与主动协同，形成社会组织"枢纽型"工作体系和运行机制。应当说，一个彼此依赖、共享合作、动态互通的协同治理网络系统，可以促成各主体实现知识与信息的传递和共享，更加可以从容有效地应对日趋复杂、频繁的公共危机。

3. 社会组织在公共危机协同治理中实现自我革新

公共危机协同治理需要社会组织的参与，但并不意味着有了社会组织就自然实现了社会的有序管理和冲突矛盾的及时解决。"打铁还需自身硬"，只要社会组织自身各方面的条件突出了、能力具备了，就一定会在与政府协同活动中发挥更大的作用，也才会真正赢得社会民众的信任和支持。

一是增强社会组织的自主意识，明晰在公共危机协同治理中的角色地位。公共危机协同治理要求政府、社会组织、企业、社会公众等行为主体分工合作、相互协调，共同为社会矛盾的解决做出努力，这其中暗含了增强各参与主体自主意识和治理能力的意思。只有各参与主体增强自主意识、提高治理能力、发挥协同功能，才能最终实现冲突治理的美好效果。为此，社会组织应当在遵守国家法律

---

① 王强：《协同治理：公共危机治理的新趋势》，载于《山东行政学院学报》2012 年第 6 期。

和符合相关规定的前提下，坚持非政治性和非宗教性的原则，坚持公益目的开展各项活动。社会组织还应当放弃长期形成的对地方政府过度依赖的思想，及时制定适合自身发展的战略措施和策略，如强化社会组织的筹资能力建设，不仅充分利用政府的财政资助和税收优惠政策，而且尝试拓宽融资渠道（企业赞助、基金会专项课题经费、国际组织支持等），培育自己的独立意识和自主精神。社会组织在自主建设和发展中不断丰富壮大自己，在冲突治理中不断表现和证明自己，从而与地方政府形成各有所长又相互配合协同治理的良性合作关系。

二是完善社会组织内部治理结构机制，提升在冲突协同治理中的社会公信力。社会组织拥有健全的内部治理结构是其获得社会公信力的基本前提和维持其旺盛生命力的重要保障。尤其在公共危机协同治理过程中，一个内部结构合理、各项制度规范的社会组织必将在冲突治理中获得其他治理主体的认同，也会赢得治理对象的信任与尊重。为此，社会组织通过章程科学规划社会组织的治理结构，合理划分计划、组织、指挥、协调、决策、执行等职权，健全理事会制度、科学决策机制、民主参与机制、财务管理机制，从制度上确保社会组织的自律。同时，社会组织还要尽快建立信息披露制度，不仅使其所募集的款物数量、来源、流向及管理程序等都公开透明，还应将其自身运营状况的各种真实信息准确、及时、完整地向政府、社会、捐赠者及其他利益相关者公开，让社会民众对其资产运作、善款使用有充分的了解权和监督权，提升社会组织的社会满意度和信任度。

三是加强社会组织队伍建设，提高工作人员冲突协同治理能力。社会组织具有的参与、监督、中介的功能，决定了其在公共危机协同治理中不可或缺的主体地位。社会组织发挥作用也离不开拥有一支稳定的专业化、高素质的工作人员队伍。2013 年 5 月曝出的曾在"5·12"地震中救出 29 人的英雄、"中国十大杰出志愿者"陈岩因涉嫌诈骗被追究刑事责任[1]，无疑给社会组织的队伍建设拉响了警报。因此，一方面应当加大宣传和推广，充分认识社会组织及其工作人员在公共服务和冲突协同治理中的作用，提升他们在社会稳定和发展中的认同度，在政策与工薪制度上提高他们的待遇水平，以增强社会组织的吸引力；另一方面，还应根据组织目标，通过培训、激励等方式，努力提高社会组织工作人员的基本素质和专业技能，尤其是应对突发事件的应急处理能力，使他们能胜任相关工作。在分工日益细化、利益日益多元、矛盾日益复杂的现代社会，打造一支高素质、专业化、职业化的社会组织人才队伍，提高自我更新、自主发展能力，让具有专

---

① 参见《汶川地震"最牛志愿者"陈岩因诈骗获刑》，央视网，2013 年 11 月 19 日，http://news.cntv.cn/2013/11/19/ARTI1384825223799869.shtml，2023 年 9 月 15 日访问。

业知识和价值理念的社会组织工作人员在实施社会政策、提供公共服务、化解社会矛盾、解决社会纠纷、维护社会稳定、促进社会公平、推进社会和谐中发挥作用。

总之，随着中国社会转型的不断深入、各类社会矛盾的凸显、社会维稳压力的增大，社会组织在公共危机治理中的作用日益重要。社会组织作为来自基层、扎根基层，以维护社会公益为准则的团体，具有极大的向心力，相对于政府和市场的服务，它们已经成为和谐社会构建中温暖又神奇的第三方力量。因为它们能够很好地弥补单一政府主体治理公共危机的不足，对实现公共危机的善治及维护群众利益与社会稳定意义深远。虽然社会组织在公共危机协同治理中尚面临着诸多困境，但是推动社会组织参与协同治理，建立政府与社会组织平等合作伙伴关系，已成为当代创新社会治理的一个基本趋势。

第三节　社会组织治理的输出体制创新：国家治理视域下的发展取向

国家治理作为一种内部输出体制，其建构性意涵既包含了治理所主张的多主体、多中心的治道逻辑，又彰显了国家在保障治理实践有效开展上的不可或缺性，强调通过国家组织来预防社会治理因缺乏必要的规则约束、过程监督、资源供给以及外部谈判能力等而导致的普遍失败。社会组织作为一类组织载体和一种实体力量，它既能打通国家与社会之间的实体壁障，又能将治理体系与能力的现代化统一起来，从而成为国家治理机制建构不可或缺的必要组成部分或重要实践手段。在国家治理的视域下，对社会组织的实体论和系统论想象，应超越片面关注其位置属性和结构特征的单一视角，而将更多的精力放在其在国家治理系统建构过程中的功能定位及其行为评析上，应根据国家治理的国家属性、结构特性和运作逻辑而定位其未来发展的价值、功能与实践取向。①

一、国家治理：作为政治系统的内部输出过程

当"国家"与"治理"——一个颇具历史性语义和在地化色彩的抽象概念与一个诞生于西方国家的舶来理论话语，在中国顶层设计的政策文本中得以并列

---

① 参见金太军：《国家治理视域下的社会组织发展：一个分析框架》，载于《学海》2015年第1期。

和融合，甚而成为宏观国家建设与体制改革的方向指向和路径规定时，我们对于"国家治理"之语义内涵及其实践边界的分析与辩争，就理应跳脱西方国家与社会之间非此即彼的"分立"甚至"对立"形态，而要基于中国自身的国家社会关系与政治组织方式来构建国家治理的规范体系。唯有此，形式上强调"主体多元化"和"治理去中心化"的治理实践才不会对国家主体产生实质上（本能）的否定与排斥①，如此，我们在建构现代国家的过程中才能充分释放出"治理"的非同寻常的建构性价值，而非在解构主义甚嚣尘上的时代里一味沉湎于西方学者构划的理论语境与美好畅想之中。

事实上，虽然治理以其所描绘的美好图景而受到人们的憧憬和期待，但即便是在西方学者那里，治理也仅仅是作为具体实践的一种理性化想象或理论研究的一个概念性主题，远未真正建构起一套具有延展性和统括力的治理理论体系。② 其之所以长期踟蹰于原理论（proto-theoretical）意义的混沌之中，其根源在于治理观念作为一种国家替代机制，在脱离了国家的制度、组织、资源以及意识形态的供给之后——即便是在国家、社会与市场三元分立的西方世界——也常常陷于低效甚至无效的困境之中③，更何况人类社会在自组织的过程中常常难以克服奥尔森所谓的"集体行动的内在困境"。基于这样的考量，我国学者在审慎引介治理话语体系的过程中，仅是将其作为能够变通适用的话语范式，而非视其为可强行"嵌入"的理论体系④：既要吸收治理话语所主张的国家与社会合理区隔的有益成分，及其在构建多元主义治理体系和培育社会成长路径的系统论想象；又要体认中国特色民主发展道路的自主性和独特性，以及国家与社会相互交融、互为一体的既定形态，从而基于中国发展的政治逻辑与现代文明要求的有机结合来确立国家治理的内生逻辑⑤。因此，"治理"并非处于"国家"的对立面，相反应将"治理"纳入国家机构的视野之中，视之为政府制定和执行规则、提供公共服务的职能和能力。⑥ 正是从这个意义上来说，贯通了国家与社会的"国家治理"，真正实现了对片面强调"去国家化"的"治理"的超越，并因其更加符合中国政治与社会的本质属性和中国特色社会主义道路的实践逻辑，

① Rhodes, R. A. W. The New Governance: Governing without Government. *Political Studies*, 1996, 44 (4): 652–667.

② 王家峰：《国家治理的有效性与回应性：一个组织现实主义的视角》，载于《管理世界》2015 年第 2 期。

③ Hysing, E. Governing without Government? The Private Governance of Forest Certification in Sweden. *Public Administration*, 2009, 87 (2): 312–26.

④ 池忠军、亓光：《国家治理途径的社会治理》，载于《理论学刊》2015 年第 7 期。

⑤ 赵宇峰、林尚立：《国家制度与国家治理：中国的逻辑》，载于《中国行政管理》2015 年第 5 期。

⑥ Fukuyama, Francis. What is Governance? *Governance*, 2013, 26 (3): 347–368.

而更加具有建构性价值和规范性意义。

因而，从其规范性意义来说，国家治理是一种不同于传统的国家统治与国家管理的新的国家建构方式，它虽然仍然以公共秩序和政治合法性的维护为要旨与目标，但其要求实践过程的创新和弹性化，亦即通过将市场、社会以及相关利益相关者纳入政策议程从而将其利益诉求体现于政策结果之中，并以包含了微观规则和宏观制度的国家治理体系对这一多元共治过程予以确认和保障，从而推动公共性的合理扩散和公共利益的切实增进，并最终实现动态韧性的公共秩序和基于治理过程的政治合法性。在这里，一个最为基础但却常常被忽略的问题是，在自上而下地推行国家治理的过程中，社会生活应以怎样的形态呈现并演化，以承接国家治理体系的底层构建与治理能力的基层型塑；换句话说，怎样的组织载体或实体力量，才能真正实现宏观国家治理与微观社会生活的合理串联与有效对接？

近年来，中国社会涌现出的以非政府性和非营利性为主要特征的社会组织，为这一问题提供了一个看似简单实则唯一的规范性答案。这是因为，社会组织作为一类载体和一种力量，它既能贯穿国家与社会之间的实体壁障，又能将治理体系与能力的现代化统一起来：作为一种组织载体，它能够让国家政策议程走出可望而不可即的神圣殿堂，而散落于更加贴近民众日常的生活场域，并以理性对话和平等交流的方式实现行政力量与社会诉求的碰撞、互谅与相互实现，从而取代过去国家与社会之间以单向控制为主要形式的串联方式；作为一种实体力量，它则能将宏观的制度体系投射在微观的日常生活层面，并具体呈现为规约成员行为的规则与条例，从而既跨越了宏观制度体系与微观生活惯常的巨大鸿沟，又打破了传统生活方式与现代治理体系的内在抵牾。因而，无论是从社会组织的必要性价值还是其在国家治理过程中的职能定位来看，社会组织都不可能也不应是脱离国家的纯粹社会力量，在当前国家社会关系深刻变革、社会结构持续变动的背景下，如何认知社会组织的价值定位与发展路径问题，便成为当前实现国家治理现代化的一个重要组成部分。

二、当前社会组织的建构指向：从结构到功能

社会组织长期以来都被西方学界当作"社会"为对抗"国家"所自我建构出的一种组织形态或独立性力量，其相关研究中也大多将其锚定在国家—社会的二元分析框架中，并根据其左右偏向而界定其独立性程度或自主性能力。在西方学者那里，社会组织被当作政府之外的社会力量的典型代表，其成长和发展昭示

着国家和政府作为政策制定之核心的弱化和"多元主义"①的兴起；而与此同时，"法团主义"则认为，社会组织只是在国家仍然占据主导地位的国家社会关系中，其作为利益中介而扮演着社会利益整合和利益代表的作用，反映了国家在改革进程中试图继续掌控社会的努力。针对西方理论中法团主义与多元主义非此即彼的线性思维，国内学者基于中国现实而做出了诸多创建性的研究范式建构。例如，从政府对社会组织的管理方式的角度，康晓光等提出了"分类控制"模式，主张政府应根据社会组织挑战能力和所提供公共物品的不同而采取不同的控制策略②；而刘鹏则提出了"嵌入型监管"模式，强调国家应通过较高的制度化水平、较强的吸纳能力、明确的重点识别和区分以及多元化的管理手段，从而对社会组织进行深度干预和调控③。而在进一步的研究中，学者们则更多地关注了社会组织对政府管理的回应以及两者之间的互动逻辑，例如黄晓春等认为，由于党政部门对社会组织采取了分类分工的"非协同治理"，社会组织在采取相应的应对策略的过程中，客观创设了其弹性化的自主性空间④；王诗宗等则发现社会组织对其所面临的制度复杂性的能动回应造就了其独立性与自主性的复杂多样组合，从而整体上呈现出"依附式自主"的特征⑤。这些研究都为构筑社会组织结构形态和特征提供了多样的分析视角和可贵的理论贡献。

　　然而，尽管对社会组织的结构性进行讨论，有利于我们从外部结构上分析和预测社会组织的自主性程度和相应行动策略，但无法回避和忽略的问题是，社会组织的自主性与能动性、能动性与具体行动策略之间，并不具有必然的逻辑指向关系。且不论一些嵌入在政府机构中的、看似并没有多大自主性的社会组织，往往因其所拥有的得天独厚的资源和能力而得以获致更多的"实际自主性"⑥，就

　　① 法团主义与多元主义都是衍生于西方情境的阐释和建构国家—社会关系模式的理论框架。多元主义主张政治的基本场所应当是社会而非国家，社会政治行动的基本单位是利益集团，其行动主导着社会的基本政治秩序。多元主义强调国家与社会的边界，或者说是将国家与社会推向对立的位置，并通过多渠道、自发性、非秩序性或自然平衡等方式来解决问题。而法团主义则倡导政府与社会间的协作整合关系，认为政府应当给社会利益群体以制度引导，使其与政府由对抗性的压力关系转换为合作性的功能关系。参见高海虹：《中国社会组织政治参与的现代法团主义路径研究》，载于《山西大学学报》（哲学社会科学版）2019 年第 3 期。

　　② 康晓光、韩恒：《分类控制：当前中国大陆国家与社会关系研究》，载于《社会学研究》2005 年第 6 期。

　　③ 刘鹏：《从分类控制走向嵌入型监管：地方政府社会组织管理政策创新》，载于《中国人民大学学报》2011 年第 5 期。

　　④ 黄晓春、嵇欣：《非协同治理与策略性应对——社会组织自主性研究的一个理论框架》，载于《社会学研究》2014 年第 6 期。

　　⑤ 王诗宗、宋程成：《独立抑或自主：中国社会组织特征问题重思》，载于《中国社会科学》2013 年第 5 期。

　　⑥ Lu，Yiyi. *Non – Governmental Organizations in China：The Rise of Dependent Autonomy.* London and New York：Rouledge，2008.

连一些完全来自社会的民间组织也常常为了获取政府所控制的资金、合法性等资源而更愿意与政府结盟，而非一味追求所谓的自主性或独立性。[1] 因而，正如郁建兴和周俊所言，由于当前国家并无意放松控制，而社会组织也并不以独立为目标，讨论其结构上的独立抑或自主性问题或许并不适切。[2] 更何况，单纯的对外部结构形态的静态描摹，必然难以观测到社会组织内部运作逻辑的复杂性和多样性，以及政府、市场等外部决定性要素的变动与变迁，这在政治、经济、社会系统都处于深刻转型和高速变动的中国社会中，必然会使研究局促于过于偏狭的分析视野而对更为丰富和复杂的事实视而不见。

因此，对社会组织的实体论和系统论想象，应超越片面关注其位置属性和结构特征的单一视角，而将更多的精力放在其在国家治理系统建构过程中的功能定位及其行为评析上。这一视角转换不仅超越了国家—社会二元分析框架在解释日常生活问题上的理论困境，以及结构性辩争对于外部动态要素、社会组织内部运作逻辑及其具体行动策略的分析不足；而且也将社会组织研究从解构性的经验研究重新拉回建构性的路径探索中，并使其更加符合国家治理的规范性原则和规定性方向。社会组织的这一研究转向与国家治理实现了深度契合：一方面，在国家治理的话语范式中，如何建构国家才是问题的关键，这就要求政府、市场以及社会摒弃无休止的结构性辩争，而应通过系统规范的功能性体认，来充分调动并有效利用各治理主体的积极性和能动性；另一方面，国家治理强调国家与社会之间规范而良性的串联和互动，这超越了传统自由主义意义上社会对抗国家的观点，游走于国家与社会之间的社会组织不仅不应因其所带有的国家色彩而被诟病和指摘，其"相对"独立的结构特性和国家色彩所赋予的"实际自主性"，反而能够使其作为国家与社会良性互动的承载中介而成为国家治理的实践工具。

三、国家治理之属性与社会组织治理体制创新

基于功能性而非结构性的分析，我们就不应将眼光仅停留于社会组织在国家主导下的"权宜性策略"或力图构建的"利益契合"关系，而应根据国家治埋的国家属性、结构特性和运作逻辑，来定位社会组织未来发展的价值、功能与实践取向。

1. 国家治理的国家属性与社会组织的价值创新

国家治理具有显著的"国家"属性，这首先体现在其对于国家建构的指向性

[1] Hsu, Carolyn. Beyond Civil Society: An Organizational Perspective on State - NGO Relations in the People's Republic of China. *Journal of Civil Society*, 2010, 6 (3): 259 - 277.

[2] 郁建兴、周俊：《中国公民社会研究的新进展》，载于《马克思主义与现实》2006 年第 3 期。

逻辑上。虽然从理论源始来看，作为国家治理之目的的"国家建构"，与作为国家治理之路径的"治理"，两者之间是存在着根本性的抵牾甚至冲突的：国家建构是以国家为中心的，强调通过强制性力量和理性化规制实现稳定与秩序；而治理话语则主张消解国家的绝对主权，强调治理中心的多元化、分散化和治理过程的良性互动、诚挚合作。然而，由于中国社会尚未孕育出能够独立承担社会治理事务、具有一定政治意识和治理能力的公民社会，再加上现代社会的快速流动性和高度复杂性，在这样一个充斥着多元利益分化、政治整合低效和文化融合冲突的社会系统中，无论是以向上集权为旨趣的国家权力还是向下分权为诉求的社会治理，都难以单独实现对复杂社会事务的有效治理。正是在这样的背景下，原本背道而驰的国家建构与治理开始重新审视对方，并逐渐认可对方的功能甚至必要性价值，以至徐勇指出，"正如没有一个以市场经济和公民权利为根本的现代公民社会，就难以建构一个现代国家一样，没有一个现代国家，现代公民社会也难以建构起来"①。因而，国家治理实则为国家建构与治理相互体认乃至互相融合之后的衍生概念；社会组织作为国家治理的组织载体或实体力量，就理应超越自由主义与国家主义之间的抽象对立，而致力于通过其在政治传播、政策营销、社会整合、公民培育等方面的能力和作用，从而一方面提升社会群体的公民意识和社会领域的公共性限度，从而提高社会作为自我治理主体的自组织能力和治理效度；另一方面通过对国家权威的"共景"监督和对权力分散诉求的有序表达，推动国家建构与社会治理之间形成一种弹性化或动态性的、可互相合作甚至相互转化的张力②，从而实现国家的权力转型并使其专注于"基本能力"，即"国家通过社会中的商议和合作进程来渗透社会，组织社会关系和实施政策的能力"③ 的建设。

国家治理之国家属性的另一个体现，就在于其在获致政治合法性过程中，建构起了一套不同于西方选举民主制度的民主组织形式。面对当今世界民主政治建设中西方选举民主甚嚣尘上与民主制度迁移混乱不堪的窘境，中国民主制度在价值与现实、制度与实施的互动关系中开辟出了一条更加符合我国国情的发展道路及具体实践形式，即中国式协商民主制度。国家治理所要实现的协商民主制度，尝试跳出西式选举民主"以选举为底线"④ 和"以精英为主体"⑤ 的形式教条而建构中国特色的社会主义民主政治模式，致力于实现在政治议程中吸纳公共意旨

① 徐勇：《"回归国家"与现代国家的建构》，载于《东南学术》2006 年第 4 期。
② 郁建兴：《治理与国家建构的张力》，载于《马克思主义与现实》2008 年第 1 期。
③ Onis, Ziya. The Logic of the Developmental State. *Comparative Politics*, 1991, 24（1）: 109 - 126.
④ Diamond, Larry. Is the Third Wave Over? *Journal of Democracy*, 1996, 7（3）: 20 - 37.
⑤ ［美］约瑟夫·熊彼特：《资本主义、社会主义与民主》，吴良健译，商务印书馆 2004 年版，第 415 页。

的最大公约项、在资源匹配和实现方式上寻求公共利益的最大公约数，并在政策效果上体现公共诉求的最大公约度①，从而通过对"随机生成的共识"②的包容而使"民主的转变"与"民主的存续"成为一个持续性的实践链条③。因而，从其实践过程上来看，中国式协商民主制度不同于西式选举制度"一人一票"的参与形式所带来的直接"民主"刺激，它更主张通过民众在公共事务治理过程中的参与体验和对于整体性公共利益的维护与增加，以此而获得其国家权威的认可和政治合法性的增进。在这一过程中，国家治理在推动民主过程真正成为一种生活形式或社会实践的同时，又努力抽身于纷繁复杂且相互纠缠交织的公共事务与社会要素，而力图在"元治理"职能的履行以及为治理过程提供必要的制度框架和规则体系等方面有所作为。相应地，社会组织则应以这一民主制度的构建为根本价值取向：一方面要实现社会利益的组织内整合，形成彼此认可甚至相互一致的利益诉求，从而使政治议程中利益相对受损的个体也能因公共利益的整体增进而增加对政策结果的认可和支持，或者至少能够体认国家在社会治理方面的尝试和努力；另一方面社会组织也应有效整合分散在多元社会主体中的资源或称为治理力量，从而使国家治理过程中权力的下放更有针对性和目的性，以此避免国家分权在削减国家职能范围的同时也削弱国家能力，导致民众形成对政府软弱、无能或推卸责任的认知，甚而成为更为严重的祸根。④

2. 国家治理的结构特征与社会组织的功能创新

作为一种不同于国家控制与国家管理的国家社会串联方式与公共事务治理模式，国家治理突出强调治理主体的多元化和治理过程的多中心性，这是国家治理最为根本的结构性特征。在这种治理模式下，除国家权威以及不同层级政府之外，市场体系以及包含了社会个体和社会组织的社会系统，都有充当治理主体的资格和可能；而公共事务治理与利益诉求满足的过程，也开始走出政治议程的神圣殿堂而散落于社会生活的不同层次和不同地域中，并由点带面，形成主体多元、中心分散、类型多样、时空灵活的治理格局。国家治理的这种结构性特征，至少向社会组织提出了三个方面的功能需求：其一是培育市场与社会参与社会治理或实现公共事务自我治理的意愿和能力，尤其是近年来社会建设严重滞后于经济发展，利益多元化、技术理性弥散、现代性对传统社会的撕裂式解构等，都造成了社会系统结构分散、价值多元和个体离心的形态，如何实现社会领域的组织

---

① 金太军、张振波：《论中国式协商民主的分层建构》，载于《江苏社会科学》2015年第2期。

② ［英］达尼洛·佐洛：《新加坡模式：民主、沟通和全球化》，引自《布莱克维尔政治社会学指南》，李雪等译，浙江人民出版社2007年版。

③ Leftwich, Adrian. From Democratization to Democratic Consolidation. *Democratization*，1997：517–536.

④ ［美］弗朗西斯·福山：《国家建构——21世纪的国家治理与世界秩序》，黄胜强等译，中国社会科学出版社2007年版，第1页。

和自我组织并实现公共性的内在生长，是建构多主体、多中心国家治理结构的关键所在，更是现阶段各类社会组织首要的功能定位；其二是通过社会组织的社会整合本能、价值凝聚能力和政治传播功能，实现国家治理与公民日常生活的衔接与互融，贯通公共领域的意识形态与生活领域的传统价值之间的界域，打破宏观制度体系与微观民情民俗、道德体系以及各种非正式制度的隔阂与壁垒，真正实现国家治理与公民日常的互融和动态过程中的相互型塑，构建国家治理赖以存续的社会根基；其三则是要突出社会组织作为公共领域、私人领域和日常生活领域之联结地带的中介性质，充分利用社会组织类型多样、包容性强、时空灵活的特征，使之成为政党代表、政府机构、市场主体、社会力量之间交往、对话的场所。

与此同时，国家治理的结构特征还体现在国家在治理体系中的独特角色和功能定位上。作为对于纯粹的、强调去国家化的"社会治理"的超越，国家治理又强调国家在保障治理实践有效开展方面的不可或缺性，认为治理体系需要国家来行使它的"元治理"职能，国家和政府有必要及时地建立适当的宏观组织架构，以处理影响深远的组织间关系变化，并在战略上进行前瞻性的规划和管理[1]，以此来预防社会治理因缺乏必要的规则约束、过程监督、资源供给以及外部谈判能力等而导致的普遍失败。正如斯考切波所说，国家组织能够超越社会力量的干扰，制定具有长远目标和公共取向的政策，并运用政权的力量推进政策的实施，从而具有改变和型塑社会现实的能力。[2] 然而，国家的这种战略规划的眼光和能力不是本能的或天生的，这要求国家一方面利用其自主性的制度能力，从社会中汲取资源创建作为权力基础的行政组织，并利用与社会现实相关的国家资源，实现独立于社会各阶级的目标，推动社会的发展和进步以及现代化的实现[3]；另一方面有赖于国家具有专业化优势的官僚机构和具有组织化优势的科层体制，而且，只有在包容开放、制度健全、人才汇聚以及协调和适应能力强的现代官僚体系中，才能实现执政党、政府、社会以及市场之间的平等沟通与自由交流，国家组织也才能根据这些真实、全面、及时的信息输入做出系统而科学的战略规划。这就要求社会组织通过为官僚体系注入民情元素并实现个性化社会对官僚制度的教化，避免官僚制走入封闭、僵化的功能困境。

3. 国家治理的运作逻辑与社会组织的实践创新

国家治理体系与国家治理能力的功能实现以及两者之间的互动关系，构成了

---

① Jessop，Bob. The Rise of Governance and the Risks of Failure：The Case of Economic Development. *International Social Science Journal*，1998，155（50）：29－45.

② ［美］西达·斯考切波：《找回国家：当前研究的战略分析》，引自彼得·埃文斯等编著：《找回国家》，方力维等译，生活·读书·新知三联书店2009年版，第24～27页。

③ 王家峰：《现代化进程中的国家自主性：一个解释框架》，载于《天津社会科学》2009年第6期。

国家治理的基本运作逻辑和实践方式。国家治理体系是在执政党领导下管理国家的制度体系，包括经济、政治、文化、社会、生态文明和党的建设等各领域体制机制、法律法规的安排，即一整套紧密相连、相互协调的国家制度；国家治理能力则是运用国家制度管理社会各方面事务的能力，包括改革发展稳定、内政外交国防、治党治国治军等各个方面。① 作为国家治理现代化的两个支点，国家治理体系与治理能力的现代化是互为前提、相互促进的：国家治理能力的建设须以既定的国家治理体系为基础并为后者提供改革的方向，而国家治理体系的构建则应以相应的国家治理能力为支撑并推动后者的逐步提升，两者协同推进，共同作为国家治理现代化具体实践过程的两个方面。

社会组织在国家治理过程中的实践取向，就应落脚于国家治理体系的构建与完善，以及国家治理能力的维系乃至提升上。这就要求社会组织首先要树立对于执政党的政治认同并获取来自执政党的价值认同，并努力破除社会组织与执政党之间在合法性体认、价值确认、文化认同以及合作方式上的隔阂和阻碍，实现两者的相互认可、接纳吸收和互相合作，从而能够在执政党的社会基础建设和执政能力提升上面发挥更大的作用；其次，则要为国家治理制度体系完善和治理能力针对性提升提供必要的"信息"输入，由于社会个体的利益诉求往往多元、分散而难以对政策议程形成实质性影响，而国家和政府又常常缺乏有效了解社会诉求的意愿和能力，因此具有高度整合性和代表性的社会组织在这方面应有更多功能体现；再次，社会组织作为公民社会的组织化主体与社会治理的强大力量，应主动与国家领导阶级站到一起，因为"领导阶级所信奉的意识形态、所采取的政治行动策略及其依靠的联盟力量，决定了国家治理体系的性质和形态"②，因而这种"结盟"就不仅是一种权宜性的妥协或依附，而是谋求更为包容的社会环境、更为民主的政治环境和更为健康的经济环境的一种战略性选择；最后，社会组织应该努力提升自身的国际意识和参与国际事务谈判的能力，能够在国际环境中实现与国家地缘政治和国际战略的呼应与匹配，并主动承担起一些具有较高政治敏感性的国际事务，减少国家不必要的外交资源损耗。更何况，以民间自发形成的力量来应对来自部分国家和地区别有用心的评价甚至指点，更能彰显出社会内生的非同寻常的国家认同力量，从而给予国家实现治理能力和治理体系现代化充足的信心和动力。③

---

① 习近平：《切实把思想统一到党的十八届三中全会精神上来》，载于《人民日报》2014 年 1 月 1 日。

② 刘建军：《和而不同：现代国家治理体系的三重属性》，载于《复旦学报》（社会科学版）2014 年第 3 期。

③ 金太军、姚虎：《国家认同：全球化视野下的结构性分析》，载于《中国社会科学》2014 年第 6 期。

第八章

社会治理体制创新与社会和谐稳定
长效机制中的协同机制建构

社会治理的建构性特质突出体现在其具体的实践机制之中。基于以上对边缘社区、网络社区以及社会组织等社会治理场域的典型性分析，我们既探索了不同社会情境中社会治理体制创新的路径取向与建构图景，又可从其中窥见到其作为促进社会治理体系创新的积极因素，以及作为实现社会活力、发展进步的重要源泉。那么，由此而来的问题是，我们应如何在社会治理的系统创新和体系建构中，整合这些分散在不同社会场域中的活力元素和建构要素，以形成整合性的创新成效和系统建构呢？

多元协同作为社会治理的内生语义与实践逻辑，正逐渐由理论构划变为一种现实可能。从其生成逻辑来说，这不仅是我国国家与社会关系嬗变与重塑的必然要求，更是对后工业社会公共性扩散的应然回应。然而，由政府管控型社会管理向协同合作型社会治理的变迁过程，是对经久运作而渐成并逐步得到强化的刚性体制架构的突破，更是对现存政府与社会互动模式的超越，这样的过程既无法一蹴而就，也不可能一帆风顺，应从不同的视角与维度系统设计、合理推进，建构包含理念、组织与运作的多元体系，从社会、政党、政府以及法治路径出发，探索我国社会治理协同机制的创新与建构路径，从而为社会和谐稳定长效机制建构提供系统性的组织力量和支持条件。

第一节　社会治理协同机制的生成逻辑

从社会治理的理论内涵来看，"多元主体"构成了其区别于传统社会管理或社会管控模式的最显著特征。然而，如何实现多元主体在社会治理中的互相联系、相互协调、共同合作，以充分激发不同主体的治理效能、实现"1+1>2"的协同治理图景，就从根本上决定了社会治理的现实开展和实际成效的取得。当然，除了理论层面上的需求之外，现实层面中国家与社会关系的推演、个体行为的选择取向等，都构成了社会治理协同机制的生成逻辑。

一、协同治理机制的理论与现实需求

自党的十八届三中全会以来，从"社会管理"到"社会治理"的语义变迁在政策文本中得以明晰，相应地，探寻治理理论的语义外延以及善治良政的实践边界也迅速成为社会各界的热点话题。这种语义变迁体现了后工业社会对新的社会治理模式的需求，是一种回应当前改革诉求、响应未来治理目标的积极的社会建构。亦即，我们所倡导的治理改革是一种建构的视角，而非守旧的、改良的甚至是否定的视角，正如全钟燮所指出的，社会治理的理论话语体系"是一种变革现实的框架，而不是从历史、法律和政治的角度解释官僚制该如何运作，或者提出新的管理策略以提升组织效率"[1]。应该看到，在解构与批判的意识和精神渐趋融入社会共识，甚至"社会生活的每一个领域中都极力通过改革去解决各种各样的问题"[2]的时代中，这一建构性特征便显得尤为珍贵。

事实上，作为治理理论的核心旨归，建构性逻辑是彰显于社会治理的过程而非结果之中的。正如斯托克所说，"说到底，治理所求的终归是创造条件以保证社会秩序和集体行动，因此，治理的产出和统治并无任何不同之处；如果有什么差异，那也只在于过程"[3]。在当代社会治理"已经突破传统的线性模式，走向网络化治理形态，呈现出网络化、多样化、自组织的特征"[4]的背景下，社会治

---

① ［美］全钟燮：《公共行政的社会建构：解释与批判》，孙柏瑛等译，北京大学出版社 2008 年版。
② 张康之：《合作治理是社会治理变革的归宿》，载于《社会科学研究》2013 年第 3 期。
③ ［英］格里·斯托克：《作为理论的治理：五个论点》，华夏风译，载于《国际社会科学杂志》（中文版）1999 年第 1 期。
④ 范如国：《复杂网络结构范型下的社会治理协同创新》，载于《中国社会科学》2014 年第 4 期。

理"之发挥作用，是要依靠多种进行统治的以及互相发生影响的行为者的互动"①。从而，多元协同作为社会治理的内生语义与核心要旨得到彰显，同时也应超越传统的基于简单语义转换与表层实践的分析范式，着眼于治理理论在国家治理变迁与社会结构转型中的历史方位，结合对于客观情境与现实实践的观察与体悟，从而能够从理论高度与实践深度两方面契合治理变革的内在要义，探寻具体的建构路径。

在社会治理的现实实践中，协同治理体制作为一种更为有效、更加多元的现代治理体制而被较多地借鉴采用，甚而成为社会治理体制创新的发展趋势。当然，这一趋势是由社会需求和政府能力决定的，因为面对转型社会的常态问题和风险社会的非常态问题，各种挑战和应对挑战的方式也比以往更加纷繁复杂，单一的政府统管机制已经不能满足快速变革的社会需求，尤其不适宜处理常常要超越组织边界的问题。多元主体的利益诉求和参与欲求日益高涨，政府不再是唯一的社会管理者和公共产品提供者。这要求变革中国原有的"政府包揽式"社会管理模式，提高多元参与水平，形成多元协作式社会治理协同体制，维护社会稳定，实现社会和谐。

从社会需求和政府能力建设指向上来看，强调多元化的协同治理体制，包括治理主体的多元化和治理工具的多元化两个方面。一方面，治理主体的多元化，是建构社会治理协同体制的必要条件。它包括两个维度：一是多元的异质性。"多元主体"的内涵不仅包括中央—地方、地方—地方和地方内部各职能部门，还包括基层群众自治组织、社会组织、企业与公民等不同性质的非行政主体。二是多元的一致性。虽然多元主体的性质类型各不相同，利益诉求各不相同，但必须通过一致的协作来实现各自的利益，增进公共的利益。这要求多元主体在协作中"多而不乱"，还需要通过各种联系纽带来缔结各种协作关系，实现多元协作中的秩序。另一方面，治理工具的多元化，是建构社会治理协同体制的充分条件。这里的治理工具，是指多元主体之间的连接纽带和协作关系。连接纽带是指多元主体建立沟通渠道、协调各种活动的方式，一般包括两种类型：信息化方式和制度化方式。协作关系是多元主体在连接纽带的基础上围绕目标所形成的一种治理结构，它确定了不同主体在多元协作社会治理体制中的功能、作用和价值，一般包括契约关系、对话关系和信任关系等。契约关系是指通过服务合同确定多元主体在协作中的职责权限；对话关系是指多元主体之间通过沟通多样化、交流常态化、反馈高效化和监督立体化形成的多面向互动体制，多元主体之间的功

---

① Van Vliet Kooiman. Governance and Public Management. In K. Eliassenand J. Kooiman eds. *Managing Public Organizaitons*. London：Sage，1993：64.

能、作用和价值是在这一互动中逐渐建构和完善的；信任关系是指多元主体通过信息交流、制度规范和文化融合，需求达到社会心理认同，实现公共服务共享。

故而，通常来说，多元协同的社会治理体制，通常会呈现出以下三个方面的显著特征：一是发展性。首先，多元主体是不断变化的，而且多元主体的协作能力、联系纽带也是不断发展的。其次，外部环境是不断变化的，这就决定了多元协作式社会治理的目标、内容、路径和关系也必须与时俱进，随着环境而变化，这是社会治理体制保持生命力的关键。二是规范性。社会治理协同机制的联系纽带以信息化或制度化为基础，一方面强调运用技术手段整合多元主体的有效资源；另一方面强调运用制度规范多元主体的权限、方式和关系，把多元主体的职能和价值、权利和义务用制度确定下来。从而运用信息手段的公开性和高效、制度手段的规范性和普遍性来有效地约束权限、协调关系。三是互动性。协同治理中的各主体之间存在着相互依存、相互作用的关系，其中每个主体的功能发挥都有赖于其他主体之间的协调配合。任何单一主体的不协调，都会影响整体功能的发挥。因此，必须加强多元主体之间的互动与整合，实现多元主体之间的良性互动。

二、协同治理机制的多重性生成逻辑

社会治理的实践模式是伴随着我国国家与社会关系的嬗变以及后工业社会中公共性的扩散而被逐步建构出来的。随着社会日益从国家的框架中脱离出来，其自我意识与独立能力得以孕发并日渐生长；然而，日渐多元的、高度复杂和不确定的社会形态已然超越了传统线性、单向度的政府统治模式的效用范围（频发的社会冲突和被过度拉伸的社会张力便是例证），而这恰恰是协同治理——作为一种新的政府统治过程和社会管理模式——所关注和指向的核心所在。[①] 如果说国家社会关系的演变与转型为协同治理的建构提供了必要性说明，那么公共性的扩散与成长则使这种全新的治理模式成为可能。因此，作为治理理论的内生语义与核心要旨，对协同治理生成逻辑的剖析，也应内嵌于国家社会关系的重塑过程以及对公共性扩散的具体回应之中。

1. 协同治理机制是我国国家社会关系嬗变与重塑的应然诉求

中国国家与社会关系的根本性转变始于改革开放的政策创制：从改革开放以前的集中统一的社会体制，到改革开放之后日渐个体化和原子化的社会结构，整个社会在不同层面、不同维度和不同场域上逐渐脱离了高度统一的国家体制。应

---

① 郁建兴：《治理与国家建构的张力》，载于《马克思主义与现实》2008 年第 1 期。

该看到，国家与社会的合理分离是创设社会空间、孕发社会主体性的必要条件，然而在实践过程中却往往因现代社会的高度复杂性和不确定性，而呈现出相互"背离"的不良形态。具体而言，这是两方面原因造成的：其一，中国各地方政府仍或多或少地扮演着具体利益关系的直接协调者或控制者角色，在这种情况下，社会关系的高度复杂性使政府难以超然于其外而发现实质性的和具有代表性的公众意愿，主观上对公共利益的维护行为却往往在客观上表现为对大部分利益主体的损害，后果则是离公共利益的诉求越来越远；其二，网络化、信息化时代的来临使信息变得庞大、易得且鱼龙混杂，政府获得的信息无论是全面性还是准确性都极为有限，这使社会问题与社会关系都超出了政府的认知范围与认知能力。从而，偏狭的信息供给与认知能力"不仅造成政府职能碎片化的结果，也使政府各部门之间相互怀疑和相互隔离，更使政府与社会之间离心离德，以至于政府呆板地恪守制度化分工结构为它们定义的职能，却不能以主动配合的方式开展行动"①。

"分离"不同于"背离"，分离是国家与社会在社会建设与社会自治方面的合理区隔，而背离则是国家对社会的悖逆与离弃；社会是公共权力的来源，国家与政府如若背离社会，那便是背离其赖以存续的合法性基础。因此，在新的发展阶段中，协同治理的实现应着眼于国家及其政府与社会之间关系的规范和合理建构，重塑两者的互动模式以形成科学合理的互嵌结构。在协同治理的语义中，这种互嵌结构更多地表现为治理机制与具体实践机制的互嵌互助，以实现协同治理过程与存量制度结构的深度契合。

2. 协同治理机制是后工业社会公共性扩散及其回应的必然结果

始于 20 世纪 80 年代的后工业化进程，因其所内含的对全球化、信息化以及民主生活化的诉求而实现了对工业时代的超越，并日渐衍生出以民主改革、社会建设和良政善治为核心的公共话语体系。然而，在不同国家或地区，经济社会发展水平的不同以及民主政治发展阶段的差异，往往使得其有限的现实条件能力与美好的民主构想形成错配，由此诱发的结构性问题甚至会"倒逼"政府管理模式的变革。在中国，这种倒逼情况具体体现在两个方面：一是西方国家的民主设想脱离了其赖以依存的环境和条件而借助全球化的浪潮扑面而至，并在网络信息时代下弥散于公众的日常生活体验中，从而催发社会民众更高（甚至过高）的精神追求，公共部门的社会价值受到更为普遍且强烈的期待；二是社会经济的超常规增长带来了资源要素的极速重配，使得后工业社会呈现出高度复杂和高度不确定的运作形态，这已然超越了政府定位问题研究中"有限政府"原则的话语阐释范

---

① 张康之：《论主体多元化条件下的社会治理》，载于《中国人民大学学报》2014 年第 2 期。

围，合理的政府定位只是后工业社会下社会有效治理的充分而非必要条件，以社会本位为核心的价值取向与社会性的治理导向才是应对高度不确定性与高速流动性社会状态的根本所在。

新公共管理理念着眼于规避"私人性"对"公共性"的僭越而强调社会性的政府管理，从而成为后工业社会时代改造政府与社会关系以及重塑政府行政行为的核心理据。新公共管理的话语体系本身就涵括着协同治理的内在语义，体现为：一方面，新公共管理运动承接了来自公共管理理论的公共性与社会性的基本特质，这不仅决定了政府管理必须以公众所共同关注的、牵涉相当规模的不确定人群的问题为重心，而非个人的或私人领域中的问题①，而且强调建构包含政府、非政府公共组织以及民众在内的多元化、多中心社会治理机制，从而得以避免上文所述的国家与社会的"背离"窘境；另一方面，基于社会力量不断成长与社会能力持续提升的先验预设，新公共管理运动强调通过以合同制为基本内容的市场化改革，在政府与社会之间建立起新型的"委托—代理"的契约关系，从而逐渐显露出莱恩所谓的"合同制国家"②的特色。从而，在传统委托—代理理论话语体系中作为代理者的国家与政府开始扮演起委托者的角色，而作为委托者的社会与公民则开始履行代理职能，长期以来被当作私人性（作为公共性的对立面）存在和成长温床的社会，逐渐承接了更多来自公共行政范畴的维护和增进公共利益的根本旨归，传统上认为的只存在于国家及其政府的公共性属性扩散到了社会之中，而被学者称为"新公共管理运动的一个意想不到的收获"③。

因此，对于多元复杂、充满不确定性的后工业社会，社会主体性的强化和公共性的扩散不仅彰显出协同治理的必要性，更使这种全新的治理模式具有了相当程度的可行性。从而，作为社会治理的内生语义，协同治理逐渐由理论构划变为一种现实实践。然而，由政府管控型社会管理向协同合作型社会治理的变迁，是对经久运作而渐成并逐步得到强化的刚性体制架构的突破，更是对现存政府与社会互动模式的超越，这样的过程既无法一蹴而就，也不可能一帆风顺，应从不同的视角与维度系统设计、合理推进，建构包含理念、组织与运作的多元休系。④

---

① 陈庆云等：《公共管理理念的跨越：从政府本位到社会本位》，载于《中国行政管理》2005 年第 4 期。

② ［英］莱恩：《新公共管理》，赵成恩等译，中国青年出版社 2004 年版。

③ 张康之、张乾友：《民主的没落与公共性的扩散——走向合作治理的社会治理变革逻辑》，载于《社会科学研究》2011 年第 2 期。

④ 参见张振波：《论协同治理的生成逻辑与建构路径》，载于《中国行政管理》2015 年第 1 期。

第二节 社会治理协同机制的困境及其反思

人类对各种事务的追求以及相互之间的关系形成了一个错综复杂的世界，始终存在着潜在的不稳定性，冲突与合作也始终伴随其中。为了获得一种稳定性，实现个人或各方的利益，建构起必要的协同合作体制，允许各方参与力量的共同行为和行动，就成为每一个社会必须予以解决的中心性问题。但协同与合作体制并非自发形成的，也并不必然获得成功，从经验论的角度来看，失败往往是普遍的、正常的。因此，破解协同困境、促进社会共同行动，现在是且将来仍然是理论探究的重要主题。

一、协同治理机制的困境生发：协同惰性的中国表现

协同优势理论认为，现代社会的公共事务逐渐趋于复杂性，这就必然使得问题的解决要超越个人的能力范围，因而协同应是当下的普遍行为。协同各方达成某种创造性的结果时，便可以说是达成了"协同优势"。这种创造性的结果可以是某种目标的实现，而这一目标是各参与方凭借一己之力所无法实现的。[①] 所谓的协同优势主要包括五方面内容：过程效率（process efficiency）、供给灵活（offering flexibility）、交易协同（business synergy）、质量（quality）和创新（innovation）。[②] 这既是其具体内容，也是其优势所在。但该理论也明确指出，有大量的证据可以表明，协同优势并非想象中的易于实现，反而在实践中往往趋于失败。胡克斯汉姆就曾指出，造成这一现象的原因有很多，如协同各方在目标、文化、组织结构、语言、权力、能力等方面存在重大差异。[③] 于是，协同惰性（collaborative inertia）的概念便应运而生。协同惰性指的是协同行为的绩效结果并不明显或者绩效结果的效率极其低下。正是协同优势和协同惰性这两个相反的概念，构成了协同优势理论核心的逻辑论证。而从总体来看，协同优势理论更侧重于协同

---

① Chris Huxham. Pursuing Collaborative Advantage. *Journal of Operational Research Society*, 1993, 44 (6): 599 – 611.

② Mei Cao. *Collaborative Advantage as Consequences*, *Supply Chain Collaboration*. Springer London Ltd., 2013: 192.

③ C. Huxham, N. S. Vange. Working together: Key Themes in Management of Relationships between Public and Non-profit Organizations. *International Journal of Public Sector Management*, 1996, 9 (7): 5 – 17.

惰性的原因分析，其回答的关键问题即是如果获取协同优势是各方采取协同的初衷，那么为何得到的往往却是协同惰性？产生协同惰性的原因有哪些？怎样克服惰性、寻找协同优势？在研究中，很多因素被不断提及，形成了一个"协同实践的主题"空间（见图8-1），而这一主题空间并非封闭的、静止的，而是开放的、动态的，随着协同实践的发展，新的主题内容会不断补充进来，形成更为丰富而庞大的分析网络。这些主题之间存在交集且每个主题都与协同过程的每个阶段相关联，而对协同惰性的分析就建立在这些主题之上。

图8-1　协同实践的多元主题

资料来源：Chris Huxham. Theorizing Collaboration Practice. *Public Management Review*，2003，5（3）.

随着社会主义市场经济的深入发展，逐渐崛起的社会呈现出多元性的特征，主要表现在多元需求、多元利益和多元价值的碰撞与融合。面对这种多元性的趋势，政府传统的、垄断性的治理模式显然难以满足当下的新情况、新挑战。因而，探索一种行之有效的治理模式，以满足社会高水平、多元性的服务需求，就变得更加紧迫而重要。协同治理模式的出现对完善公共服务体系、缓解公共事务矛盾、促进社会参与起着极为重要的作用。因为协同治理能够产生某种创造性的结果，而这一结果是各参与方凭借一己之力所无法实现的。在有些时候，协同实现的目标已经超出了各参与方组织目标的层面，而是达到了更高的社会层面。[1]因此，在我国，自从党的十六届四中全会第一次明确提出了要建立健全党委领导、政府负责、社会协同、公众参与的社会治理新格局开始，历次党和政府的重要会议无不将构建完善的协同治理模式当作推动社会发展的重要手段。可以说，协同治理模式已经成为我国公共事务管理体制机制创新的必然趋势。

经过多年的发展和实践，我国协同治理取得了举世瞩目的成就，如公共服务范围逐渐扩大、公共服务均等化初步构建、参与主体趋于多元、多维关系网络逐

---

[1]　Chris Huxham. Pursuing Collaborative Advantage. *Journal of Operational Research Society*，1993，44（6）：599-611.

步延伸等。但是正如协同优势理论所指出的，协同优势并非理所当然存在的，而协同惰性的确是广泛而真实的发生。以协同优势理论为基础，以协同惰性为视角，能够更加具体、系统、深刻地认识我国当前的协同惰性所在。协同惰性的五个分析视角或构成要点阐述如下。

第一，在目标上，由于党委、地方政府、社会组织、企业和公民个人共同构成协同治理的多元主体，因此，每个参与主体所承载的利益目标复杂而交叠地存在于整体的目标系统之中。虽然协同优势理论从五个维度对目标进行了划分，以阐明其复杂性，但实际的复杂程度却远远超出理论的假设。第二，在权力上，根据"权力点"的概念，协同惰性的产生主要是由于参与一方占据了"权力点"，挤压了其他主体的权力点位。我国虽然治理模式早已由"全能式"转变为"合作式"、"人治"转变为"法治"、单一转变为多元，但传统治理模式并未完全消除。这种不信任破坏合作，使得在多元行动者之间的协同行为遭受失败。第三，在成员结构上，我国现阶段的协同治理过程也显著地具备协同惰性分析中模糊性、复杂性和动态性的特征。如地方政府的诸多公共服务项目不知与谁合作、也不知怎样合作，表现为结构的模糊性；而社会参与主体往往参与多个类似的项目过程，以扩大自身的影响力，但陷入复杂性困境；很多项目都是临时的、有限的，参与者各方具备强烈的动态性，造成整个协同过程的不稳定。第四，在领导力上，依据该理论研究，协同的结构、过程和参与者都是造成协同惰性的重要因素。在我国，协同惰性的领导力问题同样存在。协同结构的排他性、协同渠道的单一性、参与者的个人理性都制约着协同行为的选择。至于领导活动中的协同精神和"协同谋杀"（collaborative thuggery）①，由于参与者个人或组织在合作理念、契约精神上还存在提升的空间，因而领导活动往往倾向于后者。

从协同惰性的五个要点分析可知，我国协同治理中依然存在着诸多弊端。为克服这些弊端、消除协同惰性，就需要积极寻找协同优势，发挥这一行为模式的真正价值。正如胡克斯汉姆和斯泰尔斯等学者所言，协同优势理论以行为人为中心，需要以制度建构的方法予以支撑。因为制度作为一个社会共同体的共识和一致同意，其"在社会中具有更为基础性的作用，他们是决定长期经济绩效的根本因素"②。正如党的十九届四中全会《关于坚持和完善中国特色社会主义制度推进国家治理体系和治理能力现代化若干重大问题的决定》中指出，党的十八大

---

① 在实践过程中，"协同谋杀"通常体现为两种实践形式：一方面是通过操控协同议程，将某种意见强加给各参与方，或通过私下交易影响协同进程；另一方面是玩弄政治手段，如调查各参与方之间的政治利益纠葛、在不肯合作的参与方之间斡旋、想方设法将不值得取的组织排除在外等。参见鹿斌、金太军：《协同惰性：集体行动困境分析的新视角》，载于《社会科学研究》2015年第4期。

② ［美］道格拉斯·诺斯：《制度、制度变迁与经济绩效》，杭行译，上海人民出版社2008年版，第147页。

以来不断完善的中国特色社会主义制度和国家治理体系，为政治稳定、经济发展、文化繁荣、民族团结、人民幸福、社会安宁、国家统一提供了有力保障。作为公共事务治理的新趋势和集体行动的新发展，协同治理需要在制度建构和完善的基础上有效克服协同惰性的弊端，以期实现协同价值的真正彰显。

二、协同治理机制的困境反思：确定性标准及其供给

我们对于协同治理生成逻辑的反思并非一种全盘否定，而是在理论深度和实践高度上的扬弃和发展。并试图吸收其合理内核，在批判继承治理理论对协同治理有效借鉴的基础上，形成一种更适合后现代社会治理的逻辑演绎。相比于"不确定性—个体失败—集体倾向—协同治理"逻辑的"应然—实然之谬误"，笔者认为，协同治理的生成逻辑可以这样调整：不确定性—确定选择标准（过程和结果）—协同治理（公共权力起点和要素支撑）。具体来说，不确定性是后现代社会标志性特征之一，逻辑演绎以此为起点，符合现阶段社会治理对现实的具体回应。而确定选择标准是指确定社会治理模式的选择标准，一是过程要具有民主性，二是结果要具有有效性。这就超越了从主体维度思考治理模式的传统范式，着眼于治理理论在社会结构变迁和政治改革实践中的运用，并通过对民主化和有效性的衡量与体悟，从而充分彰显治理理论契合后现代社会治理实践的高度和深度。依据过程和结果标准进行社会治理模式的选择，不一定指向协同治理模式，如政府在纯公共物品供给、市场机制在资源配置中的作用、社会组织在整合基层力量上显然更具优势。但是，在推进国家治理现代化建设的过程中，如果说需要准确判断国家与社会关系的历史方位，具体回应民主政治发展的内生要义，契合后现代社会公共理性建构的现实诉求，那么这种逻辑演绎偏向于协同治理模式应当成为一种必要。当然，协同治理也存在惰性的风险。这就需要对其进一步地说明和完善，一方面要以公共权力为逻辑起点，而非关系的调整；另一方面需要基于四个要素的功能性支撑（详见下文）。关于协同治理的逻辑起点，依据原有的逻辑演绎过程，从个体失败的角度思考集体行动的倾向，是基于个体力量的不足而寻求群体行动，这应是关系调整的维度。但笔者认为，协同治理是一种权力关系的纽合，"关系"固然重要，但"权力"更胜一筹。因此，"公共权力"应是其逻辑起点。众所周知，关系仅是公共权力的派生物，掌握何种权力决定拥有何种关系。在协同治理中，权力拥有者意味着拥有对重要资源的配置权，他不仅代表一种权威，更是他者依赖的基础。正是基于这种依赖关系，从而构成协同主体间的多元关系生成。从这个角度看，对于"公共权力"逻辑起点的定位，直接影响协同治理研究的演绎进路，从而对延伸探究和发展具有重要作用。

协同治理是一个复杂的集体行动过程，它不仅涉及主体互动、机制运作、结构搭建等常规性要素，更需要内嵌于国家治理体系整体的架构之中。莫拉维斯克曾为"共同体联系"设定四个标准，即互相尊重、关注彼此福利、在共同问题上互相信任以及互相关照。① 可以看出，这些标准的设计意识到共同体自身运作的不足而需要进行补充，但侧重于成员关系的主观认同似乎略显单薄。因此，本书提出协同治理应基于四个要素的功能性支撑。

第一，政治认同。格尔茨认为，认同是对共同体的依附，也就是一种"原初忠诚"，这种忠诚可以建立在语言、风俗、宗教、地域种族或认定的血缘纽带的基础上。② 但这样的理解显然忽略政治学的内生语义，认同不仅是一种主观感受，更是一种力量。用罗斯金的话来说，合法性的基础就是同意。③ 在协同治理中，政治认同应当从两个层次上建构：一是行动者认同，哈丁认为，"个体对诸如族群这样的群体的认同是理性的，而非原生性的，亦非超理性的"④。从这个意义上讲，行动者的理性来源于两个方面：获益和法规。所谓获益，简单地说，即是协同治理能够为行动者带来切实的利益，不论是直接针对个人利益还是通过公共利益间接实现，只有利益才是认同的根本动力；而法规本身就是理性的文本呈现，对它的遵守，也就是对理性的运用。二是高层认同，派伊认为，在对整个政治体系没有深刻认同的情况下，政治发展通常不能得到长远的推进。⑤ 作为一个"威权主义"色彩较为浓厚的国度，高层的一言一行对社会和基层具有很大程度的影响。从这个角度来看，协同治理仅仅获取行动者自身的认同还只是第一步，只有上升到国家的层面，进入党政决策领导层的视野，才能具有从上至下、从局部到整体实际的政治意义。

第二，主体条件。这里应当从两个方面去思考，一方面，协同主体的规模，是否越多元越好？对此目前学界存在截然不同的两种观点：一种认为一个社群内治理主体越多、差异越大，则其相互之间达成部分合作的可能性也越大；另一种观点则认为一个社群所拥有的个体相对更少，则意味着其内部分化的程度更小，则更容易达成合作。本研究认为，协同治理以协商和谈判为主要行动方式，太多

---

① J. Moravcsik. *Communal Ties*. Proceedings and Addresses of the American Philosophical Association，1988，62（1）：211 - 225.

② C. Geertz. The Integrative Revolution：Primordial Sentiments and Civic Politics in the New States. Clifford Geertz（ed.）. *Old Societies and New States：The Quest of Modernity in Asia and Africa*. New York：Free Press，1963：109.

③ ［美］迈克尔·罗斯金等：《政治科学》，林震等译，华夏出版社 2001 年版，第 6 页。

④ ［美］拉塞尔·哈丁：《群体冲突的逻辑》，刘春荣等译，上海人民出版社 2013 年版，第 81 页。

⑤ ［美］阿伦·利普哈特：《多元社会中的民主——一项比较研究》，刘伟译，上海人民出版社 2013 年版，第 14 页。

的主体参与，可能会降低行动的效度，造成不必要的阻碍。另一方面，主体间的互动需要平等，但是否意味着是无差异行动？对这个回答显然是否定的，多元主体存在差异，拥有各自独特的优势和资源配属，因而协同是一个互补长短、相辅相成的过程。如政府与社会组织的协同过程，就需要政府提供公共资源，而社会组织提供社会资本，以实现公共与私人的对接。

第三，经济绩效。协同治理是寻求合作共享的有效机制，因而以公正、平等为核心的价值旨归才是其内生语义。我们当然不能够否认和抹杀政治语义中公平的合理性和必要性，但是，对经济绩效的追求和强调也是符合公共话语谱系的外延。作为一个发展中国家，效率主义导向能够持续刺激行动者发挥自主能动性的最大化，不但激发获取常规的、存量收益的兴趣，而且在合理的范围内能够实现超常规的增量收益。

从实践的意义上看，这种发展秩序成为后发国家的一种优势。应当说，在协同治理中强调经济绩效的实现，一方面，是个人理性发挥不得不面对的现实需求，另一方面，是对公共利益要求做出的应有回应。至于这两者关系的处理可以遵循这样的逻辑：在充分对话的基础上，将个人利益整合为公共利益，而非简单的加减运算，从而在保证公共利益实现的同时，兼顾个人利益。不过还需要强调的是，正如登哈特所言，我们不能把效率的衡量当成唯一的讨论议题，而失去以自由、正义和公平等术语为代表的一些更广泛的人类价值问题作为评判标准的重要性。①

第四，制度保障。从实践来看，集体行动的失败往往多于成功，究其原因，其中一个重要的因素即是缺乏应对不确定性的制度保障。马俊就指出："制度通过对行为体预期的引导和保护，向行为体提供了应对不确定性的社会建制。"②应当说，制度在功能上就是对不确定性的一种控制和对确定性的一种规定。无论是奥尔森提出的"选择性的激励"，还是奥斯特罗姆提出的自主性制度，或是布东、贝茨、奈特等学者指出的制度建构的重要性，集体行动的规范性研究显然已经成为走出集体行动困境的密钥。当然，制度建构本身也存在诸多失效的可能，但这绝不意味着从根本上动摇制度保障在集体行动或是协同治理中的地位。它所具有的强制性与认同的普遍性特征，能够为政治与社会秩序提供最有力的保障，成为一种功能性需求而满足于一个群体或是社会。③

---

① ［美］罗伯特·登哈特：《公共组织理论》，扶松茂等译，中国人民大学出版社 2003 年版，第117 页。

② 马俊：《不确定性及其后果——国际制度的认知基础》，载于《国际观察》2011 年第 1 期。

③ 参见金太军、鹿斌：《协同治理生成逻辑的反思与调整》，载于《行政论坛》2016 年第 5 期。

第三节　社会治理协同机制的建构路径

第二节中我们所讨论的实施协同治理的四个支撑条件，虽然有助于解释协同治理何以可为，但它们既不是必要条件也不是充分条件。即使当所有的条件都不利，要实行协同治理或许困难，但也不应被视为不可能；相反，即使四个条件都具备甚至还存在更多的有利条件，但也不能保证协同治理的成功实践。这就符合阿尔蒙德在研究政治科学中提出的，协同治理符合所讲的"强调机动余地、自由范围和冒险空间的政治科学文献"[①]。故而，探索系统而全面的协同机制建构路径，就成为我们创新社会治理体制、建构社会和谐稳定长效机制的重点所在。

一、协同治理机制建构的社会路径

社会性是多元协同的社会治理模式区别于政府管控的社会管理模式的本质所在，集中彰显了协同治理对于公共性扩散的价值性回应与工具性应用，是协同治理的出发点更是落脚点。协同治理的社会性取向，可从以下两方面作为具体的实践路径：一方面，社会组织在提供社会支持与公共服务、提升社会张力与制度弹性等方面具有独特的优势和作用，是社会作为协同治理主体之一的重要组织形式。但当前社会组织社会基础薄弱、生存空间狭小、合法性缺失，应有目的地提升社会组织的社会治理能力与公共性特质，合理划定其权力边界、职能范围与责任清单，并建构配套的赋权分责机制、支持培育机制以及问责追究机制，有序促进社会组织成长并最大限度释放协同正效应。另一方面，互联网的普及使现代社会中社会个体的无缝沟通甚至无缝衔接成为可能，高速的信息传播能力、多元化的信息来源与内容、自媒体的扩散与成长，都使网络成为公众个体建构与重塑的最重要力量。因此应重视来自虚拟公共领域的社会治理潜能，通过政府的适时出场与有效引导，发挥其文化传播、舆论导向、矛盾调适与冲突消解的独特功能。

需要强调的是，在国家与政府将社会治理的部分权力下放给市场与社会，从而实现社会治理的协同性与社会性的时候，则会面对一系列亟须回应和建构的迫

[①]　G. A. Almond, R. J. Mundt. Crisis, Choice and Change: Some Tentative Conclusions. In Gabriel A. Almond, Scott C. Flanagan, Robert J. Mundt (eds.) Crisis, Choice and Change: Historical Studies of Political Development. Boston, MA: little Brown, 1973: 649.

切问题。首先，习惯于向政府寻求帮助的社会大众，是否能够适应来自某个社会组织的权力影响？这种"文化滞后"的影响必将动摇协同治理模式的根基；其次，治理的社会性强调治理权力的分担与下放，那么在具体的实际环境中，如何界定权力的行使边界、职能范围以及相应的责任清单？再次，在现阶段的权力架构中，权力的行使尚未受到有效约束与规制的情况下，如何实现更复杂的、多元化的权力结构中的权力监督？最后，或许是最为根本和关键的，鉴于治理制度缺少可以带来权威和合法性的先天能力，治理能否以及如何才能获得更大的合法性？[①] 这一系列需要解答的问题决定了协同治理能否实现以及具体实践的质量与持续性，这不仅需要学界细致而深入的理论分析，更需要政府基于治理过程的实践体察。

任何一项理论创新与政策创制的最终实践，都应在微观的基础条件中寻找相应的可行元素；基于协同治理的实践逻辑，价值认知与利益视角是两个必要的基础性要素。正如达尔所说，"人们的所思所想——他们的态度、他们的观点、他们的看法——都会左右他们的所作所为"[②]，无论是政府还是社会，其认知模式与价值取向都会对其行为选择起着导向和规约的作用。故而，在协同治理体制的建构过程中，要提升公民或社会组织的协商伦理，因为在公共空间缺乏主流价值观念统合的情况下，人们如果只关注自身的个体利益和组织利益，总是希望他人或组织先让步，那必将直接影响协同治理的实现效能，特别是会导致社会治理中公约决策的反复循环，使协同治理陷入"有民主、无效率"的困境。提升社区归属感、社会责任感和身份认同感，将是提升公民或社会组织协商伦理、提高协同治理效能的有效路径。

多元协同的社会治理模式强调治理过程中的公共性、有序性与参与性，但各协同主体趋异的利益偏好与利益诉求，往往使其在采取策略性行为以实现个体利益最大化的协同过程中形成反方向的治理力量。因而，面对社会组织与社会个体的利益意识的觉醒与利益自觉的彰显，应建构相应的利益表达、利益凝聚与利益协调机制，重新实现社会结构的组织化、秩序化与归属性以及利益诉求的聚合性、代表性与理性化，通过利益关系的协调与维系实现协同治理过程中各主体的自我管理，从而建构协同治理的长效运作机制。首先，应积极构建论坛机制、听证制度以及公共事务公开制度，保证利益主体，尤其是社会弱势群体平等、自主、充分的利益表达；其次，要进一步加强社区作为基层民主建设的载体作用，

① ［英］格里·斯托克：《作为理论的治理：五个论点》，华夏风译，载于《国际社会科学杂志（中文版）》1999年第1期。

② ［美］罗伯特·达尔、布鲁斯·斯泰恩布里克纳：《现代政治分析》，吴勇译，中国人民大学出版社2012年版。

使其成为作为民意代表的基本单元，还要合理引导虚拟社区的构建，实现跨越地域和层级的利益共识的达成，丰富利益凝聚形式；最后，应充分激发法律条例在利益保护和权益维护方面的强制性作用，同时要建构行政与司法在利益调解过程中的互动机制。另外，经由政府授权的、具有一定权威性的第三方调解与仲裁机构也是促进利益协调的必要补充。①

二、协同治理机制构建的政党路径

执政党不仅是社会治理的当然主体，更是协同治理机制的关键组成部分，这不仅是由于执政党执政行为的公共性特质，更是由于确立执政党之于社会治理协同机制的主体性地位所具有的深刻的理论意义和重大的现实意义。

作为执政党的中国共产党的执政行为就具有鲜明的公共性。这体现在：一是执政宗旨的公共性。中国共产党代表最广大人民群众的根本利益，这是党的执政之基。共产党有着鲜明的阶级性，但共产党作为工人阶级的政党，是代表最广大人民群众的根本利益的，是为全体人民的公共利益服务的。二是执政方式的公共性。这不仅体现在执政党的执政方式以组织政府、领导政府的活动作为首要任务，而且体现在其以公共利益作为执政利益，并以广泛的参与性作为执政行为的主要内容。三是执政产品的公共性。执政党不仅提供了政府制度变迁所需的基本资源，如宪法制度和法制体系、先进执政文化、产权制度安排等，而且提供了社会正常运行所需的国家安全环境、国家机构协调环境、公共管理生态环境等。当然，确立执政党在社会治理协同机制中的主体地位，又具有突出的理论和现实意义：在理论价值上，不仅有利于完善社会治理的主体范式，而且有利于建立社会治理的生态理论；在现实意义上，则有利于社会治理理论与现实相结合、推动社会治理实践的协同化、实现社会治理理论的本土化等。

三、协同治理机制建构的政府路径

虽然多元协同的社会治理模式主张主体间的地位平等和利益均衡，但仍强调政府关键作用的发挥，突出体现在政策议程的设置以及公共政策的制定上。在政策议程设置上，由于在利益主体多元化与社会关系复杂化的社会情境中，人们基于利益分殊而产生矛盾与冲突是不可避免的，这需要在全局信息与公共权力掌控

① 参见张振波：《论协同治理的生成逻辑与建构路径》，载于《中国行政管理》2015 年第 1 期。

等诸方面具有既定优势①的政府提供必要的利益平衡机制和协调平台，通过利益关系协调而促进主体间的信任建构和认同生成，并着力提升政策输出的效率以及整合性；在公共政策制定上，则需要政府克服传统代议制民主中政策制定过程对于公众意旨体现不足的弊端，实现对"以职能分配、按部门设置机构和规则为标志的传统意义上的管理"的超越，而建构一种"以目标、伦理原则和具体工作机制为主要内容的全新治理模式"②，以治理过程和治理方式的民主协商实现治理结果的公共利益最大化。

然而，正如邓小平曾指出的："我们的各级领导机关，都管了很多不该管、管不好、管不了的事。"③ 在协同治理模型建构中，地方政府到底该管什么，到底应该放弃什么？明确这一点不仅是地方政府体制创新的前提，更涉及深层的政府与社会、政府与市场、政府与企业、政府与公民的关系问题。如果地方政府职能没有明确界定，就会造成政府与市场、企业以及公民的关系无法厘清，从而会导致地方政府管了很多不该管的事，行使很多不应由政府行使的权力。由此可见，"权力边界问题已成为我国政治体制改革、社会体制改革、行政体制改革、经济体制改革四大改革的交汇点与中枢环节，对整个经济社会发展具有决定性影响"④。

从整体来看，地方政府的权力边界在原则上可以按照这样的逻辑：一是根据法律规定。法律明文规定的可以做、要做好，没有规定的不可做、不可违。二是根据市场经济的发展态势。市场自己能够把关的，政府就不要插手；市场自己不能把关的，就由政府审批。三是根据社会发展的客观规律。社会自己无法审理的事项就由政府审批，当社会自己可以审理，就从政府审批职能中退出来交回社会管理。因此，地方政府的权力边界应从三个指标上去界定。

首先，权力边界的规范性指标。权力需要刚性的规定，以明确行使的范围。目前，规范性文件主要包括法律、国务院部门规章、地方性法规、地方性规章以及一般的政策文件等。作为最具合法性、规范性和强制性的意志载体，这些文件形式为权力边界提供了明确的规范性指标。以行政许可为例，它是指在法律一般禁止的情况下，行政主体应行政相对人的申请，通过颁发许可证、执照等形式，依法赋予申请人从事某种活动的法律资格或实施某种行为的权利或资格的具体行政行为。行政许可是把"双刃剑"，需要克服其消极作用，发挥积极作用。根据

①　金太军、袁建军：《政府与企业的交换模式及其演变规律——观察腐败深层机制的微观视角》，载于《中国社会科学》2011年第1期。

②　［法］皮埃尔·卡蓝默：《破碎的民主——试论治理的革命》，高凌翰译，生活·读书·新知三联书店2005年版。

③　《邓小平文选（一九七五—一九八二年）》，人民出版社1983年版，第286页。

④　李军鹏：《厘清权力的边界》，载于《南风窗》2012年第6期。

《行政许可法》的相关规定，在行使主体上，行政许可权只能由拥有相关权力的行政部门行使，如工商部门、土地部门、税务部门等，非经法律规定其他部门一概不能行使；在权力范围上，只有那些关系到国家、社会和个人利益的特殊危险性行为或经营活动，关系到公民的生命、财产、自由、健康利益的特殊职业和专门行业才能够设置行政许可制度，如食品、药品生产，环境污染，刻铸印字业、爆破物品与危险化学品的生产、销售、运输等领域；在依据来源上，行政许可设定权的依据只能是法律、法规，规章一律没有行政许可的设定权；在权力行使程序上，主要包括受理申请、审查（核实）、决定、变更或中止或废止或撤销、救济五个步骤；在权利救济上，依据相关规定作出物质上或是精神上的补偿。在权力边界的规范性指标中，最为关键的内容是关于自由裁量权的规定。该项权力是在两个或更多的可选择项之间作出选择的权力，其中每一个可选择项皆是合法。因而，它具有较大的弹性和应用空间。依据这种权力特征，规范性文件在指标设定上需要给予一定的刚性的标准，如在行政处罚的额度上需要明确罚款的上限和下限，在行政审批的期限上需要明确批复的最长时限，通过"以刚克柔"的形式对行政裁量权予以界定。

其次，权力边界的利益性指标。斯密认为："每一个人，在他不违反正义的法律时，都应听其完全自由，让他采用自己的方法，追求自己的利益，以其劳动及资本和其他人或其他阶级相竞争。"① 换言之，随着市场经济的逐步发展，经济事务变得越来越繁杂，依赖于地方政府解决全部市场问题已经愈发困难，并且政府干预不可避免地要破坏市场规则，阻碍个人利益的最大化。因此，地方政府在协同治理中需要破除"全能主义"的旧思想，以利益性指标为界线划分权力，与市场相互分离，将政府不该管、管不好的一些经济事务移交给市场，增加市场经济的自由度。利益性指标主要包括：（1）资本界线——政资分开。权力与资本必须要分开，否则一定会成为孕育腐败的土壤。地方政府有关国有资产的管理，特别是在发行股票（配股、增发新股、转让股权、派送红股、转增股本、股权回购），发行债券，注册资本，企业的合并、托管、收购、兼并、分立以及风险投资等过程中，需要避免寻租行为的产生，可以委托具有经营资产能力的社会投资机构管理，加强制度规范、制约和监督领导。（2）营利界线——政企分开。权力具有无偿性，因而涉及营利的领域地方政府应当主动退出。现阶段，政企分开的主要标准有：政府与企业社会职能分开、企业所有权与经营权分开、国有资产营利职能与行政职能分开、营利性生产和公益性生产分开等。（3）公私界限——政

① ［英］亚当·斯密：《国民财富的性质和原因的研究》，郭大力、王亚南译，商务印书馆1997年版，第27页。

民分开。市场经济的发展不仅是经济总量的上升，也是公民个人意识的觉醒。这既包括对自身行为的选择，也包括对个人利益最大化的追求。公共利益与个人利益存在巨大差别，地方政府的权力显然以追求公共利益为价值导向，而个人利益是私人空间中的重要内容之一，权力不仅需要予以肯定和保护，更不能进行随意干涉。因此，以公私界限为标准，划分权力的边界，不仅是时代发展的要求，也是市场经济成熟的表现。

最后，权力边界的权利性指标。随着我国国家与社会二元模式的逐步瓦解，社会力量迅速发展并不断壮大，由此而出现的多元行动主体积极而广泛地参与到社会治理中来。同时，公共事务所呈现出来的不确定性与复杂性日益加剧，"无论是国家、市场还是被许多人寄予厚望的公民社会都无法单独承担应对风险的重任"①。因此，地方政府与多元社会力量的协同行动趋势逐渐加强。在公共事务的协同治理中所涉及的一个关键问题就是权力与权利的关系问题，明确且稳定的关系体系也是划分权力与权利界限的重要依据。确立权力与权利形成一种既独立又衔接的关系，需要设定一些明确的指标。第一，权利内容指标，即凡是法律赋予公民或社会组织的权利，地方政府一概不能侵犯。第二，应用范围指标。权力行使的范围主要存在于公共领域，旨在解决公共事务。权利的行使范围既可以存在于公共领域，也可以存在于个人领域。前者是宪法的基本原则，后者是个人和社会发展的理所应当。第三，政治过程指标。在权利行使的过程中，特别是在公民或社会组织的政治参与中，权力主要是起到"兜底"的作用，包括价值引导、检查监督、财政支撑、制度建构等。权利行为选择的自由性、自愿性、个性不受权力的干涉。

总之，协同治理视域下的地方政府的重要内容之一即是有限政府的建构，而其中的核心点在于地方政府权力边界的划分。通过规范性指标、利益性指标、权利性指标三重标准的界定，使地方政府做到法律规定的坚决办好、市场能够解决的领域不涉足、社会和公民个人能够解决的领域不插手。这不仅可以节约行政成本，还可以促使法律完善、市场成熟、社会进步，从而提升地方政府的服务能力与公共管理能力。②

四、协同治理机制建构的法治路径

加强社会治理协同机制建设，其最根本的保障即是有法可依。庞德曾说："我们的任务就是要将法律给予那些能够用其保护其正当利益的人们。"③ 就目前

---

① 杨雪冬：《全球化、风险社会与复合治理》，载于《马克思主义与现实》2004年第4期。
② 参见林明灯：《协同治理视域下地方政府的权力行使及边界》，载于《江海学刊》2015年第6期。
③ ［美］罗斯科·庞德：《通过法律的社会控制》，沈宗灵译，商务印书馆2010年版，第47页。

来看，社会治理协同机制要获得可持续的发展，需要在主体属性、主体关系、治理内容和治理方式上予以法制确认。

一是主体属性确认。这里需要确认的主体主要是指社会组织的属性，因为它是以新事物的形态出现，最终能否顺利地上升到制度层面，首先必须处理好其自身地位的问题。古话说，"名不正，则言不顺"。所谓法制确认，也就相当于法律规定，即在规范性文件中予以明确的权利、义务、地位等内容。在当下，我国法律上确认的社会组织主要有三类：社会团体、民办非企业单位和基金会。而实践中，大量的"草根"组织不断涌现，承担着众多的社会治理职能。但由于在法律上没有明确的规定，它们在注册登记、监督审查、申请项目、资金资助、获取补贴、社会认同等诸多方面存在障碍。因此，扩大社会组织被认可的范围迫在眉睫。

二是主体关系确认。社会治理协同机制中包含着多种主体关系，它们构成了协同机制的整体结构，对社会治理的正常运行起着至关重要的作用。法律对这些关系的确认需要以我国政治生态环境的特殊性为基础，核心行动者、政府、社会主体三者之间的不平等是客观存在的，既要充分尊重，也要尝试改良。而政府同多元主体的互动结构，应当是以政府为主导，以社会群体为主体的关系建构。只有在认知现实的基础上，主体关系的法制确认才具有现实意义。

三是治理内容确认。治理内容的确认是对社会治理范围的划分，换言之，即是社会治理限度的界定。在社会治理中，到底为谁治理、治理什么、怎么治理、治理程度，不是由治理者自身决定的，更不是传统职能的延续。根据里格斯的行政生态学说，社会治理范围的确立取决于一定社会发展的状况，要有侧重点和梯度层次。因而，多元主体需要有独立的自我判断和选择，将现实的需求从两方面加以划分。在纵向上，确定社会治理的时间表或是路线图，区分眼前需求、长远需求、局部需求、总体需求的内容，根据自身改革的进程适度调整和满足；在横向上，根据自身能力或职能的要求，做该做的事、管该管的事、放该放的权，以确立什么可以做，什么必须做，什么不该做。

四是治理方式确认。治理方式上的法制确认主要是对市场化的社会治理工具予以规范性说明，如合同、凭单制、公私合营、特许经营、志愿服务以及补助等。这些工具的出现既是社会治理多元化的必然需求，也是市场经济发展的必然结果。但作为新型的工具，它们缺乏必要的法律支撑，特别是在使用程序、责任追究、权限划分、资金使用等方面存在较大空白，因而易于产生纠纷和冲突，对于维护公共领域的稳定和社会治理的公平公正有着较大隐患。因此，需要尽快出台相关法律制度，对这些新型的社会治理工具予以确认。

结语：深化社会治理体制创新，建构社会和谐稳定长效机制

近年来，在我国国民经济快速发展、人民物质生活水平持续提升的总体态势之下，也伴随着经济体制调整转型、社会结构持续变动、政治制度改革变迁以及国家战略创新探索的动态过程，转型与改革所创设的巨大空间，使得多维领域中的利益主体、社会关系以及价值理念愈发复杂多维、纷繁多变而取向多元。面对经济与政治格局总体稳定并整体趋好，而社会中的利益纠纷多发凸显且矛盾冲突此起彼伏的局面，我们要坚持和推动的是让经济社会发展切实惠及每一个体、在治理绩效持续输出的过程中增进民众的政治和国家认同，我们要警惕和消除的是诸多利益矛盾与冲突超出社会治理的范式和层面，甚而反噬乃至冲击政治社会结构的稳定格局。

然而，当前中国社会治理体制的相对滞后已是不争的事实，利益纠纷与社会矛盾也相应地呈现出多维生发、集中凸显的态势，在社会稳定形态能够影响甚至决定经济持续发展、政治深化改革的客观规律下，创新社会治理体制、建构社会和谐稳定长效机制对于当下乃至今后相当长时期内的中国建设与发展无疑具有重大的战略意义与现实意义。本研究正是基于这样的考量，对社会治理体制、社会和谐稳定长效机制以及两者之间的内在关联关系进行了剖析，并对包括边缘社区、网络社区、社会组织以及协同治理机制在内的多维重点场域进行了针对性研究，在此基础上提出了深化社会治理体制创新、建构社会和谐稳定长效机制的可行路径。

一、当前我国的社会治理与社会稳定现状及其问题分析

近代以来的中国，虽然曾先后经历了政治、经济与社会系统的改天换地般的

转型重塑，但融于这个民族、这片土地的集体正义价值观念却未有根本变动，而在此价值濡染之下的社会治理体制也都延续着一脉相承的价值原则和内在精神。然而，随着中国已经进入了从现代化早期阶段向后期阶段迈进的新的历史时期，由现代社会向后现代社会、由工业化向后工业化、由管控型市场向有限自由型市场、由城镇化向新型城镇化、由政府治理向协同治理的广泛转变，使得我们正处于一个前所未有的大转型时期。相较于改革开放之初的社会转型而言，当下的一系列改革浪潮正深刻冲击着现有的社会治理体系，并对社会治理体制提出了新的现代需求。面对转型危机对现代社会治理体制提出的诸多创新需求，一方面，需要我们认识到社会治理体制创新是一个系统、整体性的过程，应着力实现包括社会、政府与国家在内的核心治理力量的共同推进与系统建构；另一方面，则要实现现代化、精细化、系统化改革，构建全民共建共享的社会治理格局，实现从自身优化到与国家治理相匹配的战略选择明晰、从利益驱动到公平正义的价值理念重塑、从多种多样到多元协同的主体结构调整、从被动参与到主动参与的行为逻辑引导、从规范权力到维护权利的功能定位明确。

保持社会和谐稳定即"天下大治"是中国核心国家利益之一，更是政府向社会所提供的最核心公共产品之一。稳定是社会发展的基础、百姓幸福的前提。维护社会稳定是所有国家公共治理活动的重要价值和目标，能否有效化解社会稳定的潜在风险和危机是对一种社会体制的弹性空间和治理能力的重大考验。改革开放以来，我国将维护和保持社会稳定作为党和国家发展战略的重要组成部分和所有工作的重中之重，这些都为经济社会持续高速协调发展提供了积极的客观条件和环境；近段时期，伴随经济的超常规增长和社会的加速转型，"压缩的现代化"过程也使得潜隐的社会矛盾放大凸显、新的社会问题不断涌现、诸多风险性要素继发萌生。这些都需要我们创新社会稳定理念和维护机制，构建现代化的社会动态秩序。事实上，社会和谐稳定机制必然是统括了多元主体的、涵盖了多重问题的、涉及多个场域的整体性系统，因此应从政党、政府、社会等多重视角出发，创新利益表达机制、协商机制、法治保障机制、社会保障机制和民主参与监督机制，探索社会和谐稳定长效机制的整体性建构过程，维持社会良好秩序、维护国家长治久安和人民幸福安康。

二、创新社会治理体制与维护社会和谐稳定的互动机制

应该看到，当前学界关于社会治理体制创新的研究不可谓不丰盈，对于维护社会和谐稳定的探索也不可谓不充实；然而前者往往难以评判甚而无的放矢，后者则常常单打独斗乃至自说自话。事实上，创新社会治理体制与建构社会稳定机

制绝非两个互不相关的过程，更不是某一方面寻求突破而能独立完成的。

从国家—社会的关系来看，社会治理与社会稳定从过程与形态两个方面构成了社会建设的基本内容，两者相互影响、互相嵌构，统一于国家与社会的良性互动机制之中。社会治理与社会稳定的关联关系从两者相对的两个方向体现出来：一方面，社会治理的体制失位、冲突与僵化等体制困境，造成社会生活的离心、逆流与僭越，从而衍生因行为失范而导致的社会稳定问题；另一方面，从社会稳定问题的生发逻辑来看，价值、结构与功能等方面的问题，都需要社会治理体制的相适创新才能得以解决。正是从这两方面来说，社会和谐稳定不是一种线性叠加状态，而是以一定结构方式联系起来所呈现的一种有序化状态，社会稳定也不应该以简单的"维稳"来实现，而应该转变思路，通过社会治理体制创新建立维护社会和谐稳定的长效机制。

既然我们从社会治理与社会稳定的复杂关系中，厘析出了"以社会治理创新，实现长效社会稳定"这样一条逻辑链条，那么如何基于社会秩序与稳定的既定视角，寻求社会治理的创新与完善，从而打通两者之间的实践因果关系，就成为深入研究的核心内容。在这里，我们找寻到了一个关键的联通要素或核心节点——体制。当然，社会治理体制中的"体制"，与宽泛意义上的制度（正式制度）具有大体相近的指涉内涵和一致的外延范围。社会治理体制研究的必要性表现在：一方面，社会个体乃至公众对利益分配、政府政策、治理模式以及阶层结构的感知与诉求，是通过与社会治理体制之间的相互关系体现出来的，取向一致以确证体制恰适，取向不一致以表达变革诉求；另一方面，这些来自政治系统外部情境的主张与诉求，只有投射于稳定和统一的制度体系，才能产生明确而一致的政治诉求，并最终落实为对现实的改造与重构。事实上，虽然在前文中我们指出了社会稳定问题衍生的价值、结构以及功能等根源，但从社会内在运作逻辑来看，这些根源性问题都将在社会治理体制中得到不同程度的体现和映射，并反过来对社会生活产生型塑影响——正是在社会生活与治理体制的互相连结、型塑以及嵌构的过程中，社会治理才能有所依据、有所标的、有所标准、有所针对；社会治理体制的创新与完善，也才能从根本上促进社会和谐稳定长效机制的内在生成，从而将社会治理与社会稳定统一于体制创新与制度建构的系统性过程之中。

三、社会和谐稳定长效机制建构中社会治理体制的创新取向

建构社会和谐稳定长效机制，需要不断深化推进社会治理体制创新，以理性制度克服转型社会的价值混杂性、结构失调性、功能失序性与行为权宜性。然

313

而，社会治理体制是一个统括了政治、经济、社会、文化等多元要素的系统结构，其规约与型塑也必然是多方设计、多维推进、多元互动的系统过程，任一方面的单兵冒进，不仅无法形成整合性的治理成效，甚而会导致社会治理网络的功能瘫痪，进一步诱发新的社会稳定问题。作为一种全局把握、全面分析的视角，政治系统理论将社会治理体制视为一个内外连接、持续互动、有机统一的体系或系统，从输入、转换与输出三个过程分别阐析其转型创新的可行路径，进而实现社会和谐稳定长效机制的全面建构。其中，社会治理的输入与输出体制创新，是从社会、市场及其与政府互动过程的视角而言的；而社会治理的转换体制创新，则是以作为治理主体之一的国家或政府为分析视角的。具体来说：

首先，政治系统理论指出，输入能够使我们把握那些外部环境中与政治系统持续相关的各式各样的事件和状况的影响，对环境影响的考察集中于需求、支持与反馈三种输入上，而环境中的大量行为正是由它们加以输送、反映、集中并用来对政治系统施加压力的。因而，创新社会治理输入体制，就既要实现社会需求的制度化甄别并建构输入过程的制度化通路，又要在客观体认外在支持形态（如社会冲突）的基础上，探索社会冲突的制度化消解路径；同时，合法性作为一种抽象的反馈性输入，应通过社会治理体制创新和治理能力的提升，寻求与政绩性特定支持相补充的弥散支持的培育与生长，进而实现社会和谐稳定长效机制的内在建构。

其次，从根本上来说，探讨社会治理体制创新与社会和谐稳定长效机制在政治转换系统上的创新与建构，就是探究地方政府与政治权力的制度化运作形态及建构。作为中国治理体制的主导要素与核心内容，政治权力的分配、施行以及监督等运作形态，不仅从根本上决定了国家与政府领域内的政治生活展开方式与运作逻辑，而且会在国家与社会的互动过程中对社会领域的政治生活形态产生深刻影响。特别是对于中国这样一个处于发展方式疾速转变、经济体制深刻转轨、社会管理全面转型的新兴现代国家来讲，如何保证公共权力的规范、有效运作并真正发挥公共效用，乃是国家得到善治、秩序得以创构的决定性条件。

最后，政治系统是一个开放的、自我调节和自我转变的系统，需要通过一系列输出而回应需求、响应支持，或按照现存环境和对未来资源及后果的预测而评价需求，从而以这种反作用方式寻求自身的调整和完善。因此，社会治理体制创新，旨在实现这种输出过程的制度化转向与建设性调整，从而使政治系统成为一个"建设性适应"或"目标取向"的动态系统。为此，可从内部与外部两个方面寻求社会治理体制的创新：一方面，要深化以国家治理模式转型为核心的内部输出体制创新，从治理主体多元化、治理承载民主化及治理方式复合化等方面进行系统建构；另一方面，外部输出机制创新则寻求公共政策的有效传播和贯彻执行，而实现公共政策的共识性营销，并为政策执行提供全面的合法性压力和系统的监管机制，则是两个必要且可行的创新路径。

四、以重点场域为突破，全面建构社会和谐稳定长效机制

如果说政治系统理论从输入、转换与输出三个过程，为社会治理体制创新提供了必要的取向选择或可行路径的话，那么基于实践情境的现实考量，探索社会治理体制创新取向在现实实践中的具体体现与操作机制，就是推动理论分析实现实践化应用的必要环节。大量实践案例表明，包括边缘社区、网络社区、社会组织以及协同治理机制在内的重点场域，既存在着明显的治理体制困境和社会不稳定因素，又蕴含着极大的治理体制创新空间和社会和谐稳定长效机制建构力量。故而，我们着重研究了以上重点场域创新社会治理体制与建构社会和谐稳定长效机制的路径与实施方案，以为地方政府特别是基层政府提供可操作性强、针对性突出的实施方案参考。

在城镇化进程中，一些边缘性社区治理体制落后、传统阻滞因素错综复杂，社区治理体制创新举步维艰，其严峻的社会稳定态势直接影响着城市和乡村社区的整体稳定格局。在创新边缘社区治理体制的过程中，首先，应通过重塑边缘社区的公共文化服务体系创新边缘社区治理输入体制，在明确各个服务供给主体间关系的基础上，建立以政府为主导、企业与社区协同、社会组织参与、农民工自觉行动的多元共治与整体推进的运作机制；其次，应重塑当前边缘社区治理转换体制中的二元分立体制，转变传统的城乡二元对立的结构分化、以物为本和以人为本的理念碰撞、个体和集体之间的主体对抗以及政府和市场的路径选择，而是在兼顾城乡一体发展、坚持以人为本为核心、建构协同治理、释放市场的调节功能等方面寻求突破；最后，应在公共政策执行方面强化边缘社区治理的输出体制创新，克服因政策传递、价值偏好与政策空间等问题导致的政策变通执行现象，进而在建立地方性规范、构建监督激励机制与培育边缘社区自组织能力等方面寻求全面创新。

网络社会已成为我国的基本社会形态之一，网络社区相应地也成为我国社会的基本构成单元。网络社区所特有的高透明度、信息的即时传播性等鲜明特征，与处于社会转型阶段的中国诸多社会矛盾、冲突纠结在一起，给从传统时代延展出来的社会治理体制带来了前所未有的深刻挑战。为此，创新网络社区治理体制，首先要基于国家与社会的系统考量推动网络社区治理输入体制创新，通过网络民主的转型构建和网络"智慧民主"的价值引导，激发网络社区凝聚共识并将这些共识性诉求合理、有序地输入政治系统的功能；其次，要实现网络社区治理

转换体制的创新建构，基于网络社区的秩序价值、超自主性、阶段汇流性以及便宜从权性等特征，克服传统"刺激—反应"模式的诸多弊病，在预案体系、领导体制、运行机制以及应对法制等方面全面创新；最后，要从地方政府对利益冲突和矛盾的疏导机制入手创新网络社区输出体制，明确并规范政府在治理过程中的主体地位与行为选择，培育理性而有序的网络政治文化，并以体系治理作为网络社区中协同治理的创新发展，发挥其重塑治理结构、整合多元系统、统筹各方行动、整体应对全局的功能和作用。

伴随经济的快速发展以及社会问题的凸显，社会组织在服务社会、提供社会支持、化解社会矛盾等方面所具有的优势和作用日益显现出来，其发育和成长为新时期中国社会治理体制的变革奠定了重要的组织基础，更为促进社会融合与整合、维护社会和谐稳定创造了必要条件。然而，当前我国民间组织发育迟缓，社会治理主体和治理结构单一，善治的社会资源支持匮乏。在创新社会治理体制的过程中，应审慎地寻找社会组织与各种制度逻辑的契合点，寻求自主性的发展空间。具体来说：首先，可从支持的视角探索社会组织治理的输入体制创新，针对社会组织在参与公共危机治理中存在的资源力量、治理能力、公信力以及治理空间上的不足，应在厘清政府与社会组织在危机治理中的权责边界的基础上，提升社会组织的协同意识和治理能力、完善公共危机协同治理的机制与模式；其次，鉴于社会组织治理的转换体制，即政府机构针对社会组织的行政体制安排与管理模式设置，是决定社会组织成长发育、激发社会组织应有功能的关键所在，因此面对当前全能政治体制对社会组织造成的诸多阻滞，创新转换体制，就应基于民主政治建设对社会组织的发展吁求，从培育公共精神、建设服务型政府、推进政社分开等方面，探索社会组织治理转换体制的创新路径；最后，在社会组织治理输出体制创新上，应基于国家治理的视角寻求社会组织的发展导向，超越片面关注其位置属性和结构特征的单一视角，而将更多的精力放在其在国家治理系统建构过程中的功能定位及其行为评析上，应根据国家治理的国家属性、结构特性和运作逻辑而定位其未来发展的价值、功能与实践取向。

从社会治理的理论内涵来看，"多元主体"构成了其区别于传统社会管理或社会管控模式的最显著特征。然而，如何实现多元主体在社会治理中的互相联系、相互协调、共同合作，以充分激发不同主体的治理效能、实现"$1+1>2$"的协同治理图景，就从根本上决定了社会治理的现实开展和实际成效的取得。针对我国协同治理机制存在的多维困境，应从社会、政党、政府以及法治路径出发，探索我国社会治理协同机制的创新与建构路径：首先，多元协同的社会治理模式强调治理过程中的公共性、有序性与参与性，因而面对社会组织与社会个体的利益意识的觉醒与利益自觉的彰显，应建构相应的利益表达、利益凝聚与利益协调机制，重新实现社会结构的组织化、秩序化与归属性以及利益诉求的聚合性、代表性与理性化，通过利益关系的协调与维系实现协同治理过程中各主体的自我管理，从而建构协同治理的长效运作机制。其次，执政党不仅是社会治理的当然主体，更是协同治理机制的关键组成部分，这是由执政党之执政宗旨、执政方式以及执政产品的公共性所决定的。为此激发执政党的协同治理效能，应处理好两个方面的关系问题，即主体定位与党政分开的关系问题和主体地位与公共利益的关系问题。再次，虽然多元协同的社会治理模式主张主体间的地位平等和利益均衡，但仍强调政府关键作用的发挥，而协同治理视域下的地方政府治理的重要内容之一即是有限政府的建构，而其中的核心点在于地方政府权力边界的划分。应通过规范性指标、利益性指标、权利性指标三重标准的界定，使地方政府做到法律规定的坚决办好、市场能够解决的领域不涉足、社会和公民个人能够解决的领域不插手，从而提升地方政府的公共服务能力与社会治理能力。最后，加强社会治理协同机制建设，其最根本的保障即是有法可依，就目前来看，社会治理协同机制要获得可持续的发展，需要在主体属性、主体关系、服务内容和服务方式上予以法制确认。

参 考 文 献

一、中文著作

[1] [澳] 约翰·德赖泽克:《地球政治学:环境话语》,蔺雪春、郭晨星译,山东大学出版社 2008 年版。

[2] [奥] 约瑟夫·熊彼特:《资本主义、社会主义与民主》,吴良健译,商务印书馆 1999 年版。

[3] [德] 斐迪南·滕尼斯:《共同体与社会》,北京大学出版社 2010 年版。

[4] [德] 汉娜·阿伦特:《人的条件》,竺乾威等译,上海人民出版社 1999 年版。

[5] [德] 黑格尔:《法哲学原理》,范杨、张企泰译,商务印书馆 1996 年版。

[6] [德] 马克思·韦伯:《宗教社会学》,康乐、简惠美译,广西师范大学出版社 2005 年版。

[7] [德] 乌尔里希·贝克:《风险社会》,何博闻译,译林出版社 2004 年版。

[8] [德] 尤尔根·哈贝马斯:《公共领域的结构转型》,曹卫东译,学林出版社 1999 年版。

[9] [德] 尤尔根·哈贝马斯:《在事实与规范之间:关于法律和民主法治国的商谈理论》,童世骏译,生活·读书·新知三联书店 2003 年版。

[10] [法] 古斯塔夫·勒庞:《乌合之众:大众心理研究》,冯克利译,中央编译出版社 2004 年版。

[11] [法] 卢梭:《社会契约论》,何兆武译,商务印书馆 2003 年版。

[12] [法] 埃米尔·涂尔干:《社会分工论》,渠东译,生活·读书·新知三联书店 2000 年版。

[13] [法] 米歇尔·克罗齐等:《民主的危机》,马殿军等译,求实出版社

1989 年版。

[14]［法］皮埃尔·卡蓝默：《破碎的民主——试论治理的革命》，高凌瀚译，生活·读书·新知三联书店 2005 年版。

[15]［加］查尔斯·泰勒：《现代性之隐忧》，程炼译，中央编译出版社 2001 年版。

[16]［美］阿伦·李帕特：《多元社会的民主》，张慧芝译，台北桂冠图书公司 2003 年版。

[17]［美］艾伯特·赫希曼：《转变参与：私人利益与公共行为》，李增刚译，上海人民出版社 2008 年版。

[18]［美］埃莉诺·奥斯特罗姆：《公共事物的治理之道》，余逊达译，上海三联出版社 2000 年版。

[19]［美］艾丽斯·杨：《包容与民主》，彭斌、刘明译，江苏人民出版社 2013 年版。

[20]［美］戴维·奥斯本、特德·盖布勒：《改革政府：企业精神如何改革着公营部门》，上海市政协编译组、东方编译所编译，上海译文出版社 1996 年版。

[21]［美］彼得·史密斯：《论拉美的民主》，谭道明译，译林出版社 2013 年版。

[22]［美］丹尼尔·科尔曼：《生态政治——建设一个绿色社会》，梅俊杰译，上海世纪出版集团 2006 年版。

[23]［美］戴维·奥斯本：《摒弃官僚制：政府再造的五项战略》，谭功荣等译，中国人民大学出版社 2001 年版。

[24]［美］戴维·法默尔：《公共行政的语言：官僚制、现代性和后现代性》，吴琼译，中国人民大学出版社 2005 年版。

[25]［美］戴维·伊斯顿：《政治生活的系统分析》，王浦劬等译，人民出版社 2012 年版。

[26]［美］丹宁斯·缪勒：《公共选择理论》，杨春学译，中国社会科学出版社 1999 年版。

[27]［美］杜赞奇：《文化、权力与国家》，王福明译，江苏人民出版社 2004 年版。

[28]［美］弗朗西斯·福山：《大分裂：人类本性与社会秩序的重建》，刘榜离等译，中国社会科学出版社 2002 年版。

[29]［美］盖伊·彼得斯：《政府未来的治理模式》，吴爱明等译，中国人民大学出版社 2001 年版。

[30]［美］赫伯特·马尔库塞：《单向度的人：发达工业社会意识形态研

究》，张峰、吕世平译，重庆出版社 1993 年版。

[31] [美] 约翰·密尔：《论自由》，程崇华译，商务印书馆 1979 年版。

[32] [美] 加布里埃尔·A. 阿尔蒙德、小 G. 宾厄姆·鲍威尔：《比较政治学：体系、过程和政策》，曹沛霖等译，上海译文出版社 1987 年版。

[33] [美] 杰克·奈特：《制度与社会冲突》，周伟林译，上海人民出版社 2009 年版。

[34] [美] 杰克·普拉诺等：《政治学分析词典》，胡杰译，中国社会科学出版社 1986 年版。

[35] [美] 肯·史密斯、迈克尔·希特：《管理学中的伟大思想》，徐飞、路琳译，北京大学出版社 2010 年版。

[36] [美] 孔飞力：《中国现代国家的起源》，陈兼等译，三联书店 2013 年版。

[37] [美] 拉塞尔·哈丁：《群体冲突的逻辑》，刘春荣等译，上海人民出版社 2013 年版。

[38] [美] 莱斯特·萨拉蒙：《公共服务中的伙伴》，田凯译，商务印书馆 2008 年版。

[39] [美] 理查德·博克斯：《公民治理——引领 21 世纪的美国社区》，孙柏瑛等译，中国人民大学出版社 2005 年版。

[40] [美] 刘易斯·科塞：《社会冲突的功能》，孙立平等译，华夏出版社 1998 年版。

[41] [美] 罗伯特·登哈特：《公共组织理论》，扶松茂译，中国人民大学出版社 2003 年版。

[42] [美] 罗伯特·默顿：《社会理论与社会结构》，唐少杰译，译林出版社 2002 年版。

[43] [美] 罗伯特·帕特南：《使民主运转起来》，王列等译，江西人民出版社 2001 年版。

[44] [美] 迈克尔·麦金尼斯：《多中心治理与发展》，王文章等译，三联出版社 2000 年版。

[45] [美] 迈克尔·罗斯金等：《政治科学》，林震等译，华夏出版社 2001 年版。

[46] [美] 曼瑟尔·奥尔森：《集体行动的逻辑》，陈郁译，上海人民出版社 2011 年版。

[47] [美] 曼纽尔·卡斯特：《网络社会的崛起》，夏铸九等译，社会科学文献出版社 2006 年版。

[48]［美］乔尔·S. 米格代尔:《社会中的国家:国家与社会如何相互改变与相互构成》,李杨等译,江苏人民出版社 2013 年版。

[49]［美］乔治·弗里德里克森:《公共行政的精神》,张成福译,中国人民大学出版社 2003 年版。

[50]［美］全钟燮:《公共行政的社会建构:解释与批判》,孙柏瑛等译,北京大学出版社 2008 年版。

[51]［美］塞缪尔·亨廷顿,《变动社会的政治秩序》,王冠华译,上海译文出版社 2008 年版。

[52]［美］斯蒂芬·戈德史密斯等:《网络化治理:公共部门的新形态》,周志忍、孙迎春译,北京大学出版社 2008 年版。

[53]［美］亚当·普沃斯基:《民主与市场——东欧与拉丁美洲的政治经济改革》,包雅钧等译,北京大学出版社 2005 年版。

[54]［美］约翰·福斯特:《生态危机与资本主义》,上海译文出版社 2006 年版。

[55]［美］约翰·克莱顿·托马斯,《公共决策中的公民参与》,孙柏瑛等译,中国人民大学出版社 2005 年版。

[56]［美］约翰·罗尔斯:《正义论》,何怀宏等译,中国社会科学出版社 1988 年版。

[57]［美］约翰·内斯比特:《大趋势:改变我们生活的十大新方向》,梅艳译,中国社会科学出版社 1984 年版。

[58]［美］詹姆斯·罗西瑙:《没有政府的治理》,张胜军等译,江西人民出版社 2001 年版。

[59]［美］詹姆斯·斯科特:《弱者的武器》,郑广怀等译,译林出版社 2007 年版。

[60]［美］珍妮特·登哈特、罗伯特·登哈特:《新公共服务:服务,而不是掌舵》,丁煌译,中国人民大学出版社 2003 年版。

[61]［日］青木昌彦:《比较制度分析》,周黎安译,上海远东出版社 2001 年版。

[62]［希］塔基斯·福托鲍洛斯:《当代多重危机与包容性民主》,李宏译,山东大学出版社 2012 年版。

[63]［意］葛兰西:《政治家、囚徒和理论家》,毛韵译,北京求实出版社 1987 年版。

[64]［印度］阿马蒂亚·森:《以自由看待发展》,任赜、于真译,中国人民大学出版社 2002 年版。

［65］［英］安东尼·吉登斯：《第三条道路——社会民主主义的复兴》，郑戈、黄平译，生活·读书·新知三联出版社 2000 年版。

［66］［英］戴维·赫尔德：《民主的模式》，燕继荣等译，中央编译出版社 1998 年版。

［67］［英］蒂莫西·贝斯利：《守规的代理人：良政的政治经济学》，李明译，上海人民出版社 2009 年版。

［68］［英］卡尔·波兰尼：《大转型：我们时代的政治与经济起源》，冯刚、刘阳译，浙江人民出版社 2007 年版。

［69］［英］卡尔·波普尔：《开放社会及其敌人》，郑一明等译，中国社会科学出版社 1999 年版。

［70］［英］拉尔夫·达仁道夫：《现代社会冲突》，林荣远译，中国社会科学出版社 2000 年版。

［71］［英］T. H. 马歇尔、安东尼·吉登斯等：《公民身份与社会阶级》，郭忠华、刘训练编，江苏人民出版社 2008 年版。

［72］［英］尚塔尔·墨菲：《政治的回归》，王恒、藏佩洪译，江苏人民出版社 2005 年版。

［73］［英］齐格蒙·鲍曼：《现代性与大屠杀》，杨渝东等译，译林出版社 2002 年版。

［74］［英］约翰·洛克：《政府论》，叶启芳、瞿菊农译，商务印书馆 1964 年版。

［75］陈伟东：《社区自治——自组织网络与制度设置》，中国社会科学出版社 2004 年版。

［76］邓正来、亚历山大：《国家与市民社会：一种社会理论的研究路径》，中央编译出版社 1998 年版。

［77］丁元竹：《社会发展管理》，中国经济出版社 2006 年版。

［78］杜维明：《儒家传统与文明对话》，彭国翔译，河北人民出版社 2006 年版。

［79］费孝通：《乡土中国》，北京大学出版社 1998 年版。

［80］风笑天：《社会管理学概论》，华中理工大学出版社 1999 年版。

［81］何显明：《群体性事件的发生机理及其应急处置——基于典型案例的分析研究》，学林出版社 2010 年版。

［82］何增科：《中国社会管理体制改革路线图》，国家行政学院出版社 2009 年版。

［83］胡鞍钢等：《转型与稳定：中国如何长治久安》，人民出版社 2005 年版。

［84］金观涛、刘青峰：《兴盛与危机——论中国社会超稳定结构》，法律出版社 2011 年版。

［85］经济合作与发展组织：《中国治理》，清华大学出版社 2007 年版。

［86］李春玲：《断裂与碎片：当代中国社会阶层的实证分析》，社会科学文献出版社 2005 年版。

［87］李军鹏：《公共服务型政府》，北京大学出版社 2004 年版。

［88］李培林：《社会冲突与阶层意识——当代中国社会矛盾问题研究》，社会科学文献出版社 2005 年版。

［89］李强：《农民工与中国社会分层》，社会科学文献出版社 2004 年版。

［90］林尚立：《社区民主与治理：案例研究》，社会科学文献出版社 2003 年版。

［91］陆学艺：《中国社会建设与社会管理》，社会科学文献出版社 2011 年版。

［92］罗荣渠：《现代化新论——世界与中国的现代化进程》，商务印书馆 2004 年版。

［93］马建中：《政治稳定论：中国现代化进程中的政治稳定问题研究》，中国社会科学出版社 2003 年版。

［94］毛寿龙：《西方政府的治道变革》，中国人民大学出版社 1998 年版。

［95］任映红等：《城郊结合部和谐社区建设研究》，中国社会科学出版社 2012 年版。

［96］宋宝安：《社会稳定与社会管理机制研究》，中国社会科学出版社 2011 年版。

［97］孙立平：《现代化与社会转型》，北京大学出版社 2005 年版。

［98］王汉生、杨善华：《农村基层政权运行与村民自治》，中国社会科学出版社 2001 年版。

［99］王名：《中国民间组织 30 年》，社会科学文献出版社 2008 年版。

［100］魏礼群：《社会管理创新案例选编》，人民出版社 2011 年版。

［101］韦森：《经济学与哲学：制度分析的哲学基础》，上海人民出版社 2005 年版。

［102］许纪霖：《当代中国的启蒙与反启蒙》，社会科学文献出版社 2011 年版。

［103］徐勇：《现代国家乡土社会与制度建构》，中国社会科学出版社 2009 年版。

［104］薛澜、张强、钟开斌：《危机管理——转型期中国面临的挑战》，清华大学出版社 2003 年版。

［105］郇庆治：《环境政治学：理论与实践》，山东大学出版社 2007 年版。

［106］杨雪冬：《风险社会与秩序重建》，社会科学文献出版社 2006 年版。

［107］于建嵘：《抗争性政治：中国政治社会学基本问题》，人民出版社 2010 年版。

［108］俞可平：《治理与善治》，社会科学文献出版社 2000 年版。

［109］张德信、薄贵利、李军鹏：《中国政府改革的方向》，人民出版社 2003 年版。

［110］张静：《法团主义（修订本）》，中国社会科学出版社 2005 年版。

［111］张康之：《社会治理的历史叙事》，北京大学出版社 2010 年版。

［112］赵鼎新：《社会与政治运动讲义》，社会科学文献出版社 2006 年版。

［113］郑杭生：《走向更讲治理的社会：社会建设与社会管理》，中国人民大学出版社 2006 年版。

［114］周黎安：《转型中的地方政府：官员激励与治理》，上海人民出版社 2008 年版。

［115］周雪光：《组织社会学十讲》，社会科学文献出版社 2003 年版。

［116］朱光磊：《中国的贫富差距与政府控制》，上海三联书店 2002 年版。

二、中文期刊论文

［1］蔡禾：《从利益诉求的视角看社会管理创新》，载于《社会学研究》2012 年第 4 期。

［2］常健、许尧、张春颜：《社会稳定风险评估机制中的问题及完善建议》，载于《中国行政管理》2013 年第 4 期。

［3］陈发桂：《民间组织参与基层维稳的价值考量及其限度》，载于《理论导刊》2010 年第 9 期。

［4］陈家喜、黄文龙：《阶层分化与执政党维稳能力建设》，载于《理论探讨》2012 年第 3 期。

［5］陈玲、赵静、薛澜：《择优还是折衷？——转型期中国政策过程的一个解释框架和共识决策模型》，载于《管理世界》2010 年第 8 期。

［6］陈伟东、李雪萍：《社区治理与公民社会发育》，载于《华中师范大学学报》（人文社会科学版）2003 年第 1 期。

［7］陈振明：《我国政府社会管理的现状及问题分析》，载于《东南学术》2005 年第 4 期。

［8］程玲、向德平：《社会转型时期的社会风险研究》，载于《学习与实践》2007 年第 10 期。

［9］ 崔月琴：《新时期中国社会管理组织基础的变迁》，载于《福建论坛》2010 年第 11 期。

［10］ 邓智平、岳经纶：《社会管理研究的三种理论视角》，载于《广东社会科学》2012 年第 3 期。

［11］ 丁元竹：《当前我国社会管理创新的主要领域和基本做法》，载于《马克思主义与现实》2011 年第 5 期。

［12］ 丁元竹：《社会管理发展的历史和国际视角》，载于《国家行政学院学报》2011 年第 6 期。

［13］ 费孝通：《全国一盘棋——从沿海到边区的考察》，载于《瞭望》1988 年第 40 期。

［14］ 高小平：《中国特色应急管理体系建设的成就与发展》，载于《中国行政管理》2008 年第 11 期。

［15］ 关信平：《社会政策发展的国际趋势及我国社会政策的转型》，载于《江海学刊》2002 年第 4 期。

［16］ 郭风英：《"国家—社会"视野中的社会治理体制创新研究》，载于《社会主义研究》2013 年第 6 期。

［17］ 房宁：《亚洲政治发展比较研究的理论性发现》，载于《中国社会科学》2014 年第 2 期。

［18］ 方钦：《制度：一种基于社会科学分析框架的表诠》，载于《学术月刊》2016 年第 2 期。

［19］ 何海兵：《我国城市基层社会管理体制的变迁：从单位制、街居制到社区制》，载于《管理世界》2003 年第 6 期。

［20］ 何艳玲：《将社会带回市场经济体制》，载于《学术界》2013 年第 6 期。

［21］ 何增科：《社会创新的十大理论问题》，载于《马克思主义与现实》2010 年第 5 期。

［22］ 何增科：《试析我国社会管理面临的新挑战》，载于《北京交通大学学报》（社会科学版）2009 年第 4 期。

［23］ 侯琦、魏子扬：《合作治理——中国社会管理的发展方向》，载于《中共中央党校学报》2012 年第 1 期。

［24］ 胡联合、胡鞍钢、王磊：《影响社会稳定的社会矛盾变化态势的实证分析》，载于《社会科学战线》2006 年第 4 期。

［25］ 黄建洪：《复杂现代性视域中的国家治理模式转型——基于中国城镇化战略的分析》，载于《社会科学》2014 年第 6 期。

［26］黄晓春、稽欣：《非协同治理与策略性应对——社会组织自主性研究的一个理论框架》，载于《社会学研究》2014 年第 6 期。

［27］黄锐：《城市社区治理中的公共性构筑》，载于《人文杂志》2015 年第 4 期。

［28］金太军：《基层政府社会管理体制创新——江苏苏南苏北若干地区的比较研究》，载于《国际社会科学杂志》（中文版）2014 年第 3 期。

［29］金太军：《网络时代政府危机治理的特征分析》，载于《行政论坛》2014 年第 5 期。

［30］金太军：《国家治理视域下的社会组织发展：一个分析框架》，载于《学海》2015 年第 1 期。

［31］金太军：《Web 2.0 时代的协同治理创新》，载于《学术界》2015 年第 7 期。

［32］金太军、沈承诚：《长效社会稳定、政治话语权均衡及型构路径》，载于《社会科学》2014 年第 9 期。

［33］金太军、张健荣：《重大公共危机治理中的 NGO 参与及其演进研究》，载于《华中科技大学学报》2016 年第 1 期。

［34］金太军、鹿斌：《制度建构：走出集体行动困境的反思》，载于《南京师大学报》（社会科学版）2016 年第 2 期。

［35］金太军、鹿斌：《社会治理新常态下的地方政府角色转型》，载于《中国行政管理》2016 年第 10 期。

［36］金太军、糜晶：《网络时代中国政府应对公共危机的基本模式与核心逻辑》，载于《行政科学论坛》2014 年第 4 期。

［37］金太军、张振波：《论社会冲突与政治体制改革的非线性关系》，载于《政治学研究》2014 年第 3 期。

［38］金太军、张振波：《城镇化模式的人本化重塑：基于风险社会视域》，载于《南京社会科学》2014 年第 3 期。

［39］金太军、张振波：《论中国式协商民主的分层建构》，载于《江苏社会科学》2015 年第 2 期。

［40］金太军、张振波：《公关政治：当代西方政治生活的形态呈现》，载于《政治学研究》2016 年第 4 期。

［41］金太军、张雨暄：《虚拟共同体"离模膨胀"的生成及其负效应分析》，载于《新疆师范大学学报》（哲学社会科学版）2015 年第 6 期。

［42］姜晓萍：《国家治理现代化进程中的社会治理体制创新》，载于《中国行政管理》2014 年第 2 期。

[43] 蒋俊杰：《我国重大事项社会稳定风险评估机制：现状、难点与对策》，载于《上海行政学院学报》2014 年第 2 期。

[44] 景天魁：《缓解社会紧张的"维稳"新路》，载于《人民论坛》2012 年第 S2 期。

[45] 蓝志勇、李东泉：《社区发展是社会管理创新与和谐城市建设的重要基础》，载于《中国行政管理》2011 年第 10 期。

[46] 郎友兴等：《社会管理体制创新研究论纲》，载于《浙江社会科学》2011 年第 4 期。

[47] 李程伟：《社会管理体制创新：公共管理学视角的解读》，载于《中国行政管理》2005 年第 5 期。

[48] 李汉林等：《社会变迁过程中的结构紧张》，载于《中国社会科学》2010 年第 2 期。

[49] 李娟：《网络政治文化的马克思主义发生学解释》，载于《南京社会科学》2015 年第 6 期。

[50] 李军鹏：《和谐社会建设与社会治理模式创新》，载于《国家行政学院学报》2005 年第 4 期。

[51] 李军鹏：《政府社会管理的国际经验研究》，载于《中国行政管理》2004 年第 12 期。

[52] 李立国：《创新社会治理体制》，载于《求是》2013 年第 24 期。

[53] 李路路：《社会结构阶层化和利益关系市场化》，载于《社会学研究》2012 年第 2 期。

[54] 李培林：《另一只看不见的手：社会结构的转型》，载于《中国社会科学》1992 年第 5 期。

[55] 李培林：《我国发展新阶段的社会建设和社会管理》，载于《社会学研究》2011 年第 4 期。

[56] 李强：《倒"丁"字社会结构与结构紧张》，载于《社会学研究》2005 年第 3 期。

[57] 李强：《中国在社会分层结构方面的四个实验》，载于《马克思主义与现实》2013 年第 2 期。

[58] 李友梅：《中国社会管理新格局下遭遇的问题》，载于《学术月刊》2012 年第 7 期。

[59] 栗献忠：《论和谐视域下的社会稳定》，载于《理论与改革》2014 年第 1 期。

[60] 李祥、杨凤春：《国家治理的价值内蕴及其实践路径研究》，载于《社

会主义研究》2016 年第 3 期。

[61] 林明灯：《新型城镇化建设中的二元问题及化解》，载于《社会科学战线》2015 年第 7 期。

[62] 林明灯：《协同治理视域下地方政府的权力行使及边界》，载于《江海学刊》2015 年第 6 期。

[63] 刘继同：《由静态管理到动态管理：中国社会管理模式的战略转变》，载于《管理世界》2002 年第 10 期。

[64] 刘柳珍：《论社会管理中的公众参与》，载于《求实》2011 年第 8 期。

[65] 刘少杰、王建民：《现代社会的建构与反思——西方社会建设理论的来龙去脉》，载于《学习与探索》2006 年第 3 期。

[66] 龙必尧：《关于转变政府职能加强社会管理的思考》，载于《探索》2007 年第 5 期。

[67] 娄成武：《论网络政治动员》，载于《政治学研究》2010 年第 2 期。

[68] 陆学艺：《目前形势和社会建设、社会管理》，载于《中共福建省委党校学报》2011 年第 4 期。

[69] 鹿斌、金太军：《社会治理能力的结构体系及现代化转型》，载于《晋阳学刊》2016 年第 3 期。

[70] 鹿斌、金太军：《协同惰性：集体行动困境分析的新视角》，载于《社会科学研究》2015 年第 4 期。

[71] 罗慧：《传播中的社会冲突、民主实践与应激式改革》，载于《开放时代》2012 年第 5 期。

[72] 马凯：《努力加强和创新社会管理》，载于《求是》2010 年第 20 期。

[73] 清华大学社会学系社会发展研究课题组：《利益表达制度化，实现长治久安》，载于《理论参考》2011 年第 3 期。

[74] 渠敬东、周飞舟、应星：《从总体支配到技术治理——基于中国 30 年改革经验的社会学分析》，载于《中国社会科学》2009 年第 6 期。

[75] 任剑涛：《在正式制度激励与非正式制度激励之间——国家治理的激励机制分析》，载于《浙江大学学报》（人文社会科学版）2012 年第 2 期。

[76] 容志、陈奇星：《"稳定政治"：中国维稳困境的政治学思考》，载于《政治学研究》2011 年第 5 期。

[77] 沈承诚：《地方政府核心行动者的生成逻辑：制度空间与制度规引》，载于《社会科学战线》2012 年第 6 期。

[78] 沈承诚：《西方生态问题政治化及生态民主的学理分析》，载于《江汉论坛》2014 年第 9 期。

［79］舒小庆：《我国地方政府维稳思路的异化及其矫正》，载于《求实》2012 年第 11 期。

［80］宋超：《社会组织参与社会冲突协同治理：功能阻滞与路径选择》，载于《南通大学学报》（社会科学版）2014 年第 6 期。

［81］宋林飞：《建立社会管理体系的难点和突破》，载于《社会科学研究》2012 年第 6 期。

［82］孙柏瑛：《基层政府社会管理中的适应性变革》，载于《中国行政管理》2012 年第 5 期。

［83］孙柏瑛：《社会管理与政府能力建构》，载于《南京社会科学》2012 年第 8 期。

［84］孙立平等：《改革以来中国社会结构的变迁》，载于《中国社会科学》1994 年第 2 期。

［85］谭明方：《社会管理与相关体制改革研究》，载于《学习与探索》2011 年第 3 期。

［86］唐皇凤：《常态社会与运动式治理——中国社会治安治理中的"严打"政策研究》，载于《开放时代》2007 年第 3 期。

［87］唐铁汉：《建立与完善中国特色社会管理体制》，载于《中国行政管理》2010 年第 10 期。

［88］涂小雨：《经济建设、社会建设与社会管理的关联性分析》，载于《中共福建省委党校学报》2012 年第 7 期。

［89］汪大海、刘金发：《社会管理创新研究的新视角：地方试点及经验研究》，载于《中国行政管理》2013 年第 4 期。

［90］汪大海、张玉磊：《从运动时治理到制度化治理：新型城镇化的治理模式选择》，载于《探索与争鸣》2013 年第 11 期。

［91］王春光：《新生代农村流动人口的社会认同与城乡融合的关系》，载于《社会学研究》2001 年第 3 期。

［92］王焕炎：《国家治理的形而上学思考——论现代国家治理体系的三重建构》，载于《马克思主义与现实》2015 年第 4 期。

［93］王家峰：《国家治理的有效性与回应性：一个组织现实主义的视角》，载于《管理世界》2015 年第 2 期。

［94］王名：《社会组织发展与社会创新》，载于《经济社会体制比较》2009 年第 4 期。

［95］王浦劬：《国家治理、政府治理和社会治理的基本含义及其相互关系辨析》，载于《社会学评论》2014 年第 6 期。

[96] 王浦劬:《理解国家治理需防止两种倾向》,载于《国家治理》2014年第 10 期。

[97] 王浦劬:《论政府职能的若干理论问题》,载于《国家行政学院学报》2015 年第 1 期。

[98] 王绍光:《中国公共政策议程设置的模式》,载于《开放时代》2008年第 2 期。

[99] 王义:《从管制到多元治理:社会管理模式的转换》,载于《长白学刊》2012 年第 4 期。

[100] 王玉荣:《基于社会管理视域的基层维稳运行模式研究》,载于《学术界》2011 年第 11 期。

[101] 王跃生:《中国当代家庭、家户和家的"分"与"合"》,载于《中国社会科学》2016 年第 4 期。

[102] 魏礼群:《加快建构中国特色社会管理体系》,载于《改革与开放》2012 年第 5 期。

[103] 魏礼群:《深入开展"加强和创新社会管理"研究》,载于《国家行政学院学报》2011 年第 1 期。

[104] 吴玉敏:《创新社会管理中的社会自治能力增强问题》,载于《社会主义研究》2011 年第 4 期。

[105] 吴忠民:《现代阶段中国的社会风险与社会安全运行报告》,载于《科学社会主义》2004 年第 5 期。

[106] 肖文涛:《社会治理创新:面临挑战与政策选择》,载于《中国行政管理》2007 年第 10 期。

[107] 肖瑛:《从"国家与社会"到"制度与生活":中国社会变迁的研究视角》,载于《中国社会科学》2014 年第 9 期。

[108] 谢和均:《转型·秩序与社会管理》,载于《理论月刊》2011 年第4 期。

[109] 谢怀建:《和谐社会下的安全稳定观》,载于《社会科学研究》2010年第 5 期。

[110] 谢庆奎、谢梦醒:《和谐社会与社会管理体制改革》,载于《北京行政学院学报》2006 年第 2 期。

[111] 熊易寒:《市场"脱嵌"与环境冲突》,载于《读书》2007 年第 9 期。

[112] 徐勇:《论城市社区建设中的社区居民自治》,载于《华中师范大学学报》(人文社会科学版)2010 年第 3 期。

[113] 徐勇:《中国家户制传统与农村发展道路——以俄国、印度的村社传

统为参照》，载于《中国社会科学》2013 年第 8 期。

[114] 燕继荣：《现代国家治理与制度建设》，载于《中国行政管理》2014年第 5 期。

[115] 杨建顺：《行政法视野中的社会管理创新》，载于《中国人民大学学报》2011 年第 1 期。

[116] 杨仁忠：《社会治理体制创新与社会公共领域参与研究》，载于《学习论坛》2014 年第 2 期。

[117] 杨嵘均：《论正式制度与非正式制度在乡村治理中的互动关系》，载于《江海学刊》2014 年第 1 期。

[118] 杨团：《社会政策的理论与思索》，载于《社会学研究》2000 年第 4 期。

[119] 杨团：《社会政策研究范式的演化及其启示》，载于《中国社会科学》2002 年第 4 期。

[120] 杨雪冬：《走向社会权利的社会管理体制》，载于《华中师范大学学报》2010 年第 1 期。

[121] 杨宜勇：《运动式维稳是不可取的》，载于《人民论坛》2010 年第 19 期。

[122] 叶继红：《农民工文化需求与城市公共文化服务体系构建——来自江苏的调查思考》，载于《中州学刊》2015 年第 6 期。

[123] 殷盈、金太军：《农村低保政策的变通执行：生成逻辑与治理之道——基于街头官僚理论的视角》，载于《学习论坛》2015 年第 11 期。

[124] 殷盈、金太军：《公民权、社会组织与民主：治理视域下三者互动关系的分析》，载于《江汉论坛》2016 年第 11 期。

[125] 应星：《"气"与中国乡村集体行动的再生产》，载于《开放时代》2007 年第 1 期。

[126] 于建嵘：《从刚性稳定到韧性稳定——关于中国社会秩序的一个分析框架》，载于《学习与探索》2009 年第 5 期。

[127] 于建嵘：《当前压力维稳的困境与出路——再论中国社会的刚性稳定》，载于《探索与争鸣》2012 年第 9 期。

[128] 于建嵘：《农民维权与底层政治》，载于《东南学术》2008 年第 3 期。

[129] 于建嵘：《信访制度改革与宪政建设》，载于《二十一世纪》2005 年第 89 期。

[130] 于水、杨萍：《"有限主导—合作共治"：未来农村社会治理模式的构想》，载于《江海学刊》2013 年第 3 期。

[131] 余金成：《中国特色社会主义的文化解读》，载于《科学社会主义》2009 年第 2 期。

[132] 俞可平：《创新：社会进步的动力源》，载于《马克思主义与现实》2000 年第 4 期。

[133] 郁建兴：《走向社会治理的新常态》，载于《探索与争鸣》2015 年第 12 期。

[134] 郁建兴、李丽萍：《地方治理体系中的协同机制及其整合》，载于《思想战线》2013 年第 6 期。

[135] 喻国明：《媒体变革：从"全景监狱"到"共景监狱"》，载于《人民论坛》2009 年第 16 期。

[136] 袁霞：《从行政管理改革进程谈社会事务管理改革》，载于《新华文摘》1999 年第 12 期。

[137] 张晨：《城市化进程中的"过渡型社区"：空间生成、结构属性与演进前景》，载于《苏州大学学报》（哲学社会科学版）2011 年第 6 期。

[138] 张斌：《社会"不稳定群体"的形成与社会管理》，载于《探索与争鸣》2011 年第 4 期。

[139] 张成福：《变革时代的中国政府改革与创新》，载于《中国人民大学学报》2008 年第 5 期。

[140] 张海波、童星：《社会管理创新与信访制度改革》，载于《天津社会科学》2012 年第 3 期。

[141] 张康之：《合作治理是社会治理变革的归宿》，载于《社会科学研究》2012 年第 3 期。

[142] 张康之、向玉琼：《网络空间中的政策问题建构》，载于《中国社会科学》2015 年第 2 期。

[143] 张雷：《论网络政治谣言及其社会控制》，载于《政治学研究》2007 年第 2 期。

[144] 张贤明：《以完善和发展制度推进国家治理体系和治理能力现代化》，载于《政治学研究》2014 年第 2 期。

[145] 张秀兰、徐晓新：《社区：微观组织建设与社会管理——后单位制时代的社会政策视角》，载于《清华大学学报》（哲学社会科学版）2012 年第 1 期。

[146] 张云飞：《社会管理准则初探》，载于《中国人民大学学报》2011 年第 6 期。

[147] 张振波：《论协同治理的生成逻辑与建构路径》，载于《中国行政管理》2015 年第 1 期。

[148] 张振波、金太军：《风险社会视域中的国家治理模式转型》，载于《江海学刊》2017 年第 4 期。

[149] 张振波、金太军：《政治安全问题的微观根源：基于制度与生活逻辑的分析》，载于《北京行政学院学报》2016 年第 3 期。

[150] 张琢：《中国社会管理引论·序》，载于《社会学研究》1995 年第 5 期。

[151] 赵春丽：《新媒体时代政府社会管理思维的新转变》，载于《社会主义研究》2012 年第 1 期。

[152] 赵军锋、范瑞光：《政府职能转变的价值取向析论——基于国家治理视角》，载于《公共管理》2015 年第 6 期。

[153] 赵永琛：《维稳的成本和收益》，载于《红旗文稿》2010 年第 21 期。

[154] 赵宇峰、林尚立：《国家制度与国家治理：中国的逻辑》，载于《中国行政管理》2015 年第 5 期。

[155] 赵志裕、温静、谭俭邦：《社会认同的基本心理历程——香港回归中国的研究范例》，载于《社会学研究》2005 年第 5 期。

[156] 赵中源：《"弱势"心理蔓延：社会管理创新需要面对的新课题》，载于《马克思主义与现实》2011 年第 5 期。

[157] 郑功成：《从政府集权管理到多元自治管理——中国社会保险组织管理模式的未来发展》，载于《中国人民大学学报》2004 年第 5 期。

[158] 郑杭生：《社会学视野中社会建议与社会管理》，载于《中国人民大学学报》2006 年第 2 期。

[159] 中共济南市委党校课题组：《"边缘社区"与城乡结合部社会稳定问题研究》，载于《中共济南市委党校学报》2001 年第 4 期。

[160] 中国行政管理学会课题组：《加快我国社会管理和公共服务改革的研究报告》，载于《中国行政管理》，2005 年第 2 期。

[161] 钟伟军：《地方政府在社会管理中的"不出事"逻辑：一个分析框架》，载于《浙江社会科学》2011 年第 9 期。

[162] 周光辉、刘向东：《全球化时代发展中国家的国家认同危机及治理》，载于《中国社会科学》2013 年第 9 期。

[163] 周黎安：《中国地方官员的晋升锦标赛模式研究》，载于《经济研究》2007 年第 7 期。

[164] 周秀平、邓国胜：《社区创新社会管理的经验与挑战——以深圳桃源居社区为例》，载于《中国行政管理》2011 年第 9 期。

[165] 周雪光：《权威体制与有效治理：当代中国国家治理的制度逻辑》，

载于《开放时代》2011 年第 10 期。

［166］朱力：《突发事件的概念、要素与类型》，载于《南京社会科学》
2007 年第 11 期。

［167］朱正威等：《论政府危机管理中公共政策的应对框架与程式》，载于
《中国行政管理》2006 年第 12 期。

［168］竹立家：《社会深层次"结构性"矛盾的显现——转型期的改革与稳
定》，载于《人民论坛》2010 年第 18 期。

［169］竺乾威：《从新公共管理到整体性治理》，载于《中国行政管理》
2008 年第 10 期。

［170］《中共中央关于全面深化改革若干重大问题的决定》，人民出版社
2013 年版。

三、政策文献与报纸报道

［1］习近平，主持召开网络安全和信息化工作座谈会并发表重要讲话，2016
年 4 月 19 日。

［2］习近平：《关于胡锦涛社会管理思想的学习补充》，习近平在省部级主
要领导干部社会管理及其创新专题研讨班结业式上发表重要讲话，2011 年 2 月
23 日。

［3］习近平：《完善和发展中国特色社会主义制度 推进国家治理体系和治理能
力现代化》，人民网，http：//cpc. people. com. cn/n/2014/0218/c64094 - 24387048.
html，2014 年 2 月 18 日。

［4］《中国共产党第十八届中央委员会第五次全体会议公报》《中共中央关
于制定国民经济和社会发展第十三个五年规划的建议》，2015 年 10 月 29 日。

［5］《政府工作报告》，2013 年 3 月 6 日。

［6］胡锦涛：《中国共产党第十八次全国代表大会报告》《坚定不移沿着中
国特色社会主义道路前进　为全面建成小康社会而奋斗》，2012 年 11 月 8 日。

四、外文文献

［1］Almond，Gabriel，S. Verba. *The Civic Culture.* Boston：Little，Brown and
Co，1963.

［2］Almond，G.，J. S. Coleman. *The Politics of Developing Areas.* Princeton：
Princeton University，1966.

［3］Bates，R. H. *Analytic Narratives.* Princeton：Princeton University Press，
1997.

［4］ Bachrach, Peter, Morton Baratz. Two Faces of Power. *American Political Science Review*, 1962, 56 (4).

［5］ Bauman, Zygmunt. *Modernity and Ambivalence*. Cambridge: Polity Press, 1991.

［6］ Beck, U. *Risk Society*: *Towards a New Modernity*. London: Sage Publications, 1992.

［7］ Beck, U. *World Risk Society*. Cambridge: Polity Press, 1999.

［8］ Birkland, T. A. *Lessons of Disaster*: *Policy Change after Catastrophic Events*. Washington D. C., 2006.

［9］ Blaikie, P. *At Risk*: *Natural Hazards*, *People's Vulnerability and Disasters*. London: Routledge, 1994.

［10］ Bourdieu, P. *Language and Symbolic Power*. London Policy Press, 1991.

［11］ Bourne, Larry S. Reurbanization, Uneven Urban Development, and the Debate on New Urban Forms. *Urban Geography*, 1996, 17 (8).

［12］ Buchanan, J. M., G. Tullock. *The Calculus of Consent*: *Logical Foundation of Constitutional Democracy*. Ann Arbor: University of Michigan Press, 1962.

［13］ Calista, Donald J. Employing Transaction Costs Analysis: As a Theory of Public Sector Implementation. *Policy Studies Journal*, 1987 (3).

［14］ Cochran, Clarke. Political Science and the Public Interest. *Journal of Politics*, 1974, 36 (2).

［15］ Coleman, J. *Foundations of Social Theory*. Cambridge: Harvard University Press, 1990.

［16］ Dahl, Robert A. *Who Governs*? New Haven, Yale University Press, 1961.

［17］ Douglas, M. and Wildavsky, A. *Risk and Culture*: *An Essay on the Selection of Environmental and Technological Dangers*. Berkeley: University of California Press, 1982.

［18］ Duara, Prasenjit. De – Constructing the Chinese Nation. *The Australian Journal of Chinese Affairs*, 1993 (30).

［19］ Durkheim, E. *The Rules of Sociology Method*. New York: the Free Press, 1938.

［20］ Dye, T. R. *Politics*, *Economics and the Public*: *Policy Outcomes in the American States*. Chicago: Rand McNally, 1966.

［21］ Fukuyama, Francis. What is Governance? *Governance*, 2013, 26 (3).

［22］ Gamson, William. *Talking Politics*. Cambridge: Cambridge University Press,

335

1992.

［23］ Garfinkel, Harold. *Studies in Ethnomethodology*. Englewood Cliffs: Prentice – Hall, Inc., 1967.

［24］ Giddens, A. *The Consequences of Modernity*. California: Stanford University Press, 1990.

［25］ Giddens, A. *Modernity and Self identity: Self and Society in the Late Modern Age*. Cambridge: Policy Press, 1991.

［26］ Hill, M. *Understanding Social Policy*. Oxford: Blackwell, 1997.

［27］ Hurwicz, L. The Theory of Economic Behavior. *American Economic Review*. 1945, 35.

［28］ Hysing, E. Governing Without Government? The Private Governance of Forest Certification in Sweden. *Public Administration*, 2009, 87 (2).

［29］ Kemper. Toward Sociology of Emotions: Some Problems and Some Solutions. *The American Sociologist*, 1978 (13).

［30］ Kooiman, Van Vliet. Governance and Public Management. In K. Eliassenand J. Kooiman eds. *Managing Public Organizations*. London: Sage, 1993.

［31］ Krimsky, S. *Social theories of risk*. Greenwood Press, 1992.

［32］ Lijphart, Arend. Consociation and Federation: Conceptual and Empirical Links. *Journal of Political Science*, 1979, 12 (3).

［33］ Luhmann, N. *Social Systems*. California: Stanford University Press, 1995.

［34］ Lyotard, Jean – Francois. *The Post – Modern Condition*. Minneapolis: University of Minnesota Press, 1985.

［35］ Macridis, R. C. *The Study of Comparative Government*. New York: Random House, 1955.

［36］ Maranto R., and Schultz D. A. *Short History of the United States Civil Service*. New York: Lanham, 1991.

［37］ Merton, Robert K. Social Structure and Anomie. *American Sociological Review*, 1938, 3 (5).

［38］ Meyer, John W. Brian Rowan, Institutionalized Organizations: Formal Structure as Myth and Ceremony. *American Journal of Sociology*, 1977, 2.

［39］ Montjoy, Robert S. and O' Toole, Laurence J. Jr. Toward a Theory of Policy Implementation: An Organizational Perspective. *Public Administration Review*, 1979 (5).

［40］ Onis, Ziya. The Logic of the Developmental State. *Comparative Politics*,

1991, 24 (1).

[41] Olson, M. *The logic of collective action.* Cambridge, MA: Harvard University Press, 1965.

[42] Parsons, Talcott. The problem of controlled institutional change. In Talcott Parsons, ed., *Essays in Sociological Change.* New York: Free Press, 1945.

[43] Perry, Elizabeth J. Chinese Conceptions of "Rights": From Mencius to Mao-and Now. *Perspectives on Politics*, 2008, 6 (1).

[44] Pierre, J., B. G. Peters. *Governance, Politics and the State.* Stuttgart: Macmilian Press, 2000.

[45] Plumptre, T. and Graham, J. *Governance and Good Governance: International and Aboriginal Perspectives.* Institute On Governance, 1999.

[46] Popper K. *The Open Society and its Enemies.* London: George Routledge, 1945.

[47] Powell, Walter W. Paul J. DiMaggio. *The New Institutionalism in Organizational Analysis.* The University of Chicago Press, 1991.

[48] Qian, Yingyi, Barry R, Weingast. Federalism as a Commitment to Perserving Market Incetives. *Journal of Economic Perspectives*, 1997, 11.

[49] Rhodes, R. A. W. The New Governance: Governing without Government. *Political Studies*, 1996, 44 (4).

[50] Rothstein, Bo. *A New Handbook of Political Science.* Oxford University Press, 1998.

[51] Salamon, L. M. *The Tools of Government: A Guide to the New Governance.* New York: Oxford University Press, 2002.

[52] Shepsle, Kenneth. Institutional arrangements and equilibrium in multidimensional voting models. *American Journal of Political Science*, 1979, 23 (1).

[53] Slovic, P. *The Perception of Risk.* London: Earthscan Publications, 2000.

[54] Stoner, James A. Risky and Cautious Shifts in Group Decisions: The Influence of Widely Held Values. *Journal of Experimental Social Psychology*, 1968, 4 (4).

[55] Spencer H. *The Study of Sociology.* New York: Appleton, 1891.

[56] Swann, William, et. al. The Cognitive – Affective Crossfire: When Self – Consistency Confronts Self – Enhancement. *Journal of Personality and Social Psychology*, 1987 (52).

[57] Webber, Max. *Essays in Sociology.* New York: Oxford University Press, 1946.

［58］ Wilson，Woodrow. The Study of Administration. *Political Science Quarterly*，1887，2.

［59］ Yang，G. *The Power of the Internet in China*：*Citizen Activism Online*. Columbia University Press，2009.

［60］ Zhou，Xueguang. Occupational Power，State Capacities，and the Diffusion of Licensing in the American States：1890 to 1950. *American Sociological Review*，1993.

后 记

　　教育部哲学社会科学研究重大课题攻关项目"创新社会治理体制与社会和谐稳定长效机制研究"从立项到完成最终成果历时三年多，如加上前期的理论准备与相关的调研以及最终成果完成后根据专家的意见所作的修改，已逾八年时间。在此过程中，作为项目首席专家我有颇多感受，择其要者与诸君共享。

　　其一，失落与快乐。从选题的构思，思路的酝酿，课题的论证、申报，到篇章结构的细化与研究任务的分解，相关理论成果的分享与调研资料的收集、补充，再到建立在多次专题讨论基础上的中间成果的形成，最后到总报告的反复打磨、定稿，这八年多的时间，我逐渐有力不从心之感，其间虽多有殚精竭虑的劳心与妙手偶得的灵光一现，但长途调研的困顿与少不了的失眠与精力不济也相伴而生，往日充沛旺盛的精力与通宵写作的亢奋已逐渐离我而去，"逝者如斯夫"，理性上固然认同自然规律不可抗拒，但一朝与自己不期而遇，仍免不了有几分落寞。

　　与几缕模模糊糊的失落相比，心中的快乐则强烈得多：不仅有研究取得突破后的喜悦与课题组成员间合作的愉悦，更有曾为我学生的年青一代的迅速成长所带给我的幸福，这种幸福感的强度与持续度近乎父母从子女的成功中所产生的那种感受，前者生发于学缘，后者则源于血缘，不同源，但同质。也就是说，父母与子女之间是生命的延续，老师与学生之间是知识的传承。老师与父母一样，希望自己的学生（子女）能超越自己，取得更高的成就。当桃李满天下之时，才是老师最幸福的时刻。我想这是为人师者的共同感受，我从与我的四位恩师邹永贤、张永桃、童星、竺乾威相处中都能很清晰地感受到这一点，他们对我们这些弟子辈的"偏爱"不自觉间便为我们后辈所传承。

　　其二，著述与育才。从第一点感受合乎逻辑地衍生出第二点感受，即关乎高校教师使命的思考。这是个见仁见智、众说纷纭的话题，但仍有两点基本共识：教书育人、科学研究，也即我们常说的教学与科研，至于教学、科研孰轻孰重，则争论不休。就微观的个体而言，作为教师，无论是小学教师还是大学教师，第一位的基本工作都是教书育人。当然，教书并不是照本宣科，育人也不仅是传授知识，更重要的是培养学生读书的兴趣、思考的习惯与研究的方法，在这个过程中，教学与科研其实是密不可分的。我曾先后多次指导学生参加全国大学生课外科技作品竞赛，获特等奖1次，一等奖2次，二等奖2次，对此感受很深。

我记得若干年前我在接受《学术月刊》专访时曾说过：我现在最感到自豪的是我已逐渐培养和集聚了一批非常优秀且极具科研发展潜力的青年学者（包括若干研究生），他们思维的敏捷、灵动和跳跃促使我"不得不"保持学术的活性度与更新率，与他们经常性的学术交流已成为我本人学术进步的一大推动力。与此同时，我也给予他们以力所能及的学术指导和扶持，毕竟，我在学术积累与社会阅历上，在思维的缜密与思考的深度方面有自己的显著优势。可以说，我与我的学术团队以及学术团队成员之间的关系完全达到了良性互动的程度，我们非常欣赏这种关系，并从中获益良多。此外，随着年龄的增长，我个人的学术重心愈益向人才培养倾斜，我越来越认为，学者特别是高校教师的首要使命是人才培养，优秀人才是教师最重要的"产出"之一。现在，十年时间过去了，我对于上面这段由衷之言感悟更深。特别令我欣慰的是，继"60后"的张劲松、叶常林、夏美武等，"70后"的邢正军、叶战备、后小仙、杨嵘均、刘素梅、陆亚娜、郑永兰、尹艳红、王勇、张志胜等，"80后"的赵军锋、沈承诚、袁建军、王军洋、左同宇、范丰、林莉、王扩建等在各自的工作岗位上崭露头角之后，张振波、鹿斌等"90后"也开始脱颖而出，并呈现一代更比一代强之势。

其三，学术与课题。这里的学术是指学者自主选择的学术研究主题，这取决于学者的知识背景、研究特长与兴趣等，只要不违背法律与社会公德，就应该有充分的自由度而不受外力干预；课题则是受某种组织或机构的支持（经费资助是其主要形式）的特定的研究方向甚至特定的具体题目，从研究内容到经费使用以及完成的形式及时间都受到资助方的约束。我想表达一点——课题研究与学术研究并不必然相冲突，一般而言，研究者可以根据自己的特长与偏好选择课题，也可以申报自选项目，所以我个人主张增加自选项目的数量。对年轻教师而言，通过参与课题研究的全过程进而主持课题，对于凝练研究方向，提升问题意识与研究能力，颇有裨益。据我指导学生的经验来看，从本科生到博士生，都可以程度不同地参与课题研究过程，这对于他们的学术成长起到强化训练的作用：在课题研究过程中，他们参与收集与整理资料，集中阅读与消化相关文献，实地调研与讨论，与同行学术交流，甚至直接撰写论文或著作中的部分内容，从而获得了学术研究之"渔"而不仅仅是"鱼"。2005年、2009年、2013年、2014年我先后主持了1项国家社科基金重大课题、2项重点课题、1项教育部哲学社会科学研究重大课题攻关项目，张劲松、沈承诚、赵军锋、张振波、鹿斌等分别作为主要参与者发挥了重要作用，而他们现在都已步入了学术发展的"快车道"。

在结束简短的后记之前，我还要感谢乔耀章、叶继红、臧乃康、尚虎平、王金水等在课题研究过程中所给予的大力支持以及所提供的很多建设性意见。另外，我还要感谢学术界的同仁给予我的直接或间接的支持和帮助，他们给我提供了许多可供参考和使用的相关研究成果。对此，我们已在本书的注释和所附的"主要参考文献"中作了必要的注明。最后，对于本书疏漏与失误，祈望专家学者和广大读者不吝赐教，予以批评指正。

金太军

2021 年 7 月于南京

教育部哲学社會科学研究重大課題攻関項目
成果出版列表

序号	书 名	首席专家
1	《马克思主义基础理论若干重大问题研究》	陈先达
2	《马克思主义理论学科体系建构与建设研究》	张雷声
3	《马克思主义整体性研究》	逄锦聚
4	《改革开放以来马克思主义在中国的发展》	顾钰民
5	《新时期　新探索　新征程 ——当代资本主义国家共产党的理论与实践研究》	聂运麟
6	《坚持马克思主义在意识形态领域指导地位研究》	陈先达
7	《当代资本主义新变化的批判性解读》	唐正东
8	《当代中国人精神生活研究》	童世骏
9	《弘扬与培育民族精神研究》	杨叔子
10	《当代科学哲学的发展趋势》	郭贵春
11	《服务型政府建设规律研究》	朱光磊
12	《地方政府改革与深化行政管理体制改革研究》	沈荣华
13	《面向知识表示与推理的自然语言逻辑》	鞠实儿
14	《当代宗教冲突与对话研究》	张志刚
15	《马克思主义文艺理论中国化研究》	朱立元
16	《历史题材文学创作重大问题研究》	童庆炳
17	《现代中西高校公共艺术教育比较研究》	曾繁仁
18	《西方文论中国化与中国文论建设》	王一川
19	《中华民族音乐文化的国际传播与推广》	王耀华
20	《楚地出土戰國簡册［十四種］》	陈 伟
21	《近代中国的知识与制度转型》	桑 兵
22	《中国抗战在世界反法西斯战争中的历史地位》	胡德坤
23	《近代以来日本对华认识及其行动选择研究》	杨栋梁
24	《京津冀都市圈的崛起与中国经济发展》	周立群
25	《金融市场全球化下的中国监管体系研究》	曹凤岐
26	《中国市场经济发展研究》	刘 伟
27	《全球经济调整中的中国经济增长与宏观调控体系研究》	黄 达
28	《中国特大都市圈与世界制造业中心研究》	李廉水

序号	书 名	首席专家
29	《中国产业竞争力研究》	赵彦云
30	《东北老工业基地资源型城市发展可持续产业问题研究》	宋冬林
31	《转型时期消费需求升级与产业发展研究》	臧旭恒
32	《中国金融国际化中的风险防范与金融安全研究》	刘锡良
33	《全球新型金融危机与中国的外汇储备战略》	陈雨露
34	《全球金融危机与新常态下的中国产业发展》	段文斌
35	《中国民营经济制度创新与发展》	李维安
36	《中国现代服务经济理论与发展战略研究》	陈 宪
37	《中国转型期的社会风险及公共危机管理研究》	丁烈云
38	《人文社会科学研究成果评价体系研究》	刘大椿
39	《中国工业化、城镇化进程中的农村土地问题研究》	曲福田
40	《中国农村社区建设研究》	项继权
41	《东北老工业基地改造与振兴研究》	程 伟
42	《全面建设小康社会进程中的我国就业发展战略研究》	曾湘泉
43	《自主创新战略与国际竞争力研究》	吴贵生
44	《转轨经济中的反行政性垄断与促进竞争政策研究》	于良春
45	《面向公共服务的电子政务管理体系研究》	孙宝文
46	《产权理论比较与中国产权制度变革》	黄少安
47	《中国企业集团成长与重组研究》	蓝海林
48	《我国资源、环境、人口与经济承载能力研究》	邱 东
49	《"病有所医"——目标、路径与战略选择》	高建民
50	《税收对国民收入分配调控作用研究》	郭庆旺
51	《多党合作与中国共产党执政能力建设研究》	周淑真
52	《规范收入分配秩序研究》	杨灿明
53	《中国社会转型中的政府治理模式研究》	娄成武
54	《中国加入区域经济一体化研究》	黄卫平
55	《金融体制改革和货币问题研究》	王广谦
56	《人民币均衡汇率问题研究》	姜波克
57	《我国土地制度与社会经济协调发展研究》	黄祖辉
58	《南水北调工程与中部地区经济社会可持续发展研究》	杨云彦
59	《产业集聚与区域经济协调发展研究》	王 珺

序号	书　名	首席专家
60	《我国货币政策体系与传导机制研究》	刘　伟
61	《我国民法典体系问题研究》	王利明
62	《中国司法制度的基础理论问题研究》	陈光中
63	《多元化纠纷解决机制与和谐社会的构建》	范　愉
64	《中国和平发展的重大前沿国际法律问题研究》	曾令良
65	《中国法制现代化的理论与实践》	徐显明
66	《农村土地问题立法研究》	陈小君
67	《知识产权制度变革与发展研究》	吴汉东
68	《中国能源安全若干法律与政策问题研究》	黄　进
69	《城乡统筹视角下我国城乡双向商贸流通体系研究》	任保平
70	《产权强度、土地流转与农民权益保护》	罗必良
71	《我国建设用地总量控制与差别化管理政策研究》	欧名豪
72	《矿产资源有偿使用制度与生态补偿机制》	李国平
73	《巨灾风险管理制度创新研究》	卓　志
74	《国有资产法律保护机制研究》	李曙光
75	《中国与全球油气资源重点区域合作研究》	王　震
76	《可持续发展的中国新型农村社会养老保险制度研究》	邓大松
77	《农民工权益保护理论与实践研究》	刘林平
78	《大学生就业创业教育研究》	杨晓慧
79	《新能源与可再生能源法律与政策研究》	李艳芳
80	《中国海外投资的风险防范与管控体系研究》	陈菲琼
81	《生活质量的指标构建与现状评价》	周长城
82	《中国公民人文素质研究》	石亚军
83	《城市化进程中的重大社会问题及其对策研究》	李　强
84	《中国农村与农民问题前沿研究》	徐　勇
85	《西部开发中的人口流动与族际交往研究》	马　戎
86	《现代农业发展战略研究》	周应恒
87	《综合交通运输体系研究——认知与建构》	荣朝和
88	《中国独生子女问题研究》	风笑天
89	《我国粮食安全保障体系研究》	胡小平
90	《我国食品安全风险防控研究》	王　硕

序号	书 名	首席专家
91	《城市新移民问题及其对策研究》	周大鸣
92	《新农村建设与城镇化推进中农村教育布局调整研究》	史宁中
93	《农村公共产品供给与农村和谐社会建设》	王国华
94	《中国大城市户籍制度改革研究》	彭希哲
95	《国家惠农政策的成效评价与完善研究》	邓大才
96	《以民主促进和谐——和谐社会构建中的基层民主政治建设研究》	徐　勇
97	《城市文化与国家治理——当代中国城市建设理论内涵与发展模式建构》	皇甫晓涛
98	《中国边疆治理研究》	周　平
99	《边疆多民族地区构建社会主义和谐社会研究》	张先亮
100	《新疆民族文化、民族心理与社会长治久安》	高静文
101	《中国大众媒介的传播效果与公信力研究》	喻国明
102	《媒介素养：理念、认知、参与》	陆　晔
103	《创新型国家的知识信息服务体系研究》	胡昌平
104	《数字信息资源规划、管理与利用研究》	马费成
105	《新闻传媒发展与建构和谐社会关系研究》	罗以澄
106	《数字传播技术与媒体产业发展研究》	黄升民
107	《互联网等新媒体对社会舆论影响与利用研究》	谢新洲
108	《网络舆论监测与安全研究》	黄永林
109	《中国文化产业发展战略论》	胡惠林
110	《20世纪中国古代文化经典在域外的传播与影响研究》	张西平
111	《国际传播的理论、现状和发展趋势研究》	吴　飞
112	《教育投入、资源配置与人力资本收益》	闵维方
113	《创新人才与教育创新研究》	林崇德
114	《中国农村教育发展指标体系研究》	袁桂林
115	《高校思想政治理论课程建设研究》	顾海良
116	《网络思想政治教育研究》	张再兴
117	《高校招生考试制度改革研究》	刘海峰
118	《基础教育改革与中国教育学理论重建研究》	叶　澜
119	《我国研究生教育结构调整问题研究》	袁本涛 王传毅
120	《公共财政框架下公共教育财政制度研究》	王善迈

序号	书 名	首席专家
121	《农民工子女问题研究》	袁振国
122	《当代大学生诚信制度建设及加强大学生思想政治工作研究》	黄蓉生
123	《从失衡走向平衡：素质教育课程评价体系研究》	钟启泉 崔允漷
124	《构建城乡一体化的教育体制机制研究》	李 玲
125	《高校思想政治理论课教育教学质量监测体系研究》	张耀灿
126	《处境不利儿童的心理发展现状与教育对策研究》	申继亮
127	《学习过程与机制研究》	莫 雷
128	《青少年心理健康素质调查研究》	沈德立
129	《灾后中小学生心理疏导研究》	林崇德
130	《民族地区教育优先发展研究》	张诗亚
131	《WTO主要成员贸易政策体系与对策研究》	张汉林
132	《中国和平发展的国际环境分析》	叶自成
133	《冷战时期美国重大外交政策案例研究》	沈志华
134	《新时期中非合作关系研究》	刘鸿武
135	《我国的地缘政治及其战略研究》	倪世雄
136	《中国海洋发展战略研究》	徐祥民
137	《深化医药卫生体制改革研究》	孟庆跃
138	《华侨华人在中国软实力建设中的作用研究》	黄 平
139	《我国地方法制建设理论与实践研究》	葛洪义
140	《城市化理论重构与城市化战略研究》	张鸿雁
141	《境外宗教渗透论》	段德智
142	《中部崛起过程中的新型工业化研究》	陈晓红
143	《农村社会保障制度研究》	赵 曼
144	《中国艺术学学科体系建设研究》	黄会林
145	《人工耳蜗术后儿童康复教育的原理与方法》	黄昭鸣
146	《我国少数民族音乐资源的保护与开发研究》	樊祖荫
147	《中国道德文化的传统理念与现代践行研究》	李建华
148	《低碳经济转型下的中国排放权交易体系》	齐绍洲
149	《中国东北亚战略与政策研究》	刘清才
150	《促进经济发展方式转变的地方财税体制改革研究》	钟晓敏
151	《中国—东盟区域经济一体化》	范祚军

序号	书 名	首席专家
152	《非传统安全合作与中俄关系》	冯绍雷
153	《外资并购与我国产业安全研究》	李善民
154	《近代汉字术语的生成演变与中西日文化互动研究》	冯天瑜
155	《新时期加强社会组织建设研究》	李友梅
156	《民办学校分类管理政策研究》	周海涛
157	《我国城市住房制度改革研究》	高 波
158	《新媒体环境下的危机传播及舆论引导研究》	喻国明
159	《法治国家建设中的司法判例制度研究》	何家弘
160	《中国女性高层次人才发展规律及发展对策研究》	佟 新
161	《国际金融中心法制环境研究》	周仲飞
162	《居民收入占国民收入比重统计指标体系研究》	刘 扬
163	《中国历代边疆治理研究》	程妮娜
164	《性别视角下的中国文学与文化》	乔以钢
165	《我国公共财政风险评估及其防范对策研究》	吴俊培
166	《中国历代民歌史论》	陈书录
167	《大学生村官成长成才机制研究》	马抗美
168	《完善学校突发事件应急管理机制研究》	马怀德
169	《秦简牍整理与研究》	陈 伟
170	《出土简帛与古史再建》	李学勤
171	《民间借贷与非法集资风险防范的法律机制研究》	岳彩申
172	《新时期社会治安防控体系建设研究》	宫志刚
173	《加快发展我国生产服务业研究》	李江帆
174	《基本公共服务均等化研究》	张贤明
175	《职业教育质量评价体系研究》	周志刚
176	《中国大学校长管理专业化研究》	宣 勇
177	《"两型社会"建设标准及指标体系研究》	陈晓红
178	《中国与中亚地区国家关系研究》	潘志平
179	《保障我国海上通道安全研究》	吕 靖
180	《世界主要国家安全体制机制研究》	刘胜湘
181	《中国流动人口的城市逐梦》	杨菊华
182	《建设人口均衡型社会研究》	刘渝琳
183	《农产品流通体系建设的机制创新与政策体系研究》	夏春玉

序号	书　名	首席专家
184	《区域经济一体化中府际合作的法律问题研究》	石佑启
185	《城乡劳动力平等就业研究》	姚先国
186	《20 世纪朱子学研究精华集成——从学术思想史的视角》	乐爱国
187	《拔尖创新人才成长规律与培养模式研究》	林崇德
188	《生态文明制度建设研究》	陈晓红
189	《我国城镇住房保障体系及运行机制研究》	虞晓芬
190	《中国战略性新兴产业国际化战略研究》	汪　涛
191	《证据科学论纲》	张保生
192	《要素成本上升背景下我国外贸中长期发展趋势研究》	黄建忠
193	《中国历代长城研究》	段清波
194	《当代技术哲学的发展趋势研究》	吴国林
195	《20 世纪中国社会思潮研究》	高瑞泉
196	《中国社会保障制度整合与体系完善重大问题研究》	丁建定
197	《民族地区特殊类型贫困与反贫困研究》	李俊杰
198	《扩大消费需求的长效机制研究》	臧旭恒
199	《我国土地出让制度改革及收益共享机制研究》	石晓平
200	《高等学校分类体系及其设置标准研究》	史秋衡
201	《全面加强学校德育体系建设研究》	杜时忠
202	《生态环境公益诉讼机制研究》	颜运秋
203	《科学研究与高等教育深度融合的知识创新体系建设研究》	杜德斌
204	《女性高层次人才成长规律与发展对策研究》	罗瑾琏
205	《岳麓秦简与秦代法律制度研究》	陈松长
206	《民办教育分类管理政策实施跟踪与评估研究》	周海涛
207	《建立城乡统一的建设用地市场研究》	张安录
208	《迈向高质量发展的经济结构转变研究》	郭熙保
209	《中国社会福利理论与制度构建——以适度普惠社会福利制度为例》	彭华民
210	《提高教育系统廉政文化建设实效性和针对性研究》	罗国振
211	《毒品成瘾及其复吸行为——心理学的研究视角》	沈模卫
212	《英语世界的中国文学译介与研究》	曹顺庆
213	《建立公开规范的住房公积金制度研究》	王先柱

序号	书 名	首席专家
243	《中华文化的跨文化阐释与对外传播研究》	李庆本
244	《世界一流大学和一流学科评价体系与推进战略》	王战军
245	《新常态下中国经济运行机制的变革与中国宏观调控模式重构研究》	袁晓玲
246	《推进 21 世纪海上丝绸之路建设研究》	梁 颖
247	《现代大学治理结构中的纪律建设、德治礼序和权力配置协调机制研究》	周作宇
248	《渐进式延迟退休政策的社会经济效应研究》	席 恒
249	《经济发展新常态下我国货币政策体系建设研究》	潘 敏
250	《推动智库建设健康发展研究》	李 刚
251	《农业转移人口市民化转型：理论与中国经验》	潘泽泉
252	《电子商务发展趋势及对国内外贸易发展的影响机制研究》	孙宝文
253	《创新专业学位研究生培养模式研究》	贺克斌
254	《医患信任关系建设的社会心理机制研究》	汪新建
255	《司法管理体制改革基础理论研究》	徐汉明
256	《建构立体形式反腐败体系研究》	徐玉生
257	《重大突发事件社会舆情演化规律及应对策略研究》	傅昌波
258	《中国社会需求变化与学位授予体系发展前瞻研究》	姚 云
259	《非营利性民办学校办学模式创新研究》	周海涛
260	《基于"零废弃"的城市生活垃圾管理政策研究》	褚祝杰
261	《城镇化背景下我国义务教育改革和发展机制研究》	邬志辉
262	《中国满族语言文字保护抢救口述史》	刘厚生
263	《构建公平合理的国际气候治理体系研究》	薄 燕
264	《新时代治国理政方略研究》	刘焕明
265	《新时代高校党的领导体制机制研究》	黄建军
266	《东亚国家语言中汉字词汇使用现状研究》	施建军
267	《中国传统道德文化的现代阐释和实践路径研究》	吴根友
268	《创新社会治理体制与社会和谐稳定长效机制研究》	金太军

......